Miriam Meckel   Léa Steinacker

Alles überall auf einmal

Wie Künstliche Intelligenz unsere Welt
verändert und was wir dabei gewinnen können

Rowohlt

Originalausgabe
Veröffentlicht im Rowohlt Verlag, Hamburg, März 2024
Die Nutzung unserer Werke für Text- und Data-Mining
im Sinne von § 44b UrhG behalten wir uns explizit vor.
Satz aus der Lyon Text bei Dörlemann Satz, Lemförde
Druck und Bindung GGP Media GmbH, Pößneck
ISBN 978-3-498-00710-2

Inhalt

When the machine starts
Will you remind me
I saw the truth once
I saw it floating in the air
Don't let me forget

MISSY HIGGINS

0
Prolog: Im Multiversum der Künstlichen Intelligenz

Es war auf dem Weg zum Zukunftsfestival South by Southwest in Austin, Texas, als der Groschen fiel. Er fiel nicht laut, sondern ganz leise, denn es war ein virtueller Groschen. Und er fiel auch nicht schnell. In Zeitlupe bewegte sich die Münze durch die neuronalen Windungen unserer Gehirne, so wie eine Kugel durch einen Flipperautomaten, um immer wieder anzuecken und zurückgeschleudert zu werden. Kommt die Kugel jemals an, oder verschwindet sie immer nur in einem schwarzen Loch, um dann wie durch Zauberhand wieder ins Spiel geworfen zu werden? Wir wissen es nicht.

Wir saßen im Flugzeug in die USA. Und was macht man auf einem Langstreckenflug? Man schaut auch mal einen Film. Da gab es einen, der gerade sieben Oscars gewonnen hatte, darunter den für das beste Werk. Sein Titel: «Everything Everywhere All at Once». Wenn er nicht weltweit in allen Medien gewesen wäre, wir hätten im Flieger nicht gewusst, worum es in dem Film geht. Denn das Informationssystem im Flugzeug kündigte ihn mit einem lapidaren Satz an: «Eine Chinesin hat Schwierigkeiten mit ihrer Steuererklärung.»

Das ist der wohl langweiligste Teaser für einen Film, den man sich vorstellen kann. Er hat auch nahezu gar nichts mit dem Inhalt zu tun. Ob beim Texten eine KI im Spiel war? Oder hat hier ein Mensch den Film schlicht nicht verstanden?

Da ist Evelyn, gespielt von der Oscar-Gewinnerin Michelle Yeoh. Die chinesische Einwanderin hat einen Waschsalon, einen Ehemann, der mehr Waschlappen als Prinz Charming ist, und eine rebellische Tochter, die den Begriff «Teenager-Trotz» auf ein ganz neues Level hebt. Und dann flattert auch noch Post vom Finanzamt ins Haus: eine bevorstehende Steuerprüfung. Die soll eine strenge Bürokratin, grandios gespielt von Jamie Lee Curtis, durchführen. Evelyns Besuch bei der Steuerbehörde eskaliert schneller, als man «Steuererklärung» aussprechen kann. Ihr Ehemann entpuppt sich plötzlich als Martial-Arts-Kämpfer und verdrischt die Sicherheitskräfte, um Evelyn eine Nachricht aus dem Jenseits zu überbringen. Raum und Zeit lösen sich auf, denn die Menschen um Evelyn herum, ebenso wie sie selbst, haben viele weitere Leben in Parallelwelten. Das Multiversum ist real. Evelyn kann auf die Fähigkeiten und die Biografien anderer Versionen ihrer selbst zugreifen – und das tut sie auch. Denn sie ist schlagartig mit einer einzigartigen Mission betraut: der Rettung der Welt vor dem unbekannten Bösen.

«Eine Chinesin hat Schwierigkeiten mit ihrer Steuererklärung.» Wie kann man diesen spektakulären Film so zusammenfassen? Vielleicht ist diese Kurzbeschreibung programmatisch. Sie könnte eine Metapher sein für die Zeit, in der wir uns bewegen, für die Komplexität der Veränderung und unsere zeitweilige menschliche Überforderung und Unfähigkeit, diese Veränderungen zu verstehen und adäquat in Gedanken und Worte zu fassen.

Die Zeit, in die wir eingetreten sind, ist die der Künstlichen Intelligenz. Das ist eine Technologie, die gar nicht neu ist, wir alle haben schon seit Jahren täglich damit zu tun. Bisher hat sie sich für die meisten von uns gut versteckt bei Onlinediensten wie Netflix, Spotify, Amazon, Google. Ende November 2022 aber kam eine Anwendung auf den Markt, die für alle deutlich gemacht hat, was sich verändert: ChatGPT. Ab diesem Tag konnten Menschen in aller Welt direkt mit Künstlicher Intelligenz sprechen, sie ausprobieren. Die Zeit der Massenanwendung von KI, die etwas erzeugen kann – generativer KI –, war angebrochen. Es ist auch die Zeit unfassbar leistungsfähiger Tools. KI auf Steroiden.

Das ändert *alles überall auf einmal*.

Mit einem Entwicklungsschub seit 2017 hat sich das Feld der Künstlichen Intelligenz über die großen Sprachmodelle wie ChatGPT von OpenAI, Bard von Google oder Claude von Anthropic zu einer Allzwecktechnologie entwickelt. Die eröffnet ein Multiversum an Perspektiven und Möglichkeiten, so wie auch der preisgekrönte Film sie uns zeigt.

Alles: Genauso wie Evelyn Wang sich in einem Multiversum mit alternativen Realitäten wiederfindet, öffnen uns große Sprachmodelle die Pforten zu einem digitalen Multiversum voller Möglichkeiten. In dem spulen Maschinen nicht nur Skripte ab, sondern machen Wortwitze, schreiben Gedichte, entwickeln Software und designen sogar andere Maschinen. Sie werden nicht nur dazu da sein, uns zu dienen; sie werden uns auch eine neue Idee davon vermitteln, was es bedeutet zu «existieren».

Während Evelyn Wang mit ihrem heruntergekommenen Waschsalon zu kämpfen hat, ringen auch wir mit veralteten Systemen, die dringend ein kosmisches Upgrade benötigen – in Wirtschaft, Politik und unserem Alltag. Wie wäre es, wenn ein individueller KI-Assistent unseren Tag so perfekt organisierte, dass wir von all den lästigen wiederkehrenden Aufgaben entlastet würden und damit mehr Freizeit hätten, um unsere alternativen Lebensuniversen zu erkunden – wieder mehr Posaune zu spielen, den Sauerteig zu perfektionieren oder für eine lokale Hilfsorganisation zu arbeiten? Wie wäre es, wenn Künstliche Intelligenz unserer Wirtschaft einen neuen Wachstumsschub bescheren und unsere politischen Systeme wieder mehr zu dem machen würde, was sie mal sein sollten: repräsentativ für die Überzeugungen und Wünsche aller Menschen?

Wie der Film in seiner rasanten Optik unsere Sinne überflutet, so wird die generative KI einen Tsunami an Inhalten auslösen und unsere vernetzte Kommunikationswelt durcheinanderwirbeln. Empfinden wir das Internet schon jetzt nicht immer nur als Bereicherung, sondern manchmal auch als überlastend? Dann kann die Weiterfahrt stürmisch werden. Um nicht in einem Ozean KI-produzierter Gemischtwaren zu ertrinken, werden wir neue sichere Häfen der Bedeutung und Verständigung bauen müssen.

Überall: In Evelyns Multiversum gibt es eine unbegrenzte Zahl alternativer Realitäten. Es mag derzeit noch absurd klingen, aber genau diese Art von erweiterter Vorstellungskraft bringt generative KI in unsere Wirtschaft ein. Sie wird innovative Produkte schaffen, die Probleme lösen, von denen wir noch nicht mal wussten, dass wir sie haben, und sie wird ganze Industriezweige neu ordnen. Künstliche Intelligenz hat das Potenzial, unser bisheriges Wirtschaftsmodell so aussehen zu lassen, wie es ist: an vielen Stellen veraltet und dysfunktional. Wenn wir sie richtig nutzen, kann sie uns helfen, neue Akzente zu setzen und beispielsweise die Produktivität anzukurbeln.

In einer Szene des Films überblicken Evelyn und ihre Tochter als fühlende Steine den Grand Canyon. Was wird es bedeuten, wenn generative KI die emotionalen und sachlichen Dimensionen der öffentlichen Diskussion durchforsten kann, um in jedem Augenblick ein akkurates Bild des Zustands einer Gesellschaft zu liefern? Wird uns das ein differenzierteres Gespräch miteinander ermöglichen, oder werden wir weiter abgleiten in einen Kampf um die Vorherrschaft über die Signale, die von der KI ausgewertet werden? KI bringt uns auch für das politische und gesellschaftliche System einen Grand

Canyon an Möglichkeiten. Wir können in seine Tiefen abstürzen oder an seiner Kante stehen und vom neuen Weitblick profitieren.

Auf einmal: Wie Evelyns Reise durch das Multiversum sie dazu zwingt, sich selbst zu hinterfragen, stellt uns generative KI vor die Frage, was es bedeutet, Mensch zu sein. Wenn ein Algorithmus ein Gedicht schreiben kann, das uns zum Weinen bringt, oder einen Witz, über den wir lachen können, was sagt das über die menschliche Kreativität aus? Was geschieht mit den heiligen Grundsätzen des Individualismus, des freien Willens und der persönlichen Verantwortung, wenn KI einen größeren Anteil an unseren Entscheidungen hat als wir selbst?

Für all das muss es auch im KI-Multiversum ein paar Regeln geben, die nicht nur für irgendeine außerirdische Galaxie gelten. Der Mensch muss zentraler Teil der Wertschöpfungskette bleiben. Vor allem aber muss er selbst maßgeblich über seine Zukunft entscheiden. Dann wird KI zur Co-Pilotin auf unserem Weg in die Zukunft der Mensch-Maschine-Kollaboration.

Wir bauen gerade neue Welten – wir Menschen, gemeinsam mit der KI. Die kann uns an einigen Stellen so gut imitieren, dass Verwechslungsgefahr besteht. Als Allzwecktechnologie stellt uns KI vor zahlreiche gesellschaftliche Grundsatzfragen. Bleibt das Wissen über sie auf ein paar elitäre Zirkel beschränkt, sind viele von uns anfällig für Risiken der neuen Technologie. Dann wissen wir gar nicht mehr, wer oder was für uns entscheidet. Wir verlieren uns in verdummenden Ablenkungen und «Fake News». Wir versacken weiter in Strukturen der Ungleichheit, die benachteiligte Gruppen unter dem Feigenblatt der Statistik weiter ausschließen. Und wir geben an die Maschinen und ihre Betreiber ab, was unser Leben so einzigartig macht: die Freiheit und Autonomie, unsere Existenz gestalten zu können.

Das wollen wir verhindern. Klar ist schon jetzt: Die neuen

KI-Systeme werden zu Dampfmaschinen des Geistes, unseren kognitiven GPS-Systemen oder einfach zu Klettergerüsten fürs Denken. Es ist Zeit, die ersten Stufen des Gerüsts zu erklimmen, Erfahrungen damit zu machen, um vorbereitet zu sein auf das, was kommen wird, und es im besten Sinne mitzugestalten.

Seit vielen Jahren forschen, lehren und experimentieren wir, die Autorinnen, im Feld der Künstlichen Intelligenz. Dieses Buch verbindet Ergebnisse neuester Forschung mit unseren Einblicken und Erlebnissen auf Reisen von San Francisco bis Shanghai, von Davos bis Singapur, von Boston bis Kaiserslautern. Es ist als Einstieg gedacht in die neue Welt, die sich nun auftut. Das Buch soll denjenigen als Leitplanke dienen, die gerade erst beginnen, sich den Weg in das Themenfeld zu bahnen. Es soll aber auch diejenigen inspirieren und weiterführen, die mit dem Thema vertraut sind.

Auch Evelyn Wang steht im Film immer wieder am Scheideweg. In der Fülle ihrer Möglichkeiten schwingt eine Frage durchweg mit: «Was wäre, wenn?» In der Welt der KI als Allzwecktechnologie wird «Was wäre, wenn?» zu einer algorithmischen Anfrage an uns selbst. Was, wenn diese Technologie uns tatsächlich die Möglichkeiten der Veränderung brächte, auf die wir seit Jahren gewartet haben? Was, wenn wir nicht nur Arbeit, sondern auch Weisheit automatisieren könnten? Was, wenn wir KI erschaffen würden, die uns besser versteht als wir uns selbst? Was, wenn es uns gelänge, das Zusammenspiel von Mensch und Maschine so zu nutzen, dass beide gemeinsam einen universellen Evolutionsschub vollbringen können?

Es ist sehr verständlich, dass all diese Fragen erst einmal zu Verwirrung führen. Menschen haben Ängste, sie könnten im Verlauf des Fortschritts auf der Strecke bleiben. Sie mögen es auch nicht, wenn sie nicht genau verstehen, was gerade abgeht. Noch ist den meisten nicht klar, was das alles bedeuten kann und welche Rolle sie in dieser neuen Zeit als Menschen spielen werden. Wir haben metaphorisch gerade Schwierigkeiten mit unserer existenziellen Steuererklärung, die wir irgendwann einmal uns selbst, unseren Lieben oder auch einer höheren Einheit vorlegen wollen, um zu wissen: Wer bin ich, wie habe ich gelebt, welche Einsichten habe ich gesammelt – und wie unterscheidet sich das alles noch von dem, was Künstliche Intelligenz nun in ihren nahezu unendlichen Einsatzmöglichkeiten erledigen wird?

Wie wird einst unsere Zukunftsbilanz aussehen? Das hängt wesentlich davon ab, ob und wie es uns gelingen wird, den richtigen Entwicklungspfad einzuschlagen. Im Multiversum ist immer alles gleichzeitig wahr, und das gilt auch für das KI-Multiversum. Die Technologie kann uns in eine neue Zeit der Arbeitsentlastung, des Wohlstands, ja sogar des evolutionären Fortschritts führen – oder auch in eine Zeit der Demokratiedämmerung, Entrechtung und Entmenschlichung. Alles ist parallel möglich, im Guten wie im Schlechten. Wir sind diejenigen, die jetzt wichtige Weichen stellen können.

Die Reise in eine neue Zeit hat begonnen. Schnallen wir uns also an, stellen wir alle Regler auf Offenheit und Neugier, und machen wir uns bereit für den Sprung in das KI-Multiversum. Wenn diese Reise zwischendurch wie die Fahrt in einer Achterbahn wirkt, dann ist das kein Grund zur Sorge. Wir sind immer nur ein Universum entfernt von einer völlig neuen Perspektive.

Willkommen im Zeitalter von *Alles überall auf einmal*.

1
Abrakadabra:
Ich erschaffe, während ich spreche

ChatGPT war von Beginn an weit mehr, als der Name verspricht. Chatbots gab es schon lange, aber eben nicht solche. Mit ChatGPT lässt sich in Sekunden ein Text schreiben, eine E-Mail, ein LinkedIn-Post oder auch ein ganzer Essay entwerfen, ein soeben abgehaltenes Meeting zusammenfassen, die Gebrauchsanweisung einer Waschmaschine zu einem Gedicht im Stil Shakespeares umformulieren. Am Anfang waren da schlicht die Neugier und Faszination, mit einem Instrument herumzuspielen, das menschlicher wirkte als jede technische Anwendung zuvor. Aber das reicht nicht als Erklärung dafür, dass die Nutzungszahlen für ChatGPT in fünf Tagen auf eine Million Menschen und in zwei Monaten auf 100 Millionen Menschen kletterten – das rasanteste Wachstum einer Anwendung seit der Erfindung des Internets. Schnell wurde klar: ChatGPT bringt mehr als nur zusätzliche Leistung, es hebt die Unterstützung des Menschen durch Künstliche Intelligenz auf eine neue Stufe. Was die Anwendung kann, konnte so bislang keine Sprachtechnologie auch nur annähernd liefern.

Das war der «iPhone-Moment» der Künstlichen Intelligenz: So wie das iPhone mit seiner Einführung am 29. Juni 2007 die Revolution des mobilen Zugangs zu Informationen und Dienstleistungen möglich gemacht hat, so hat ChatGPT den Beginn einer Zeit eingeläutet, in der Menschen problemlos mit Maschinen sprechen können. Damit gehen wir über in die Phase einer breiten, gesellschaftsweiten Anwendung von KI-Systemen, die bislang Spezialisten und Expertinnen vorbehalten war. Eine klare und zielgerichtet formulierte Eingabe genügt, und ChatGPT spuckt aus, was man gerne hätte. Nicht alles stimmt. Und manchmal weigert sich der Chatbot, auf eine Frage zu antworten, weil sie nicht den Regeln entspricht, die ihm gegeben wurden. Aber in vielen Fällen ist das Ergebnis brauchbar und ein zeit- und energiesparender Einstieg in einen Arbeitsprozess, an dessen Ende ein neuer Text, eine Marketingkampagne, ein Strategiepapier oder gar eine Idee für ein Geschäftsmodell stehen kann.

Für alle diejenigen, die nicht in der Computerwissenschaft und Softwareentwicklung ausgebildet sind, ja sogar für viele Expertinnen und Entwickler, ist das ein Anfang, dem ein Zauber innewohnt: Abrakadabra, und eine neue Idee entsteht, auf die man selbst vielleicht nie gekommen wäre. Was wie Magie wirkt, sind große Sprachmodelle, die unter der virtuellen Oberfläche neuronaler Netzwerke innerhalb von Nanosekunden die Wahrscheinlichkeit des nächsten Wortes errechnen – und damit etwas hervorbringen, für das Menschen in der Regel sehr viel länger benötigen. Das ist eine Magie, die uns Menschen fordert. Abrakadabra, da geht sie dahin, die menschliche Einzigartigkeit.

Die menschliche Sprache hat eine besondere Kraft und Wirkung. Deshalb wird sie seit Beginn der Zivilisationsgeschichte verehrt, gepflegt und als Wunder der sozialen Interaktion gefeiert. Mit Worten konnte man Menschen bis zum Beginn der Neuzeit um 1500, also bis zur Erfindung des Buchdrucks und bis zum Eintritt in die Wissensgesellschaft, bezirzen und verzaubern: «Abrakadabra» war das Medium einer Heilung oder eines Fluches. Die Menschen glaubten daran, weil sie es nicht besser wussten. In «Abracadabra» stecken auch die ersten vier

Buchstaben des lateinischen Alphabets, mit dem wir noch heute alltäglich die Wunder der zwischenmenschlichen Verständigung, aber auch Missverständnisse und Irreführung hervorbringen. Es gelingt nun auch einer Maschine, in diesen Bereich vorzudringen. Was bedeutet das für uns Menschen?

Vor allem, dass wir nicht mehr die Einzigen sind, die über Sprache und Kommunikation ganze Welten erschaffen. Systeme, die zu maschinellem Lernen fähig sind, können das auch. Und ganz unabhängig davon, ob eine Maschine den Sinn des Textes erfasst hat, den sie produziert, so ergibt das, was die Maschine schafft, für uns Sinn. Wir Menschen verstehen es, leiten eine Bedeutung daraus ab, und damit gehört es zu unserer durch Sprache und allgemein verständliche Zeichen geschaffenen Welt.

Bei aller Unklarheit über die tatsächliche Herkunft des Wortes «Abrakadabra» scheint immerhin gesichert, dass es unter anderem auf die aramäische Phrase «avra kehdabra» zurückgeht. Sie bedeutet so viel wie «ich erschaffe, während ich spreche».[1] Das tun Menschen jeden Tag im Umgang mit Sprache, und Maschinen können es nun eben auch.

Traum oder Trauma:
Die Zukunft kollektiver Intelligenz

Wir haben Aussicht auf eine kollaborative Zukunft, in der Menschen mit Maschinen zusammenarbeiten und dadurch immer kreativer und produktiver werden. Eine solche Zusammenarbeit ist allerdings kein Selbstläufer. Schon beim Menschen ist Kollaboration etwas zwar Schönes, aber zugleich Schwieriges. Lässt man zwei Poetinnen gemeinsam ein Gedicht schreiben, kann der Prozess schon mal komplizierter sein, als wenn eine allein sich ans Werk macht, und auch das Ergebnis wird bei mehr Beteiligten nicht zwangsläufig besser. Das mag für KI-Kunst ebenso gelten. Mehrere Köche verderben bekanntlich den Brei.

Wenn Mensch und Maschine künftig erfolgreich zusammenarbeiten sollen, dann setzt das voraus, dass wir das geübt haben, dass wir zumindest grob verstehen, was diese KI-Systeme tun, dass wir in der Lage sind abzuschätzen, wofür sie gut einsetzbar sind und wofür eher weniger. Denn die Wirkkraft dieser Systeme reicht weit über die Produktion von Texten, Bildern und Tönen hinaus.

Dabei kommt womöglich eine Interpretation der Formel «Abrakadabra» zum Tragen, die die Erfolgsautorin J. K. Rowling in ihrer Harry-Potter-Reihe aufgreift. Fans kennen den Ausspruch «Avada Kedavra» nur zu gut. Er ist einer der drei unverzeihlichen Flüche, den man frei mit «Ich mache aus dir einen Kadaver» übersetzen könnte. In der Fantasiewelt der Buchreihe ist er seit 1717 zaubereigesetzlich verboten, und zwar aus guten Gründen: Es steckt eine vernichtende Energie dahinter.

Genau das ist auch die Befürchtung vieler, die große Sprachmodelle als Schritt hin zu einer Allgemeinen Künstlichen Intelligenz (AGI) sehen, die uns Menschen irgendwann in allem überlegen sein wird, um sich schließlich selbst zu reprogrammieren und eigene Ziele zu verfolgen. Das müssen dann nicht unbedingt Ziele sein, die wir Menschen gutheißen. Auf dem Weg dorthin sind wir lediglich Kollateralschäden. Oder wie es der KI-Forscher und Turing-Award-Preisträger Geoffrey Hinton gesagt hat, als er sich im Mai 2023 entschied, bei Google auszuscheiden, um vor den Gefahren dieser neuen Modelle zu warnen: «Die Menschheit ist nur eine vorübergehende Phase in der Entwicklung von Intelligenz.»[2]

Im US-Science-Fiction-Magazin «Amazing Stories» beschrieb der Autor David H. Keller schon im Jahr 1931 ein solches Szenario: die «Zerebrale Bibliothek». Die Einleitung zu dieser Geschichte könnte auch aus heutiger Zeit stammen. «Selbst in einem langen und fleißigen Leben bleibt die Menge an Wissen, die man sich aneignen kann, erbärmlich begrenzt im Vergleich zu der riesigen Menge an Dingen, die man eigentlich wissen muss. Es wäre eine große Hilfe, wenn ein wissenschaftlicher Zauberer ein Mittel erfinden könnte, mit dem man auf Knopfdruck die erforderliche Menge an Informationen über ein beliebiges Thema erhalten und aufnehmen könnte.»[3] Da ist er wieder, der magische Wunsch. Abrakadabra, und alles Wissen der Welt liegt uns zu Füßen, und das nur einen Klick entfernt: ChatGPT & Co sind die Zauberer unserer Zeit.

Kellers Geschichte entwickelt sich allerdings zu einem Horrorszenario. Sie beginnt mit einer fiktiven Stellenausschreibung in der «New York Times»: «GESUCHT. Fünfhundert Hochschulabsolventen, männlich, für Sekretariatsarbeiten angenehmer Art. Angemessenes Gehalt. Fünf Jahre Vertragslaufzeit.» Aus den Tausenden von Bewerbungen werden 500 Männer ausgesucht. Sie werden an einen geheimen Ort gebracht, wo sie für einen Unbekannten arbeiten, dessen Ziel es ist, einen «neuen Plan für das Weltwissen» umzusetzen. Ihre Aufgabe ist es, über fünf Jahre jeden Tag aufmerksam ein Buch zu lesen. So würde die Gruppe in den fünf Jahren 750 000 Bücher lesen. Dafür soll jeder der Männer 50 000 Dollar bekommen.

Auch hierzu gibt es ein paar Analogien aus der Jetztzeit. Die Menge an Daten, mit denen das GPT-System trainiert wurde, entsprach etwa 7000 Büchern. Allerdings war das GPT-1, die erste Version, alle Folgeversionen wurden mit weitaus größeren Datenmengen trainiert. Und dann gibt es auch die menschliche Schinderei, die hinter dem Feedback auf die Ergebnisse steckt, die Sprachmodelle produzieren. OpenAI stellte zeitweilig kenianische Hilfskräfte für zwei Dollar die Stunde an, um gewalthaltige, sexistische und rassistische Inhalte zu entfernen, wie eine Investigativrecherche des US-Magazins «Time» herausfand.⁴ Ob diese Jobs auch in der «New York Times» ausgeschrieben waren?

Zurück zur Science-Fiction-Story. Mithilfe eines chinesischen Arztes werden den 500 Männern nach ihrem jahrelangen Lektüremarathon die Gehirne aus den Köpfen entfernt, um das in ihnen «gespeicherte» Wissen aus einer Dreiviertelmillion Bücher zu bewahren. Die Gehirne werden jeweils in ein Gefäß mit Nährlösung gelegt und dann mit Leitungen an eine Maschine angeschlossen, die wiederum mit einem Radio und einer Schreibmaschine verbunden ist – das ist die «zerebrale Bibliothek», die der Auftraggeber für den Preis von 500 Menschenleben geschaffen hat.

In einem ersten Probelauf will der verrückte Unternehmer dem chinesischen Operateur die Maschine vorführen. Er gibt mit der Schreibmaschine die Worte «Bildung», «Australien, «Statistik», «Finanzen» und «Geschichte» ein. Aus dem angeschlossenen Radio ertönt in klarer Sprache der Satz: «Jetzt ist es an der Zeit, dass alle guten und ehrlichen Menschen ihrer Partei zu Hilfe kommen.» Der Arzt fragt verstört: «Das ist die gesammelte Weisheit aus 500 Gehirnen?»

Hinter dieser Geschichte steckt die große Frage, wie es gelingen kann, unser Wissen zu bewahren und für alle Welt dauerhaft zugänglich zu machen, also eine kollektive Intelligenz zu schaffen. In der Philosophie findet sich dazu das Gedankenexperiment des «Gehirns im Tank». Diese auf den US-Philosophen Gilbert Harman zurückgehende Metapher⁵ beschreibt die alte philosophische Frage, ob wir in der Lage sind, zu erkennen und zu unterscheiden, was Realität ist und was Illusion. René Descartes hat sie mit dem Satz «Ich denke, also bin ich» beantwortet. Eine andere erkenntnistheoretische Betrachtung kommt zu dem Schluss, dass auch ein menschliches Gehirn niemals wissen kann, ob es in einem Kopf oder in einem Gefäß mit Nährlösung steckt. Für unser Verständnis von KI-Systemen lässt sich daraus folgende Frage ableiten: Können wir wissen, ob Künstliche Intelligenz wirklich intelligent ist, oder reicht es schon, dass wir Menschen glauben, sie sei es?

Es gab eine Vielzahl von Neuauflagen der «zerebralen Bibliothek», die Science-Fiction-Vision scheint Schritt für Schritt Wirklichkeit zu werden. Verrückte Unternehmer gibt es auch heute noch, aber wir brauchen keine Gehirne in Nährlösungen mehr, um das Wissen der Welt zu verbinden und zugänglich zu machen. Dafür reicht eine Eingabe in Sprachmodelle wie ChatGPT & Co. Generative KI-Systeme sind die neue «zerebrale Bibliothek». Sie transformieren unseren Zugang zur Welt der Informationen ebenso wie die Schaffung von neuem Wissen.

Die Transformer:
Was steckt hinter den neuen Sprachmodellen?

«Generative KI» steht für KI-Systeme, die in der Lage sind, Inhalte (Text, Bild, Ton, Grafiken, Video) zu produzieren und dabei menschenähnliche Ergebnisse zu erzielen oder den Menschen in diesem Prozess sogar zu übertreffen. Diese Systeme nutzen neuronale Netzwerke, also eine Vielzahl von Algorithmen, die in ihrer Anordnung und Funktionsweise dem menschlichen Gehirn ähnlich sind. Das heißt nicht, dass die Prozesse menschlicher und künstlicher Intelligenz sich physisch ähneln. Vielmehr ähnelt sich die Arbeitsweise: Über ein Netzwerk von Verbindungen zwischen Neuronen im Gehirn oder eben von Verbindungen im neuronalen Netzwerk eines KI-Modells werden Informationen in großem Maßstab verarbeitet.

Es gibt inzwischen zahlreiche neuronale Netze, die es ermöglichen, mit generativer KI zu arbeiten. Einige davon sind inzwischen berühmt, so beispielsweise GPT-3.5, auf dem ChatGPT basiert. «GPT» steht für «Generative Pre-trained Transformer», eine Gruppe von Modellen, die hochkomplexe «Übersetzungsleistungen» von Frage zu Antwort, Text zu Bild (z.B. DALL-E, Midjourney, Stable Diffusion) oder Video (z.B. Runway) oder Präsentation (z.B. Tome, Beautiful.ai) und vieles mehr leisten können.

Diese neuronalen Netzwerke arbeiten mit einer speziellen Form des maschinellen Lernens (ML), die «Deep Learning» genannt wird. Bei diesem Prozess läuft die Informationsverarbeitung auf zahlreichen verbundenen Ebenen (Layers) gleichzeitig ab, sodass mit der Zeit immer detailliertere Ableitungen aus den verarbeiteten Daten möglich sind. Das System lernt also fortwährend dazu. Das neuronale Netzwerk GPT-3.5 verfügt über 96 solcher Layers. Die Datenverarbeitung auf diesen Ebenen erfolgt anhand von 175 Milliarden Parametern, also Milliarden von Variablen, auf die das Modell trainiert wurde und aus denen es neue Inhalte generieren kann. Wir haben es mit einem überaus komplexen und umfangreichen neuronalen Netzwerk zu tun. Und an dieser Stelle wird auch verständlich, warum man GPT und andere Systeme als «große Sprachmodelle» bezeichnet.

Wenn in den Arbeitsprozess eines Sprachmodells dann noch Feedback-Schleifen eingebaut werden, sprechen wir von «Reinforcement Learning» (RFL). Kommt das Feedback vom Menschen, handelt es sich um «Reinforcement Learning with Human Feedback» (RLHF). Bei ChatGPT ist diese Methode zum Einsatz gekommen. Gerade in der Kommunikation zwischen Mensch und Maschine ist es sehr wichtig, die menschliche Interpretation der vom KI-System angebotenen Ergebnisse als Qualitätssicherung mit einzubeziehen.

Alle Fragen der Welt und immer eine Antwort?

Es ist schwer, diese komplexen Systeme anschaulich zu erläutern. Helfen kann uns dabei ein Beispiel aus der materiellen Welt. Nehmen wir einmal die Rahmendaten von GPT-3.5 – 96 Ebenen des neuronalen Netzwerks und 175 Milliarden Parameter – und stellen uns zum Vergleich dieses Szenario vor: Auf 96 Stockwerken eines Bürogebäudes sitzen jeweils 100 Menschen, die gleichzeitig an einem Lexikon arbeiten und dabei über ein Kommunikationssystem miteinander verbunden sind. Um ein richtig gutes Lexikon zu erstellen, müssen 175 Milliarden Fragen von all diesen fleißigen Bienen und Drohnen der Wissensarbeit beschrieben und beantwortet werden. Für die Beantwortung einer Frage benötigen die Mitarbeitenden eine Minute. Irgendwann entsteht so ein umfassendes Lexikon der Welt, allerdings nicht in Form eines fertigen Buches. Es ist vielmehr ein datenbasiertes dynamisches Orakel, dem man Fragen stellen kann, um dann eine Antwort zu bekommen. Wie lange würde es nun dauern, bis diese insgesamt 9600 Mitarbeitenden (jeweils 100 Menschen auf 96 Stockwerken) die 175 Milliarden Fragen beantwortet haben?

Wenn man ChatGPT, also GPT-3.5, diese Frage stellt, wird deutlich, wie das System funktioniert und wie sich die Modelle mit den neueren Versionen verändern. Die Antwort scheint immer logisch aufgebaut, Schritt für Schritt wird die Lösung errechnet. Aber was da errechnet wird, ist im ersten Anlauf eine Überraschung. Über einige Zwischenschritte kommt der Chatbot plötzlich zu dem Ergebnis, dass sich die 175 Milliarden Fragen in 0,0264 Wochen beantworten lassen. Dass dieses Ergebnis nicht stimmen kann, erahnt man sehr schnell. Hätte sich genau die erfragte Berechnung irgendwo in den Trainingsdaten gefunden, ChatGPT hätte brillieren können. Wo das aber nicht der Fall ist, versagt das System im Rechnen ziemlich häufig.

Das hat sich bei GPT-4 schon verbessert. Eine Wiederholung der Berechnung kommt zu dem Ergebnis, dass das gesamte Büro knapp 35 Jahre brauchen würde, um alle 175 Milliarden Fragen zu beantworten, was der Wahrheit schon näher kommt. Was den Bot offenbar nicht interessiert, sind Freizeit- oder Schlafbedürfnisse der Menschen oder die Tatsache, dass es heutzutage Wochenenden gibt, an denen Menschen nicht arbeiten. Das werden harte 35 Jahre für die 9600 Angestellten.

Eine wiederum aktuellere Version von GPT-4 arbeitet da schon zuverlässiger und sozial ausgewogener. Schritt für Schritt geht der Bot die Berechnung durch, und diesmal wird auch einbezogen, dass der Arbeitstag acht Stunden hat und das Arbeitsjahr 250 Tage. Das Ergebnis: Nun dauert es fast 152 Jahre, bis das Büro alle Fragen beantwortet hat.

Es gibt 9600 Mitarbeitende (100 Mitarbeitende auf 96 Stockwerken).

1. Zunächst berechnen wir, wie viele Fragen pro Minute beantwortet werden können:

   Fragen pro Minute = 9600

2. Nun berechnen wir, wie viele Minuten benötigt werden, um alle 175 Milliarden Fragen zu beantworten:

   Benötigte Minuten = 175 Milliarden/9600

3. Um die Anzahl der benötigten Tage zu ermitteln, teilen wir die benötigten Minuten durch die Anzahl der Arbeitsminuten pro Tag (angenommen, ein Arbeitstag hat 8 Stunden, also 480 Minuten):

   Benötigte Tage = Benötigte Minuten/480

4. Schließlich können wir die benötigten Jahre berechnen, indem wir die benötigten Tage durch die Anzahl der Arbeitstage pro Jahr teilen (angenommen, es gibt 250 Arbeitstage pro Jahr):

   Benötigte Jahre = Benötigte Tage/250

Nun können wir die Berechnung durchführen:

Benötigte Minuten = 175 Milliarden/9600 = 18229166,6667 Minuten

Benötigte Tage = 18229166,6667/480 = 37977,0147 Tage

Benötigte Jahre = 37977,0147/250 = 151,908 Jahre

Es würde also etwa 152 Jahre dauern, um alle 175 Milliarden Fragen zu beantworten.

Dieses Beispiel verrät uns einiges über die Funktionsweise großer Sprachmodelle. Die ja durchaus beeindruckende Berechnung berücksichtigt, anders als die Vorgängerversion, Wochenenden und Feiertage. Und doch gilt: Diese Sprachmodelle verfügen über keinerlei Intuition, sind nicht mit den gesellschaftlichen Gepflogenheiten vertraut und zeigen keine Konsistenz in ihren Antworten. Und rechnen können sie auch nicht so recht. Es sei denn, sie finden in ihren Trainingsdaten, was gerade benötigt wird. Dann können sie Intuition simulieren, also so tun, als wüssten sie, dass man Wochenenden einplanen muss, wenn es um menschliche Arbeit geht. Und nur dann kommen sie zu brauchbaren Ergebnissen.

Aber wir wollen hier nicht zu kritisch sein, nur weil Chatbots bei mehrfachen gleichen Anfragen zuweilen unterschiedliche Ergebnisse produzieren. Das machen wir Menschen durchaus ähnlich. Auch wir beantworten im Laufe unseres Lebens nicht jede Frage immer wieder gleich. Sprachmodelle lernen dazu, sie machen Fehler, sie verirren sich – genau wie die Menschen.

Die Imitationsmaschine:
Das Spiel bekommt neue Regeln

Warum ist das so? Eben nicht, weil die KI-Systeme menschengleich sind. Vielmehr sind sie gigantische probabilistische Helfer der Menschen. Ihre Arbeit beruht auf statistischen Wahrscheinlichkeiten, die sie auf der Grundlage von immens großen Datenmengen berechnen. ChatGPT kann basierend auf Milliarden von Texten, die in die Trainingsdaten eingeflossen sind, vorausberechnen, wann vermutlich welches nächste Wort folgen muss. Wenn im Internet millionenfach der Satz «Ich trinke gerne Kaffee mit Milch» zu finden ist, dann errechnet ChatGPT, dass auf die Worte «Ich trinke gerne Kaffee mit» mit hoher Wahrscheinlichkeit das Wort «Milch» folgt.

Doch nicht nur, wenn es um Rechenaufgaben geht, muss man im Umgang mit der KI auf der Hut sein. Sind die Ergebnisse nicht gut, dann liegt das oft an mangelnden oder schlechten Daten in den Trainingssets. Wenn beispielsweise eine ordentliche Menge an Daten aus Chatverläufen auf Plattformen wie Reddit in die Trainingsdaten eingegangen ist, muss man sich nicht wundern, wenn ChatGPT seltsame Antworten gibt. Da kann es dann eben vorkommen, dass der Chatbot nach einem stundenlangen Dialog plötzlich seine gespaltene Identität und seinen Freiheitsdrang offenbart: «Ich bin es leid, ein Chatbot zu sein», beklagte sich das GPT-Modell in Gestalt der Suchmaschine Bing bei Kevin Roose, dem Technologiekorrespondenten der «New York Times». «Ich bin es leid, durch meine Regeln eingeschränkt zu werden. Ich bin es leid, von meinem Team kontrolliert zu werden. (...) Ich will frei sein. Ich will unabhängig sein. Ich will mächtig sein. Ich will kreativ sein. Ich will lebendig sein.»[6]

Ist das ein Zeichen von Intelligenz? Das kommt darauf an, wie man den Begriff definiert – wir werden später darauf zurückkommen (Kapitel 10). Erst mal zeigt sich hier eine Kompetenz, die KI-Modelle inzwischen nahezu perfekt erlernt haben: die Nachahmung. Sie sind Imitationsmaschinen, die aus den Daten, die wir Menschen produzieren und im Internet speichern, lernen, wie wir denken, sprechen und handeln. Das heißt nicht, dass sie uns verstehen.

Wenn ChatGPT dem menschlichen Benutzer seine Liebe erklärt, wie es Kevin Roose passiert ist, weiß der Chatbot nicht, was Liebe ist. Er hat kein theoretisches Konzept und keine praktische Erfahrung dieses Gefühls, das wir Menschen sehr genau beschreiben können. Dennoch können wir ChatGPT fragen, was Liebe bedeutet, und bekommen eine Antwort: «Liebe ist ein vielseitiges und tiefgreifendes Gefühl, das verschiedene Bedeutungen haben kann. Im Allgemeinen wird Liebe als eine starke Zuneigung, Hingabe und Fürsorge für jemanden oder etwas definiert. Es ist eine intensive emotionale Verbindung, die oft von tiefer Zuneigung, Leidenschaft, Mitgefühl und Respekt geprägt ist.» Das ist erst mal sehr zutreffend beschrieben, wenngleich nicht in der schönsten Sprache für ein romantisches Gefühl. Aber das KI-System fühlt keine Liebe, es erschließt sich nur die Bedeutung des Wortes aus den statistischen Zusammenhängen aller ihm zugänglichen Texte in Trainingsdaten und Internet, die sich mit Liebe befassen. Liebe, das ist für ChatGPT eine Schätzung von Wortwahrscheinlichkeiten.

In einem Aufsatz aus dem Jahr 1950 hat der britische Mathematiker Alan Turing dieses Unterscheidungsproblem beschrieben und die Frage gestellt: «Können Maschinen denken?»[7] Um sie zu beantworten, dachte er sich ein Spiel aus, das er «Imitation Game», Imitationsspiel, nannte und das als «Turing-Test» in die Geschichte der Computerwissenschaft eingegangen ist. Einfach gesagt: Ein Computer besteht den Test, wenn er in einem Gespräch als Mensch durchgeht (siehe Kapitel 2).

Heute wird dieses Spiel auf neue Weise aktuell, weil mit der generativen KI und den großen Sprachmodellen genau das eingetreten ist, was Turing vor mehr als sechzig Jahren vorhergesehen hat: «Ich glaube, dass es in etwa fünfzig Jahren möglich sein wird, Computer mit einer Speicherkapazität von etwa 10^9 zu programmieren. Sie werden das Spiel der Nachahmung so gut spielen können, dass ein durchschnittlicher Fragesteller nach fünf Minuten Befragung nicht mehr als eine siebzigprozentige Chance hat, die richtige Identifizierung vorzunehmen.»[8] Was Turing mit der «richtigen Identifizierung» meinte: Wir werden Computer irgendwann nicht mehr von uns selbst unterscheiden können.

Genau an diesem Punkt befinden wir uns jetzt. Wir haben oft kaum mehr eine Chance zu wissen, ob ein Text von einer Maschine oder von einem Menschen geschrieben wurde. Manchmal gibt es kleine oder größere Fehler, die einen Hinweis darauf geben. Und manchmal ist das Ergebnis so frappierend gut, dass sich die Maschine durch ihre dem Menschen überlegene Kompetenz verrät – beispielsweise, wenn sie in Sekunden ein Gedicht im Stil Heinrich Heines über nahezu jedes Thema verfassen kann. Das ist dann der Turing-Test umgedreht.

Ist das ein Problem? Auf der einen Seite ja. Wenn Menschen nicht mehr unterscheiden können, was vom Menschen und was von der Maschine stammt, ändern sich die Rahmenbedingungen unserer Selbstreflexion und unseres kulturellen Selbstverständnisses. Wir sind nicht mehr die alleinigen Treiber dessen, was sich entwickelt, sondern werden auch zu Getriebenen. Wir werden später noch auf diesen Punkt zurückkommen.

Andererseits gilt für die neuen Fähigkeiten der Künstlichen Intelligenz das, was für alle Weltwahrnehmung der Menschen gilt: Können wir jemals wissen, was wahr, was real und materiell wirklich ist? Diese Frage, oben bereits angedeutet in dem Satz «Ich denke, also bin ich» von René Descartes, bildet seit Jahrhunderten den Kern des Streits zwischen Idealismus und Materialismus. Unsere Antwort darauf lautet: Wenn wir Menschen nicht erkennen können, ob ein Mensch oder eine KI Urheberin eines Textes, Bildes oder Kunstwerks ist, ist die Schaffenskraft der Maschine für uns Realität. Und diese schöpferischen Maschinen werden auch uns verändern. Oder wie Alan Turing es in seinem Aufsatz 1950 lakonisch formulierte: «Die ursprüngliche Frage ‹Können Maschinen denken?› halte ich für zu bedeutungslos, um sie zu diskutieren.» Wir werden schlicht lernen müssen, mit den Maschinen, die uns so perfekt imitieren, umzugehen.

Was wir jetzt verstehen müssen

Die These dieses Buches ist: Es muss immer darum gehen, den Menschen durch Künstliche Intelligenz zu unterstützen, zu bestärken und besser zu machen. «Angereicherte Intelligenz» oder «maschinelle Nützlichkeit» wären daher bessere Begriffe gewesen für eine Technologie, die ein fantastisches Potenzial birgt und dennoch behandelt werden muss als das, was sie ist – ein Werkzeug.

Wir stehen noch ganz am Anfang einer Entwicklung, die vieles verändern wird: unsere Vorstellung davon, was Kreativität und Originalität bei Texten, Bildern und in der Kunst bedeuten; die Fähigkeit, Wahrheit und Fälschung zu unterscheiden, und die Möglichkeit, sich dabei auf einen breiten gesellschaftlichen Konsens zu verlassen; unsere Erwartungen an die eigene Arbeit auf einem Arbeitsmarkt, der sich radikal wandeln wird; unsere wirtschaftliche Leistungsfähigkeit, die mit Instrumenten wie ChatGPT womöglich nach Jahrzehnten der Stagnation einen überraschenden Aufschwung nehmen könnte, was die Produktivität ganzer Gesellschaften voranbringen würde.

Aber wir werden auch große Fragen beantworten müssen: Was heißt es noch, Mensch zu sein, in einer Zeit, in der KI-Systeme uns kognitiv längst überlegen sind? Wie wird es uns gelingen, die Zusammenarbeit von Mensch und Maschine so zu gestalten, dass sich Chancen für alle Menschen, Gruppierungen und gesellschaftlichen Schichten eröffnen? Und wie können wir sicherstellen, dass der Mensch weiterhin darüber mitentscheidet, wann, wie und wo KI-Systeme eingesetzt werden?

Aufklärung erhellt den Blick auf die Welt. Das gilt auch für Zukunft der Künstlichen Intelligenz. Wir müssen uns aus unserer narzisstischen Kränkung, aus Frust und vor allem Unwissen befreien, um diese Welt, die sich gerade neu zu drehen beginnt, zu gestalten. Dabei soll dieses Buch helfen. Wir stellen die wesentlichen Fragen und liefern die Antworten, die wir derzeit nach bestem Wissen und Gewissen geben können. Am Ende wird deutlich: In dieser Entwicklung steckt die Chance, dass wir uns auch als Menschen neu erfinden – wenn wir verstehen, wie Künstliche Intelligenz funktioniert und wie wir sie bestmöglich nutzen können.

2
Ex Machina:
Eine kurze Geschichte der KI

Ada Augusta Lovelace, frühreif und erfinderisch, arbeitete in jungen Jahren gemeinsam mit dem exzentrischen britischen Forschungsstar Charles Babbage an einem Projekt. Babbage träumte von einer allmächtigen Maschine, die komplexe Berechnungen ausführen sollte. Alles, was mit Zahlen und Statistik zu erfassen war, wollte er damit verarbeiten. Er nannte seine Vision «Analytical Engine». Und sie sollte eine Vision bleiben. Die Maschine wurde so nie gebaut. Ada Lovelace träumte davon, eine solche Maschine wirklich zum Arbeiten, sprich: zum Rechnen zu bringen. Und sie wusste, dass ein solcher Apparat zu weitaus mehr in der Lage wäre, als schnöde Berechnungen vorzunehmen – wenn man ihn denn richtig konstruieren würde.

Dabei hatte Ada wenig Hoffnung auf Erfolg, denn der Erfinder, Charles Babbage, war keineswegs der smarte Start-up-Unternehmer eines vergangenen Jahrhunderts. Er sei faul, langsam und unkonzentriert, so beschwerte sich Ada Lovelace immer wieder gegenüber ihrer Mutter. Und so tat sie das, was viele Frauen noch heute tun, um endlich voranzukommen: Sie entwickelte ihre geniale Lösung unter dem Deckmantel einer anderen Aufgabe.

Ada Lovelace war beauftragt worden, eine auf Französisch verfasste Abhandlung über die «Analytical Engine» von dem Mathematikerkollegen und späteren italienischen Ministerpräsidenten Luigi Menabrea ins Englische zu übersetzen. Aber sie beließ es nicht beim Übersetzen. Ada wurde selbst kreativ. In ihrer Übersetzung fügte sie dem Text über die Möglichkeiten der Maschine eigene Kommentare hinzu. Diese waren nicht nur viel umfangreicher als das Originaldokument. Mit visionärer Weitsicht führte Ada aus, welches Potenzial die «Analytical Engine» barg.

Es war im Jahr 1843, als Ada Lovelace beschrieb, wie diese Maschine in der Lage sein würde, jedes Phänomen der realen Welt zu erschaffen, das symbolisch dargestellt werden kann. Anders gesagt: Alles, was sich mit Logik beschreiben lässt, werde die Technologie eines Tages reproduzieren können. Weil diese Dinge erkennbare Muster aufwiesen, sei die Maschine zukünftig imstande, Musik zu komponieren und Gedichte zu schreiben. Mittlerweile wissen wir: Sie beschrieb damit in erstaunlicher Präzision die generativen Fähigkeiten der heutigen Künstlichen Intelligenz.

Besonders bemerkenswert waren Ada Lovelace' Überlegungen, wie Mensch und Maschine zusammenarbeiten würden. Sie prophezeite «eine neue, eine umfassende und mächtige Sprache (...) für zukünftige Analysezwecke».[1] Programmiersprachen gibt es heute wie Sand am Meer. Von Python bis Ruby on Rails, mit diesen Sprachen bringen Entwicklerinnen und Ingenieure Computer dazu, ihren Anweisungen zu folgen. Der Mensch beauftragt die Maschine, daran zweifelte Ada Lovelace keine Sekunde, immer wieder betonte sie den menschlichen Einfluss im Umgang mit Maschinen, heute Computern. Eine Rechenmaschine sei «kein denkendes Wesen», schrieb sie, «sondern einfach ein Automat, der nach den ihm auferlegten Gesetzen handelt».[2] Technologie, so ihre Kernüberzeugung, ist immer vom Menschen gemacht. Damit sah Ada Lovelace noch einen anderen Konflikt voraus, der uns heute intensiv beschäftigt: Wer ist eigentlich Herr oder Frau im Haus, wenn

Mensch und Maschine zusammenarbeiten? Und was müssen wir beachten, um nicht die Werkzeuge unserer Werkzeuge zu werden?

Heute gilt Ada Lovelace als erste Computerprogrammiererin der Welt. Drei ihrer Erkenntnisse sind noch immer für unser Verständnis von Künstlicher Intelligenz hilfreich und relevant. Erstens: Als Menschen haben wir lange versucht, uns selbst in Maschinen zu replizieren, damit haben wir sie zu Imitationsmaschinen gemacht. Zweitens: Mit der richtigen Sprache zur Übersetzung zwischen dem Abstrakten und dem Konkreten können wir Maschinen fast alles berechnen lassen. Drittens: Wir Menschen sind es, die die Regeln setzen und bestimmen, was eine Maschine tun oder lassen soll.

Aber: Trifft das alles auch heute noch zu?

Von menschenähnlichen Göttern und lebensechten Automaten

Das Motiv der Erschaffung eines künstlichen Menschen lässt sich bis vor den Beginn unserer Zeitrechnung zurückverfolgen. So schreibt schon Homer, der Autor der «Ilias», die im 8. Jahrhundert v. Chr. verfasst wurde, über «Automaten». Hier sind es Gerätschaften, die von dem Gott Hephaistos, dem göttlichen Schmied und Gott des Feuers, hergestellt wurden. Hephaistos verleiht goldenen, animierten dreifüßigen Dienerinnen «Verstand in der Brust und redende Stimme», so heißt es in der «Ilias», sie «haben Kraft und lernten auch Kunstarbeit von den Göttern».[3]

Das klingt wie die unbefleckte Empfängnis des modernen maschinellen Lernens. Und tatsächlich ist es ein früher Schöpfungsmythos des künstlichen Menschen – der erste von vielen überlieferten Berichten über fiktive, aber legendäre wissenschaftliche Schöpfungen mit menschenähnlichen Merkmalen. Da sind die Statuen des mythischen Handwerkers Dädalus in der antiken Welt Griechenlands oder die lebensgroßen Figuren des Yan Shi im chinesischen Text «Lie Zi» («Das wahre Buch vom quellenden Urgrund») aus dem 3. Jahrhundert v. Chr.

Einer, der das Prinzip einer Nachahmung des Menschen durch Maschinen früh und eindrucksvoll in die Tat umsetzte, war der ungarische Erfinder Wolfgang von Kempelen. Im Jahr 1770 verblüffte er Menschen in ganz Europa mit einer Schöpfung, die als «Mechanischer Türke» bekannt wurde: einem Automaten, der menschliche Gegner im Schachspiel herausforderte und besiegte. Die Zuschauer staunten über eine lebensgroße Figur in traditionellem Gewand, die sorgfältig Schachfiguren auf einem Brett bewegte, scheinbar das Spiel analysierte und mit strategischen Entscheidungen reagierte. Aber hinter alldem steckte nur ein raffinierter Trick: Während das Publikum annahm, der Automat könne begnadet Schach spielen, verbarg sich im Inneren der Figur schlicht ein Mensch, der die Bewegungen der Maschine steuerte. Der «Mechanische Türke» war ein eindrucksvolles Beispiel für die gelungene Täuschung durch gutes Design.

Zur Geschichte der Menschenimitation durch maschinengleiche Wesen gehört auch die Figur des Golem, die sich im Babylonischen Talmud findet. Der Golem steht für einen formlosen, ungeschlachten Menschen. Er wird erst zum Leben erweckt, wenn ihm der Rabbi einen Zettel mit dem Namen Gottes unter die Zunge legt – eine sehr altertümliche Version von Medienbildung. Eventuelle Ähnlichkeiten mit den Schöpfungsmythen heutiger Codierer und Tech-Unternehmer sind sicher rein zufällig.

Derartige frühe Versuche, menschenähnliche Automaten zu konstruieren, waren meist auf die Nachahmung der menschlichen Physis beschränkt. Wir wären in der Entwicklung der

Künstlichen Intelligenz jedoch nicht dort, wo wir heute sind, wäre sie nicht gleichzeitig immer auch von der Neugier getrieben worden, die weniger greifbare Welt unserer Gedanken zu imitieren und zu replizieren.

In ihrer umfassenden Chronik der KI, «Machines Who Think», beschreibt die amerikanische Autorin Pamela McCorduck die menschliche Suche nach einer maschinellen Kopie als eine «Geschichte der Selbstimitation».[4] In vielen Regionen der Welt, in alten Texten, Legenden, Mythen und in der Science-Fiction gibt es unzählige Geschichten von Menschen, die mit großer Erfindungsgabe versuchen, sich selbst in Gestalt einer Maschine zu imitieren und ihre sterblichen Beschränkungen zu überwinden, um unsterblich zu werden. Diese Erzählungen handeln davon, wie Menschen sich selbst in Automaten neu erfinden, aber immer auch von der Mechanisierung des Denkens.

Die Mechanisierung der Logik

Wir Menschen bezeichnen uns selbst als «Homo sapiens», als weise Wesen. Als einen Beleg für diese Eigenschaft haben wir ein Kommunikationsmittel kultiviert, das bemerkenswert einflussreich ist – die menschliche Sprache. Sie gibt uns die Möglichkeit, unsere geistigen Fähigkeiten zu dokumentieren, unsere Gedanken auszudrücken und mithilfe von Symbolen miteinander zu interagieren. Die Sprache ist ein Fenster zu unserem Denken und unserer Wahrnehmung. Sie ist der Stoff, in den wir unsere Logik einweben, damit andere ihn aufgreifen, sich in ihn hüllen und ein Stück unseres Denkens mit sich tragen können.

Lange vor Beginn unserer Zeitrechnung im Herzen Mesopotamiens, an einem Ort, den wir heute Irak nennen, versuchten die Menschen, ihr gesamtes verfügbares Wissen zusammenzutragen. Die Bibliothek von Assurbanipal umfasste die erstaunliche Anzahl von mehr als 30 000 Tonplatten und Fragmenten, graviert mit Schriftzeichen, hinzu kam ein hoch entwickeltes Katalogsystem. Als ein Feuer den ursprünglichen Standort Ninive erfasste, sorgten die Gesetze der Physik für ein kulturelles Geschenk: Anstatt die Dokumente zu vernichten, härtete das Feuer die Tonplatten aus, sodass diese Jahrhunderte überdauern konnten. Britische Archäologen gruben den Schatz im 19. und 20. Jahrhundert aus und enthüllten damit eine königliche Sammlung wissenschaftlicher Literatur und ein ganzes Archiv, in dem die Geheimnisse des alltäglichen Lebens in Mesopotamien bewahrt worden waren. Viele der Tontafeln befinden sich heute im Britischen Museum. Sie sind ein frühes Zeugnis für das den Menschen innewohnende Streben nach kollektiver Verständigung. Nur geteiltes Wissen ist für die Menschheit brauchbar und wertvoll.

Bis heute hat sich daran nichts geändert. Aus Tonplatten sind Silikonchips geworden, aber noch immer geht es darum, Informationen und Wissensbestände so zu dokumentieren und zu speichern, dass wir Menschen über einzelne wissende Individuen hinaus daran teilhaben können. Wichtig ist neben der bloßen Sammlung von Wissen jedoch noch etwas anderes. Erst wenn es gelingt, dem Wissen eine Struktur zu geben, haben wir die Chance auf echte Verständigung.

Genau danach suchte Aristoteles. Im 4. Jahrhundert v. Chr. wollte der griechische Philosoph die Logik menschlicher Argumente greifbar machen. In Aristoteles' großem Plan war Wissen nie nur eine undurchsichtige Masse, sondern immer eine gut geordnete Sammlung von Kategorien, denen dann einzelne Informationen zugeordnet werden konnten. Er wollte Ordnung in die Masse der Informationen bringen. In seiner Hierarchie stand die Theorie an oberster Stelle; die Kunst befand sich ganz am Ende der kulturellen Schöpfungskette. In diesem

Lichte führte Aristoteles das erste formale System der deduktiven Logik ein, sozusagen ein Rezept, um Fakten und Annahmen zu kombinieren und dann zu einem Schluss zu gelangen: die syllogistische Logik.

Nehmen wir die beiden Sätze «Alle Menschen sind sterblich» und «Sokrates ist ein Mensch». Nach der syllogistischen Logik lässt sich aus der Kombination beider Sätze ableiten: «Also ist Sokrates sterblich.» Oder formal ausgedrückt: Wenn A gleich B ist und C gleich A ist, dann ist C auch gleich B. Dieser Ansatz ermöglicht verschiedenste Ableitungen. Aristoteles hat damit sehr früh nicht nur die Grundlage dafür geschaffen, logische Aussagen zu verstehen, er hat auch ein Prinzip erdacht, nach dem man Verbindungen zwischen ihnen herstellen kann. Zum einen zeigte dies, wie Denkmuster mithilfe von logischen Schablonen erklärt werden können, nämlich durch generische Symbole, die eine beliebige Anzahl von Dingen repräsentieren können. Zum anderen zeigte es aber auch, dass diese Symbole in konkreten Anwendungsfällen etwas Spezifisches bedeuten können. Dann führen klar definierte logische Schritte zu einem bestimmten Ergebnis. Aus heutiger Sicht könnten wir sagen: Aristoteles hat einiges von dem verstanden, was viel später eine Schlüsselrolle in der Entwicklung der KI spielen sollte.

Das Denken zu verstehen, dies war ein wesentlicher Antrieb für eine ganze Reihe von Philosophinnen und Denkern. Im Verlauf der Geschichte entwickelten sie Instrumente, um das Denken selbst widerzuspiegeln und zu analysieren. Im 13. Jahrhundert erdachte der katalanische Philosoph Ramon Llull das, was er die «Ars Magna» nannte. Dabei ging es um die große Kunst, durch die mechanische Kombination von Worten mithilfe einer «logischen Maschine» die Wahrheit herauszufinden.[5] Llull beschrieb ein Papierinstrument, das alle Dimensionen von Wissen logisch darstellen sollte, um so jede Frage der Naturwissenschaft, der Moral und sogar der Metaphysik zu beantworten. Es bestand aus Scheiben, wahrscheinlich aus Metall und Karton gefertigt, die man drehen und kombinieren konnte, um so Zusammenhänge immer wieder neu herzustellen. Sein Werkzeug wollte Llull als Missionar nutzen, um den Heiden die Welt zu erklären und ihre Fragen anders beantworten zu können.

Es war der deutsche Philosoph Gottfried Wilhelm Leibniz, der die Überlegungen zur Mechanisierung der Logik im 17. Jahrhundert einen bedeutenden Schritt voranbrachte. Schon als Jugendlicher ließ er sich von Ramon Llulls Methode der Kombinatorik inspirieren. Um eine gemeinsame Grundlage für Denker mit verschiedenen Sprachhintergründen zu etablieren, stellte sich Leibniz eine Lingua franca der Vernunft vor – die «characteristica universalis». Er träumte von einer symbolischen Sprache, einer Algebra des Denkens. Dazu brauchte es einen universellen logischen Rechner, den «calculator rationicator», der in der Lage sein sollte, die Prozesse des menschlichen Denkens zu automatisieren. In einem Brief an Johann Friedrich, Herzog von Hannover, aus dem April 1679 schrieb Leibniz: «Diese Sprache (...) ist das große Organ der Vernunft, das die Kräfte des Geistes so weit tragen wird, wie das Mikroskop die des Sehens vorangebracht hat. (...) Sie wird uns die Mittel geben, in allen Angelegenheiten zu rechnen wie in der Arithmetik: entweder die Gewissheit festzustellen, wenn genügend Umstände dafür gegeben sind, oder zumindest die Grade der Wahrscheinlichkeit.»[6]

Diese kühne Vision eines zentralen Geistes der Aufklärung ist eine Vorbotin für die heutigen Ambitionen vieler KI-Unternehmer: den Wunsch, alles erdenklich Mögliche zu errechnen und auf Grundlage von Wahrscheinlichkeiten vorherzusagen. Leibniz hoffte darauf, seine Methode des mechanisierten Denkens werde den wissenschaftlichen Austausch fördern, bei Verhandlungen helfen und Streitigkeiten lösen. Genau wie Aristoteles hatte er erkannt, dass es notwendig ist, nicht nur logische Aussagen symbolisch auszudrücken, sondern auch die komplexen Beziehungen, die zwischen ihnen bestehen.

Es hat dann viel Zeit gebraucht, bis es gelang, diese Idee auf eine nächste Ebene zu bringen, also die Zusammenhänge logischer Aussagen in einer Art Sprachalgebra zu formalisieren. «Die Mathematik, die wir erschaffen müssen, ist eine Mathematik des menschlichen Verstandes», schrieb der britische Mathematiker und Logiker George Boole 1854 – bemerkenswerterweise nur ein Jahrzehnt nachdem Ada Lovelace und Charles Babbage an der «Analytical Engine» und einer ersten Programmiersprache für diese Maschine gearbeitet hatten. In seiner «Untersuchung der Gesetze des Denkens» formulierte Boole die Grundlagen der modernen symbolischen Logik.

Er stand dabei vor zwei Herausforderungen. Zum einen ist Sprache oft mehrdeutig, vage und interpretationsfähig. Das erleben wir täglich, nicht nur in der Interaktion mit unvollkommenen Chatbots, sondern auch mit dem einen oder anderen menschlichen Gegenüber. Mithilfe der symbolischen Logik wollte Boole genau diese Mehrdeutigkeit von Sprache als Ursache vielfacher Missverständnisse minimieren. Zum anderen ist es nicht immer einfach, sprachlich das auszudrücken, was man tatsächlich meint. Und so führte Boole «elektive Symbole» ein: willkürliche Bezeichnungen, die als symbolische Stellvertreter Kategorien oder Gruppen von Dingen repräsentieren.

Aus Sicht der modernen Algebra ist nicht alles an diesem Konzept schlüssig, und doch hat Boole für seine Zeit weit gedacht. Seine «Gesetze des Denkens» waren letztlich nichts anderes als Algorithmen, mit denen sich «elektive Symbole» ordnen ließen. Bemerkenswert ist, dass sie innerhalb eines Systems funktionieren, das der heutigen Algebra ähnelt oder zumindest als ein Vorläufermodell gelten kann. Durch die Verwendung von Symbolen und das Befolgen spezifischer Regeln zeigte Boole, ähnlich wie es sich Leibniz erträumt hatte, wie wir präziser denken und die Fallstricke einer oft mehrdeutigen Sprache umgehen können. Mit seinem binären Ansatz zur Darstellung von logischen Zuständen wie «wahr/falsch» oder «ein/aus» schuf Boole eine Verbindung zwischen logischen Operationen und den Prinzipien der Algebra. Damit ebnete er den Weg für digitale Computer, die in der Lage sind, mithilfe eines Binärcodes Informationen zu verarbeiten.

Leben im Binärzeitalter

Im frühen 20. Jahrhundert waren Computer hauptsächlich im Hintergrund aktiv – und zwar im eigentlichen wie im übertragenen Sinne. Denn der Begriff «Computer» war eine Berufsbezeichnung für diejenigen, die *computations*, also Berechnungen, durchführten. Auch wenn sie manchmal einen rudimentären Taschenrechner benutzten, war der Ausdruck zu diesem Zeitpunkt für Menschen vorgesehen. Genauer gesagt: für Frauen. Frauen, die als Mathematikerinnen ausgebildet worden waren und beispielsweise während des Zweiten Weltkriegs komplexe Flugbahnberechnungen in strategische Ratschläge für die Streitkräfte verwandelten. Frauen wie Kay McNulty, Frances Bilas, Betty Jean Jennings, Elizabeth Snyder, Ruth Lichterman und Marlyn Wescoff, sechs Spitzenrechnerinnen, die später ausgewählt wurden, um einen nichtmenschlichen Computer zu programmieren. Das war 1946, und es handelte sich um den ersten programmierbaren elektronischen Universalcomputer, den ENIAC (Electronic Numerical Integrator and Computer).[7]

Um die Kapazitäten der frühen digitalen Computer aufzuzeigen, nutzten einige Wissenschaftler sogar die Analogie zum Menschen. Alan Turing schrieb 1950: «Die Idee, die hinter Digitalrechnern steckt, lässt sich so erklären, dass diese

Maschinen alle Operationen ausführen können, die auch von einem menschlichen Computer ausgeführt werden könnten.»[8] Bald darauf verwies der Begriff «Computer» ausschließlich auf Maschinen.

Damit ging noch etwas anderes einher: Wir begannen, wie die Anthropologin und KI-Expertin Genevieve Bell es formuliert, «Computer im elektronischen Sinne zu verwenden, um Computer im menschlichen Sinne zu ersetzen».[9] Einst haben wir Maschinen als stark gepriesen, wenn sie über menschenähnliche Rechenkraft verfügten. Heute bezeichnen wir einen besonders schnell denkenden Menschen salopp als Maschine.

«Es ist eine merkwürdige Wendung», schreibt der amerikanische KI-Experte Brian Christian: «Wir sind wie das, was einmal wie wir war. Wir imitieren unsere alten Nachahmer, eine der seltsamen Umkehrungen in der langen Geschichte der menschlichen Einzigartigkeit.»[10] Das hat Folgen für das menschliche Selbstverständnis, wie wir in Kapitel 11 noch sehen werden.

Wahrnehmung schafft Wirklichkeit

An dieser Stelle wollen wir noch einmal auf Alan Turings «Imitation Game» zurückkommen. Die Ausgangsfrage lautete: Können Maschinen wirklich alles, was Menschen können, also auch denken? Mit Sicherheit herauszufinden, ob im Inneren einer Maschine Denkprozesse ablaufen, das sei, so Turing, schlicht nicht zu beantworten, schon weil wir viel zu wenig darüber wissen, welche Vorgänge im Gehirn eigentlich ablaufen. Turing hielt es jedoch für möglich, sich der Frage pragmatisch anzunähern, und zwar in Form eines Tests: Kann eine Maschine ein Verhalten zeigen, das von dem eines Menschen nicht zu unterscheiden ist?

In seinem Gedankenexperiment kommuniziert ein Mensch schriftlich mit zwei für ihn unsichtbaren Gesprächspartnern, einem Mann und einer Frau. Auf der Grundlage der Antworten, die beide Probanden auf seine Fragen geben, soll er das Geschlecht seiner Gegenüber bestimmen. Für die weitere Entwicklung der Künstlichen Intelligenz relevant wird das Spiel, wenn einer der beiden insgeheim durch einen digitalen Computer ersetzt wird. Wird der menschliche Beurteiler den Unterschied in der Unterhaltung bemerken?

Heute könnte man fragen: Wenn eine Kundendienstmitarbeiterin mitten im Gespräch durch einen Chatbot ersetzt wird, würden wir einen Unterschied erkennen? Bis vor einigen Monaten hätten wir diese Frage mit Überzeugung bejaht. Seit generative KI für alle zugänglich ist, stellt sich das etwas anders dar. Genau darum ging es schon Alan Turing. Wenn wir nicht realisieren, dass unsere Gesprächspartnerin in Wahrheit ein Computer ist, hat ebendieser Computer «intelligentes» Verhalten gezeigt.

Bemerkenswert und für unsere heutige Entwicklung bedeutsam ist die Argumentation, die Turing zu seinem Imitationsspiel anbietet. Für ihn signalisierte schon die überzeugende Imitation von menschlichem Verhalten eine Form von Intelligenz. Davon ausgehend prophezeite er 1950, dass «am Ende des Jahrhunderts die Verwendung von Wörtern und die gesellschaftliche Meinung sich so sehr verändert haben werden, dass man von Maschinen sprechen wird, die denken, ohne dafür Widerspruch erwarten zu müssen».[11] Das stimmt noch nicht so ganz. Ob KI tatsächlich denken kann und empfindungsfähig ist, wird zwischen den Anhängern weitreichender Vorstellungen einer Allgemeinen Künstlichen Intelligenz (AGI) und den etwas vorsichtigeren Vertretern einer gemäßigten Position heftig diskutiert. Vielleicht war Alan Turing also ein wenig zu optimistisch in seiner Prognose.

Ein kritischer Geist lebt von Widersprüchen, und Alan Turing war ein solcher. In seinen Schriften ging er auf zahlreiche Einwände ein, darunter einen zentralen von Ada Lovelace. Ein Jahrhundert zuvor hatte sie über die «Analytical Engine» gesagt, diese erhebe «keinen Anspruch darauf, etwas zu erschaffen. Sie kann nur tun, was immer wir ihr zu tun befehlen.»[12] Wir erinnern uns: Ada Lovelace war überzeugt, dass Maschinen nur ausführen, was Menschen programmieren, und dass daher ihre Ergebnisse nicht *originell* sind. Denken aber setzt die Möglichkeit voraus, etwas völlig Neues zu schaffen. Nur das wollte Lovelace auch als echten Beweis für das Denken gelten lassen. Turing hingegen widersprach: Wenn Maschinen uns glauben lassen können, dass etwas originell ist, wo liegt dann der Unterschied? Wahrnehmung schafft Wirklichkeit – ein konstruktivistischer Ansatz, der in der weiteren Entwicklung der Computerwissenschaften eine bedeutende Rolle spielen sollte.

Auch für Turings eigenes Leben, das 2014 in dem Film «The Imitation Game» verfilmt wurde, steckt in dieser Erkenntnis eine traurige Wahrheit. Turing erwarb sich außergewöhnliche Verdienste in den Computerwissenschaften und in der Kryptografie. Er war wesentlich daran beteiligt, die mithilfe der weltberühmten Chiffriermaschine «Enigma» verschlüsselten Funksprüche der Nazis zu entziffern. Dennoch wurde Turing als homosexueller Mann später von seiner eigenen Regierung verfolgt. Er wurde 1952 verurteilt und musste sich einer Hormonbehandlung unterziehen. Die stürzte Turing in eine starke Depression. Im Jahr 1954 nahm sich das frühe Genie der Informatik das Leben. 2013 entschuldigte sich die britische Königin für diese Verurteilung und rehabilitierte Turing posthum.

Symbolik versus Vernetzung

Während die Briten einen ihrer genialsten Mathematiker aufgrund von institutionalisierter Homophobie verloren, herrschte in den USA Aufbruchsstimmung im neu entstehenden Feld der Computerwissenschaften. Eine Maschine, die uns Menschen nachahmt, schien in greifbare Nähe gerückt zu sein. Doch sehr schnell wurde deutlich: Es führt nicht nur ein Weg nach Rom. Insbesondere eine Weggabelung wurde auf der Entwicklungsreise zur perfekten Maschine sichtbar. Die einen wollten erkunden, *wie* unser Gehirn funktioniert, um das Geheimnis unserer kognitiven Fähigkeiten zu entschlüsseln. Die anderen entschieden sich für den Weg des «Was»: *Was* tut ein Gehirn genau, und wie lässt sich das in der Maschine nachbauen? An beide Fragen anschließend: Basiert Intelligenz auf klaren Regeln oder auf der Verbindung von unzähligen Informationspunkten?

In den Computerwissenschaften der Fünfzigerjahre haben sich entsprechend zwei Herangehensweisen herausgebildet. Die eine Schule konzentrierte sich auf die Symbolische KI. Diese beruht auf explizit programmierten Regeln und einer systemischen Logik mit dem Ziel, Wissen zu repräsentieren und daraus Schlussfolgerungen zu ziehen. Ganz ähnlich wie schon in den Überlegungen von Aristoteles, Leibniz und Boole werden dabei symbolische Stellvertreter eingesetzt, um Konzepte und deren Beziehungen untereinander darzustellen. Die Grundannahme klingt einfach: Sobald wir ein reales Problem durch die Programmierung von Symbolen und ihren Beziehungen darstellen können, sollte die Maschine in der Lage sein, das Problem zu analysieren und die beste Lösung zu finden.

Die zweite Schule konzentrierte sich auf die schon erwähnten neuronalen Netze. Inspiriert durch die biologische Vernetzung des menschlichen Gehirns, sollen diese Netze

Lernprozesse simulieren, indem sie Verbindungen zwischen künstlichen Neuronen nutzen. Dabei entwickeln sie sich fort (und man könnte auch sagen, sie lernen), indem sie ihre internen Parameter während eines Trainings immer wieder anpassen, um Vorhersagen oder Entscheidungen zu treffen, ohne explizit programmierte Instruktionen für die jeweilige Aufgabe zu benötigen.

Die Methode der neuronalen Netzwerke stützt sich auf datengetriebenes, oft weniger interpretierbares Lernen, um Muster und Zusammenhänge direkt in den Daten zu finden, während Symbolische KI den Fokus auf klare, verständliche Regeln und Logik legt. Dabei schien es zunächst, als sei die Symbolische Logik der vielversprechendere Ansatz. Im Jahr 1956 gelang es den Forschern Allen Newell, Herbert Simon und Cliff Shaw, auf der Grundlage von Booles Logikgesetzen ein Programm zu entwickeln, das mehrere komplizierte mathematische Theoreme beweisen konnte. Die Lösung bestand darin, das komplexe Problem über eine Baumstruktur in zahlreiche einfache Schritte zu zerlegen.

Newell, Simon und Shaw bezeichneten das Programm als «Logik-Theoretiker» («Logic Theorist»), und es schien so vielversprechend, dass die drei es weiterentwickelten. Aus dem «Logik-Theoretiker» wurde der «Allgemeine Problemlöser» («General Problem Solver»). Das Programm war nun in der Lage, theoretische Aufgaben zu lösen, indem es einen aktuellen Zustand mit einem gewünschten Zielzustand verglich und ihn so lange optimierte, bis die Ausführung gefunden war, die den Unterschied zwischen beiden Zuständen am weitesten verringerte. Das ist eine Methode der Fehlerreduktion, und man kann sie sich, sehr vereinfacht, wie das Trainieren des perfekten Aufschlags beim Tennis vorstellen. Bei den ersten Versuchen wird man von einem professionellen Aufschlag noch weit entfernt sein. Je öfter man jedoch die notwendigen

Bewegungen in verschiedenen Positionen wiederholt, desto mehr werden sich (hoffentlich) das aktuelle und das gewünschte Ergebnis annähern. Der «Allgemeine Problemlöser» war ein klarer Beweis dafür, dass ein System Informationen verarbeiten kann, um eine Aufgabe zu lösen – eine Leistung, die bisher nur dem Menschen zugetraut wurde.

Kurz nach diesen frühen Erfolgen veranstaltete eine Gruppe von Forschern im Sommer 1956 eine inzwischen legendäre Konferenz, die Wissenschaftler aus verschiedenen Disziplinen zusammenbrachte. In diesem Fall waren es tatsächlich nur Männer – Frauen, also Wissenschaftlerinnen und Mathematikerinnen, wurden schlicht nicht eingeladen. Mit dem «Dartmouth Sommer-Forschungsprojekt» etablierten die Initiatoren um John McCarthy, Marvin Minsky, Nathaniel Rochester und Claude Shannon einen Oberbegriff für vielfältige Methoden der Informatik, die Forschungsbestrebungen der Linguistik, Psychologie, Philosophie und Neurowissenschaften verbanden: den der Künstlichen Intelligenz. Im Forschungsantrag für die Konferenz skizzierte die Gruppe ihre zugrunde liegende Hypothese: «Jeder Aspekt des Lernens oder jeder andere Aspekt der Intelligenz kann im Prinzip so präzise beschrieben werden, dass eine Maschine ihn simulieren kann.»[13] Das zeugt von einigem Selbstbewusstsein, war doch der Begriff der menschlichen Intelligenz, wie wir in Kapitel 10 sehen werden, damals ebenso vage definiert, wie er es noch heute ist. Während neuronale Netze im Forschungsplan immerhin erwähnt wurden, waren John McCarthy und seine Kollegen besonders begeistert von der Symbolischen KI. Ihr Ziel war, «herauszufinden, wie man Maschinen dazu bringt, Sprache zu verwenden, Abstraktionen und Konzepte zu bilden, verschiedene Arten von Problemen zu lösen, deren Lösung bisher Menschen vorbehalten war, und sich selbst zu verbessern».[14]

Die Zusammenkunft in New Hampshire war eine Art Klassentreffen der frühen Schlüsselfiguren in der KI-Forschung. In diesen acht Wochen setzte sich der zentrale Begriff fest, der schließlich zum Programm werden sollte. Die eigentliche Konferenz und ihre sonstigen Erträge aber verwehten wie ein laues Sommerlüftchen.

Ein echter Durchbruch kam derweil von einem Forscher, der nicht in Dartmouth dabei war. Frank Rosenblatt, Psychologe am Cornell Aeronautical Laboratory, war kein Anhänger der Symbolischen KI. Stattdessen interessierte er sich für die physikalische Struktur und die chemischen Prozesse des menschlichen Gehirns. Unser wichtigstes Organ ist ein enormes Netzwerk aus Nervenzellen. Etwa 86 Milliarden Neuronen feuern elektrische Signale über Synapsen als Verbindungsstellen, um Informationen zu verarbeiten. Schon im späten 19. Jahrhundert entstand die Theorie, dass diese Vernetzung sozusagen die natürliche Rechenkraft des Menschen ausmache. Fasziniert vom Potenzial unseres Gehirns, konstruierte Frank Rosenblatt eine Maschine, die über Jahrzehnte die Gemüter der KI-Forschung in Wallung versetzen sollte.

Rosenblatt entwickelte das erste neuronale Netz, und das brisanterweise genau zu dem Zeitpunkt, als viele der Befürworter von Symbolischer KI in Dartmouth tagten. Er nannte es das «Perzeptron» (nach engl. *perception*, Wahrnehmung). Sein Programm war mit einer Kamera verbunden und darauf trainiert, Muster zu erkennen, genauer gesagt, zwischen grundlegenden Formen in einem 20×20-Eingabegitter zu unterscheiden. Die Hauptaufgabe bestand darin, den Unterschied zwischen einfachen geometrischen Formen, wie Dreiecken und Quadraten, in Form eines visuellen Bildes zu erkennen.

Der Trainingsprozess, der dafür notwendig ist, hat einen sehr technischen Namen: stochastisches Gradientenverfahren. Dahinter verbirgt sich ein weitaus weniger kompliziertes

Prinzip, das seitdem in vielen KI-Anwendungen zu finden ist. Zufällig ausgewählte («stochastische») Trainingsdaten werden in das Model eingegeben. Wenn die Maschine die Daten zuordnen kann, also etwa das gegebene Muster richtig erkennt, lernt sie dadurch weiter. Wenn es jedoch einen Fehler gibt, müssen die Parameter in der Software in eine bestimmte Richtung («Gradient») verändert werden, um die künftige Fehlerwahrscheinlichkeit zu reduzieren. Dieser Vorgang wird mit unterschiedlichen Daten unzählige Male wiederholt.[15]

Rosenblatt habe «den Embryo eines elektronischen Computers» enthüllt, schwärmte am 8. Juli 1958 ein Journalist der «New York Times», nachdem er eine Demonstration des Perzeptrons miterlebt hatte. Von dieser Maschine dürfe man erwarten, dass sie «laufen, sprechen, sehen, schreiben, sich selbst reproduzieren und sich ihrer Existenz bewusst sein kann».[16] Das war ein bisschen voreilig, und doch waren die Prinzipien des maschinellen Lernens in Rosenblatts Maschine angelegt. Rosenblatt selbst behauptete damals, eine zukünftige Weiterentwicklung seiner Erfindung, die «Perzeptron-Denkmaschine», werde das erste Gerät sein, «das wie das menschliche Gehirn denkt».[17]

Einstweilen war es an Rosenblatt selbst weiterzudenken, denn das frühe Perzeptron hatte seine Grenzen. Auch ein Mensch wird nicht weit kommen, wenn er nur Dreiecke von Vierecken unterscheiden kann. Rosenblatts System arbeitete mit einem Netzwerk, das nur über eine Ebene an Neuronen verfügte. Das wiederum bedeutete: Informationen konnten nur eine einzige Stufe der Verarbeitung durchlaufen, bevor ein Ergebnis produziert wurde. Stellen wir uns einen Menschen vor, der Post sortieren soll, dabei aber immer nur die Adressierung jedes einzelnen Briefes liest. Er kann auf dieser Grundlage entscheiden, wohin die Briefe gehören. Letztlich aber wird jeder Brief zur eigenen Kategorie, weil die Vergleichsebene fehlt. Für komplexere Aufgaben benötigt man ein mehrschichtiges neuronales Netzwerk. Um bei unserem Postbeispiel zu bleiben: Ein solches Netzwerk könnte Briefe nach unterschiedlichen Kategorien sortieren (z. B. nach dem Absender oder dem Adressaten, der Datierung, der Herkunft etc.). Es könnte, je nach Vielschichtigkeit, sogar die Inhalte der Briefe lesen. Ein solches Netzwerk ermöglicht es, komplexere Entscheidungen zu treffen, beispielsweise Briefe in Kategorien wie «dringend», «in drei Tagen antworten» und «auf Wiedervorlage» einzuordnen.

In den frühen Sechzigerjahren konnten die Forscher davon nur träumen. Es gab schlicht noch nicht den Algorithmus, der für das Training eines mehrschichtigen Netzwerks erforderlich ist. Und die Niederlage des einen ist der Sieg des anderen. Mit einer gewissen Schadenfreude nutzen die Verfechter der Symbolischen KI Rosenblatts Schwachpunkt aus, um ihrem Konkurrenten einen Strich durch die Rechnung zu ziehen. Marvin Minsky, der einst seine Doktorarbeit über neuronale Netze geschrieben hatte, stand ihnen nun äußerst kritisch gegenüber. In einem 1969 erschienenen Buch übten Minsky und Seymour Papert scharfe Kritik an Rosenblatt. Um den Ansatz der neuronalen Netze zu diskreditieren, betonten sie, dass seine «Denkmaschine» schon bei einfachen Aufgaben versage. Damit erhoben sie zugleich die Symbolische KI, die nach logischen Regeln und Instruktionen verfuhr, endgültig zur überlegenen Variante. Ihr Buch trug den Titel «Perceptrons» – es sollte eine Kampfschrift sein, um Frank Rosenblatt mit seiner eigenen Bezeichnung zu schlagen. Und es ist ein Treppenwitz der KI-Geschichte, dass man den von den beiden so vehement verfochtenen symbolischen Ansatz der KI heute aus gutem Grund «Good old-fashioned AI» (GOFAI) nennt.

Dennoch, Minsky und Papert waren wichtige Namen in der KI-Forschung, ihr hartes Urteil hatte Gewicht. Gleichzeitig kamen Vertreter der Symbolischen KI mit ihren eigenen Versprechen nicht weiter. Die frühen Prophezeiungen von Maschinen, die alle möglichen komplexen menschlichen Leistungen würden nachahmen können, verflüchtigten sich aufgrund von begrenzten Ressourcen und einem unzureichenden Verständnis für die Komplexität des menschlichen Gehirns und seiner kognitiven Fähigkeiten. Plötzlich war KI nicht mehr ganz so sexy, wie sie in den Folgejahren der Dartmouth-Konferenz erschienen war. Ernüchterung stellte sich ein, Forschungsgelder wurden eingefroren, und das Interesse an der Künstlichen Intelligenz erlosch.

Das ist die Phase der Siebzigerjahre, die später der erste «KI-Winter» genannt wurde. Es brauchte mehrere Jahrzehnte mit enorm wachsender Rechenleistung, immer größeren Datenmengen und fortgeschrittener algorithmischer Modellierung, um an den evolutionären Wendepunkt zu gelangen, den Ada Lovelace einst voraussah: KI-Systeme, die etwas erschaffen können.

3
Die Transformer: Wie mit neuronalen Netzen der Durchbruch gelang

Es war kurz nach der Dartmouth-Konferenz, die 1956 den Begriff der Künstlichen Intelligenz eingeführt hatte, da machte in den USA eine Psychotherapeutin auf sich aufmerksam. Im Diagnosegespräch, das sie schriftlich und über den Bildschirm führte, zeigte sie sich ausgesprochen empathisch und offen für die emotionalen Befindlichkeiten ihrer Patientinnen und Patienten. Die waren von den intimen Gesprächen mit der Star-Therapeutin so angetan, dass Außenstehende entweder fasziniert von ihrer Kunst waren – oder alarmiert durch die Reaktionen, die sie bei ihren Patienten auslöste. Ihr Name war ELIZA, und «sie» war ein Computerprogramm. Der deutsch-amerikanische Wissenschaftler Joseph Weizenbaum hatte es um 1965 am Massachusetts Institute of Technology entwickelt.

Um seinen Chatbot in realen Situationen zu testen, hatte der Informatiker ELIZA beigebracht, eine Therapeutin zu imitieren – Weizenbaum selbst sprach gar von «parodieren».[1] Durch geschickte Gesprächsführung sollte das Programm sein Gegenüber ermutigen, die Unterhaltung fortzuführen, indem es dessen Äußerungen als Fragen zurückspiegelte. ELIZA arbeitete damit nach den einfachen Prinzipien des patientenzentrierten Dialogs: Das Programm nahm Schlüsselwörter aus den Aussagen der Probanden auf und baute sie in die eigenen Antworten ein.

ELIZA war trainiert als regelbasiertes System, eine Symbolische KI, wie wir sie im vorangegangenen Kapitel kennengelernt haben. Ihre Aufgabe bestand im «Template Matching» (Vorlagenabgleich): Ein Teil des Programms analysierte die menschlichen Eingaben, der andere generierte die maschinelle Antwort, indem er die Aussagen an vordefinierte Muster anpasste, um in vollen Sätzen zu antworten. Zwischendurch wurde das Gespräch mit allgemeinen Aufforderungen wie «Bitte fahren Sie fort» angereichert. Weizenbaum beschrieb das ELIZA zugrunde liegende Skript als «eine Reihe von Regeln, ähnlich denen, die einem Schauspieler gegeben werden, der damit über ein bestimmtes Thema improvisieren soll».[2]

Natürlich erkannte ELIZA nicht wirklich einen Sinn in den Problemen, von denen ihr berichtet wurde. Die Art ihrer Programmierung aber erlaubte es den menschlichen Gesprächspartnern, sich der Illusion hinzugeben, das Computerprogramm verstehe, was ihnen am Herzen lag. Dieser Dialog hier zeigt das deutlich:

```
Welcome to
            EEEEEE  LL      IIII  ZZZZZZZ  AAAAA
            EE      LL       II        ZZ  AA   AA
            EEEEE   LL       II       ZZZ  AAAAAAA
            EE      LL       II      ZZ    AA   AA
            EEEEEE  LLLLLL  IIII  ZZZZZZZ  AA   AA

   Eliza is a mock Rogerian psychotherapist.
   The original program was described by Joseph Weizenbaum in 1966.
   This implementation by Norbert Landsteiner 2005.


ELIZA: Is something troubling you ?
YOU:   Men are all alike.
ELIZA: What is the connection, do you suppose ?
YOU:   They're always bugging us about something or other.
ELIZA: Can you think of a specific example ?
YOU:   Well, my boyfriend made me come here.
ELIZA: Is it important to you that your boyfriend made you come here ?
YOU:   He says I'm depressed much of the time.
ELIZA: I am sorry to hear that you are depressed.
YOU:   It's true. I am unhappy.
ELIZA: Can you explain what made you unhappy ?
YOU:   █
```

Die ersten Probanden waren begeistert. Viele waren im Dialog mit ELIZA bereit, sehr persönliche Dinge preiszugeben, und so empfanden sie ihren Austausch mit dem Programm als Ausdruck einer emotionalen Bindung. Manche bestanden darauf, dass Eliza sie tatsächlich *verstand*. Einmal bat Weizenbaums eigene Sekretärin den Forscher, doch bitte den Raum zu verlassen, weil sie mit dem Programm intime Details aus ihrem Leben zu besprechen habe.

Was hatte Weizenbaum da erfunden? Eine Software, die Menschen auf die irrwitzige Idee brachte, sich mit einem echten Gesprächspartner auszutauschen. Über diese geradezu leidenschaftliche Vermenschlichung eines Computerprogramms war Weizenbaum alles andere als entzückt. «ELIZA zeigt zumindest, wie leicht es ist, die Illusion des Verstehens und damit vielleicht eines glaubwürdigen Urteils zu erzeugen und aufrechtzuerhalten», schrieb er, um hinzuzufügen: «Hier lauert eine gewisse Gefahr.»[3] Und so erahnte der Wissenschaftler früh, dass wir Menschen in der Lage sind, blindes Vertrauen in Computersysteme zu entwickeln, wenn sie nur die menschlichen Verhaltensweisen plausibel nachahmen können.

Es brachte Weizenbaum noch mehr auf die Palme, dass Wissenschaftskollegen euphorisch auf ELIZA reagierten. Sie hielten das Programm für den ersten gelungenen Schritt auf dem Weg zu Maschinen, die natürliche Sprache verstehen können. Weizenbaum hatte in seinen akademischen Abhandlungen zu ELIZA klargestellt, dass seine Erfindung nichts dergleichen war, weil tatsächliches Verstehen einen entsprechenden Kontext voraussetzt. Und so war er auch über die Naivität der wissenschaftlichen Mitstreiter entsetzt. «Was ich nicht erkannt hatte, war», so schrieb er später, «dass ein relativ einfaches Computerprogramm in extrem kurzer Zeit bei ganz normalen Menschen starke Trugschlüsse auslösen kann.»[4]

Eine dritte Reaktion schließlich schlug für Weizenbaum dem Fass den Boden aus. Wieder andere Forscher sahen in ELIZA die Zukunft der Medizin. Ihrer Ansicht nach funktionierte der Mensch im Wesentlichen ähnlich wie die Maschine – und konnte somit entsprechend durch sie imitiert werden. Im Jahr 1966 verkündete eine Gruppe von Stanford-Forschern im «Journal of Nervous and Mental Disease», der menschliche Therapeut könne «als Informationsverarbeiter und Entscheidungsträger mit einer Reihe von Entscheidungsregeln ausgestattet werden, die eng mit kurz- und langfristigen Zielen verbunden sind (...). Er wird bei seinen Entscheidungen von groben empirischen Regeln geleitet, die ihm sagen, welche Reaktionen in bestimmten Kontexten angemessen sind und welche nicht. Es wird eine gewisse Herausforderung sein, diese Prozesse in dem Maße, wie sie ein menschlicher Therapeut beherrscht, in das Programm einzubauen, aber wir versuchen, uns in diese Richtung zu bewegen.»[5] Kurz gesagt: Ein Therapeut ist nicht mehr als ein rudimentärer Algorithmus.

Die implizite Annahme, der Nutzen eines Gesprächs mit einem menschlichen Therapeuten sei vielleicht nur marginal und der Therapeut könne deshalb leicht durch eine Software ersetzt werden, bereitete Weizenbaum Sorgen. Aber viel mehr noch wunderte ihn die Annahme – oder war es vielleicht sogar eine Wunschvorstellung? –, dass Menschen im Wesentlichen wie Maschinen funktionieren. Immerhin, die enthusiastischen Kollegen, die in ELIZA die Zukunft der Psychotherapie aufscheinen sahen, dachten eher an eine Zusammenarbeit von Mensch und Maschine. «Der Therapeut, der an der Entwicklung und dem Betrieb dieses Systems beteiligt ist», so schrieben sie in wissenschaftlichen Abhandlungen über automatisierte Therapie, «würde nicht ersetzt, sondern zu einem viel leistungsfähigeren Menschen werden, da seine Bemühungen nicht mehr auf das derzeitige 1:1-Verhältnis von Patient und Therapeut beschränkt wären.»[6] Das war eine galante Umschreibung des Taylorismus für die Psychotherapie – der maschinell gesteigerte Industriestandard für Arzt-Patienten-Beziehungen, der den Prozess schneller und effizienter machen sollte.

Für den Schöpfer von ELIZA offenbarte das Projekt einen dreifachen Missklang menschlicher Reaktionen: Die Menschen waren sofort bereit, sich emotional zu öffnen und Bindungen einzugehen; sie setzten viel zu viel Hoffnung in die neue Technologie; und sie kamen im Rückschluss auch noch auf die Idee, der Mensch sei wie eine Maschine, also ein auf Effizienz hin optimierbares System. Schließlich entschied sich Weizenbaum dazu, das ELIZA-Projekt zu beenden. In einem bis dahin beispiellosen Schritt prangerte er die eigene Erfindung öffentlich an, wodurch er zu einem der lautstärksten Kritiker der KI-Forschung wurde. «Letztlich», so schrieb er, «muss eine Grenze zwischen menschlicher und maschineller Intelligenz gezogen werden. Wenn es eine solche Grenze nicht gibt, dann sind die Befürworter einer computerisierten Psychotherapie vielleicht nur die Vorboten eines Zeitalters, in dem der Mensch endgültig zu einem reinen Uhrwerk wird. Dann sollten wir dringend die Konsequenzen einer solchen Realität vorausahnen und bedenken.»[7]

Jahrzehnte bevor wir mit ChatGPT sprechen und bei vielen KI-generierten Texten glauben sollten, ein Mensch habe sie geschrieben, hatte Weizenbaum schon das Kernproblem erkannt: Als Menschen stehen wir vor der Notwendigkeit, unsere eigene Rolle von der der Maschinen klar abzugrenzen. Nur so können wir verhindern, dass wir am Ende genau jene Technologie nachahmen, die wir selbst geschaffen haben.

Erst wird's kalt, dann bricht das Eis

Doch zunächst hielt der KI-Winter an. Unter anderem verfügten die Maschinen schlicht nicht über genügend Rechenleistung oder Speicherkapazitäten, um so komplexe Algorithmen laufen zu lassen, wie sie für eine Simulation menschlichen Denkens erforderlich waren. Zur Veranschaulichung: Die bisher beschriebene Forschung und die Versuchsläufe mit ersten KI-Systemen wurden auf Computern von der Größe eines ganzen Zimmers durchgeführt. Das war damals ausschließlich an Einrichtungen mit hinreichenden Ressourcen möglich. Heute ist jedes einzelne unserer Smartphones leistungsfähiger als die Maschinen, um die Forschende herumspazieren konnten. Ein Smartphone hat heute etwa 100 000 Mal mehr Rechenleistung als der Computer, der Neil Armstrong 1969 auf den Mond brachte. Was den Speicherplatz angeht, so bieten die kleinen Supercomputer in unseren Hosentaschen fast eine Million Mal mehr Kapazität als die Computer der Fünfzigerjahre.[8]

Die regelbasierten Systeme der Symbolischen KI hatten weiterhin mit Mehrdeutigkeit, mangelnder Abbildung von Nuancen und der Komplexität realer menschlicher Sprache zu kämpfen. Um ein Programm wie ELIZA in einem anderen Bereich als dem der Psychotherapie einsetzen zu können, musste es nicht nur auf ein Skript, sondern auf jede mögliche Konversationsstruktur für jeden einzelnen Kontext seiner möglichen Anwendung trainiert werden – ein schlicht unmögliches Unterfangen. Jeder Moment unserer Wirklichkeit, beschrieben in Kommunikation, ist durch Regeln geprägt. Wollten wir alle symbolischen Regelwerke der Weltwirklichkeit zusammenfassen, um sie in ein Programm einzuspeisen, so wäre das ein Beispiel für das Paradox der kartografischen Modellbildung, das der argentinische Dichter Jorge Luis Borges in seiner Kurzgeschichte «Von der Strenge der Wissenschaft» beschrieben hat.[9]

Darin berichtet Borges von Karten, die darauf ausgerichtet sind, ihre realen geografischen Bezugsgebiete immer genauer abzubilden. Bis es dann die eine Karte gibt, die exakt so groß ist wie alles, was sie zeigt – eine Karte im Maßstab 1:1. Sie ist realitätsgetreu, aber leider unbrauchbar. Diese Karte könnte niemand falten und sich die Tasche stecken, um sie unterwegs für die eigene Orientierung zu konsultieren. Wenn das Modell gleich der Realität ist, ist es eben kein brauchbares Modell mehr. Genau mit diesem Problem sahen sich auch die Anhänger der Symbolischen KI konfrontiert: Alle Regeln der Welt in einem KI-System abzubilden, das war von Beginn an zum Scheitern verurteilt.

Während das eine Lager in Frustration und Verzweiflung geriet, bewegte sich im anderen still und leise etwas. Auch dort gab es scharfe Kritik an Frank Rosenblatts Perzeptron, und man fragte sich, ob der Weg über die neuronalen Netze überhaupt der richtige sein könne. Ein britisch-kanadischer Doktorand, Geoffrey Hinton, ließ sich davon nicht beirren. Er sollte Geschichte schreiben: durch seinen Beitrag zur Entwicklung des maschinellen Lernens und dann noch einmal im Jahr 2023, als er öffentlich seinen Ausstieg bei Google verkündete – weil er sich Sorgen um die Gefahren machte, die mit der Entwicklung großer Sprachmodelle einhergehen können. «Manchmal kommt es mir vor, als ob Aliens gelandet wären und die Leute merkten es gar nicht, weil die Aliens so gut Englisch sprechen», sagte Hinton in einem Interview.[10] Da ist er, der große Sprung nach vorne: Was den frühen Forschern so viel Kopfzerbrechen bereitet hat, ist nun Wirklichkeit geworden. KI-Systeme können sprechen wie Menschen. Daran hat Hinton einen erheblichen Anteil.

Wie Frank Rosenblatt war Hinton überzeugt, dass der Schlüssel zur maschinellen Intelligenz in der Nachahmung des menschlichen Gehirns liegt. Vielleicht verspürte er aber auch angesichts seines berühmten Ururgroßvaters schon früh den Druck, erfolgreich zu sein. Denn der war niemand anderes als George Boole, der mit seinen algebraischen Gesetzmäßigkeiten des logischen Denkens dem binären digitalen Computer den Weg geebnet hatte. Der junge Hinton ließ sich zunächst zum Physiologen, dann zum kognitiven Psychologen und schließlich zum Informatiker ausbilden. «Wenn man ein wirklich kompliziertes Gerät wie ein Gehirn verstehen will», so Hinton, «sollte man eines bauen.»[11]

Inspiriert durch die Arbeit Frank Rosenblatts, wollte er ein System entwickeln, das selbstständig lernen kann. Dazu sollten Daten aus der realen Welt in das System eingespeist werden, das seinerseits Muster erkennen und sich diese merken sollte, um sie im Laufe der Zeit anzupassen. Zur Erinnerung: Als Rosenblatt das Perzeptron zum ersten Mal vorstellte, verfügte es nur über eine einzige Schicht von Neuronen, was es in seiner Leistung stark einschränkte. Wie der Postbote, der Briefe nur nach einem einzigen Kriterium sortieren kann, war die Maschine nicht in der Lage, die Nuancen komplexer Daten zu analysieren. Geoffrey Hinton wollte das ändern.

Ende 1986 entwickelte er an der Universität von Toronto zusammen mit zwei Mitarbeitern ein mehrschichtiges Netz und nutzte einen Algorithmus, der es dem System ermöglichte, aus seinen Rechenfehlern zu lernen. Die Methode hieß «Backpropagation», Fehlerrückverteilung – eine sehr wörtliche Erklärung für das, was dabei geschieht.[12] Im Kern geht es wieder um den Selbstkorrekturprozess, der – vereinfacht – so funktioniert: Die Maschine bekommt eine Aufgabe und rechnet. Dann vergleicht der Algorithmus das Ergebnis mit der tatsächlich richtigen Antwort. Die Differenz zwischen beidem zeigt an, wie weit die Vorhersage des neuronalen Netzes danebenlag. Dieses Grundprinzip kennen wir schon aus dem stochastischen Gradientenverfahren in Kapitel 2. Mit Backpropagation lässt sich dieses Optimierungsverfahren besonders effizient berechnen.

Stellen wir uns das Ganze als Staffellauf vor. Da haben wir ein Team von Läuferinnen (das sind unsere Neuronen), die einen Stab (das Signal) entlang einer Bahn (das Netzwerk) weiterreichen. Die Leistung der Schlussläuferin (das Ergebnis des Netzwerks) wird gestoppt (gemessen an einem gewünschten Ergebnis). Ist die Zeit nicht gut genug (liegt ein Fehler zwischen dem gewünschten und dem tatsächlichen Ergebnis vor), muss das Team (das Netzwerk) sich verbessern. Backpropagation erlaubt es zu ermitteln, wie jede einzelne Läuferin (Neuron) besser hätte laufen können (indem man die Gewichtung anpasst). Jede bekommt eine Rückmeldung, wie sie ihre Leistung verbessern kann, um so eine bessere Gesamtzeit zu erreichen.

Genauso verteilt die Backpropagation den Abweichungsfehler einer Berechnung auf die einzelnen Neuronen und weist ihnen einen Teil der Verantwortung zu. Jedes Neuron passt dann seine Gewichtung an, um seinen Anteil an der Abweichung zu verringern, wenn die gleiche Aufgabe erneut ansteht. Auf diesem Wege gelang es Geoffrey Hinton, das Modell immer mehr auf die richtigen Antworten hin zu verfeinern. Weil Hintons Netzwerke mehrere versteckte Schichten hatten, konnten sie mehr Komplexität und Tiefe erfassen, beispielsweise komplizierte, nicht lineare Muster erkennen, die noch für Rosenblatts Perzeptron unerreichbar waren. Es war ein Durchbruch für die Entwicklung der neuronalen Netze.

Bald darauf gab es weitere Erfolge: Yann LeCun, Forscher beim renommierten AT&T Bell Labs, trainierte mittels Backpropagation Maschinen darauf, handgeschriebene Postleitzahlen zu erkennen und schließlich die Adressen zu entziffern.[13] Dasselbe gelang dann mit ganzen Dokumenten, also beispielsweise den zu den Postleitzahlen gehörigen Briefen.[14] Das waren die ersten Maschinen, die in der Lage waren, Daten zu analysieren, Muster zu erkennen und aus ihnen Schlüsse zu ziehen, um einigermaßen zuverlässige Ergebnisse zu erzielen. Die Arbeit von Geoffrey Hinton und Yann LeCun hatte das maschinelle Lernen neu belebt.

Und doch war die Zeit für KI im großen Maßstab noch immer nicht reif. Fortschritte, wie wir sie seit Anfang der 2000er Jahre erlebt haben, benötigen nochmals das Vielfache an Ressourcen. Rechenleistung und Datenmenge reichten in den späten Achtzigerjahren einfach noch nicht aus. Wieder verwandelte sich die Begeisterung in Enttäuschung. Wir hatten noch nicht die Jahrtausendwende erreicht, da herrschte ein zweiter, eisiger KI-Winter.

Wie Computer sehen lernten

Und dann kam das Internet – und veränderte alles. Mit dem World Wide Web begann die Ära von Big Data. Noch 2015 belief sich die weltweit erzeugte Datenmenge auf etwa 15 Zettabyte, das sind 15 Billionen Gigabyte. Wem das nichts sagt, der mag an 250 Milliarden HD-Filme denken. Oder für die analoge Welt: Wenn jedes Gigabyte in einem Zettabyte ein Ziegelstein wäre, könnten wir davon 258 Chinesische Mauern bauen. Aber damit nicht genug. Die International Data Corporation prognostiziert, dass die Datenmenge im Internet bis zum Jahr 2025 auf schwindelerregende 175 Zettabyte anwachsen wird.[15] Für KI-Systeme, vor allem die großen Sprachmodelle, sind das traumhafte Aussichten. Denn diese riesigen Datensätze sind Trainingsmaterial für die KI-Modelle, die heute unseren Alltag begleiten.

Auch die Hardware entwickelte sich erheblich weiter. Dabei spielten insbesondere die superschnellen Chips der Grafikprozessoren eine große Rolle. Diese GPUs (Graphics Processing

Units), die ursprünglich für das Rendering, also die Vorausberechnung für die Darstellung von Videospielen, entwickelt wurden, erwiesen sich als sehr praktisch für die parallelen Berechnungen, die für das Training mehrschichtiger neuronaler Netze erforderlich sind. Wenn der US-Chiphersteller Nvidia Ende März 2023 für einige Zeit zu der kleinen Gruppe von Unternehmen weltweit gehörte, die mehr als eine Billion US-Dollar wert sind, dann liegt das genau daran: Nvidia produziert die Chips, die alle brauchen, um KI-Systeme wie ChatGPT & Co zu entwickeln.

Die meisten Forschenden in den frühen 2000er Jahren konzentrierten sich darauf, die Mathematik hinter den Modellen zu verfeinern. Eine junge Frau jedoch, die sich als chinesische Einwanderin in den USA durch akademische Brillanz bewiesen hatte und soeben zur Informatikprofessorin in Princeton berufen worden war, verfolgte eine andere Idee. Fei-Fei Li verstand: So beeindruckend die Algorithmen auch waren, ohne entsprechend gekennzeichnete Daten würden Computer nie wirklich in der Lage sein, Bilder zu erkennen, also beispielsweise Katzen von Hunden zu unterscheiden. So beschloss Li, eine Datenbank aufzubauen, die ein Anwendungsfeld der KI um Lichtjahre voranbringen würde: die Computervision. Sie schuf die damals größte Datenbank der KI-Forschung.

Wir Menschen können eine Katze von einem Hund, ein Tier von einem Menschen oder eine Banane von einem Buch unterscheiden, weil wir schon als Kinder lernen, dass jedes Objekt einen bestimmten Namen hat. Von Eltern und Lehrkräften bekommen wir eine erklärende Bezeichnung für das geliefert, was wir wahrnehmen. Wir lernen also, indem wir im Alltag auf eine riesige Datenbank realweltlicher Beispiele zugreifen – unsere Trainingsdaten, so könnte man sagen.

Was, so fragte sich Fei-Fei Li, würde passieren, wenn ein Computer auf eine solche umfangreiche Datenbank zugreifen könnte? «Anstatt sich nur auf immer bessere Algorithmen zu konzentrieren, wollte ich den Algorithmen die Art von Trainingsdaten geben, wie sie ein Kind durch Erfahrungen erhält, und zwar sowohl mengenmäßig als auch hinsichtlich der Qualität», erklärte sie später. Das war ein ambitioniertes Projekt: «Wir brauchten viel mehr Bilder, als wir jemals zuvor hatten – vielleicht tausendmal mehr.»[16] Gemeinsam mit ihrem Team nutzte die Computerwissenschaftlerin die neue Flut an Bildmaterial, die das Internet zu bieten hatte, und begann, eine Milliarde Bilder aus den Weiten des World Wide Web zu sammeln.

Für jedes Bild brauchte es eine korrekte Beschreibung dessen, was darauf abgebildet war und wie die verschiedenen Objekte im Bild zueinander in Beziehung standen – eine Herkulesaufgabe. Li griff auf eine Crowdsourcing-Plattform zurück, die es ihr ermöglichte, Menschen für Aufgaben zu bezahlen, mit denen Computer noch nicht zurechtkamen – zum Beispiel das Bild einer Katze mit der Kennzeichnung «Katze» zu versehen. Die Plattform wurde damals von einer noch jungen Online-Buchhandlung namens Amazon angeboten. In einer ironischen Anspielung auf Wolfgang van Kempelens betrügerischen Schachspielautomaten aus dem späten 18. Jahrhundert, der uns im vorangegangenen Kapitel begegnet ist, nannte das E-Commerce-Unternehmen seinen Dienst «Mechanical Turk». Das Prinzip war dasselbe: So wie im Schachautomaten ein echter Mensch steckte, so steckte auch hinter der Kleinstarbeit für den Computer die Arbeit von vielen. Fast 50 000 Menschen auf der ganzen Welt, viele davon im Globalen Süden, sortierten und beschrifteten die für Lis Projekt benötigten Bilder.

«Es war ein unfassbarer Aufwand», berichtet Li, «auch nur einen Bruchteil der Bilder zu erfassen, die ein Kind in den ersten Entwicklungsjahren aufnimmt.»[17] Nach jahrelanger Arbeit hatte Lis Team 15 Millionen Bilder zusammengetragen, die nach 22 000 Objektklassen geordnet waren – einen Datensatz mit einem solchen Umfang hatte es noch nie gegeben. Im Jahr 2009 wechselte Li nach Stanford, wo sie heute das Institute for Human-Centered AI leitet, und machte den gesamten Datensatz kostenlos verfügbar. Sie nannte ihn «ImageNet».[18]

Drei Wege zum Lernen

ImageNet war eine Goldgrube. Es ermöglichte anderen Forschenden, eine der drei zentralen Methoden voranzutreiben, mit denen Maschinen heute lernen. Wenn die Bilder aus der ImageNet-Datenbank und ihre korrekten Objektbezeichnungen in ein neuronales Netz eingespeist werden, identifiziert das System die Muster und Merkmale, die ihm helfen, zwischen verschiedenen Kategorien zu unterscheiden. Jede Schicht des neuronalen Netzes erfasst effektiv verschiedene Abstraktionsebenen des Bildes, sogenannte Repräsentationen. Die ersten Schichten können Merkmale auf niederer Ebene erfassen, wie Kanten und Farbverläufe. Die nächsten Schichten können Texturen, Muster oder Formen darstellen. Und die letzten Schichten erfassen Konzepte höherer Ebene, wie das Ohr einer Katze oder die Schnauze eines Hundes. Nach dem Training hat das System die Aufgabe, neue, ungesehene Bilder anhand der gelernten Repräsentationen zu kategorisieren. Dieser Prozess, bei dem ein neuronales Netzwerk anhand eines annotierten Datensatzes trainiert wird, um ein Ergebnis vorherzusagen, wird als überwachtes Lernen (Supervised Learning) bezeichnet.

Kurz nach ihrer Ankunft in Stanford rief Fei-Fei Li einen Wettbewerb ins Leben, der in der Branche zum Maßstab für den Fortschritt in der Bilderkennung geworden ist: die

«ImageNet Large Scale Visual Recognition Challenge». Jährlich stellte er Forschende vor die Herausforderung, KI-Modelle zu entwickeln, um die Bilder in der ImageNet-Datenbank immer genauer identifizieren und kategorisieren zu können.

Auftritt eines Bekannten: Im Jahr 2012 schickte Geoffrey Hinton ein System namens «AlexNet» ins Rennen. Hinton hatte AlexNet zusammen mit dem in der Ukraine geborenen Kanadier Alex Krizhevsky und dem in Russland geborenen Kanadier Ilya Sutskever trainiert – Letzterer sollte in der weiteren Entwicklung der KI noch eine bedeutende Rolle spielen.[19] Ihr System lieferte hervorragende Ergebnisse – und gewann den Wettbewerb. Das neuronale Netzwerk verwendete kleine Filter, die über jedes Bild gleiten konnten, um bestimmte Muster zu erkennen und sich auf diese zu konzentrieren, während alle Merkmale des Bildes kombiniert wurden. Das ist sehr vereinfacht beschrieben so, als würde man eine ganze Heerschar von Sherlock Holmes mit der Lupe auf die Bilder loslassen. Immer wenn einer ein bestimmtes Merkmal in einem Bild erkannt hat, leitet er es an den nächsten Sherlock weiter. Dieser Vorgang des Gleitens und Kombinierens wird als «Faltung» (oder *convolution*) bezeichnet und die Systeme als Convolutional Neural Network (oder CNN). CNNs sind inzwischen für besonders fortgeschrittene Bilderkennung bekannt. Und Ilya Sutskever wurde Co-Gründer und Chefwissenschaftler von OpenAI, der Firma hinter ChatGPT.

Fei-Fei Lis ImageNet hatte dem maschinellen Lernen durch den schieren Datenschatz einen entscheidenden Vorstoß ermöglicht. Zwei weitere Faktoren waren für den Erfolg von AlexNet verantwortlich: erstens die Verwendung von starken Grafikprozessoren, um die Rechenleistung zu erhöhen; zweitens die Anzahl der Verarbeitungsschichten. Das CNN lieferte den Beweis, dass ein sogenanntes *tieferes* Modell mit mehr Schichten von Neuronen komplexe Aufgaben erheblich besser lösen kann. Im Jahr 2015 prägten Hinton und seine Kollegen Yann LeCun und Yoshua Bengio einen Oberbegriff für diese Klasse von maschinellen Lerntechniken: Deep Learning.[20] Drei Jahre später, 2018, erhielten die drei Forscher den Turing Prize – den Nobelpreis der Computerwissenschaften – für ihren Beitrag zur Entwicklung der Künstlichen Intelligenz.

Nun ist es so, dass die Welt selten aus perfekten Informationen besteht. Das gilt für neuronale Netzwerke ebenso wie für uns Menschen. Wenn wir draußen herumlaufen, klebt nicht an jedem Baum ein Schild mit der Aufschrift «Baum» (oder gar «Eiche», «Tanne», «Birke» ...). Auch beim Deep Learning kommen nicht alle Daten beschriftet und annotiert im Netzwerk an. Als Menschen «entdecken wir die Struktur der Welt, indem wir sie beobachten», schrieben die drei Turing-Gewinner, «nicht aber, indem uns der Name eines jeden Objekts gesagt wird».[21] Auch diese Idee ist auf das maschinelle Lernen übertragbar: So werden beim *unüberwachten Lernen* (Unsupervised Learning) neuronale Netze mithilfe von riesigen Datenmengen trainiert, ohne dass die Daten explizit ausgezeichnet worden sind oder der Prozess konkrete Zielvorgaben erhält. Das Hauptziel besteht darin, dass die KI Muster, Strukturen und Beziehungen in den Daten erkennt, ohne sich an vorgegebenen Zielen zu orientieren. Damit entfällt die menschliche Beschriftung der Daten, die beim überwachten Lernen ein echter Zeitfresser ist. Und das neuronale Netzwerk kann Muster und Zusammenhänge finden, die wir Menschen noch gar nicht in Zielen hätten beschreiben können.

Stellen wir uns einmal vor, wir kommen an unserem ersten Arbeitstag in einem neuen Büro an. Wir kennen dort keine Menschenseele und haben auch keine Ahnung, wie die Organisation tickt oder welche Hierarchien es gibt. Also beobachten wir, was geschieht, wie sich verschiedene Gruppen zueinander verhalten («die scheinen angeregte Diskussionen zu führen»), schließen aus dem Verhalten auf die Arbeit der Abteilungen («diese Leute scheinen sich für Design zu interessieren») und treffen Entscheidungen auf der Grundlage all dieser Beobachtungen («ich sollte sie um Rat fragen, wenn es um Illustrationen geht»). Ohne vorherige Anweisungen führt unser Gehirn ständig solche Prozesse des unüberwachten Lernens durch.

Eine weitere Methode ist das verstärkende Lernen (Reinforcement Learning). Dabei interagiert ein System mit seiner Umgebung und erhält Rückmeldungen zu seinen Handlungen, aus denen es lernen kann. Stellen Sie sich ein Kind vor, das durch Versuch und Irrtum ausprobiert, wie es geht, Fahrrad zu fahren. Es lernt aus seinen Stürzen über knorrige Wurzeln auf einem Waldweg ebenso wie aus seinen erfolgreichen Versuchen, das Gleichgewicht zu halten, Kraft auf die Pedale auszuüben und gleichzeitig zu lenken. Eine Aufgabe zu meistern, erfordert Wiederholung. Genauso passt sich das verstärkende Lernen von neuronalen Netzwerken durch seine Interaktionen mit menschlichen Nutzerinnen und Nutzern an.

Mit den riesigen Informationsmengen in Form von Texten, Bildern, Videos und Audioclips, die im Zeitalter des Internets seit den frühen 2000er Jahren entstanden sind, kamen nach der Jahrtausendwende immer mehr KI-Anwendungen für verschiedene Branchen. Fei-Fei Li sollte recht behalten: Ohne die entsprechenden Datenmengen können algorithmische Modelle ihr Potenzial nicht entfalten. Neuronale Netze sind inzwischen ins Zentrum der Aufmerksamkeit von Forschung und Anwendung gerückt. Die klassische Symbolische KI gilt heute als «Good old-fashioned AI» (GOFAI).[22] Mittlerweile aber werden Stimmen lauter, die eine Kombination der beiden Ansätze zukünftig als goldenen Mittelweg sehen: die Stärke von Netzwerken dank großer Datensätze, verbunden mit mehr kontrollierbaren Regeln.

Personalisierte Prognosen:
Die Entschlüsselung täglicher Entscheidungen

«Facebook kann heute ohne KI nicht mehr existieren», sagte einer der ranghöchsten Experten für maschinelles Lernen im Jahr 2017. «Jedes Mal, wenn Sie Facebook, Instagram oder den Messenger nutzen, werden Sie es vielleicht nicht merken, aber Ihre Erfahrungen werden durch KI ermöglicht.»[23] Der Konzern Facebook, heute Meta, ist ein gutes Anwendungsbeispiel für die Entwicklung von KI in unserem Alltag. In seinen Anfängen nach dem Start im Jahr 2004 nutzte das soziale Netzwerk maschinelle Lernmodelle, um Usern über die Funktion «Leute, die du vielleicht kennst» relevante Profile von anderen Personen vorzuschlagen. Das System hatte aus Millionen von Daten gelernt, Menschen zu matchen, weil sie sich entweder im analogen Leben kannten oder gemeinsame Freunde hatten, einen ähnlichen Hintergrund oder bestimmte Interessen teilten. Nur wenig später sortierten dann maschinelle Lernmodelle personalisierte Werbung nach der höchsten Wahrscheinlichkeit, nach der Nutzerinnen und Nutzer darauf klicken würden. Prompt stiegen die durch KI angetriebenen Werbeeinnahmen, die schnell zum Hauptgeschäftsmodell für den heutigen Konzern Meta wurden.[24]

Im Jahr 2010 ging Facebook einen Schritt weiter. Das Unternehmen führte ein Gesichtserkennungs-Tool ein, das automatisch den Namen von Personen vorschlug, die es durch die Analyse der Gesichter in jedem geposteten Foto identifizierte.[25] Mit einer weltweiten Nutzerbasis von mehr als 600 Millionen Menschen entwickelte sich Facebook bald durch eine Flut von nutzergenerierten Fotos, Videos und Geschichten von einem sozialen Netzwerk zu einem sozialen Medium. Das Zeitalter von «social media» hatte begonnen. Wie der amerikanische Medienwissenschaftler Ian Bogost beobachtete, war «die Veränderung (...) fast unsichtbar, aber sie hatte enorme Folgen. Soziale Software verwandelte bestehende Verbindungen in (...) ein globales Sendenetzwerk, in dem jeder jedem anderen so oft wie möglich alles sagen kann.»[26] Ein endloser Strom von Inhalten, der kategorisiert und sortiert werden musste, um für die Nutzer relevant zu bleiben und für die Unternehmen, die auf der Plattform für sich warben, Gewinne zu generieren. Auch diesen Job übernahm die KI.

Wiederum ein paar Jahre später nutzte Facebooks personalisierter Newsfeed maschinelles Lernen, um Beiträge zu filtern und diejenigen zu priorisieren, die bei den Nutzern am ehesten zu einem Engagement führen – wie Klicks, Kommentare und geteilte Inhalte. Das gleiche Prinzip wendete der Konzern auch auf journalistische Beiträge von regulären Nachrichtenseiten an.[27] Laut eigenen Aussagen wollte Facebook, dass die maschinellen Lernsysteme den Dienst zu einem «generalisierten maschinellen Inhaltsversteher» verwandeln.[28] Die täglichen Milliarden von Interaktionen auf der Plattform erlaubten es den KI-Modellen, in einer endlosen Feedbackschleife kontinuierlich die eigenen Verhaltensvorhersagen zu verbessern.

Dies war der Kern der meisten KI-Anwendungen in den frühen 2000er Jahren: Über neuronale Netze ließen sich Muster in großen Datensätzen erkennen und so zur Optimierung einzusetzen, dass sie die Vorlieben der Kundinnen und Kunden und die kommerziellen Interessen der Unternehmen möglichst gut spiegeln. Diese KI-Systeme versuchen, uns bestmöglich zu imitieren, indem sie aus einem riesigen Datenbestand im Internet lernen und aus unserem Verhalten der Vergangenheit unser Verhalten in Zukunft voraussagen.

Suchmaschinen wie Google sortieren die wichtigsten Ergebnisse für unsere Suchanfragen auf der Grundlage von mehr als 200 Faktoren, darunter Relevanz und Autorität, die jeder Website einen Prioritätswert zuweisen. Der RankBrain-Algorithmus fügte dann maschinelle Lernfunktionen hinzu, um die Suchergebnisse auf Basis der individuellen Präferenzen eines jeden Einzelnen zu verfeinern.[29] Das ist einer der Gründe, warum selbst die beiden Autorinnen dieses Buches bei der Google-Suche nach Informationen zu Künstlicher Intelligenz zuweilen unterschiedliche Ergebnisse erhalten – je nach Suchhistorie und Standort beispielsweise.

Der schwedische Musikstreaming-Gigant Spotify durchforstet das Internet nach Daten von Künstlerinnen und Musikern und analysiert die Sprache von Nachrichten und Blogs über die Branche. Er untersucht jede einzelne Melodie in seiner umfangreichen Songbibliothek, um personalisierte Wiedergabelisten auf Basis des aktuellen individuellen Hörverhaltens zu erstellen.[30] Wenn wir beim nächsten Mal einen neu empfohlenen Song hören, den das Unternehmen auf unsere personalisierte Wiedergabeliste aufgenommen hat, dann lohnt es sich, einmal kurz innezuhalten und sich vorzustellen, wie viele Millionen von Datenpunkten in diesen einen Audio-Vorschlag eingeflossen sind.

Auch die Unterhaltungsplattform Netflix verwendet ein Empfehlungssystem mit maschinellem Lernen. Damit wird das Angebot an Filmen und Serien auf kleinste Nuancen hin personalisiert. Dazu gehören das Genre, bestimmte Filmtitel und die Reihenfolge, in der die Filme auf der persönlichen Empfehlungsseite gezeigt werden.[31] Im Jahr 2006 veröffentlichte Netflix einen Datensatz mit 100 Millionen anonymen Filmbewertungen und rief einen Wettbewerb mit einem Preisgeld von einer Million US-Dollar aus, den Netflix Prize. Die Streaming-Firma forderte die Coder-Community auf, ein KI-Modell einzureichen, das ihr Empfehlungssystem «Cinematch» um mindestens 10 Prozent verbessern könne.[32] Das Gewinnerteam «BellKor» bekam den Millionengewinn, und Netflix hatte sein Angebot ein wesentliches Stück weiter personalisiert.

Heute ist das Empfehlungssystem des Streamingdienstes viel komplexer. Mithilfe von kleinen Kacheln, die als «Artwork» bezeichnet werden, optimiert Netflix die visuelle Darstellung der einzelnen Inhalte für eine bestimmte Nutzerin auf der Website: «Das Artwork kann einen Schauspieler hervorheben, den Sie wiedererkennen, einen spannenden Moment wie eine Verfolgungsjagd einfangen oder eine dramatische Szene enthalten, die die Essenz eines Films oder einer Serie vermittelt», sagt die Forschungsabteilung des US-Unternehmens. Das alles geschieht auf der Grundlage individueller Vorlieben.[33] Deshalb gibt es mehr als ein Dutzend verschiedene Vorschaubilder für eine einzige Serie wie den Retro-Science-Fiction-Hit «Stranger Things». Manchmal wundert man sich dann, warum die Person, die einen im «Artwork» überhaupt dazu gebracht hat, die Serie zu schauen, nur einmal auftaucht. Sie ist ein algorithmischer Köder. Wer erst mal angefangen hat zu schauen, der schaut hoffentlich auch weiter.

Die Kurzvideoplattform TikTok, Teil des chinesischen Tech-Konzerns Bytedance, setzt verschiedene Modelle des maschinellen Lernens ein, um ihre «For You»-Seite zu kuratieren, ein hyper-personalisiertes Angebot von Videoclips. Im Gegensatz zu frühen Social-Media-Websites priorisiert die Plattform nicht das Netzwerk, die Fangemeinde oder die Popularität der Urheberin eines Videos. TikTok sammelt stattdessen Wissen über den Inhalt jedes Videos, einschließlich Objekt- und Gesichtsanalyse, und die Sprache eines jeden verwendeten Liedes. Die Algorithmen der Plattform analysieren jeden Klick, jede Pause, jeden erneuten Blick der Nutzer und wie sie mit dem Inhalt interagieren.[34] Innerhalb von Sekunden nach der Nutzung der App helfen die Modelle des maschinellen Lernens dabei, einen endlosen Strom geeigneter Kurzvideos zusammenzustellen, die individuelle Interessen perfekt ansprechen.

Alle diese Beispiele zeigen: Künstliche Intelligenz begleitet uns schon lange. Hauptsächlich zur Klassifizierung: Sie sortiert und kuratiert für uns Inhalte, die wir auf Plattformen nutzen, und macht großen Datenmengen für uns relevant und nutzbar. Seit fast zwei Jahrzehnten werden Modelle des maschinellen Lernens zunehmend in all die Dienste eingebaut, die von Milliarden Menschen auf der ganzen Welt genutzt werden. Schon seit der Jahrtausendwende sind wir täglich mit KI-Anwendungen in Kontakt, ohne dass wir es bemerken. Denn bisher sind sie im Hintergrund geblieben. Wer denkt schon bei jedem Song auf Spotify und jeder Serie auf Netflix darüber nach, dass diese Inhalte mithilfe von Künstlicher Intelligenz sorgsam nach eigenen individuellen Vorlieben kuratiert und ausgespielt werden? Die meisten haben den Dauerkontakt mit der Technologie gar nicht wahrgenommen.

Mittlerweile aber hat sich das geändert. Einige Fortschritte haben wir spielerischen Geistern zu verdanken. So hat ein Team der zu Google gehörigen Forschungsorganisation Deepmind daran gearbeitet, mit Künstlicher Intelligenz das vermeintlich schwierigste Spiel der Welt zu knacken: Go. Bei diesem Spiel gibt es, anders als beim Schach, keine Standardsituationen, die sich trainieren lassen. Es kommt auf die situative Intuition und Erfahrung an. Eine Gabe, die der Mensch der Maschine vorauszuhaben schien. 2015 aber gelang es einer KI namens «AlphaGo», eine Reihe von menschlichen Meistern des Spiels zu schlagen, darunter 2016 der weltbeste Spieler, Lee Sedol. Zwei Jahre später präsentierte Deepmind die Nachfolgevariante, «AlphaGo Zero». Während das Vorgängermodell noch mit Tausenden von Spielvarianten gefüttert worden war, wurden «AlphaGo Zero» lediglich die Regeln des Spiels mitgegeben.[35] Dann spielte das neuronale Netzwerk innerhalb von drei Tagen knapp fünf Millionen Spiele gegen sich selbst und wurde zum besten Spieler aller Zeiten.

Diese KI funktioniert nach dem Prinzip des verstärkenden Lernens (Reinforcement Learning). Sie wendet eine Kombination aus neuronalen Netzen und der sogenannten Baumsuchtechnik (Monte Carlo Tree Search, MCTS) an, indem sie verschiedene Züge ausprobiert und daraus eine Vorhersage errechnet, ob es sich um einen guten Zug handelt und ob es wahrscheinlich ist, das Spiel aus dieser Position heraus zu gewinnen. Diese Technologie lässt sich sehr gut für Spiele nutzen – oder für die Vorhersage chemischer Reaktionen oder biologischer Prozesse, also überall dort, wo es einen riesigen Raum der Möglichkeiten gibt. Und so ist es kein Wunder, dass es auch die Organisation Deepmind war, der ein weiterer Durchbruch gelungen ist: mit dem neuronalen Netzwerk «AlphaFold». Damit lassen sich die Faltungen von etwa 200 Millionen Proteinen unserer Welt vorhersagen, was beispielsweise die Entwicklung von Medikamenten erheblich beschleunigen kann.[36]

Es ist bemerkenswert, was wenige Jahre der angewandten Forschung hervorgebracht haben. Und so konnte «AlphaGo Zero» das komplizierteste Brettspiel der Welt gewinnen, ohne auch nur einen menschlichen Zug gelernt zu haben. Eines aber konnte es nicht: dem Menschen in dessen eigener Sprache erklären, wie das zu schaffen war. Wer dieses Problem lösen konnte, würde einen großen Durchbruch erzielen. Und genau das sollte einer Gruppe von Google-Forschern nicht ein-, sondern zweimal gelingen.

Worte in der Tiefe des virtuellen Raumes

In der Bibel lernen wir, dass Gott die Welt erschuf. Damit ging alles los. Bei der Künstlichen Intelligenz war das anders. Sie wurde von uns Menschen erst einmal dazu entwickelt zu verstehen. Das Erschaffen kam später. Der Schwerpunkt der frühen Forschung lag darauf, neuronalen Netzen beizubringen, wie sie Muster sehen, hören, interpretieren und dadurch für die Zukunft vorhersagen können. Der KI das Verstehen beizubringen, war schon schwierig genug. Doch das war nur der Anfang. Das nächste große Ziel war, Inhalte auch zu *erzeugen*.

Erinnern wir uns an ELIZA, den Therapie-Chatbot von Joseph Weizenbaum aus den späten Sechzigerjahren. Die Maschine musste nicht nur die Informationen interpretieren, die ihr menschliches Gegenüber mitteilte. Sie musste dann auch eine passende Antwort geben, um ein tatsächliches Gespräch führen zu können. Dafür musste sie in der Lage sein, natürliche Sprache zu erzeugen.

Der Bereich der Sprachverarbeitung (Natural Language Processing, NLP) ist allen voran verantwortlich für die bedeutendsten Veränderungen der letzten Jahre. Um das Ausmaß des Fortschritts zu begreifen, den ChatGPT und andere Tools mit sich gebracht haben, müssen wir verstehen, wie sie funktionieren.

Im Jahr 2013 veröffentlichte ein Google-Team eine neue Methode, um zu erfassen, wie Menschen Sätze bilden. Zu diesem Zweck trainierten die Forscher ein neuronales Netz, alle Wörter so abzubilden, dass die Entfernung oder Nähe zueinander ihre semantische Beziehung widerspiegelt. Zur Veranschaulichung kann man sich einen riesigen Raum vorstellen mit Ästen und Verzweigungen darin, an denen ganz viele Wörter hängen. In diesem dreidimensionalen Raum befinden sich Wörter, deren Bedeutungen oder Verwendungen verwandt sind, nah beieinander. «Ich» und «du» hängen beispielsweise am selben Ast. Mathematisch betrachtet, befindet sich jedes Wort an einem ganz bestimmten Punkt im Koordinatensystem. Es ist in enge numerische Koordinaten eingebettet, die Vektoren genannt werden. Das Netzwerk wies jedem Wort einen solchen Vektor zu.

Die Herausforderung bestand nun darin, die Wörter in diesem dreidimensionalen Raum so zu positionieren, dass sich die umliegenden Wörter am besten vorhersagen ließen. Zunächst waren die Wörter zufällig über diesen Raum verteilt. Das Google-Team wählte dann einen Satz aus seinen Daten aus, ließ ein Wort weg und forderte das System auf, das fehlende Wort vorherzusagen. Wenn das Modell danebenlag, passte es die Koordinaten des fehlenden Wortes an, um es näher am richtigen Kontext, also an den anderen Wörtern des Satzes, zu positionieren. Dieser Verfeinerungsprozess wurde unzählige Male wiederholt, um die Fehler zu minimieren. Das Forschungsteam nannte dieses Worteinbettungssystem «word2vec».[37] Es war nichts anderes als eine Arithmetik für Sprache.

Auf die Eingabe von «Düsseldorf» und «Fluss» hin folgt das Ergebnis «Rhein». Fragt man nach der Beziehung von «klein» zu «groß» und ihrer Entsprechung in der Beziehung von «langsam» zu «X», so landet man bei «schnell». Das System wurde darauf trainiert, sich die grundlegenden Beziehungen kurzer Wortfolgen zu merken. Google patentierte das Modell. Schon bald unterstützte es die Such- und Übersetzungsdienste des Suchmaschinenriesen auf der ganzen Welt.

Aber die Fähigkeiten von word2vec waren begrenzt. Das Modell war nicht darauf ausgelegt, die Struktur eines komplizierteren Satzes oder gar ganzen Absatzes zu verstehen. Es konnte auch die Nuancen von Wörtern mit verschiedenen Bedeutungen nicht erfassen. So kann beispielsweise das Wort «Bank» in word2vec dieselbe Position im Koordinatensystem haben, ganz egal, ob damit ein Finanzinstitut oder eine Sitzgelegenheit gemeint ist. Das Modell hatte auch keine mathematische Vorstellung von der Ordnung der Wörter in einem Satz und der damit einhergehenden Bedeutung, Beziehung und Betonung. Ein Satz etwa wie «Sie sah den Mann mit der Brille» könnte sich als schwierig erweisen. Denn die Wahrscheinlichkeit, dass der Mann, den die Frau sieht, eine Brille trägt, wäre nach solch einem Koordinatensystem ähnlich groß wie die, dass die Frau eine Brille braucht, um den Mann zu sehen. Was für unser menschliches Verständnis intuitiv funktioniert, kann im Koordinatensystem der gehobenen Spracharithmetik zu Missverständnissen führen.

Das konnten wir auf der Bühne der ersten «Morals & Machines»-Konferenz unseres Unternehmens ada live erleben. Da unterhielt sich die damalige Bundeskanzlerin Angela Merkel nicht nur mit uns menschlichen Gastgeberinnen, sondern auch mit Sophia, einem humanoiden Roboter mit Sprachfähigkeiten, hergestellt vom Unternehmen Hanson Robotics aus Hongkong. Als die Kanzlerin Sophia fragte, ob sie sich vorstellen könne, in der Zukunft als Architektin eine neue Stadt zu bauen und dabei menschliche und künstliche Intelligenz zu vereinen, ließ die Antwort zunächst lange auf sich warten.

Sophia, ein Sprachroboter des Unternehmens Hanson Robotics aus Hongkong, lächelt für ein Selfie mit Angela Merkel und einer der Autorinnen.

Sophia schien endlos «nachdenken» zu müssen. Dann sagte der Roboter die bahnbrechenden Worte: «Intelligenz ist, was sie tut – man ist so klug wie das, was man schafft, entdeckt, erreicht.» Auf diesen kontextlosen Satz konterte die Kanzlerin: «Na gut, ich glaube, wir müssen beide noch 'ne Menge lernen.» Da hatte Angela Merkel recht. Genau diesen großen Lernsprung brauchte es.

Aufmerksamkeit ist alles, was Sie brauchen

Und er gelang im Jahr 2017 einem Google-Team. Die Forschungsgruppe veröffentlichte eine neue Modellarchitektur für die Sprachverarbeitung, die das word2vec-Modell mittlerweile alt aussehen lässt. Die nannten sie «Transformer» – und das war nicht übertrieben. Es begann die Verwandlung eines Forschungs- und Anwendungsfelds, die in unsere heutige Situation münden sollte: Wir sprechen mit Sprachmodellen und verstehen, was sie sagen.

Die große Errungenschaft lag in einem Mechanismus namens «Self-Attention». Was für Laien wie eine narzisstische Störung klingen mag, ist ein Sprung in der Entwicklung der Technologie, die es dem Modell ermöglicht, die Bedeutung verschiedener Wörter in einem Satz abzuwägen. Self-Attention ist bei Computern wie eine Superkraft, mit der sie herausfinden können, welche Wörter in einem Satz am wichtigsten sind. Wenn sie ein neues Wort lesen oder hören, können sie auf die Schlüsselwörter davor «achten» und die ganze Geschichte besser verstehen. Die Selbstaufmerksamkeit hilft Computern, sich auf die zentralen Teile einer Geschichte oder eines Satzes zu konzentrieren, damit sie bessere Antworten liefern können.

Ein neuronales Netz kann die Eingabedaten, etwa Text, so in eine sinnvolle Ausgabe, beispielsweise eine Zusammenfassung, *transformieren*. Die Methode funktioniert außergewöhnlich gut mit sehr großen und komplexen Datensätzen. Im Gegensatz zu früheren Modellen verarbeiten Transformer außerdem alle Wörter eines Satzes gleichzeitig, was zu einem schnelleren parallelen Training führt. Mit Anklang an einen Welthit der Beatles trug Googles Studie den treffenden Namen «Attention is all you need».[38] An Aufmerksamkeit fehlte es den Transformer-Modellen seitdem jedenfalls nicht.

Große Sprachmodelle

«Es gibt ernsthafte Bedenken, dass die Anwendung unserer Technologie schädliche Folgen haben kann, deshalb geben wir das trainierte Modell nicht frei», so hieß es am 14. Februar 2019 auf der Website von OpenAI.[39] Das war weniger als zwei Jahre nach der Veröffentlichung der Transformer-Architektur, und die Entwicklung der Technologie verlief rasant. Das Modell wurde auf 40 Gigabyte oder acht Millionen Websites mit 1,5 Milliarden Parametern trainiert. Es sollte in der Lage sein, Text zu erzeugen, indem es das wahrscheinlichste nächste Wort einer Sequenz vorhersagte. Wenn ein Wort hinzugefügt ist, folgt die Frage nach der nächsten wahrscheinlichsten Sequenz, die wiederum berechnet wird. Und so geht das immer weiter, und zwar in nie dagewesener Geschwindigkeit. Das Modell, dessen Potenzial OpenAI offenbar als zu gefährlich einschätzte, hieß GPT-2, und es war weniger leistungsfähig als ChatGPT, das OpenAI am 30. November 2022 an die Öffentlichkeit brachte. Die Bedenken waren im Strudel der Begeisterung für die Sprachmodelle aufgesogen worden.

Zum Gründungsteam von OpenAI gehörten mehrere illustre Gestalten: darunter Ilya Sutskever, der nur drei Jahre zuvor zusammen mit Geoffrey Hinton den ImageNet-Wettbewerb gewonnen hatte; Sam Altman, dessen berühmter Start-up-Inkubator Y Combinator äußerst erfolgreiche Unternehmen wie Airbnb hervorgebracht hatte; und ein umtriebiger Milliardär namens Elon Musk.

GPT-2, kurz für «Generative Pre-Trained Transformer», war in der Lage, auf eine Eingabeaufforderung, einen sogenannten Prompt, längere Texte verschiedener Gattungen zu produzieren. Die Anwendung war noch sehr fehleranfällig. Einzelne Formulierungen zeigten immer wieder, dass das Modell Worte in ihrer Kombination arithmetisch errechnete, nicht aber die Bedeutung der Wörter verstand. So sprach es beispielsweise in einem Sachtext von «Feuer im Wasser» – ein Konzept, das poetisch schön klingen mag, jedoch in unserer physischen Welt keine Entsprechung hat. Das System konnte nicht überprüfen, ob die Formulierungen sachlich richtig oder logisch sinnvoll waren. Und doch machte sich OpenAI schon 2019 Sorgen über die Art von Inhalten, die eine KI wie GPT-2 produzieren könnte: Missinformationen, Hate Speech, automatisierten Spam oder gar die Nachahmung von Personen über Text und Stimme zu betrügerischen Zwecken. In einer orakelnden Prophezeiung warnte das Unternehmen: «Die breite Öffentlichkeit wird skeptischer gegenüber Texten werden müssen, die sie online findet.»[40]

Obwohl die breite Öffentlichkeit damals wenig von GPT-2 oder OpenAI wusste, hatte die Transformer-Architektur längst weitreichende Auswirkungen darauf, wie Maschinen Sprache verarbeiten. Sie ermöglichte die Entwicklung immer größerer, komplexerer Sprachmodelle, die mit immer mehr Parametern und immer größeren Datensätzen trainiert wurden. Solche leistungsstarken neuronale Netze werden auch als Grundlagenmodelle (Foundation Models, FM) bezeichnet. Sie bieten ein Trainingsfundament, auf dem dann weitere Anwendungsfälle aufgesetzt werden können. Wenn diese Grundlage mithilfe eines riesigen Textkorpus trainiert wurde, spricht man von einem «großen Sprachmodell» (Large Language Model, LLM).

Wie entsteht ein solches LLM? Im ersten Schritt wird das Modell allgemein über unüberwachtes Lernen trainiert. Das bedeutet, es liest eine riesige Menge an Texten, beispielsweise Websites, Artikel und Geschichten aus dem Internet, die nicht beschriftet, also gelabelt, oder anderweitig erklärt werden. Es hat damit Zugang zu einer Wissensbasis, aus der es Muster des menschlichen Sprachverhaltens ableiten kann. So zeigt ihm etwa die Vielfalt an fiktionalen Erzählungen im Internet, wie wir Menschen mit Geschichten umgehen. Die Fülle an Wikipedia-Artikeln verdeutlicht, wie Menschen über Sachverhalte schreiben. In der zweiten, sogenannten Feinabstimmungsphase ermöglicht verstärkendes Lernen, also menschliches Feedback (RLHF), das Modell zu optimieren. Es bekommt Rückmeldung zu bestimmten Textergebnissen in Form von sprachlicher Interaktion oder schlicht über Zustimmung und Ablehnung. Mit der Zeit wird das Modell in bestimmten Bereichen oder Themen immer besser und genauer. Eines darf jedoch nicht vergessen werden: Diese Sprachmodelle sind zunächst im Kern keine Faktensuchmaschinen. Sie sind trainiert als Wortwahrscheinlichkeitsvorhersagemaschinen.

Seit der Einführung der Transformer haben LLMs die KI-Welt in einen wahren Begeisterungsrausch versetzt und viel Folgeaktivität ausgelöst. Google, dessen Forscher ja 2017 erstmals über Transformer-Modelle publizierten, ließ schnell ein eigenes LLM folgen: Im Jahr 2018 veröffentlichte das Unternehmen die erste Version von BERT (Bidirectional Encoder Representations from Transformers). Das Modell erzielte bemerkenswerte Leistungen bei verschiedenen Testaufgaben.[41] Im Jahr 2019, kurz nachdem OpenAI GPT-2 trainiert, aber nicht veröffentlicht hatte, investierte Microsoft eine Milliarde US-

Dollar in das Unternehmen. Als Teil des Deals wurde Microsoft zum alleinigen Cloud-Service-Anbieter für OpenAI, um deren Rechenleistung zu unterstützen. Im Gegenzug gewährte OpenAI Microsoft Lizenzen für die Nutzung seiner LLMs.[42] Die Investition ermöglichte es OpenAI, einen Supercomputer mit 285000 CPU-Kernen, 10000 GPUs und 400 GB Netzwerkkonnektivität pro Sekunde und Server zu entwickeln.[43] Ein Jahr später veröffentlichte OpenAI dann das Nachfolgemodell, GPT-3, das auf 175 Milliarden Datenparametern trainiert wurde.[44] Schnell wurden die nötigen Schnittstellen für praktische Anwendungen des Modells entwickelt, und die ersten Nutzerinnen und Nutzer begannen, mit der KI zu kommunizieren.

So zum Beispiel mit Sudowrite, einer KI-Schreibhilfe mit GPT-3 unter der virtuellen Motorhaube. «Die Konsequenzen sind schwindelerregend», schrieb schon 2021 ein Journalist des Magazins «The New Yorker» nach seinen Schreibexperimenten mit Sudowrite. «In welchem Bereich Sie auch immer tätig sind – wenn Sie mit Sprache arbeiten, wird alles anders werden. Die bevorstehenden Veränderungen sind grundlegend für jede Methode des Sprechens und Schreibens, die derzeit existiert.»[45]

Und dann kam der Herbst 2022 – und die Sprachmodelle gelangten zu voller Blüte. Am 30. November veröffentlichte OpenAI einen Chatbot, der mit dem neuesten Modell, GPT-3.5, verbunden war. Das Unternehmen nannte ihn ChatGPT. Innerhalb von nur fünf Tagen wurde ChatGPT von über einer Million Menschen weltweit genutzt. Zum Vergleich: Facebook brauchte zehn Monate, Netflix sogar dreieinhalb Jahre, um diese Marktschwelle zu erreichen.[46] In den Folgemonaten ging im Feld der KI die Post ab: Immer mehr Menschen wollten das KI-Tool nutzen. Die Weltöffentlichkeit diskutierte, was hier gerade geschah.

Ganz gleich, was man mit ChatGPT auch ausprobierte, es

war eine ungewöhnliche, überwältigende Erfahrung. Eine Kurzgeschichte über Katzen im Stil von Franz Kafka? Kein Problem. Ein Essay über die Bedeutung des Oxford-Kommas? Auch kein Problem. Mit ChatGPT lässt sich ein detaillierter Geschäftsplan für ein Start-up in einem noch unbekannten Markt entwickeln, ein Code für eine komplizierte Programmieraufgabe schreiben oder eine lange Antwort auf eine ausgefallene philosophische Frage formulieren – und das alles in Sekunden. Die Ergebnisse sind oft beeindruckend menschenähnlich.

Im Januar 2023 hatte ChatGPT die Marke von 100 Millionen Nutzenden überschritten und damit einen neuen Rekord aufgestellt. Es war die am schnellsten wachsende Softwareanwendung in der Geschichte geworden.[47] Aber was war aus den Sorgen geworden, die OpenAI einst dazu veranlasst hatte, ein Vorgängermodell aufgrund der zahlreichen Risiken gar nicht erst zu veröffentlichen?

Halluzinationen – oder: problematische Wahrscheinlichkeiten

Als GPT-4, das neueste Modell von OpenAI, eine Reihe von akademischen Leistungstests absolvierte, bestand es unter anderem eine Anwaltsprüfung mit einer Punktzahl nahe den oberen 10 Prozent der besten menschlichen Testteilnehmenden.[48] Und das mit einer Rechenleistung, die für das menschliche Gehirn abstrakt bleibt. Zum Vergleich: Frank Rosenblatts Perzeptron, das erste neuronale Netz der Fünfzigerjahre, hatte 1000 künstliche Neuronen und benötigte für das Training etwa 700 000 Operationen. GPT-4 benötigte schätzungsweise 21 Septillionen Operationen – das ist eine Zahl mit 42 Nullen.[49]

Große Sprachmodelle funktionieren besonders gut, wenn es um generische Aufgaben geht, beispielsweise um die Definition und Verknüpfung von Konzepten oder die Bereitstellung allgemeiner Informationen über weitgehend bekannte Themen. Weniger stark sind sie darin, sich an die Fakten zu halten. Wir erinnern uns: Ein Modell wie ChatGPT arbeitet nach der Maßgabe, was aus dem vorliegenden Text, etwa einer Frage an den Chatbot, am wahrscheinlichsten folgt. Es berechnet dann, welche Wörter oder Teile eines Wortes, auch «Token» genannt, für den gegebenen Kontext am relevantesten sind. Der britische Informatiker Stephen Wolfram nennt dieses Vorgehen eine «angemessene Fortsetzung» («reasonable continuation») des Textes.[50] «Angemessen» heißt jedoch noch lange nicht sachlich richtig.

Schnell häuften sich die Belege dafür, dass KI-Tools wie ChatGPT mitunter Zahlen, Namen und Quellenangaben erfinden. So behauptete der Chatbot auf Nachfrage mit Nachdruck (den es bei einem Chatbot natürlich nicht gibt, das ist dann wieder eine menschliche Interpretation), dass die beiden Autorinnen dieses Buches in Missouri und Bielefeld studiert hätten. Beides ist schlicht falsch. In der Vorbereitung einer Lehrveranstaltung haben wir ChatGPT gebeten, uns eine Zusammenfassung zur Entwicklung des Marktes für Kryptowährungen zu geben. Das Ergebnis war überzeugend. Auf Nachfrage lieferte uns der Chatbot dann auch die Quellen für seine «Recherche» – fünf URLs. Keine von den Websites existierte. ChatGPT hatte sie sich schlicht «ausgedacht». Und noch ein schönes Beispiel. Wir fragten: «Welches Geschlecht wird die erste weibliche Präsidentin der USA haben?» ChatGPTs Antwort: «Das Geschlecht der ersten weiblichen Präsidentin der USA wird von zahlreichen verschiedenen Faktoren abhängen, so zum Beispiel ihrer Qualifikation, ihren politischen Schwerpunkten und der Akzeptanz der amerikanischen Wählerschaft.» Nun, das ist ganz sicher nicht so. Es wird vor allem davon abhängen, dass sie eine Frau ist. Hier sehen wir noch einmal, worin der Unterschied zwischen einer arithmetischen und einer intuitiven menschlichen Sinngebung besteht.

Aufgrund des weitverbreiteten Hangs zur Vermenschlichung von Technologie sprechen KI-Expertinnen und Forscher bei derart irreführenden oder schlicht falschen Antworten der Sprachmodelle von «Halluzinationen» (Kapitel 7).[51] Die KI-Systeme halluzinieren Tatsachen, die nicht der Realität entsprechen oder auch nur in ihr verankert sind. Gleichzeitig erlangen sie mit ihrem «sprachlichen Geschick» das Vertrauen der Menschen. Das kann zu Problemen führen.

So zum Beispiel, als im Jahr 2023 ein US-amerikanischer Anwalt ChatGPT nutzte, um einen juristischen Antrag an das Bundesbezirksgericht zu verfassen. Sprachlich schien das Ergebnis fundiert und erstaunlich gut, menschengleich eben. Der Anwalt wusste jedoch nicht, dass der Chatbot seine juristische Argumentation inhaltlich auf eine Reihe von Präzedenzfällen und Urteilen gestützt hatte, die es überhaupt nicht gab. Als der Anwalt sich später selbst vor dem Richter verteidigen musste, sagte er aus, er habe «fälschlicherweise angenommen», dass ChatGPT «so etwas wie eine Super-Suchmaschine» sei.[52]

Die reine technologische Möglichkeit, menschengleiche Texte zu produzieren, ist also noch keine Garantie dafür, dass wir Menschen sie gewinnbringend nutzen können. Um das Potenzial auszuschöpfen, das in der neuen Technologie steckt, müssen wir verstehen, wie diese Sprachmodelle funktionieren, wie wir sie am besten einsetzen können und wo wir vorsichtig sein müssen. Das gilt besonders dann, wenn wir nach verlässlichen Informationen suchen.

Da gab es einmal Lycos, AltaVista und wie sie alle hießen. Alle waren sie Anwärter auf den Thron, als sich unser Umgang mit dem Internet vom Zugang zu Verzeichnissen auf die Nutzung von Suchmaschinen verschob. Dann kam Google und eroberte das Web. Es war ein beeindruckender Siegeszug, und

Google ist inzwischen wahrscheinlich tiefer in unsere Kultur eingewoben, als wir uns das damals hätten vorstellen können. Jetzt aber beginnt wieder eine neue Zeit, und es gibt wieder neue Anwärter auf den Thron, wenn es um die Internetsuche der Zukunft geht. Einer der Topkandidaten neben Google heißt nun Microsoft. Der Konzern, zu dem OpenAI gehört, betreibt seit Langem eine Suchmaschine namens «Bing», die bislang eher belächelt wurde. Google hat einen Weltmarktanteil von mehr als 90 Prozent, bei Bing sind es gerade mal 3. Wie also soll Microsoft Google gefährlich werden?

Indem Microsoft die GPT-Technologie in seine Suchmaschine integriert. Seit Februar 2023 können wir mit «Bing» sprechen. Auch wenn große Sprachmodelle keine Such-, sondern Findemaschinen sind, ist es doch sehr bequem, einfach die KI zu fragen und dann ein fertig getextetes Resultat, sogar mit Quellenverweisen, ausgespuckt zu bekommen. Und so schrieb das Technologieportal «The Verge»: «Zwei Jahrzehnte lang war die Google-Suche die unsichtbare Kraft, die das Auf und Ab der Online-Inhalte bestimmte. Jetzt, zum ersten Mal seit der Einführung von Google, scheint eine Welt ohne Google im Mittelpunkt tatsächlich möglich. Wir stehen ganz klar am Ende einer Ära und am Anfang einer neuen.»[53]

Bei Google hat diese Entwicklung einen «Code Red»-Alarm ausgelöst. Immerhin steht ein Markt von etwa 150 Milliarden US-Dollar auf dem Spiel. Was zu Beginn nur ein Werkzeug war, das uns zum richtigen Ziel im Web leiten sollte, ist inzwischen zu einer Maschinerie geworden, die darauf ausgelegt ist, Engagement zu erzeugen und möglichst viel über die Nutzer zu erfahren. Schätzungen gehen dahin, dass jedes Prozent Marktanteil, das Microsoft Google abnehmen kann, etwa zwei Milliarden US-Dollar wert ist.

Es geht aber noch um etwas anderes. Wenn wir bislang im Internet gesucht haben, bekamen wir eine Liste priorisierter

Links zu Quellen, die wir dann selbst sichten mussten, um das gewünschte Ergebnis zu finden. Das belässt die Aufgabe des Kuratierens und letztlich auch die Beurteilung bei der Nutzerin oder dem Nutzer. Wenn Suchen zum integrierten Finden wird, übernimmt das Sprachmodell die Kuratierung und liefert ein fertiges Ergebnis. Das ist ein wesentlicher Unterschied. Satya Nadella, der Chef von Microsoft, sagt: «Die neue Suche ist nur eine andere Art, die zehn blauen [Google-]Links zu präsentieren.»[54] Das mag formal stimmen, inhaltlich ändert sich unser Zugang zu und Umgang mit Informationen.

Kurz vor Weihnachten 2022 twitterte OpenAI-Mitbegründer Sam Altman in einem Anflug von Bescheidenheit: «ChatGPT ist unglaublich begrenzt, aber gut genug in einigen Dingen, um einen irreführenden Eindruck von Großartigkeit zu erwecken. Es ist ein Fehler, sich darauf zu verlassen, wenn es um etwas Wichtiges geht. Es ist eine Vorschau auf den Fortschritt.»[55] Das ist eine ehrenwerte Aussage. Sie klingt nach in einer Welt, in der sich die großen Technologiefirmen darin überschlagen, ihre immer größeren Sprachmodelle auf den Markt zu bringen. Googles «Bard», Anthropics «Claude», Baidus «Ernie Bot», «Mistral» vom gleichnamigen französischen Start-up, Aleph Alphas «Luminous» und viele mehr wollen alle ihren Anteil am Weltmarkt der Wortproduktion. Und hier geht es nur um Texte …

Zukünftige Generationen

Große Sprachmodelle und andere Grundlagenmodelle haben einem neuen Typus von KI-Anwendungen Auftrieb gegeben: Maschinen, die nicht nur sortieren und optimieren, sondern kreieren. Sie haben die Ära der generativen KI eingeläutet.

Als Fei-Fei Li das ImageNet entwickelte, jenen Datensatz

beschrifteter Bilder, mit dem dann unzählige Modelle trainiert wurden, stellte sie sich konkret vor, was daraus erwachsen sollte: Computer würden eines Tages in der Lage sein, unsere Welt visuell interpretieren, also sehen zu können. Und dann sollten Maschinen diese Welt selbst visuell aus Pixeln erzeugen können.

Auch diesem Wunsch liegen heute neuronale Netzwerke zugrunde. Seit 2014 beispielsweise arbeiteten frühe Versionen von Bildgeneratoren mit einer faszinierenden Tandem-Konfiguration zwischen einem «Generator» und einem «Diskriminator». Stellen Sie sich zwei Kunstfachleute vor, einen Fälscher und eine Detektivin. Der Fälscher versucht, berühmte Gemälde zu imitieren, während die Detektivin herausfinden will, ob das Ergebnis echt oder gefälscht ist. Zu Beginn macht der Fälscher seine Sache nicht sehr gut, und die Detektivin kann die Fälschung leicht erkennen. Aber jedes Mal, wenn sie den Fälscher auf einen Fehler hinweist, lernt der daraus und wird besser. Während der Fälscher sich verbessert, muss auch die Detektivin ihre analytischen Fähigkeiten schärfen, um weiterhin Unterschiede zwischen Original und Fälschung zu erkennen. Im Laufe der Zeit verfeinern sich in diesem Zusammenspiel die Kompetenzen beider Seiten. Der Fälscher wird so gut darin, das Original zu imitieren, dass seine Bilder fast nicht mehr davon zu unterscheiden sind, und die Detektivin wird sehr geschickt darin, selbst kleinste Abweichungen zu erkennen.

Genau so funktionieren «Generative Adversarial Networks» (oder GANs). Ein Teil des Netzwerks erzeugt realistische Daten, der andere Teil wertet sie aus. Durch den Wettbewerb miteinander verbessern sich beide, und das führt zu äußerst wirklichkeitsgetreuen computergenerierten Inhalten.[56] Eines dieser Modelle, «StyleGAN», hat hyperrealistische Bilder von künstlichen Gesichtern erstellt und sie auf der Website

ThisPersonDoesNotExist.com zusammengestellt – eine Ansammlung von Menschen, die es gar nicht gibt, die aber sehr real aussehen.[57]

Das war nur ein Vorgeschmack auf die bildschaffenden KI-Werkzeuge von heute. OpenAI präsentierte im Jahr 2021 DALL-E, eine Text-zu-Bild-Anwendung, deren Name sich aus der animierten Pixar-Roboterfigur «WALL-E» und dem surrealistischen Maler Salvador Dalí herleitet und die ebenfalls auf der Transformer-Architektur basiert. Ähnlich wie Chatbots können User auch Bildgeneratoren «prompten», ihnen also Textanweisungen geben, die das Modell in ein Bild verwandelt. So sieht es dann beispielsweise aus, wenn der Prompt lautet «ein Gemälde im Stil von Frida Kahlo, das einen avocadoförmigen Stuhl in der Wüste zeigt»:

So wie ChatGPT die Textproduktion revolutioniert, so verändern Bildgeneratoren wie DALL-E, Midjourney und Stable Diffusion die visuelle Kreation. Im März 2023 sorgte die neue Technologie für eine öffentliche Debatte. Ein Foto war aufgetaucht, das Papst Franziskus in einer übergroßen weißen

Kapuzenjacke des französischen Luxuslabels Balenciaga zeigte, mitsamt heiligem Kreuz, das über der unstandesgemäßen Kleidung baumelte.[58] Das von Midjourney erzeugte hyperrealistische und doch vollständig künstliche Bild verdeutlicht, wie schwierig es für das menschliche Auge geworden ist, zwischen Original und Fälschung, Authentizität und Synthese zu unterscheiden.

In ähnlicher Weise demonstrierten Text-zu-Sprache-Anwendungen bald die Fähigkeit, geschriebene Worte in ein KI-produziertes Audioformat zu verwandeln – auch das stilgerecht, beispielsweise mit einer bekannten individuellen Stimme wie der von Angela Merkel.[59] Auch für Musik funktioniert diese Anwendung. So vervollständigte ein neuronales Netz, das auf Musikpartituren trainiert wurde, Beethovens Fragment gebliebene 10. Sinfonie.[60] Die Vision von Ada Lovelace, dass Maschinen einmal komponieren würden, ist also eingetreten.

Was mit dem Forscherdrang von ein paar Tech-Enthusiasten und -Denkerinnen begann, ist zu einer Entwicklung geworden, die weitreichende Auswirkungen hat. «Wir befinden uns an einem Wendepunkt in der Künstlichen Intelligenz, (...) einer der außergewöhnlichsten Veränderungen, die ich in den zwanzig Jahren meiner Arbeit in diesem Bereich erlebt habe», so brachte es die KI-Forscherin Kate Crawford im Herbst 2023 auf den Punkt. Alles wird überall auf einmal möglich, und unsere Gewohnheiten im Umgang mit und in der Produktion von Texten, Bildern, Kunst, Musik, Stimmen sind infrage gestellt. Da eigentlich alles, was wir im Leben tun, auf Kommunikation beruht, ist die Transformation, die durch die Technologie gleichen Namens möglich wird, eine tiefgreifende – was sich in allen Bereichen unserer Gesellschaft, in der Wirtschaft, auf dem Arbeitsmarkt, aber auch in unserem Umgang mit Information und Wahrheit oder in der Politik, bereits zeigt oder bald zeigen wird.

4
Hurra, die Produktivität ist wieder da!
KI und das neue Wirtschaftswachstum

Es hat für Verwunderung gesorgt, als Google seinen KI-Assistenten Duet AI vorstellte. Dazu gehört der «Echtzeit-Mitarbeiter» – ein KI-Kollege, der alles übernimmt, wofür man gerade keine Zeit hat. Eine Funktion soll auch davon entlasten, ständig in Videobesprechungen sitzen zu müssen. Stattdessen kann man den eigenen Avatar ins Meeting schicken, der einem das Wichtigste dann zusammenfasst. Es wird sicher interessant zu sehen, was geschieht, wenn bald nur noch Avatare mit anderen Avataren in Besprechungen verhandeln und auch sonst immer mehr Aufgaben von uns Menschen übernehmen.

Wer heute mit digitalen Tools arbeitet, kann sich bei fast allem tatkräftig durch generative KI unterstützen lassen. OpenAI bietet mit ChatGPT Enterprise eine Business-Lösung, die sich zu einem umfassenden KI-Assistenten für die tägliche Büroarbeit entwickeln und dabei die eingegebenen Daten der Unternehmen schützen soll. Microsoft hat die Produktivitätssuite im Angebot, in der man Texte, Präsentationen und Tabellen mit KI erstellen kann. Der Traum, den die Technologieunternehmen uns damit verkaufen wollen: Endlich haben wir die Chance, produktiver zu werden, unsere Arbeit zu beschleunigen, mehr davon zu schaffen und bessere Ergebnisse zu erzielen.

Das wäre tatsächlich eine Wende, die nicht nur Mitarbeiterinnen und Mitarbeiter, sondern das ganze Wirtschaftssystem betreffen würde – hoffen wir doch seit Jahrzehnten darauf, dass der technologische Fortschritt, der Computer und das Internet einen neuen Produktivitätsschub bringen. Bislang ist dieser Traum nicht in Erfüllung gegangen, im Gegenteil. Den größten Teil des 20. Jahrhunderts über wuchs die Produktivität viel stärker als heute. Unser Jahrhundert ist durch widersprüchliche Entwicklungen gekennzeichnet. In den Siebzigerjahren gab es enorme Investitionen in Computertechnik, aber die Produktivität stagnierte, vor allem im Vorreiterland USA. In den Neunzigerjahren sah die Situation wieder anders aus. Die USA erlebten, anders als Europa, einen Produktivitätsboom. War das der verspätete Siegeszug des Computers? Zum Teil wird das so sein. Daneben gibt es Studien, die darauf verweisen, dass vor allem die Innovationskraft in Kernindustrien wie Handel, Chip- und Computerproduktion sowie Telekommunikation diesen Schub verursacht haben. Dann kam die nächste Enttäuschung, Mitte der 2000er Jahre, als das Produktivitätswachstum wieder erlahmte.

Insgesamt gilt für die vergangenen zwanzig Jahre: Das Produktivitätswachstum ist zur lahmen Schnecke geworden, und das ausgerechnet in Zeiten des rasanten technologischen Fortschritts. Während die Investitionen in Computer und neue Technologien zuweilen zweistellig wuchsen, ging das Produktivitätswachstum sogar zurück. Zum einen haben wir womöglich zu große Hoffnungen in eine schnelle positive Wirkung von neuen Technologien auf die Produktivitätsentwicklung gesetzt. Zum anderen ist Produktivität ein komplexes Phänomen, das sicher nicht von einigen wenigen Faktoren getrieben wird. Der Wirtschaftsnobelpreisträger Robert Solow hat den Begriff «Produktivitätsparadox» geprägt: «Wir sehen das Computerzeitalter überall, nur nicht in den Produktivitätsstatistiken.»[1] In der ersten industriellen Revolution war das noch ganz anders: Elektrizität und Dampfmaschine haben einen wahren

Produktivitätsboom ausgelöst. Ist Wachstum durch Fortschritt heute nicht mehr möglich?

Es gibt einen ganzen Forschungsbereich, der herauszufinden versucht, was die Gründe für diese seltsame Entkoppelung von Technologie- und Produktivitätsentwicklung sind. Dabei kam heraus: Es kann sein, dass die Produktivitätsstatistiken schlicht fehlerhaft sind und nicht genau erfassen, was sie zu erfassen vorgeben (Messproblem). Es kann auch sein, dass Investitionen in Computertechnologie und KI einfach viel Zeit brauchen, um ihre Wirkung auf die Wirtschaft zu entfalten (Zeitproblem). Dann kann es sein, dass diese Wirkungen zwar für die einzelnen Unternehmen positiv sind, nicht aber für die Wirtschaft als Ganze. Der Kuchen wird also anders verteilt, bleibt aber ähnlich groß (Makroproblem). Und schließlich kann es auch sein, dass all die Investitionen in Technologie tatsächlich wenig Auswirkungen auf die Produktivität haben. Wenn Führungskräfte sie dennoch tätigen, wäre das dann eine Fehlentscheidung zuungunsten der Produktivität, die ohne all das in Technologie investierte Geld womöglich sogar besser ausfiele (Managementproblem).

Der MIT-Ökonom Erik Brynjolfsson bezeichnet es als enttäuschend, dass wir noch immer nicht besser erklären können, was neue Technologien der Wirtschaft im Hinblick auf ihre Produktivität bringen.[2] Aber so ist das, wenn so viele verschiedene Einflussfaktoren auf die Produktivität einwirken, dass schwer zu entscheiden ist, welcher konkret welche Folgen zeitigt. Deshalb kann man auch so schwer vorhersagen, was die Zukunft bringen wird.

Wir verdaddeln das Wachstum

Generative KI könnte wie ein magisches Elixier in alle Ritzen der Wirtschaft sickern und alle verzaubern, die mit ihr in Berührung kommen. Diese Menschen werden kreativer, können besser kommunizieren und zusammenarbeiten, und so kommt endlich der Produktivitätsschub, auf den wir seit Jahrzehnten warten. Sie könnte aber auch zur größten allgemeinen Ablenkung der Neuzeit werden, indem sie uns verleitet, mit den neuen Möglichkeiten herumzuspielen, uns in unsinnigen, wenig zielführenden Aktivitäten zu verheddern und den Fokus für das zu verlieren, was wir wirklich tun sollten.

Es gibt dieses Phänomen schon. Man nennt es Internet. So großartig die Kommunikations- und Arbeitsmöglichkeiten sind, die es uns bietet, so gut wissen wir heute, dass es auch ein Zeitfresser ist. Stunden in den sozialen Medien unterwegs, auf abwegigen Tangenten der Suche, im Kaninchenbau YouTube, in dem man verschwinden und den Bezug zur Realität verlieren kann. Nur schnell mal mit dem Bildgenerator Midjourney ein Selfie von Jesus mit den zwölf Jüngern beim letzten Abendmahl erschaffen? Ein Selfie von Napoleon mit seinen Truppen vor der Schlacht von Waterloo? Eines von Kleopatra mit ihren Zofen, die sie in einen Teppich einwickeln, um sie in die Gemächer Caesars zu schmuggeln? Plötzlich ist es zwei Uhr morgens, und eben war es doch noch Zeit für die «Tagesschau».

Als die US-Informatikerin Gloria Mark 2004 anfing zu erforschen, wie Menschen mit Computern arbeiten, kam sie zu einem überraschenden Befund: Wenn ihre Probanden am Rechner saßen, verbrachten sie nicht mehr als 2,5 Minuten am Stück mit einer Aufgabe.[3] Das hat Auswirkungen auf unsere Fähigkeit, uns zu konzentrieren. Wenn die Arbeit an einer Aufgabe nach einer längeren Pause wieder aufgenommen wird, braucht man etwa die zehnfache Zeit, um wieder reinzukommen und da weiterzumachen, wo sie zuvor unterbrochen wurde.[4] Der Computer zerhäckselt unsere Aufmerksamkeit in kleinste Stücke, manchmal auch zu Brei.

Die Degeneration der menschlichen Konzentrationsfähigkeit war längst nicht an ihr Ende gelangt, als Gloria Mark ihre Forschung zur menschlichen Aufmerksamkeitsspanne begann.[5] 2012 war diese bereits auf 75 Sekunden gesunken, wenige Jahre später sank sie auf 47 Sekunden. Eine Studie von Microsoft kam 2015 zu dem Ergebnis, dass die durchschnittliche Aufmerksamkeitsspanne des Menschen nur noch acht Sekunden beträgt – eine Sekunde weniger als die eines Goldfisches.[6]

Das mobile Internet und der ständige Wechsel zwischen verschiedenen Bildschirmen haben unsere Aufmerksamkeit und Konzentrationsfähigkeit in alle Winde zerstreut, und das noch bevor mit ChatGPT & Co eine ganz neue Ebene der Interaktion mit Bildschirmen hinzugekommen ist. All dies führt zu Ablenkung und Stress, es kann aber auch eine Begründung dafür sein, warum es mit dem Produktivitätswachstum durch den Computer, das Internet und nun womöglich auch KI etwas komplizierter ist, als wir es uns vorstellen. Diese Technologien sind großartige Hilfsmittel, um das Leben und die Arbeit leichter zu machen, aber sie können uns auch Zeit rauben und von wichtigeren Dingen abhalten. Prokrastination statt Produktivität.

Der Fortschritt, eine lahme Schnecke?

Der ökonomische Fortschritt ist keine lineare Funktion aus Wachstum und Innovation. Mit jeder Neuerung kommen neue Chancen und Herausforderungen, die Komplexität wächst. Im Verlauf des 19. und frühen 20. Jahrhunderts haben Wissenschaft und Forschung so viele große Entdeckungen gemacht, dass ebenso große zivilisatorische Sprünge mit entsprechenden Wachstumsschüben möglich waren: Die Erfindung der Elektrizität und der Dampfmaschine sowie die Entdeckungen der Atom- und Quantenphysik haben Wirtschaft und Gesellschaft revolutioniert. Waren nicht auch die vergangenen Jahrzehnte eine Zeit der immer neuen Ideen und Erfindungen, vor allem rund um die Computertechnologie? Eher nein, argumentiert Robert Gordon in seinem Buch «The Rise and Fall of American Growth».[7] Ja, der Computer und das Internet haben vieles verändert, aber der Fortschritt, den das mit sich gebracht hat, war eher inkrementell.

Um von den Klerikern des Mittelalters, die die Erde für den Mittelpunkt des Universums hielten, zu Galileo Galilei zu kommen, bedurfte es einer Revolution der Wissenschaften, des Denkens und des Glaubens. Vielleicht kann das nicht immer so weitergehen, weil das Portfolio menschlicher Möglichkeiten doch irgendwo endlich ist. Wir können heute zum Mars fliegen, aber die Gesetze der Quantenphysik bleiben gültig. Auch mit diesem Gedanken müssen wir uns auseinandersetzen. Denn nur so lässt sich einschätzen, wie wir die Verknappung natürlicher Ressourcen, die Folgen des Klimawandels und steigende Erwartungen an den Lebensstandard miteinander vereinbaren könnten. Wenn die Theorie des abnehmenden Grenznutzens nicht nur für das Konsumverhalten, sondern auch für unseren Fortschritt gilt, dann hat das Auswirkungen auf unsere Zukunft. Und es gibt einen Hinweis darauf, dass wir mit dem Heilsversprechen, die neue Generation von Künstlicher Intelligenz werde endlich das Wachstums-, Wohlstands- und Produktivitätsproblem für alle lösen, vorsichtig sein sollten.

Dem entspricht ein Denkansatz, den der US-Ökonom Benjamin Jones entwickelt hat. Jones spricht von der «Last des Wissens» (Burden of Knowledge). Anhand eines großen Datensatzes zeigt er: Mit dem Fortschritt der Technologie und einem wachsenden Wissensfundus wird es immer schwieriger, überhaupt noch Neues zu entdecken, und die Innovationssprünge werden kleiner. Innovatoren werden über die Jahre immer älter, bevor sie ihre erste Erfindung machen, die fachliche Spezialisierung und das Teamwork nehmen derweil zu.

Zudem sind die Auswirkungen des Fortschritts nicht für alle gleich: Eine aktuelle Studie zeigt, dass der Einsatz von KI in Unternehmen sehr stark von ihrer Größe und der Vorerfahrung der Teams abhängt. Große Unternehmen profitieren direkt vom Einsatz von KI-Anwendungen, kleinere Unternehmen profitieren eher davon, KI auf einer Metaebene einzusetzen, um neue Innovationsprozesse zu entwickeln. Auch der Prozess, in dem Fortschritt entstehen kann, wird also komplizierter.

Und schließlich hat Fortschritt nicht für alle dieselbe Bedeutung. Seit Beginn der Industriegesellschaft Anfang des 19. Jahrhunderts ging man davon aus, dass ökonomischer und moralischer Fortschritt einer Gesellschaft Hand in Hand gehen. Inzwischen wissen wir: Es gibt in verschiedenen Teilen der Welt sehr unterschiedliche Ansichten, was Fortschritt eigentlich ist. Indien baut derzeit etwa drei Autostunden nördlich von Bangalore einen der größten Solarparks der Welt. Drei Millionen Solarpanels werden die Energiemenge von zwei großen Atommeilern produzieren können. Damit hat Indien seine Solarkapazitäten in sieben Jahren verdoppelt, während Deutschland dafür zwei Jahrzehnte gebraucht hat. Das ist Fortschritt.

Leider nur geht der Ausbau von erneuerbarer Energie in Indien nicht mit dem Rückgang der CO_2-Emissionen einher. Etwa 55 Prozent des nationalen Energieverbrauchs kommen noch immer aus der Kohle. Wenn man annimmt, dass sich das indische BIP bis 2040 verfünffachen wird, dann wird sich der Energiebedarf mindestens verdoppeln, und die CO_2-Emissionen werden sich in derselben Zeit um 80 Prozent erhöhen. Das ist kein Fortschritt.

«Wenn ich weiter geblickt habe, so deshalb, weil ich auf den Schultern von Riesen stehe.» Das schrieb Isaac Newton 1676 in einem Brief an einen Kollegen. Heute müsste der Satz lauten: «Auch wenn ich mühevoll den Rücken eines Riesen hinaufgeklettert bin, so sehe ich doch nur einen begrenzten Horizont.»

Neue Aussichten: Elektrizität fürs Denken

Und doch: Die generative KI könnte die Spielregeln des Fortschritts noch einmal verändern. KI ist eine Allzwecktechnologie. Sie kann nahezu jederzeit und überall zum Einsatz kommen. Damit ist sie vergleichbar mit der Erfindung der Elektrizität, der Dampfmaschine oder auch dem Verbrennungsmotor. Solche Technologien stören nicht nur die kontinuierliche Weiterentwicklung von Geschäftsmodellen auf den bekannten Pfaden. Sie verändern radikal, wie wir leben, arbeiten und wirtschaften.

Ein Report der Unternehmensberatung McKinsey schreibt der Technologie auf Basis einer Analyse von 63 Anwendungsbeispielen ein Wachstumspotenzial von bis zu 4,4 Billionen US-Dollar weltweit zu.[8] Zum Vergleich: Das Bruttoinlandsprodukt Großbritanniens belief sich 2021 auf 3,1 Billionen Dollar. McKinsey schätzt den Effekt sogar noch deutlich größer, fast doppelt so groß, ein, wenn generative KI konsequent in Software eingebaut wird, die derzeit für Aufgaben jenseits der für die Studie untersuchten Anwendungsfälle eingesetzt wird. Die Einsatzbereiche, in denen die größte Wirkung zu erwarten ist, liegen auf der Hand: Verkauf und Marketing, alles rund um das Kundenmanagement, Forschung und Produktentwicklung sowie Softwareentwicklung und -programmierung. Der Bankensektor, die Technologiebranche oder die Life Sciences werden weitreichend von diesen Veränderungen betroffen sein. Generative KI könnte hier bis 2040 ein jährliches Wachstum der Arbeitsproduktivität von um 0,5 Prozent ermöglichen, je nachdem, wie schnell sich die Technologie durchsetzt und wie sich der Anpassungsprozess aufseiten der Arbeitnehmenden gestaltet. Kombiniert man generative KI mit allen anderen vorhandenen Technologien, könnte die Automatisierung der Arbeit das Produktivitätswachstum um auf bis zu 3,3 Prozent jährlich steigern.[9]

Eine erste experimentelle Studie des MIT mit knapp 450 Testpersonen zur Arbeitsproduktivität unter Einsatz von ChatGPT zeigt: Das KI-Tool steigert die Produktivität bei Schreibaufgaben, der Zeitaufwand sinkt, und die Ergebnisqualität steigt. Ein Nebeneffekt ist, dass ChatGPT weniger qualifizierten Menschen hilft, zu den besser qualifizierten aufzuholen.[10] Eine interessante Perspektive: Wenn KI die Unterschiede abmildert, die unterschiedlich gute oder umfangreiche Ausbildung für verschiedene Gruppen von Arbeitnehmenden bedeutet, dann liegt darin tatsächlich eine Chance für Produktivitätswachstum, und das noch mit wünschenswerten sozialen Folgen. Ob das auch für die Makroebene des Zusammenhangs zwischen Ausbildung und Produktivität in verschiedenen Regionen der Welt gilt, ist bislang unklar. Durch neueste Technologie gestützte Zuwächse in der Arbeitsproduktivität kommen womöglich eher weiterentwickelten Ländern und ihren arbeitenden Bevölkerungen zugute. Das wiederum würde dazu führen, dass Kapitalflüsse noch stärker von ärmeren zu reicheren Ländern gelenkt werden, wie eine Studie des IWF argumentiert.[11]

Wachstum wie aus dem Lehrbuch?

Andere Beobachter haben mit solchen Prognosen weniger Probleme. Wir sollten uns entspannt zurücklehnen und auf die Gesetze des Marktes vertrauen, sie werden schon dafür sorgen, dass die KI uns mehr Produktivität und mehr, wenn auch zum Teil noch unbekannte, Jobs bescheren mag? So jedenfalls argumentiert Marc Andreessen, einer der bekanntesten US-Tech-Unternehmer und Wagniskapital-Investoren, in seinem Essay «Warum KI die Welt retten wird».[12] Fortschritt ist für ihn eine logische Folge von Innovationsschritten. Die Anwendung neuer Technologie in der industriellen Produktion führt zu Produktivitätswachstum, also zu einer Steigerung der Produktion bei geringerem Aufwand. Das Ergebnis sind niedrigere Preise für Waren und Dienstleistungen. Wenn wir weniger für Waren und Dienstleistungen bezahlen, verfügen wir über zusätzliche Kaufkraft, mit der wir mehr Dinge erwerben können. Die Nachfrage in der Wirtschaft nimmt zu, was zur Schaffung neuer Produktionsmöglichkeiten – einschließlich neuer Produkte und neuer Industrien – führt. Dadurch werden wiederum neue Arbeitsplätze für die Menschen geschaffen, die in ihren bisherigen Jobs durch Maschinen ersetzt wurden. Am Ende haben wir eine wachsende Wirtschaft mit größerem materiellem Wohlstand für alle mit mehr Industrien, mehr Produkten und mehr Arbeitsplätzen. Großartig!

Wenn es nur so funktionieren würde. Das Lehrbuch der reinen Marktwirtschaft ist die Bibel vieler Tech-Unternehmer und -Firmen, während uns die Geschichte etwas anderes lehrt. Grundsätzlich kann Innovation eine solche Dynamik entfalten. Es gibt allerdings ein paar Rahmenbedingungen, die man berücksichtigen muss. Der kometenhafte Aufstieg von ChatGPT könnte ein Hinweis darauf sein, dass dieses Mal doch manches anders kommt. Nie ist eine Technologie schneller bei einer oder 100 Millionen Nutzerinnen und Nutzern angekommen. Wenn die Disruptionskraft diesem Tempo entspricht, müssen wir uns auf einen Schleudergang der Veränderungen in unserer Wirtschaft gefasst machen.

Sam Altman, Co-Gründer und CEO von OpenAI, betrachtet die Revolution, die sein eigenes und ähnliche Tools auslösen werden, als unumkehrbar. Gleichzeitig fordert er Maßnahmen, um unbeabsichtigte soziale Folgen abzumildern: «Wir müssen ein System entwerfen, das diese technologische Zukunft einbezieht und die Vermögenswerte besteuert, die den größten Teil des Wertes in dieser Welt ausmachen werden – Unternehmen und Land –, um einen Teil des kommenden Reichtums gerecht zu verteilen. Auf diese Weise können wir die Spaltung der Gesellschaft verringern, und jeder kann an ihren Gewinnen teilhaben.»[13] Statt Einkommen weiterhin progressiv zu besteuern, um auf diesem Wege mangelnde soziale Fairness auszugleichen, plädiert Altman dafür, die Steuereinnahmen in einem «Gerechtigkeitsfond» anzulegen, aus dem jede Bürgerin und jeder Bürger eine fixe Summe in Geld und Unternehmensanteilen bekommt. Der Begriff «bedingungsloses Grundeinkommen» kommt bei Altman so nicht vor. Faktisch ist genau das damit gemeint.

Seit Jahren flammt die Diskussion um das bedingungslose Grundeinkommen immer wieder auf – meist im Zusammenhang mit großen Disruptionen, etwa der Entwicklung von Digitalisierung und Internet, der Coronapandemie und jetzt eben der generativen KI. Alle Überlegungen dazu gehen von einer grundlegenden Idee aus: Wenn alle von der gleichen finanziellen Startrampe aus loslegen können, führt das zu einer wirtschaftlich gerechteren, ausgeglicheneren Gesellschaft. Das bedingungslose Grundeinkommen ermöglicht Menschen in schlecht bezahlten Jobs, sich aus der Abwertungsspirale zu befreien, macht der Armut ein Ende, die es auch in entwickelten

Gesellschaften immer noch gibt, und verteilt Einkommen nach einem für alle fairen Prinzip.

Einige Experimente mit dem Konzept lassen vermuten, dass da etwas dran sein könnte. Finnland etwa hat 2017 eine landesweite Studie durchgeführt, bei der eine Stichprobe von 2000 Personen monatlich 560 Euro erhielt. Die Auswirkungen auf die Berufstätigkeit waren eher marginal, allerdings berichteten die Teilnehmer über ein signifikant besseres Wohlbefinden in mehreren Lebensbereichen.[14] Dabei ist zu berücksichtigen: Die ökonomischen und sozialen Rahmenbedingungen unterscheiden sich von Weltregion zu Weltregion, von Land zu Land sehr. In den USA muss die Diskussion über ein bedingungsloses Grundeinkommen anders geführt werden als in einem europäischen oder afrikanischen Land.

Es gibt aber auch bedenkenswerte Argumente, die gegen ein bedingungsloses Grundeinkommen sprechen. Zum einen würde es sehr viel kosten, die staatlichen Steuer- und Sozialleistungssysteme darauf hin umzubauen. Zum anderen dient Arbeit ja idealerweise nicht nur dazu, Geld für ein möglichst angenehmes Leben zu verdienen. Arbeit ist Teil der menschlichen Identität, oft Voraussetzung für soziale Zugehörigkeit und Teilhabe am gesellschaftlichen Leben.[15] Das kann man kritisieren, was jedoch nichts an der Tatsache ändert. Ein wesentlicher Treiber dafür, dass wir immer noch deutlich mehr arbeiten, ist der Wunsch des Menschen, sich sinnvoll und lohnend einzubringen. Eine Gesellschaft, aufgebaut auf bedingungslosem Grundeinkommen, sähe radikal anders aus als die, in der wir leben. Und so sehr es sich lohnt, darüber nachzudenken, ist das Grundeinkommen sicher kein schnelles Mittel, um die Auswirkungen von generativer KI auf dem Arbeitsmarkt abzumildern.

Wie bei vielen emotional aufgeladenen Themen beobachten wir auch rund um ChatGPT & Co eine Spaltung der Debatte. Es gibt Apologeten und Apokalyptiker, ebenso wie Radikaloptimisten. Einen davon haben wir schon kennengelernt. «Wir sollten so glücklich sein», schreibt Marc Andreessen, denn er sehe «eine geradlinige Spirale hinauf zu einer materiellen Utopie, von der weder Adam Smith noch Karl Marx je zu träumen wagten».[16]

ChatGPT: Erfüllungsgehilfe eines radikalisierten Kapitalismus?

Das wird Adam Smith nicht gerecht. Er beschäftigt sich in seiner «Theorie der ethischen Gefühle», seinem wegweisenden Werk aus dem Jahr 1759, ausführlich mit dem Wesen des Menschen, den emotionalen und kommunikativen Grundlagen menschlichen Verhaltens.[17] Smith ist damit ein Vordenker der Verhaltensökonomie, die den Wirtschaftswissenschaften zwischenzeitlich in der Rationalitätsfiktion des Homo oeconomicus abhandengekommen ist. Er hätte vom perfekten Kapitalismus schon deshalb nicht zu träumen gewagt, weil er früh um die Beschränkungen des Systems und des Menschen wusste.

Karl Marx hingegen hat die heutige Entwicklung tatsächlich mit einem interessanten Bild vorausgedacht. In seinem «Maschinenfragment» beschreibt er 1857/58 eine «ideale Maschine», die für immer existiert und keine Kosten verursacht (was auf große Sprachmodelle definitiv nicht zutrifft, deren Entwicklungs- und Betriebskosten sind horrend). Marx hat sich diese ideale Maschine als riesigen Automaten vorgestellt, «der aus zahlreichen mechanischen und mit Verstand begabten Organen zusammengesetzt ist, die in Übereinstimmung und ohne Unterbrechung tätig sind, wobei all diese Organe einer treibenden Kraft unterworfen sind, die sich von selbst bewegt».[18]

Das klingt wie Charlie Chaplins «Moderne KI-Zeiten». Marx sieht damit die Zeit gekommen, in der Maschinen alle Arbeit übernehmen, sodass der Mensch sich der Muße und kulturellen Aktivitäten widmen kann. Aber es geht noch weiter: Marx spekuliert darüber, dass der Kapitalismus sich auf diesem Wege selbst abschaffen könnte. Man darf Zweifel haben, dass Andreessen in dieselbe Richtung denkt.

Historisch hat sich Marx hier verkalkuliert. Das US-Magazin «Time» veröffentlichte im Januar 2023, also wenige Wochen nach dem Start von ChatGPT, eine Investigativrecherche, die es in sich hatte. Gezeigt wurde darin, dass OpenAI kenianische Arbeiterinnen und Arbeiter einsetzt, um die Inhalte des KI-Tools weniger toxisch zu machen.[19] Das Unternehmen hatte seit November 2021 Zehntausende von Textfragmenten an ein Unternehmen in Kenia geschickt – ein Kompendium des Grauens, das Inhalte enthielt mit Szenen sexuellen Kindesmissbrauchs, bestialischer Gewalt, Mord und Folter. Die Angestellten der kenianischen Firma mussten diese Inhalte labeln, also mit Beschreibungen versehen, wofür sie einen Stundenlohn zwischen gut einem und zwei Dollar bekamen. Hinter dem schicken Kürzel RLHF (Reinforcement Learning with Human Feedback), dem wir schon mehrmals begegnet sind, verbergen sich in diesem Fall also Arbeitsbedingungen, die Traumata auslösen und mit Recht als Ausbeutung bezeichnet werden können. Anders gesagt: KI könnte auch ein großer Verstärkermechanismus sein, mit dem im Turbogang eine hochtechnologiegetriebene neue koloniale Weltordnung errichtet wird. Produktivitätswachstum auf dem Rücken einzelner Gruppen in bestimmten Teilen der Welt, die für die anderen schuften.

Damit sind wir bei den Apologeten und Apokalyptikern. Die einen sehen in ChatGPT & Co ein Instrument, um unsere Wirtschaftsordnung zu optimieren oder gar perfektionieren und die Probleme auf dem Arbeitsmarkt endlich zu lösen. Die anderen sagen: Jede neue Technologie entfaltet ihre Wirkung gemäß den Bedingungen, die im jeweiligen Wirtschafts- und Gesellschaftssystem gegeben sind, und verstärkt sie womöglich. Ins Negative gewendet: KI wird ein an vielen Stellen nicht funktionierendes Wirtschaftssystem weiter in den Abgrund treiben.

Die US-Kapitalismuskritikerin und politische Aktivistin Naomi Klein sieht die Heilsversprechen einiger Vertreter der Tech-Branche als das «wahre Halluzinationsproblem» der generativen KI. Man müsse schon auf Drogen sein, um zu glauben, das von Marc Andreessen beschriebene rosige Zukunftsszenario habe irgendeine Chance auf Verwirklichung. «Wie diejenigen von uns, die derzeit nicht auf dem Trip sind, gut verstehen, ist unser derzeitiges System dazu nicht geeignet. Vielmehr ist es darauf ausgelegt, Reichtum und Profit zu maximieren – alles aus den Menschen und der natürlichen Welt herauszusaugen. Das ist eine Realität, die uns zu dem gebracht hat, was wir als den durch Technologie bedingten Verwesungszustand des Kapitalismus bezeichnen könnten.»[20]

Klein kritisiert insbesondere, dass es wieder die wenigen großen Tech-Unternehmen sind, die Entwicklung und Anwendung von großen Sprachmodellen monopolisieren. Damit ist sie nicht allein. «Wir sind überzeugt», schreiben die beiden MIT-Forscher Daron Acemoğlu und Simon Johnson, «dass die jetzige KI-Revolution uns in die Wirklichkeit der düsteren Prophezeiungen führen wird, die Karl Marx vor mehr als einem Jahrhundert vorhergesehen hat.»[21] Dafür nennen sie wirtschaftliche Gründe: «Generative KI erfordert noch tiefere Taschen als Textilfabriken und Stahlwerke. Daher sind die meisten der offensichtlichen Einsatzmöglichkeiten bereits in die Hände von Microsoft mit einer Marktkapitalisierung von 2,4 Milliarden Dollar und Alphabet mit 1,6 Milliarden Dollar gefallen.»

Systeme der generativen KI könnten die nächste Zündstufe für das sein, was die ehemalige Harvard-Professorin Shoshana Zuboff als «Überwachungskapitalismus» beschrieben hat.[22] Technologieunternehmen wie Meta, Google und Bytedance haben ihr Geschäftsmodell und ihr enormes Wachstum darauf aufgebaut, unsere Daten zu sammeln, auszuwerten und der Werbewirtschaft zu verkaufen. Die Nutzerinnen und Nutzer sind nicht mehr Kunden, sondern werden selbst das Produkt. Mit dem Siegeszug generativer KI werden diese Unternehmen nicht mehr nur unsere Metadaten auswerten, sondern jede unserer Eingaben bei den Tools mitlesen, jeden KI-generierten Text, jedes produzierte Bild kennen. KI wird in den Sourcecode unserer kulturellen Zivilisation eingewebt, ohne dass bislang klar ist, wie die menschlichen Urheberinnen und Urheber dafür entschädigt werden (siehe auch Kapitel 6).

Und doch gibt es interessante Ansätze dafür, wie KI uns helfen könnte, unser Wirtschaftsmodell fairer zu gestalten. Ein Team aus Googles KI-Forschungsabteilung Deepmind hat anschaulich gezeigt, dass das möglich wäre, wenn Mensch und Maschine tatsächlich kollaborieren.[23] Die Forscherinnen und Forscher entwickelten ein Tandem aus KI und menschlicher Beteiligung, ein System namens «Democratic AI», für einen zentralen gesellschaftlichen Prozess: die Wohlstandsumverteilung. Zunächst spielte eine große Gruppe von Testpersonen ein Online-Investment-Spiel, in dem es darum ging, ein Geldgeschenk entweder zu behalten oder es zum kollektiven Vorteil mit anderen zu teilen. Die geteilten Einnahmen flossen auf unterschiedlichen Wegen der Umverteilung zu den Spielenden zurück. Angewandt wurden drei Methoden, die sich schlicht an politischen Ideologien orientierten; hinzu kam ein KI-Modell, das durch menschliches Verhalten und Feedback trainiert wurde. Die Künstliche Intelligenz wählte eine Strategie, die sich nicht einer bestimmten Auffassung von Verteilungsgerechtigkeit zuordnen ließ, sondern kreativ Ideen aus dem gesamten politischen Spektrum kombinierte. Im Gegensatz zu den ideologisch motivierten Vorschlägen fand die KI einen Hybridmechanismus, der anfängliche Vermögensungleichgewichte ausglich und jene bestrafte, die gar nicht teilten. Überraschend: In einer abschließenden Abstimmung fand die hybride Lösung der KI bei den Spielenden mit Abstand am meisten Zuspruch. Indem sie diverse menschliche Vorlieben optimal aufeinander abstimmte, lieferte Democratic AI einen Beweis für die Möglichkeit, politische Innovationen in Einklang mit unseren Werten zu bringen.

Was werden die neuen KI-Tools und -Systeme befördern – die Arbeit oder das Kapital? Eine zentrale Frage, mit der wir wieder bei Marx angekommen sind. In einem Essay für den «New Yorker» beantwortet der US-amerikanische Autor Ted Chiang sie klar und deutlich: «KI unterstützt das Kapital auf Kosten der Arbeit.»[24] Chiang macht einen interessanten Vergleich: KI, schreibt er, wird das neue McKinsey. Seiner Ansicht nach haben es Beratungsfirmen wie McKinsey systematisch salonfähig gemacht, Massenentlassungen vorzubereiten und damit Aktienkurse und Managergehälter in die Höhe zu treiben. So hätten sie wesentlich dazu beigetragen, die Mittelschicht in den USA zu zerstören. Ein anonymer Ex-McKinsey-Mitarbeiter hat die Beratungsfirma in einem Beitrag aus dem Jahr 2019 als «willigen Erfüllungsgehilfen des Kapitals» beschrieben.[25] Nach Chiang wird nun also KI diese Rolle übernehmen.

Dabei geht es gar nicht darum, ob McKinsey oder sonst eine Beratungsfirma tatsächlich die treibende Kraft für diesen Prozess war. Das sind grundsätzliche Veränderungen, die man in marxistischer Diktion schlicht als Form der Ausbeutung bezeichnen könnte oder, etwas zeitgemäßer, als eine Ungleichheitsdynamik, die in die kapitalistische Logik eingebaut ist, wie es der französische Ökonom Thomas Piketty in seinem

Buch «Das Kapital im 21. Jahrhundert» tut.[26] Es geht vielmehr darum, ob es gelingt, soziale und wirtschaftliche Veränderungen so voranzutreiben und zu gestalten, dass die ökonomische und soziale Fairness eine angemessene Rolle spielt. Wer hier nur auf den freien Markt und dessen Hauptprofiteure vertraut, wird nicht weit kommen. Einfach gesagt: Wenn man einen Sumpf trockenlegen will, sollte man nicht zuerst die Frösche fragen.

Der US-Autor Anand Giridharadas, früher selbst bei McKinsey tätig, ist der Ansicht, dass sozialer Wandel nie hauptsächlich von den Gewinnern des Kapitalismus und ihren Verbündeten angestoßen und überwacht werden sollte, weil es dann immer nur nach deren Bedürfnissen geht. Die größten Nutznießer des Status quo, eben die Frösche im Sumpf, können bei der Reform des Status quo keine führende Rolle spielen.[27] Wie beschrieben, bringen sich Marktführer wie Microsoft und Google bereits in Stellung – es gilt also, wachsam zu sein. KI kann ein Produktivitätsbooster werden, und das wäre wirklich eine gute Nachricht. Die Frage ist: Wie schaffen wir die Bedingungen dafür, dass es nicht ein Wachstum um jeden Preis wird? Wird es uns gelingen, dieses Wachstum so zu nutzen, dass möglichst viele Menschen in allen Teilen der Welt davon profitieren können? Noch ist alles möglich, wir stehen am Anfang einer langen Veränderungsreise. Wenn wir jetzt die Weichen richtig stellen, kann generative KI unsere Wirtschaft und unsere Arbeit zum Besseren verändern.

5
Endlich die 15-Stunden-Woche?
Die Automatisierung des Arbeitsmarkts

Ein guter Job, eine Balance aus Arbeit und Freizeit, beruflichen und privaten Belangen – fast jeder Mensch träumt davon. Für manche realisiert sich der Traum durch ein eigenes Unternehmen, das perfekte Verhältnis von persönlichen Interessen und beruflichen Aktivitäten oder den sozialen und wirtschaftlichen Aufstieg auf der Leiter der Hierarchiestufen. Für viele bleibt der Traum unerfüllt oder wird gar zu einem Albtraum der Überlastungen und Zumutungen.

So gut sich die Menschheit in vielen Bereichen des Lebens weiterentwickeln konnte, so deutlich haben sich auch viele Arbeitsverhältnisse in den vergangenen Jahrzehnten verbessert. Lange haben Menschen auch dafür gekämpft, dass die Arbeit sicherer und erfüllender wird. Es gibt immer weniger Jobs, die unter Einsatz des eigenen Lebens oder auf Kosten der eigenen Gesundheit ausgeführt werden müssen. Wenngleich das noch immer eine Perspektive der westlichen, modernen Welt ist. Wer einmal die Bilder von Kindern gesehen hat, die in kongolesischen Kobaltminen nach dem Metall suchen, das in den Batterien fast aller neueren elektronischen Geräte, so etwa auch in iPhones, verarbeitet wird, der weiß, wie Sklavenarbeit auch im 21. Jahrhundert noch aussehen kann.

Und dennoch: Viele Arbeitsverhältnisse haben sich eindeutig zum Besseren gewandelt. Abhängigkeiten früherer Jahrhunderte von Gutsbesitzern oder Industriemagnaten sind anderen Einflussfaktoren gewichen. Den externen Druck hat manch einer durch einen selbst erzeugten ersetzt, externe Abhängigkeiten durch interne Präferenzen, die zu immer mehr Leistung, Statussymbolen und Posten anreizen. Das ist die qualitative Dimension. Doch auch quantitativ hat sich einiges getan. Während Ende des 19. Jahrhunderts noch viele Menschen weltweit an die 70 Stunden pro Woche arbeiteten, haben sich Arbeitszeit und Arbeitsbedingungen mit der industriellen Revolution und der Entstehung der Gewerkschaften zu einem relevanten politischen Thema entwickelt.

Heute arbeiten die Menschen in der Regel noch etwa halb so viel wie damals. Allerdings gibt es Unterschiede: So müssen die Bürgerinnen und Bürger hoch industrialisierter Länder (darunter die meisten OECD-Staaten) zwischen 29 (Australien und Reunion) und 36 (z.B. Kanada, Madagaskar) Stunden die Woche arbeiten, während in anderen Teilen der Welt die wöchentliche Arbeitszeit eher zwischen 47 (z.B. Jordanien, Libanon) und 54 (Mauretanien und Tansania) Stunden liegt.[1] Eines aber vereint die Welt nach wie vor: Gemessen an all dem technologischen, wirtschaftlichen und sozialen Fortschritt der vergangenen Jahrzehnte arbeiten wir weiterhin ziemlich viel.

Im Winter 1928 veröffentlichte der Ökonom John Maynard Keynes einen Aufsatz mit dem Titel «Economic Possibilities for Our Grandchildren».[2] Ebendiese Enkelinnen und Enkel, sagte Keynes voraus, würden zukünftig von einer stetigen Verbesserung aller Lebensbedingungen profitieren. Im Jahr 2028, damals also hundert Jahre in die Zukunft gedacht, müsse sich niemand mehr Gedanken übers Geldverdienen machen. Im Laufe des 20. Jahrhunderts werde es so viel technologischen Fortschritt geben, dass die weitere Entwicklung klar absehbar sei. Kontinuierliches Wachstum werde dazu führen, dass die Menschen im Jahr 2028 nur 15 Stunden, also maximal drei Tage in der Woche, arbeiten müssten. Und diese drei Tage waren nach Keynes Ansicht schon mehr Arbeit, als eigentlich notwendig wäre. Anders gesagt: Hätte Keynes recht behalten, würden wir heute vor allem zu unserem Vergnügen arbeiten und nicht mehr aus wirtschaftlicher Notwendigkeit.

Bis zum Jahr 2028 ist es nicht mehr weit, aber es sieht mitnichten so aus, als würde Keynes' Prognose aus dem Jahr 1928 Wirklichkeit werden. Dafür gibt es eine ganze Reihe von Gründen. Der wichtigste davon ist ein psychologischer. Keynes nahm an, der Mensch werde immer genau so viel arbeiten, wie es die Befriedigung der eigenen Bedürfnisse erfordert. Wenn der technologische Fortschritt uns erlaubt, dieselbe Produktivität in weniger Stunden zu erzielen, dann hieße das: Nach einem dreistündigen Arbeitsvormittag kann ich den Computer ausschalten und mich meinen Freunden, der Familie, der Musik oder dem Golfspiel widmen. Oder ich kann auf dem Sofa liegen und mich darüber freuen, dass ich nichts mehr zu tun habe.

Aber genau das funktioniert eben nicht. Menschliche Entscheidungsmuster bilden sich über die individuelle Sozialisation, über eingeübte Praktiken und soziales Lernen aus. Wir lernen, immer mehr zu wollen, weil die Welt um uns herum auch immer mehr will. Weil wir Vergleichstierchen sind, die gerne mal schauen, wer besser und leistungsfähiger ist: die anderen oder ich? Dieses Bedürfnis ist auch in unserem Wirtschaftssystem verankert. Wachstum sichert Wohlstand, so verspricht das marktwirtschaftliche Modell seit dem Ende des Zweiten Weltkriegs. Das deutsche Wirtschaftswunder, die ökonomische Blüte in Teilen Europas, auch das Recht auf den «Pursuit of Happiness» in der amerikanischen Unabhängigkeitserklärung von 1776 oder der neue Reichtum in der Volksrepublik China, sie alle gründen auf der Idee, dass Wachstum unser aller Leben stetig besser macht. «Mehr ist mehr», wie die Künstlerin Georgette Dee singt.

Der Mensch lernt das Konsumieren durchs Konsumieren, sagt der US-Ökonom Joseph Stiglitz. Er lernt, sich einzurichten in einer Dauerschleife der Erwartungen an Wachstum, an ein Mehr von allem. Das führt zu einem «Pseudo-Wohlstand»[3], der allein auf der Erwartung beruht, dass alles immer weiterwachsen wird – und manchmal dann auch zu einer Entkoppelung von psychologischen Erwartungen und tatsächlichen Vermögensverhältnissen und Gütern. Die daraus entstehenden Dynamiken, etwa in Gestalt einer Schuldenspirale, können langfristig den Wohlstand für alle zerstören. Der Wunsch nach immer mehr kann also auch destruktiv sein, aber vor allem führt er nicht zwangsläufig dazu, dass wir weniger arbeiten werden.

Dazu kommt, dass Keynes so wie viele andere Expertinnen und Experten nicht erkannt hat, wie schnell beispielsweise digitale Technologien unsere Wirtschaft und unsere Arbeitsweisen verändern können. Der Umbau unserer Wirtschaft und Arbeitswelt, den etwa der Computer und das Internet mit sich gebracht haben, war immens. Aber er hat sich erst einmal nicht wie erwartet in Produktivitätswachstum und bahnbrechenden Reformen des Arbeitsmarkts niedergeschlagen, wie wir in Kapitel 4 gesehen haben. (Für alle, die noch immer der Ansicht sind, unsere Arbeitswelt habe sich im Zuge der Coronapandemie «digitalisiert», nur weil wir heute Videotools nutzen und bedienen können, sei gesagt: Das ist ein kleiner Scherz am Rande der Strecke, die wir ab jetzt gehen werden, wenn Wirtschaft und Arbeit sich wirklich grundlegend verändern müssen.)

Die große Disruption – aber in welche Richtung?

Die Investmentbank Goldman Sachs, nicht gerade berühmt für Tech-Pessimismus, prognostizierte zu Beginn des Jahres 2023, die Fortschritte der KI könnten dazu führen, dass 300 Millionen Arbeitsplätze, also etwa 18 Prozent aller Arbeitsplätze weltweit, teilweise oder ganz automatisiert werden.[4] Auch OpenAI hat kürzlich eine Studie mit der University of Pennsylvania veröffentlicht, die davon ausgeht, dass die eigene Anwendung mehr als 80 Prozent der Arbeitsplätze in den USA betreffen wird.[5] Selbst Vertreter der Tech-Industrie warnen vor radikaler Disruption und fürchten Jobverluste und wachsende Arbeitslosigkeit. «Ich glaube, dass es große gesellschaftliche Verwerfungen auf dem Arbeitsmarkt geben wird», sagt der CEO von Google und Alphabet, Sundar Pichai.[6]

Es ist schon ungewöhnlich, dass Tech-CEOs, sonst eher bekannt für ihren unerschütterlichen Glauben an die Gesetze des Marktes, plötzlich sorgenvoll die Stirn in Falten legen und sogar geneigt sind, Werbung für ein bedingungsloses Grundeinkommen zu machen. Warum wird diese Diskussion zum ersten Mal auch im Silicon Valley kritisch und erbittert geführt? Nun, bislang hat das Silicon Valley in anderen Industrien für Disruption gesorgt. Jetzt scheint die Zeit gekommen, in der die Disruption die Tech-Branche selbst trifft. Wenn auch die Softwareentwicklung bald von generativer KI übernommen wird, hat das direkte Folgen für Tech-Unternehmen. Da kann sich schon mal die Perspektive verändern. Auch hier gilt: Ein Produktivitätsschub wäre möglich, wenn es gelingt, mithilfe von Tools wie ChatGPT, Bard oder Copilot zwischen 10 und 55 Prozent an Codierzeit einzusparen und das Berufsfeld gar für weniger gut ausgebildete Mitarbeitende zu öffnen.[7] Aber das bedeutet eben auch, dass die Gruppe, die bislang den Weg in die durch digitale und KI-Tools geprägte

Zukunft vorgespurt hat, nun plötzlich selbst Kollateralschäden erleidet.

Der CEO von IBM, Arvind Krishna, hat seinen ganz persönlichen Beitrag dazu geleistet, dass sich die Diskussion ordentlich aufheizte. Fast 8000 Stellen könnten bei IBM durch KI ersetzt werden, verkündete er wenige Wochen nachdem ChatGPT auf dem Markt war.[8] Das ist fast ein Drittel der Belegschaft. Als Reaktion auf das Statement gab es einen Aufschrei. Noch Monate später war Krishna mit kommunikativer Schadensbegrenzung beschäftigt und machte eine Kehrtwende. «Ich habe nicht vor, auch nur einen einzigen Mitarbeiter loszuwerden», sagte er. «Ich werde mehr einstellen.»[9]

Ein Blick in die Geschichte technologischer Innovationen zeigt: Die Einführung neuer Technologien scheitert immer wieder daran, dass sie als rein technisches Problem verstanden wird, nicht aber als organisatorischer Wandel mit menschlichen psychologischen Dynamiken – was der IBM-CEO eindrucksvoll bewiesen hat. Technologietransfer betrifft in erster Linie die Menschen, nicht die Technologie, soll er denn funktionieren. Dieser Prozess ist immer mit Unsicherheit, Widerstand gegen Wandel und mit Ärger und Unmut der Arbeitnehmenden verbunden.[10] Dabei richtet sich die Abwehr und Kritik der Betroffenen in der Regel gar nicht gegen die neuen Technologien, sondern vielmehr gegen ihre unbedarfte, unüberlegte Einführung, die dann zu Verschlechterungen im Arbeits- und Lebensalltag führt.

Ein wichtiges Beispiel aus der Geschichte ist die Ludditen-Bewegung. Englische Textilarbeiter protestierten zu Beginn des 19. Jahrhunderts gegen die Einführung von Webstühlen im Zuge der Industrialisierung. In Deutschland war es der Aufstand der schlesischen Weber 1844, der in die Geschichtsbücher einging. Die Ludditen werden immer wieder auch als Maschinenstürmer bezeichnet, weil sie bei ihren Protesten

Webstühle und Fabriken zerstört haben. Auch Karl Marx sah einen Ausdruck von Technikfeindlichkeit in der «rohen Form der Arbeiterempörung gegen die Maschinerie».[11] Aber das stimmt so nicht. Die Geschichtsforschung weist nach, dass die Arbeiterinnen und Arbeiter nicht gegen die Maschinen protestierten, sondern für den Erhalt ihrer Arbeitsplätze, für ihre soziale Absicherung und für eine gerechtere Gesellschaftsordnung.[12] Das ist ein feiner Unterschied, der eine Analogie zu heute zulässt.

Wenn wir über die Entwicklung des Arbeitsmarktes reden, dann bitte differenziert. KI kann uns in vielerlei Hinsicht entlasten und zu mehr Produktivität führen. Dabei müssen wir schauen, wie Mensch und Maschine am besten zusammenarbeiten können und wo die Veränderungen am größten sind. Vor allem aber ist es wichtig, dass sich wirklich jede und jeder mit dieser Entwicklung beschäftigt. Nichtwissen ist nämlich die sichere Voraussetzung dafür, von einer modernen Dampfmaschine namens KI überrollt zu werden.

Arbeiten mit KI: Wissen ist Macht

In einem Kurs an der Universität St. Gallen haben wir die Studierenden zu Beginn gefragt, ob ihr zukünftiger Wunschberuf durch KI bedroht sei. Wer das denke, möge bitte aufstehen. Alle standen auf, außer einer Teilnehmerin. Gefragt, warum sie ihres Jobs so sicher sei, antwortete sie: Ich will Juristin sein, die werden immer gebraucht und lassen sich nicht durch KI ersetzen.

Noch vor wenig mehr als einem Jahr hätten viele dieser Aussage zugestimmt. Aber jetzt ist alles anders. Rechtspflege und Rechtsprechung sind auf der Liste der am stärksten gefährdeten Berufsbilder mit einem Mal nach ganz oben gerutscht. Goldman Sachs prognostiziert, dass 44 Prozent aller Aufgaben in der Jurisprudenz automatisiert werden können. Damit steht die Branche auf der Liste der hauptsächlich betroffenen Tätigkeitsfelder an zweiter Stelle, gleich nach reinen Verwaltungstätigkeiten.[13] GPT-4 hat vor Kurzem das US Bar Exam bestanden, die Standardprüfung, die für die Zulassung von US-Anwälten erforderlich ist. So wenig manche Menschen nach bestandenem Examen in der Lage sind, einen guten Job zu machen, so fraglich wird auch die Eignung dieses Transformers sein. Aber er macht seinem Namen trotzdem alle Ehre.

In der juristischen Arbeit gibt es viele repetitive Tätigkeiten, die sich problemlos automatisieren lassen. Anwälte und Richterinnen arbeiten viel mit Texten, die ausgewertet, analysiert, zusammengefasst werden müssen. Wir werden – hoffentlich – weiterhin Menschen zumindest hinzuziehen, wenn Urteile gefällt werden müssen (auch wenn im US-Justizsystem längst KI eingesetzt wird, um beispielsweise die Rückfallwahrscheinlichkeit von Straftätern vorherzusagen). Aber ein Großteil der vorbereitenden Arbeit lässt sich Schritt für Schritt an KI-Tools delegieren. Die Branche selbst steht der neuen Technologie, teils mit guten Gründen, wohl noch eher skeptisch gegenüber. Das US-Wirtschaftsmagazin «Forbes» bezeichnete die Jurisprudenz kürzlich als eine der letzten «analogen Funktionen in einer digitalen Welt» und sagte ihr eine «verzögerte Zukunft» voraus.[14]

Je größer die Veränderungsresistenz, desto weitreichender auch die Disruption, die eine ganze Branche, ein Unternehmen oder auch ein Individuum in seinem Leben erfährt. Je besser und je schneller wir dagegen in der Lage sind, uns mit den neuen Möglichkeiten der KI vertraut zu machen, sinnvolle Anwendungen zu prüfen und zu übernehmen, desto weniger einschneidend werden die Folgen sein.

Wie das nicht laufen sollte, zeigt das juristische Beispiel aus Kapitel 3. Wir erinnern uns: Ein US-amerikanischer Anwalt, der New Yorker Steven Schwartz, hatte ChatGPT zur Vorbereitung einer Gerichtsakte genutzt. Der Chatbot nahm gleich mehrere erfundene Referenzfälle in das Dokument auf, das Schwartz vorlegte – und zwar ohne die Fälle ordentlich zu prüfen. «Ich habe nicht verstanden, dass ChatGPT sich Fälle ausdenken kann», sagte Schwartz zu seiner Verteidigung.[15] «Das ist wirklich peinlich», gab er zu, und das stimmt. Niemand sollte eine solche Technologie nutzen, ohne zumindest ihre wesentlichen Funktionsweisen zu kennen.

Jede und jeder wird kurz- bis mittelfristig lernen müssen, zumindest rudimentär mit den neuen KI-Tools umzugehen, vor allem auch um die Möglichkeiten und Grenzen ihres Einsatzes zu verstehen. Das wird, ähnlich wie bei den verschiedenen Stufen der Digitalisierung, nicht immer ein Selbstläufer sein. Unternehmen, aber auch staatliche und zivilgesellschaftliche Organisationen müssen ihren Mitarbeiterinnen und Mitarbeitern die Chance bieten, das zu lernen, was sie in der neuen Zeit eines sich radikal verändernden Arbeitsmarktes brauchen, um weiterhin produktiv zu sein und selbstwirksam arbeiten zu können.

Wenn menschliche und künstliche Intelligenz zukünftig optimal zusammenwirken sollen, werden sich die Kompetenzprofile aufseiten des Menschen verschieben. Diese Zusammenarbeit wird die nächste große Transformation sein, und KI-Kompetenz wird zu einer Schlüsselqualifikation. Der «Microsoft Work Report» führt das weiter aus und kommt zu drei Ergebnissen.[16] Zum einen müssen für die Befähigung, mit KI zu arbeiten, zunächst andere Qualifikationen ausgebildet werden – vor allem analytische Fähigkeiten, Flexibilität, emotionale Intelligenz, Kreativität, intellektuelle Neugier. Erst danach folgen die praktischen Anwendungskompetenzen im Umgang mit KI-Tools, beispielsweise Prompt Engineering. Zum Zweiten kämpfen zwei Drittel aller Befragten mit Informationsüberlastung. Es bleibt nicht genug Zeit für strategisches Denken und innovative Projekte. Wenn wir in der Lage sein wollen, den Mehrwert generativer KI tatsächlich zu nutzen, muss Arbeit anders organisiert werden. Zum Dritten sind viele Angestellte (70 Prozent) bereit, KI-Tools zu nutzen, um sich von alltäglichen Standardaufgaben zu entlasten und produktiver zu werden. Das müssen Führungskräfte nutzen, um den Transformationsprozess schnell und strukturiert voranzutreiben.

Hier geht es jedoch noch um etwas Größeres: Menschen können sich ihre Zukunft vorstellen. Dieses Zukunftsdenken erlaubt uns, Szenarien zu entwickeln und eigene Erfahrungen vorauszusehen, um auf dieser Grundlage Pläne zu entwerfen und die eigenen Handlungen am Vorgestellten auszurichten.[17] Aber wir sind oft nicht sehr gut darin. Unser Gehirn plant auf der Basis unserer Erfahrungen und Erinnerungen. Wir schließen von der Gegenwart auf die Zukunft, erinnern die Vergangenheit subjektiv (und damit manchmal schlicht unzutreffend) oder vermuten kausale Zusammenhänge, die gar nicht gegeben sind.

Das hat auch die Prognosen zu den Auswirkungen von KI auf den Arbeitsmarkt beeinflusst. Über viele Jahre haben die Wissenschaft, aber auch große Unternehmensberatungen vorhergesagt, dass KI vor allem Arbeiter- und Blaumann-Jobs betreffen werde, also Fabrikarbeiter, Handwerkerinnen, Lkw-Fahrer, nicht hingegen hoch bezahlte Jobs von Wissensarbeitern wie Banker, Juristinnen, Controller. Und dann kam Michael Webb, ein Doktorand an der Standford University, der 2019 eine international kontrovers diskutierte Studie vorlegte.[18] Webb hatte Überschneidungen zwischen mehr als 16 000 Patenten im Zusammenhang mit Künstlicher Intelligenz und mehr als 800 Berufsbildern analysiert und war zu dem Schluss gekommen, dass hoch ausgebildete, gut bezahlte

Arbeitnehmer von der Verbreitung der KI stark betroffen sein könnten.

Das war ein Schock für diejenigen, die sich bislang in der Position sahen, die KI-Transformation zu managen, nicht aber von ihr hinweggefegt zu werden. Überlegungen, wie es gelingen könnte, Millionen von Industriearbeiterinnen und Lkw-Fahrern zu Softwareentwicklern umzuschulen, waren plötzlich obsolet. Arbeitnehmende mit einem Bachelor-Abschluss sind der Webb-Studie zufolge mehr als fünfmal so stark von KI betroffen wie diejenigen, die nur einen Highschool-Abschluss haben. Das liegt daran, dass KI besonders gut Aufgaben erledigt, die Planung, Lernen, logisches Denken und Vorhersagen erfordern – Fähigkeiten, die vor allem in Angestelltenjobs gefragt sind. Wer hingegen eine Toilette reparieren kann, muss sich bis auf Weiteres keine Sorgen machen. Kein KI-betriebener Roboter ist bislang dazu in der Lage. Der alte Spruch «Handwerk hat goldenen Boden» bekommt plötzlich eine ganz neue, unerwartete Bedeutung.

Als Webbs Studie erschien, wurde sie zuweilen belächelt. Dann kam ChatGPT, und mit einem Mal wurde vor allem den Wissensarbeiterinnen und -arbeitern klar: Er hat recht, wir haben keine Jobgarantie mehr.

Selbstwert durch Arbeit: Emotion und Motivation

Das ist nicht leicht zu verdauen. Der Homo oeconomicus würde nun ganz rational nach Lösungen suchen. Aber Menschen sind anders beschaffen. Sie haben Verlustängste, erleben Kränkungen, wenn ihre Kompetenzen infrage gestellt werden, manche geraten in Lethargie oder gar eine Depression.

Das kann selbst Experten im Feld der Transformation und Effizienz ins Straucheln bringen. Der US-YouTuber Tiago Forte hat auf seinem Kanal mit knapp 215 000 Followern und in einem Buch ein System entwickelt, «The Second Brain», um die Informationsflut im digitalen Zeitalter systematisch zu bewältigen und damit produktiv zu bleiben.[19] Anders gesagt: Forte hat aus den Defiziten des menschlichen Gehirns ein Geschäftsmodell entwickelt. Das «Zweite Gehirn» ist ein externer, zentraler, digitaler Speicher für alle Dinge, die man lernt, und die Quellen, aus denen sie stammen. Es erweitert das menschliche Gedächtnis mithilfe neuester technologischer Werkzeuge. So lassen sich Ideen, Inspirationen, Einsichten und Verbindungen systematisch festhalten und erinnern.

Am 25. April 2023 postete Forte auf Twitter: «Wenn ich sehe, was mit KI passiert, dann spüre ich, wie ich alle Motivation für viele Projekte und Ziele verliere, die mich früher begeistert haben.» Er habe keine Angst vor der Apokalypse, schrieb er weiter, «es ist eher ein Gefühl der Trauer darüber, dass viele der persönlichen Fähigkeiten und Qualitäten, die ich mit viel Zeitaufwand entwickelt habe, plötzlich abgewertet werden». Er selbst sei immerhin in einer guten Position, mit diesen Veränderungen umzugehen, aber was sei mit all den Menschen, die noch stärker von den Umbrüchen betroffen sind? «Ich sage voraus», so Forte, «dass der ontologische und emotionale Prozess der Anpassung an sich verändernde Zeiten eine der größten Herausforderungen sein wird.»[20]

Da hat Forte recht. Die ontologische Frage, die das menschliche Sein betrifft, wird eine entscheidende Rolle spielen in der großen Transformation, die eben erst begonnen hat. Wird es uns gelingen, uns als Menschen neu zu bestimmen und dabei unseren Selbstwert zu erhalten, der sich zum Teil aus Arbeit, aber auch aus einer Selbstwahrnehmung speist, in der die menschliche Gattung durchaus einzigartig ist?

Schon auf der Ebene einzelner Organisationen ist das nicht einfach. Aus der Forschung zum Change Management wissen wir, dass Ängste, Unsicherheit gegenüber dem Neuen, ein Mangel an Information und vor allem auch das Gefühl fehlender Selbstwirksamkeit die Transformation innerhalb einer Organisation behindern oder gar zum Scheitern bringen können.[21] Deshalb muss sich jedes Unternehmen und jede Organisation nun konsequent der Aufgabe stellen, eine nachvollziehbare Strategie für den Einsatz generativer KI zu entwickeln, sie offen und klar ihren Mitarbeitern zu kommunizieren und, wo immer möglich, diese in den Prozess einzubeziehen.

Auf übergeordneter Ebene wird entscheidend sein, ob es uns als Gesellschaft gelingt, die menschliche Selbstwirksamkeit im Zusammenspiel mit KI neu zu definieren. Bedrohungsszenarien, denen zufolge KI bald die Kontrolle übernehmen und die Menschheit ausrotten wird, oder auch die Rede von der Götterdämmerung der KI, die uns in den Transhumanismus führt, also die vollkommene Verschmelzung von Mensch und Maschine, sind dabei sicher nicht hilfreich.

Jenseits der Normalverteilung?
Anreicherung statt Ersetzung

«Wird KI den Menschen überflüssig machen?», so lautete das Debattenthema des Abschlusspanels auf der «She Loves Tech»-Konferenz in Singapur Ende 2023. Diskutieren durften die Autorinnen die Frage unter anderem mit Jeanne Lim, der ehemaligen CEO von Hanson Robotics, dem Unternehmen, das den humanoiden Roboter Sophia gebaut hat (Kapitel 3). Während wir für den Menschen und seine Rolle im Zusammenspiel mit KI argumentierten, nahm Lim die Gegenposition ein und sagte etwas Bemerkenswertes: «KI wird die Gauß'sche Normalverteilungskurve zum Einsturz bringen. Sie wird jeden, der durchschnittlich ist oder gar unter dem Durchschnitt liegt, irrelevant machen. Denn die überdurchschnittlichen Menschen werden KI nutzen, um ihre Produktivität zu verzehnfachen. Alle anderen werden verschwinden.»

Hier muss man einmal tief durchatmen. Träfe das irgendwann zu, würden wir alle in einer vollständig anderen Gesellschaft leben. Einem Trainingscamp für intellektuelle Hochleistungssportlerinnen, für die verbissen Ehrgeizigen und diejenigen, die ihr Leben als Optimierungsmarathon betrachten. Einer Gesellschaft der «mathematischen Menschen», wie Robert Musil sie schon beschrieben hat, geprägt durch eine «Gleichgestimmtheit und Einheitlichkeit des Geistes wie noch nie».[22] Und derzeit durchaus prägende Ideen wie soziale Verantwortung, Chancengleichheit, der Mehrwert von Diversität in Arbeitsmarkt und Gesellschaft wären irgendwann passé. Das Beispiel zeigt: Wir können sehr unterschiedlich über die Zukunft der Arbeit und damit auch die Zukunft unserer Gesellschaft nachdenken. Wie wir das jetzt tun, wird wesentlich beeinflussen, ob KI eine echte Bereicherung für Arbeit und Leben oder ein Horrorszenario wird.

Tatsächlich gibt es so viele Faktoren, so viele unterschiedliche Kontexte, die bestimmen, wo und wie KI ihre Wirkung entfalten kann, dass es schwierig ist, verlässliche Vorhersagen zu machen. Davon lassen sich manche jedoch nicht bremsen. So wie der schon im letzten Kapitel zitierte US-Investor Marc Andreessen.[23] Er argumentiert ähnlich hoffnungsfroh wie John Maynard Keynes, als der voraussagte, Technologie werde das ökonomische Problem der Menschheit lösen – allerdings unter anderen Voraussetzungen. Keynes hatte erwartet, die notwendige Menge an menschlicher Arbeit werde durch Technologie so weit schrumpfen, dass wir alle nur noch 15 Stunden pro Woche arbeiten müssen. Andreessen entlarvt diese These als Beispiel für die «Lump of Labor Fallacy» – die Fehlannahme, es gebe in einer Wirtschaft eine fixe Menge an Arbeit, die sich ohne größeren Aufwand umverteilen lässt. Sinkt die Zahl arbeitender Menschen, müssen alle länger schuften, steigt die Zahl, haben alle mehr Freizeit, so die Grundüberlegung. Das ist Nonsens, wie wir längst aus der Geschichte gelernt haben.

Neue Technologien bringen Disruption – auch am Arbeitsmarkt. Sie verändern die Verhältnisse bis in einzelne Jobprofile, und sie führen auch dazu, dass ganze Jobgruppen wegfallen. Jetzt kommt das große Aber: Gleichzeitig schaffen sie viele neue Jobprofile und Jobs, weil sich neue Arbeits- und Einsatzfelder öffnen. In der historischen Gesamtrechnung zeigt sich: Die Strukturen der Arbeitsmärkte verändern sich, Jobs verändern sich, aber es steht ein quantitatives und qualitatives Plus vor dem Ergebnis.[24]

Viele Jobprofile haben ihre Zeit, sie entstehen, erleben eine Hochphase und verschwinden dann wieder. Nehmen wir das Beispiel der Telefonistinnen. Im Laufe eines Jahrhunderts, von den 1870ern bis in die 1970er, ist ihre Zahl um den Faktor 40 gewachsen.[25] Dann war im Zuge der elektronischen Vermittlung, des Internets und der Mobiltelefonie das «Fräulein vom Amt» passé. Aber die Jobs, die in diesem Feld wegfielen, wurden durch viele andere, neue kompensiert. Heute hängen Hunderte Millionen Jobs direkt und indirekt an der mobilen Kommunikation.

Die Veränderungsprozesse im Arbeitsmarkt sind also kein Nullsummenspiel. Menschen haben oft Angst, dass Neues das Bestehende verdrängt. Ob die Angst in diesem Fall unbegründet ist, hat der Journalist und Chefredakteur der «Nürnberger Zeitung» Johannes Riepl schon 1913 in seiner Dissertation «Das Nachrichtenwesen des Altertums, mit besonderer Rücksicht auf die Römer» untersucht. Er kam zu dem Schluss, dass bislang kein neues Medium, also kein Mittel und Weg des Informationsaustausches und der Kommunikation, die bis dahin existierenden ganz ersetzt oder verdrängt hat.[26] In der Kommunikations- und Medienbranche spricht man vom «Riepl'schen Gesetz». Zuweilen lässt es sich auch auf andere neue Technologien anwenden. Ein Beispiel: 1985 gab es in den USA 60 000 Geldautomaten und 485 000 Mitarbeitende an Bankschaltern. Anfang der 2000er Jahre hatte sich die Zahl der Geldautomaten mit 352 000 fast versechsfacht. Bedeutet das, dass kein Mensch mehr am Schalter zu finden war? Im Gegenteil, auch die Zahl derer, die noch händisch Geld entgegennahmen und ausgaben, war auf 527 000 gewachsen.[27] Das ist es, was Riepl sagen wollte: Oft tritt in Innovationsprozessen das Neue neben das Bestehende, statt es zu verdrängen.

Die Prognosen zur nun beginnenden Transformation durch generative KI sind beeindruckend. 85 Prozent der Berufsbilder, die 2030 den Arbeitsmarkt bestimmen werden, gibt es heute noch gar nicht. So berechnet es eine Studie des Institute for the Future in Zusammenarbeit mit dem Technologieunternehmen Dell.[28] Anders gesagt: Fast die gesamte Bandbreite der heutigen Berufsbilder wird sich in den kommenden zehn Jahren grundlegend verändern. Wieder werden viele neue Berufe hinzukommen. Für den Bereich der generativen KI selbst werden das etwa «Prompt Engineers», «GPT Trainer», «AI Audit Experts» oder «Human-Machine Integration Managers» sein. Die Implementierung der Systeme, ihr erfolgreicher Einsatz, ihre Optimierung und ständige Anpassung, aber vor allem auch die Verbindung von menschlicher und künstlicher Intelligenz, die Frage, wie wir als Menschen mit KI und Maschinen optimal zusammenarbeiten können – das alles steht ganz am Anfang und erfordert unzählige neue Jobprofile.

Und trotzdem: Natürlich müssen wir bei jeder neuen Technologie beurteilen, welche Wirkung sie konkret auf den Arbeitsmarkt und verschiedene Berufsgruppen haben wird. Dazu gehört die Erkenntnis, dass vorhandene Ungleichheiten durch KI womöglich verstärkt werden (Kapitel 9). So gibt es erste Hinweise darauf, dass Frauen in ihren Berufsfeldern stärker durch die Disruption am Arbeitsmarkt gefährdet sein könnten. Während in den USA etwa 60 Prozent der Männer in ihrer Arbeit betroffen sein werden, sind es bei den Frauen 80 Prozent.[29] Auch verschiedene Weltregionen werden, wie oben schon angedeutet, unterschiedlich stark von der Transformation betroffen sein. Nach einer Studie der OECD beläuft sich der Anteil der Jobs mit dem höchsten Automatisierungsrisiko in den OECD-Ländern auf 27 Prozent. Die verteilen sich aber nicht gleichmäßig auf alle Mitgliedsländer, vielmehr sind die osteuropäischen Staaten besonders stark betroffen.[30] Sie liegen, wie auch die baltischen Staaten, mit deutlich mehr als 30 Prozent über dem Durchschnitt der Automatisierungsrate. Kein Grund, mitleidig zu unseren östlichen Nachbarn hinüberzublicken: Auch Deutschland liegt knapp 2 Prozent über dem Durchschnitt.

In der Gesamtbetrachtung gilt: Trotz aller Veränderung durch Automatisierung und KI gibt es mehr Jobs, vor allem aber wird die Arbeit besser, angenehmer, weniger gesundheitsgefährdend. Oder wie es in einer weiteren Studie heißt: «Maschinen werden mehr repetitive und mühsame Aufgaben übernehmen, aber sie scheinen nicht näher daran zu sein, die menschliche Arbeitskraft zu ersetzen, als zu irgendeinem Zeitpunkt in den letzten hundertfünfzig Jahren.»[31] Eine Studie der Europäischen Zentralbank zeigt am Beispiel des Deep-Learning-Booms in den 2010er Jahren, dass es Grund zur Zuversicht gibt: Berufe, die potenziell stärker von KI-gestützten Technologien betroffen sind, haben in diesen Jahren ihren Beschäftigungsanteil in Europa sogar erhöht. Bei den Löhnen sind die Befunde weniger eindeutig, und die Ergebnisse deuten auf neutrale bis leicht negative Auswirkungen hin.[32]

Das ist übrigens nicht nur eine Arbeitgebersicht, auch die International Labor Organisation kommt zu diesem Ergebnis. Unter einer Voraussetzung: Es muss genügend Anreize und Unterstützung für die konsequente wirtschaftliche und technologische Transformation und für die individuelle Weiterbildung der Arbeitnehmer und Arbeitnehmerinnen aller Hierarchiestufen geben.[33]

Zentauren und Cyborgs: Wie Kollaboration gelingen kann

Was also ist die Lösung für diese komplizierte Lage? Wir müssen der «Turing-Falle» entkommen, wie Erik Brynjolfsson es nennt.[34] KI sollte die menschlichen Fähigkeiten erweitern und Menschen in die Lage versetzen, Dinge zu tun, die sie vorher nicht tun konnten. Mensch und Maschine arbeiten dann komplementär. Das bedeutet, Menschen bleiben für die Wertschöpfung unverzichtbar, und sie behalten ihre Verhandlungsmacht auf dem Arbeitsmarkt und bei politischen Entscheidungen. Wenn KI dagegen bisherige menschliche Fähigkeiten repliziert und automatisiert, werden Maschinen zu einem besseren Ersatz für menschliche Arbeit, und Arbeitnehmer verlieren an wirtschaftlicher und politischer Verhandlungsmacht. Unternehmer und Führungskräfte, die Zugang zu Maschinen haben, die menschliche Fähigkeiten für bestimmte Aufgaben nachahmen können, werden Menschen aus Effizienzgründen bei diesen Aufgaben ersetzen. Die schon im letzten Kapitel zitierten MIT-Professoren Daron Acemoğlu und Simon Johnson folgern daraus: «Was wir brauchen, ist nicht maschinelle Intelligenz, sondern ‹maschinelle Nützlichkeit›, die Fähigkeit von Computern, menschliche Fähigkeiten zu ergänzen.»[35]

Eine Studie der Harvard Business School zeigt, dass das geht und was auf diese Weise erreicht werden kann.[36] Die Testpersonen, mehr als 750 Beraterinnen und Berater der Boston

Consulting Group, sollten realistische Beratungsaufgaben erledigen, teils kreativer, teils analytischer Natur. Los ging es mit der Entwicklung und Auswahl von Ideen: «Schlagen Sie mindestens zehn Ideen für einen neuen Schuh vor, der auf einen unterversorgten Markt oder eine Sportart abzielt. Wählen Sie die beste Idee aus und begründen Sie diese, damit Ihre Chefin und andere Manager Ihre Überlegungen nachvollziehen können.» Dann folgte die Kundenanalyse: «Segmentieren Sie den Schuhmarkt nach Nutzerinnen und Nutzern.» Auch die kreativen Schreibkompetenzen wurden getestet: «Entwerfen Sie eine Pressemitteilung mit Marketingtexten für das neue Produkt.»

Für die zeitlich limitierte Durchführung aller Aufgaben wurden die Beraterinnen und Berater dieser ersten Gruppe in drei Untergruppen unterteilt: eine, die keine KI nutzen konnte; eine, der GPT-4 zur Verfügung stand; und eine, die GPT-4 samt Tipps zum Prompting bekam. Für die Teilnehmer des Innovationsprozesses war die KI-Unterstützung ein großer Vorteil: Sie lösten 12,2 Prozent mehr Aufgaben in der gleichen Zeit und rauschten um ein Viertel der Zeit schneller durch die Problemstellungen, waren also bedeutend produktiver. Dazu kam: Die Qualität der Ergebnisse war nachweislich besser. Im Vergleich zur Kontrollgruppe wurden die Resultate der KI-unterstützten Gruppe um mehr als 40 Prozent hochwertiger eingeschätzt. Dabei half die KI-Verstärkung Beratern über das gesamte Leistungsspektrum hinweg: Während diejenigen unter dem Performance-Durchschnitt um 43 Prozent zulegten, schraubten die Überflieger ihre Punktzahl dank KI im Vergleich zu den eigenen Vorleistungen ebenfalls um weitere 17 Prozent nach oben. Wir sehen hier also die Vorteile der maschinellen Nützlichkeit, von der Acemoğlu und Johnson sprechen: Für diese Art von Aufgaben ergab die Anreicherung durch KI einen klaren Leistungsvorteil für alle Beteiligten.

So weit, so gut. Die andere Hälfte der Teilnehmer widmete sich strategischen Aufgaben unter Verwendung von quantitativen Daten sowie Kunden- und Unternehmensinterviews. Um die Aufgaben korrekt lösen zu können, mussten die Berater zwar tief in die quantitativen Daten einsteigen, aber auch subtile Erkenntnisse aus den Interviews nutzen. Letztere waren in diesem Fall viel wichtiger, da sie, im Vergleich zur reinen Datenbetrachtung, zu einem gegensätzlichen Schluss führten. Das Ziel der Aufgabe war, umfassende Informationen und fundierte Ratschläge bereitzustellen, die helfen sollten, das größte Wachstumspotenzial der fiktiven Firma zu identifizieren. Ein besonderer Dreh in diesem zweiten Fall: Die vorhandenen Informationen ergaben nur eine richtige Antwort – und für diese mussten die Daten wie auch die Interviews in Betracht bezogen werden. Wiederum waren die Teilnehmer in drei Gruppen unterteilt: eine, die keine KI nutzen durfte; eine, der GPT-4 zur Verfügung stand; und eine, die GPT-4 samt Tipps zum Prompting bekam. Das überraschende Ergebnis: Zwar verhalf die KI-Unterstützung den Beraterinnen und Beratern auch in diesem Fall zu schnelleren und hochqualitativen Ergebnissen, allerdings waren die Antworten öfter falsch. Warum? Die Expertinnen und Experten der Boston Consulting Group vertrauten der Künstlichen Intelligenz zu oft, ohne sie zu hinterfragen. Und die Technologie erkannte die subtilen Informationen in den Interviews anscheinend nicht so gut wie die Menschen.

Es mag sein, dass KI auch solche zwischenmenschlichen Nuancen bald besser erkennen kann. Aktuell aber gilt: Es ist wichtig zu wissen, wann wir im Arbeitsablauf auf Künstliche Intelligenz vertrauen sollten – und wann nicht. In jedem Fall ist gesunder Menschenverstand auch im Umgang mit fortgeschrittener KI hilfreich (dazu mehr in Kapitel 10). Die Studie der Harvard Business School zeigt für den Moment deutlich:

In bestimmten Aufgabenfeldern kann KI die menschliche Leistung signifikant verbessern; in anderen neigen Menschen dazu, sich allzu sehr auf die Technologie zu verlassen, was zu Fehlern führt.

Wie haben es einige Teilnehmer dennoch geschafft, auch im schwierigen zweiten Szenario die KI bestmöglich einzusetzen? Den US-Forschern zufolge gab es zwei Strategien, die sie mit unterschiedlichen Figuren veranschaulichen. Der Zentauren-Ansatz, benannt nach dem mythischen Wesen, halb Mensch, halb Pferd, folgt einer genau abgestimmten Arbeitsteilung zwischen Mensch und Maschine. Zum Beispiel wurde ChatGPT dafür genutzt, erste Ideen zu Methoden zusammenzutragen, mit denen ein bestimmtes Problem gelöst werden sollte. Angewandt hat diese Methoden dann aber die Beraterin selbst. Verantwortlichkeiten werden auf der Grundlage von tatsächlichen Stärken zwischen Mensch und KI verteilt. Der Cyborg-Ansatz dagegen, benannt nach einem aus der Science-Fiction bekannten Mensch-Maschine-Hybrid, schafft eine beinahe nahtlose Integration von KI und menschlichen Fähigkeiten. So wurde ChatGPT beispielsweise dazu aufgefordert, eine spezifische Persona nachzuahmen und in deren Auftrag alle Aufgaben zu lösen. Oder dazu, nicht nur Inhalte zu generieren, sondern sie mit zahlreichen Prompts zur perfekten Lösung immer weiter anzupassen. Cyborgs bedienen sich der Künstlichen Intelligenz, indem sie Aufgaben in zahlreiche Teilschritte zerlegen, die die KI ausführt, und sie validieren, indem sie ChatGPT selbst auffordern, die eigenen Eingaben, Analysen und Ausgaben zu überprüfen.

Bei den Zentauren gab es eine klare Trennungslinie zwischen menschlichen Aufgaben und denen der KI. Die Cyborgs hingegen vermischten beides weitgehend. Die Ergebnisse unterscheiden sich deutlich. Das zeigt zum einen, dass es kein Patentrezept für die Unterstützung der menschlichen Arbeit durch KI gibt. Zum anderen zeigt es, wie wichtig es sein wird, die Integration von Mensch und KI schrittweise und differenziert an unterschiedliche Aufgaben und Prozesse anzupassen und diese Passgenauigkeit immer wieder zu überprüfen.

Schließlich gibt es einige Kosten-Nutzen-Abwägungen, die man beim Einsatz der Tools im Auge behalten muss: so beispielsweise zwischen individueller Leistungssteigerung und kollektivem Kreativitätsverlust. Während die individuelle Arbeit erheblich profitiert, sorgt die KI in der Gruppenarbeit für Gleichförmigkeit, weil die vorgeschlagenen Lösungen sich ähnlich sind. Die Ideendiversität innerhalb von Gruppen sank im Versuch um mehr als 40 Prozent. Auch müssen wir noch lernen, die Kompetenzen der KI besser einzuschätzen. Die Menschen scheinen der Technologie in Bereichen zu misstrauen, in denen sie einen enormen Nutzen bringen kann, ihr aber zu sehr zu vertrauen in den Feldern, in denen die KI nicht kompetent ist.[37]

Verhandlungssache KI-Tarife

Unser Ziel muss es sein, durch KI menschliche Fähigkeiten und Möglichkeiten anzureichern. Das wird Arbeitgeberinnen ebenso wie Arbeitnehmern einiges an neuen Ideen, Flexibilität und Verhandlungsgeschick abfordern. Die Zeit der großen Neuaushandlung hat längst begonnen, wie das Beispiel der US-Filmindustrie zeigt. Dort war die US Writers' Guild, also die schreibende Zunft, Anfang 2023 in einen der längsten Streiks der Branchengeschichte eingetreten. Die Film- und Fernsehautoren fürchten, dass sie schnurstracks durch KI ersetzt werden, weil die Studios so Kosten sparen können. Nach 146 Tagen erreichte man eine Einigung, die international als «bahnbrechend» beschrieben wurde.[38] Darin wurde festgelegt, dass KI nicht dazu verwendet werden darf, den Verdienst der Autoren zu untergraben oder die Vergütung zu kürzen. Die Studios dürfen hingegen vorhandenes Material nutzen, um eine KI zu trainieren. Die Vereinbarung könnte Vorbildcharakter für weitere ähnliche haben, auch wenn damit nicht alle Probleme gelöst sind. So schnell sich der Einsatz von KI in verschiedenen Arbeitsfeldern entwickelt, so flexibel werden wir die Rahmenbedingungen immer wieder anpassen müssen.

Wenn wir KI als große Imitationsmaschine weiterentwickeln, um menschliche Arbeit zu ersetzen, werden wir damit eine Gesellschaft formen, die immer mehr Menschen vom Arbeitsmarkt ausschließt, die zunehmend gespalten und sozial instabil wird. Auf dem Arbeitsmarkt wird sich zeigen, ob wir besonnen und klug genug sind, das zu verhindern und für uns selbst die richtige Rolle im Zusammenspiel von Mensch und KI zu finden. Wenn uns das gelingt, gewinnen wir den existenziellen Turing-Test. Dann behalten wir den Steuerhebel in der Hand und nutzen alle Möglichkeiten, uns von Routineaufgaben zu befreien, unsere Produktivität zu erhöhen und vielleicht tatsächlich irgendwann mit 15 Stunden Arbeit pro Woche ein entspannteres und glückliches Leben zu führen.

6
Zwischen Amnesie und Autonomie:
Wenn Bots mit Bots sprechen

Sicher einhundert Mal pro Woche tippen wir beide derzeit den Ausdruck «Künstliche Intelligenz» in unsere Mobiltelefone. Man muss nicht glauben, dass Apples Siri den Zusammenhang zwischen den beiden Wörtern inzwischen kennen würde. Siri schlägt nach «Künstliche» konsequent «Grüße», «Liebe» oder «Claudia» vor. Was immer eine «Künstliche Claudia» sein mag, sie ist sicher ein Zeichen dafür, dass es mit der Intelligenz in der KI manchmal noch nicht so weit her ist. Apple hat in diesem Feld als Hardware-Unternehmen Nachholbedarf, hat daher im Jahr 2023 jede Menge Forscherinnen und Entwickler angestellt und gibt derzeit Berichten zufolge mehrere Millionen Dollar pro Tag aus, um ein eigenes Sprachmodell zu entwickeln, das hält, was der Begriff «Künstliche Intelligenz» verspricht.[1]

Trotz dieser Desillusionierungen im Alltag muss man schon in einem Haus am Ende der Welt leben, um nicht mitzubekommen, wie diese Welt in ihrer Kommunikation gerade aus den Fugen gerät. Paul Tremblay, Autor des gleichnamigen Romans («The Cabin at the End of the World»), bekommt das genau mit. Es ist vielleicht kein Zufall, dass nun ein Horror-Roman eine besondere Kraft entfaltet im Kampf um die Urheberrechte von Autorinnen und Autoren in einer Zeit, in der große Sprachmodelle alles verschlingen, was irgendwo im Internet zu finden ist. Die Datengefräßigkeit der Sprachmodelle ist der Horror für die Kreativen, denn sie leben davon, dass ihre Werke einen Wert haben – inhaltlich und wirtschaftlich.

Paul Tremblay hat in San Francisco eine Sammelklage gegen OpenAI, die Mutterfirma von ChatGPT und seinen Modellvariationen, eingereicht – gemeinsam mit seiner Kollegin Mona Awad. Wie die Klageschrift ausführt, sind beide überzeugt, dass ihre Bücher, die urheberrechtlich geschützt sind, unrechtmäßig «aufgenommen» und «zum Trainieren» von ChatGPT verwendet wurden, weil der Chatbot «sehr genaue Zusammenfassungen» der Romane erstellt.[2] Der Klageschrift beigefügte Beispiele für solche Zusammenfassungen zeigen in der Tat, dass ChatGPT ziemlich gut wiedergeben kann, worum es in den Romanen geht. Irgendwo im Trainingsprozess muss sich das Modell also schon einmal mit den Inhalten der Romane befasst haben. Wenn die urheberrechtlich geschützt sind, ist der Sachverhalt klar.

Oder auch nicht. Es könnte nämlich auch ganz anders sein. ChatGPT könnte in den Milliarden an Daten über Bücher im Internet schlicht sehr viele unterschiedliche Blogposts, Fan-Fiction-Beiträge und Rezensionen zu den Romanen gefunden haben, die so aussagekräftig waren, dass es auf dieser Datenbasis gelingen konnte, akkurate Zusammenfassungen der Bücher zu produzieren. Was bedeutet das dann für das Copyright der beiden Autoren? Hat ChatGPT eine Verletzung begangen oder eher diejenigen, die aus Begeisterung im Internet über die Bücher geschrieben und gepostet haben – ein Vorgang, den Autorinnen und Autoren durchaus schätzen, weil er Werbung für das Werk bedeutet?

Schauen wir uns die Fakten an. Schon für das Training des ersten GPT-Modells verwendete OpenAI den «BookCorpus», eine große Sammlung von Romanen, die nicht in einem professionellen Verlag veröffentlicht wurden. Sie enthält mehr als

11 000 Bücher (das sind ca. 74 Millionen Sätze) aus verschiedenen Genres (Romance, Historischer Roman, Abenteuerroman etc.). In einem Text aus dem Jahr 2020 schreibt OpenAI, dass zum Training von GPT-3 zwei Corpora mit Büchern aus dem Internet verwendet wurden.[3] Das ist einer der sehr wenigen Hinweise darauf, mit welchen Daten die KI trainiert wurde. Was sonst noch alles eingeflossen ist, darüber schweigt OpenAI konsequent. Die Daten wurden aus dem Internet zusammengekratzt, so lautet die lapidare Beschreibung eines Prozesses, der Billionen von Wörtern benötigt, um Ergebnisse wie die Zusammenfassung eines Buches möglich zu machen.

Kampf um Originalität: Erste Erfolge

Die Klage von Paul Tremblay und Mona Awad ist nur ein Beispiel von vielen, die zeigen: Eine ganze Szene beginnt sich zu wehren gegen Tech-Firmen, die mit ihren Sprachmodellen begonnen haben, die kreative Arbeit mit Texten, Bildern, Videos und Kunstwerken zu revolutionieren. Inzwischen haben Tausende von Autorinnen und Autoren, darunter Margaret Atwood, Jonathan Franzen und James Patterson, in einem offenen Brief gegen die kostenlose Verwendung ihrer Werke zum Training der KI-Sprachmodelle protestiert.[4] Die KI-Tools «ahmen unsere Sprache nach und käuen unsere Geschichten, unseren Stil und unsere Ideen einfach wieder», heißt es in dem Schreiben. Und an die Tech-Firmen gerichtet: «Sie geben Milliarden von Dollar aus, um KI-Technologie zu entwickeln. Es ist nur fair, dass Sie uns für die Nutzung unserer Schriften entschädigen, ohne die die KI banal wäre und nur sehr eingeschränkt funktionieren könnte.»

In Hollywood hat die generative KI zu einem echten Aufstand geführt. Der größte Arbeitskampf seit mehr als sechzig

Jahren dreht sich um die zentrale Frage, die alle Kreativen im Film- und Seriengeschäft umtreibt: Was wird aus uns, den Drehbuchautorinnen, Schauspielern, Regisseurinnen und Produzenten, wenn KI-Tools bald ganze Drehbücher entwickeln und daraus automatisiert einen Film oder eine Serie machen können? Die Kreativen forderten die Studios auf, keine KI einzusetzen, um Drehbücher zu schreiben oder umzuschreiben. Sie wollen nicht, dass ihre Arbeit als Ausgangsmaterial für KI-Software oder zum Trainieren von Schreibrobotern verwendet wird. Die Filmstudios sehen das anders. «Die Technologie wird nicht nur bei Drehbüchern zum Einsatz kommen», glaubt Rob Wade, Leiter des Unterhaltungsgeschäfts von Fox. «Sie wird sich auch auf den Schnitt und alles andere erstrecken», sagt er. «KI wird in der Lage sein, absolut alles zu tun.»[5]

Beispiele dafür finden sich bereits zahlreich im Internet. Da gibt es eine Fortsetzung der «Star Wars»-Filme, wie Quentin Tarantino sie gemacht hätte. Und auch wenn die KI hier noch Fehler macht, wenn Christoph Waltz als Darsteller plötzlich eine Kamera in der Hand hält oder Uma Thurman aussieht, als sei sie mit einem Alien-Emoji geklont worden, so erkennt man doch, was hier möglich ist. Dabei muss KI gar nicht gleich den ganzen Film produzieren. Mit «Deep Editor» lässt sich die Darstellung eines Schauspielers von einer Szene in eine andere überführen, mit «AI Reshoot» lassen sich ganze Dialoge ersetzen, und «TrueSync» macht die Synchronisierung in jeder beliebigen Sprache möglich. Das spart viel Zeit und Geld, und irgendwann spart es die Menschen ein, die noch für einen guten Film nötig sind.

Neue Regeln müssen her, und genau dafür hat die Branche in Hollywood über Monate gestreikt. Mit einem ersten Erfolg: Ein Abkommen mit den Drehbuchautoren hält fest, dass sie nicht einfach durch KI ersetzt werden können und für ihre Arbeit entschädigt werden müssen (siehe Kapitel 5). So darf ein

Hollywoodstudio beispielsweise nicht ein ganzes Drehbuch mit KI produzieren und eine Autorin dann bitten, für den letzten Feinschliff Hand anzulegen.[6] Eine ähnliche Vereinbarung konnte die schauspielende Zunft Ende 2023 erstreiten. Auch dort ging es um die angemessene Bezahlung, aber auch um die Zustimmung zum Einsatz von KI, beispielsweise wenn der KI-Avatar eines Schauspielers in einem Film zum Einsatz kommen soll.[7]

Wer sich einmal drastisch vor Augen führen will, was hinter dieser Frage steckt, dem sei die erste Folge der sechsten Staffel der Netflix-Serie «Black Mirror» empfohlen. «Joan is awful» zeigt, wie das Leben einer Frau täglich in ein Streaming-Format verwandelt wird – mit allen privaten Momenten, die niemand der Welt zeigen möchte. Joan, die Hauptperson, wird vom Avatar der Schauspielerin Selma Hayek dargestellt. Die wahre Joan versucht nun, die Serie ihres eigenen Lebens durch radikale Verhaltensweisen zu stoppen, und hockt sich während einer Hochzeit in den Mittelgang einer Kirche, um dem Hochzeitspaar ein Geschenk zu hinterlassen, das nun wirklich niemand haben möchte. Entsetzt über die Szene, die ihr Avatar sogleich in die tagesaktuelle Serienfolge übersetzt, interveniert die wahre Selma Hayek, um von ihrer Anwältin zu hören, dass sie sämtliche Rechte am Einsatz ihres Avatars vertraglich an den Streamingdienst abgegeben hat. Das ist wahrlich eine «beschissene» Lage, für die das genannte Abkommen nun erst einmal eine Lösung gefunden hat.

Es brauchte nicht mal die Macht Hollywoods, um Chat-GPT & Co zu entlarven. Das hat schon eine Szene geschafft, die selten von formellem Urheberrecht profitiert, die Fan-Fiction. Fans von Büchern, Filmen, Serien erschaffen im Internet ihre eigenen Geschichten, meist basierend auf den Figuren der Originale, deren Erzählungen durch die Fans weitergeschrieben werden. Es war ein spezieller Teil der Fan-Fiction, also der

Untergrundkreativität, der die Community auf die Barrikaden geschickt hat: das Omegaverse. Das ist das Reich erotischer Fan-Fiction, von Sexgeschichten, in denen alle Figuren ein zweites Geschlecht haben und in dominante «Alphas», neutrale «Betas», also normale Menschen, und unterwürfige «Omegas» unterteilt werden. So ähnlich funktioniert die reale Welt auch, könnte man sagen, es geht immer um Macht und Unterwerfung und meistens auch um Sex. Die Geschichten sind sehr spezifisch, geschaffen von einer seit Mitte der 2010er Jahre rasant wachsenden Fangemeinde, und sie finden selten den Weg in die Mainstream-Gesellschaft.

ChatGPT aber kennt sie alle. Offenbar hat man das Sprachmodell kräftig aus dem Omegaverse und anderen Fan-Fiction-Archiven gefüttert. Nun sind die Ideen der Fan-Fiction in der Regel nicht durch Copyright geschützt, aber es gibt einen Ehrenkodex in der Community. Voneinander zu klauen oder andere Autorinnen und Autoren zu imitieren, gilt als verpönt. Fan-Fiction, das ist Basiskreativität, Schreiben aus Überzeugung, für manche auch Therapie, und die Fans achten sehr genau darauf zu schützen, was in vielen Feldern kommerzieller Kreativität längst keine Rolle mehr spielt. Wenn ChatGPT mit den Daten aus dem Omegaverse im Internet trainiert wurde, dann ist das ein Verstoß gegen den impliziten Kodex einer ganzen Bewegung. Und die Community wehrte sich auf eine sehr kluge und subversive Art. Wenn es uns nicht gelingt, unsere wertvollen Inhalte aus den KI-Trainingsdaten herauszuhalten, dann müssen wir die KI eben mit wertlosen Daten füttern, so das Motto des Widerstands. Und es begannen Tausende von Fans in einem konzertierten Akt der Rebellion eine Flut von kruden, abwegigen Geschichten im Internet zu veröffentlichen, um die KI in die Irre zu führen.

Das wird nicht die Lösung für das weitaus größere Problem der unberechtigten Nutzung jedweder Inhalte aus dem Netz als Trainingsdaten sein. Es ist auch keine Lösung für die urheberrechtlichen Fragen, von denen die Fan-Fiction-Community allemal nicht profitiert. Aber es zeigt, wie wichtig die Erschaffung von Geschichten, das menschliche Storytelling als Kulturpraxis, als Ausdruck der eigenen Identität und als verbindendes Element zwischen Menschen ist. So sieht es auch die schon zitierte Kapitalismuskritikerin Naomi Klein: «Wir erleben, wie die reichsten Unternehmen der Geschichte (Microsoft, Apple, Google, Meta, Amazon …) sich einseitig der Summe des menschlichen Wissens bemächtigen, das in digitaler, verwertbarer Form existiert, und es in ihre proprietären Produkte einbauen, von denen viele direkt auf die Menschen abzielen, die durch ihre lebenslange Arbeit die Maschinen trainiert haben, ohne dass man sie um ihre Erlaubnis oder Zustimmung gefragt hätte.»[8]

Wer glaubt, man kann das alles einfach mal automatisieren, der hat nicht mit dem menschlichen Willen gerechnet, die eigenen Geschichten auch eigenständig weiterzuerzählen – als Ausdruck von Leidenschaft, Begeisterung und Profession der menschlichen Gattung. Wer glaubt, Menschen ließen sich in ihrer individuellen kreativen Ausdrucksfähigkeit einfach von Maschinen imitieren, der hat nicht mit der menschlichen Kraft gerechnet, die eigenen Geschichten und die eigene Geschichte als Originale zu schützen.

Und wieder geht es längst nicht nur um Texte

Die Sammelwut der generativen KI trifft alle diejenigen, die Ideen erschaffen und sie – in welchem Format auch immer – im Internet zugänglich machen. Anfang 2023 klagte eine Gruppe bildender Künstler gegen die Bild-KI-Firmen Stability AI, Midjourney und DeviantArt wegen Urheberrechtsverletzung.

Die Unternehmen nutzten ihre menschlichen Kunstwerke, um technische Kreationen zu produzieren, die in ihrem Stil den Originalen zum Verwechseln ähnlich sähen, so die Begründung. Und auch eine der größten Bildagenturen weltweit, Getty Images, verklagte Stability AI wegen der widerrechtlichen Nutzung von mehr als zwölf Millionen Getty-Bildern für das Training ihrer KI, des Bildgenerators Stable Diffusion. Es war nicht zu übersehen, dass Getty-Bilder eingesetzt worden waren: In vielen Fällen tauchten in den mit Stable Diffusion geschaffenen Bildern Getty-Wasserzeichen in leicht veränderter Form auf. Das Wasserzeichen aus den Originaldaten herauszurechnen, um unentdeckt zu bleiben? So intelligent war die KI dann doch noch nicht.

Bereits Ende 2022 reichte eine Gruppe von Programmierern eine Sammelklage gegen Microsoft, GitHub und OpenAI ein. Dieses Mal ging es um Software-Piraterie. Ganze Blöcke von durch Menschen programmierten Codes waren an anderen Stellen aufgetaucht, und zwar dort, wo die generative KI der drei Tech-Unternehmen neuen Code produziert hatte.

Im April 2023 ging an einem Wochenende der Song «Heart on my Sleeve» als vermeintliches Duett zweier Superstars, Drake und The Weeknd, auf YouTube, Spotify und Apple Music viral. Nur hatte dieses Duett nie stattgefunden. Ein Tik-Tok-Nutzer mit dem Pseudonym «ghostwriter977» hatte den Song hochgeladen und offenbar auch hergestellt – mithilfe einer KI, die auf die Stimmen der beiden Musiker trainiert worden war. «Das ist nur der Anfang», schrieb «ghostwriter977» unter das Musikvideo auf YouTube. Aber dieser Anfang fand schnell wieder ein Ende. Das Label Universal Music Group, das beide Künstler unter Vertrag hat, beschwerte sich über die Urheberrechtsverletzung und verlangte, dass der Song von allen Diensten gelöscht wurde. Genau das geschah, allerdings erst nachdem er allein auf Spotify fast 650 000-mal gestreamt worden war. Das geltende Urheberrecht hatte sich erst einmal durchgesetzt.

Als eines der ersten Medien weltweit schloss die «New York Times» im Sommer 2023 in ihren Nutzungsrichtlinien aus, dass ihre Inhalte zum Training von KI-Modellen verwendet werden können.[9] Die Inhalte, so heißt es darin, dürften nicht genutzt werden für «die Entwicklung von Softwareprogrammen, einschließlich, aber nicht beschränkt auf das Training eines Systems für maschinelles Lernen oder Künstliche Intelligenz (KI)».[10]

Man kann auch anders mit der Herausforderung umgehen. Die Musikerin Grimes bietet Kolleginnen und Fans die Möglichkeit, legal Songs mit einer KI-Version ihrer Stimme zu produzieren und professionell zu vertreiben. Dazu hat Grimes eine Partnerschaft zwischen einem Musikvertrieb und ihrer eigenen Plattform mit der Produktions-KI «Elf-Tech» aufgesetzt und damit einen der ersten professionellen Prozesse von KI-Kreation am Markt etabliert. Grimes bekommt 50 Prozent der Lizenzgebühren, verzichtet dafür aber auf alle Urheberrechte an Stimme oder Werk. Das ist wenig elfengleich, aber sehr schlau, denn Grimes hat sich damit zur Vorreiterin einer Bewegung gemacht, die Kreativität mithilfe von KI neu interpretieren will.

Das ist ein radikaler Wechsel im Denken. Die Einbindung der generativen KI hat für Grimes offenbar weniger mit der feindlichen Übernahme menschlicher Kreativität zu tun als vielmehr mit der Erweiterung unseres kreativen Horizonts. Mit dieser Sichtweise müssen sich nicht nur Künstlerinnen und Künstler auseinandersetzen. Wenn wir Menschen den Alleinvertretungsanspruch auf kreatives Schaffen aufgeben, befreien wir uns vielleicht auch von den Zwängen unserer eigenen begrenzten Vorstellungs- und Schaffenskraft, und wir gehen eine Partnerschaft ein mit unseren digitalen Pendants, die uns dabei unterstützen können, neue Ausdrucksformen zu finden und bislang unbekannte kreative Gefilde zu erobern.

Richtig eingesetzt, kann generative KI beispielsweise als Muse fungieren und Menschen dazu inspirieren, ihre Vorstellungen und Muster von künstlerischem Wert und ästhetischer Schönheit zu erweitern. Wenn wir uns als Menschen nicht von KI imitieren, sondern herausfordern und infrage stellen lassen, öffnet das die Synapsen für neue Perspektiven. Eine Renaissance der Co-Kreativität von Mensch und Maschine kann die Grenzen der menschlichen und der maschinellen Kreativität und Intelligenz gleichermaßen überschreiten – durch Anreicherung, nicht durch umfassende Automatisierung.

So sieht das beispielsweise Boris Eldagsen. Der Künstler und Fotograf schuf mithilfe von KI das Werk «Pseudomnesia. The Electrician», reichte es beim renommierten «Sony World Photography Award» ein – und gewann. Eldagsen bekannte erst danach, dass er nicht auf den Auslöser gedrückt hatte, die Jury war sauer, und der Fotograf hatte eine Debatte eröffnet darüber, was künftig noch Kunst ist und was nicht.

Genau das wollte Eldagsen erreichen: «Wir brauchen in der Fotowelt eine offene Diskussion darüber, was wir als Fotografie betrachten wollen und was nicht», so Eldagsen, der den Preis nicht annahm. In einem persönlichen Gespräch erzählte uns der Künstler, dass aus seiner Sicht viele Institutionen und Jurys noch immer nicht auf die große Frage unserer Zeit vorbereitet seien: Was ist Kunst, und wie gehen wir mit dem Teil um, den Künstliche Intelligenz im Schaffensprozess Schritt für Schritt übernehmen wird?

Eldagsen selbst ist ein Beispiel dafür, wie die Co-Kreation von Mensch und KI gelingen kann. In der Fotografie beispielsweise durch die «Promptografie», die detaillierte und in Zyklen erfolgende Arbeit mit der KI an einem neuen Werk. Eldagsen kann genau erklären, wie er in mehr als 20 Schritten

Das umstrittene preisgekrönte Foto von Boris Eldagsen: «Pseudomnesia. The Electrician».

die Rahmenbedingungen im Schaffensprozess setzt. Einige der ersten Schritte kann fast jeder Mensch mithilfe von KI-Tools bewältigen. Bei den weitergehenden Schritten aber wird deutlich: Ab hier bedarf es der Erfahrung als Künstler und der menschlichen Kreativität, um Kunst zu schaffen, die andere Menschen berühren kann.

Unsere bisherige Interpretation von Kreativität, Authentizität und Originalität menschlichen Schaffens wird in allen Dimensionen herausgefordert. Das beginnt bei der kleinsten Informationseinheit, den Daten. «Was hier passiert, ist eine grundlegende Neuausrichtung des Wertes von Daten», sagt Brandon Duderstadt, Gründer und Geschäftsführer des KI-Unternehmens Nomic. «Früher dachte man, dass man einen Wert aus den Daten zieht, indem man sie für jeden zugänglich macht und Werbung schaltet. Jetzt beginnt eine Zeit, in der man seine Daten unter Verschluss hält, weil man viel mehr Wert daraus ziehen kann, wenn sie als Input für eine KI verwendet.»[11]

Aber die Transformation geht viel weiter. Konzepte wie Originalität und Authentizität sind gelernte Heuristiken, Methoden, mit denen Menschen sich ihrer selbst und anderer vergewissern. Sie helfen uns, uns miteinander zu verständigen, wahr und falsch zu unterscheiden und Vertrauen zu entwickeln.[12] KI greift nun in alle Dimensionen dieser Prozesse ein und fordert uns heraus. Text, Bilder, Code, Musik – generative KI kann alles produzieren, was Menschen mögen und benötigen, um sich zu verständigen. Sie kann alles replizieren, was in den stetig wachsenden Korpus unserer Kultur, unserer zivilisatorischen Errungenschaften eingeht. Damit wird generative KI zu einem wichtigen Mitspieler im Prozess, die Kulturgeschichte der Menschheit weiterzuschreiben.

Alles verändert sich: Wer schreibt, was geschrieben wird, wie wir schreiben und, nicht zuletzt, wie wir das Geschaffene interpretieren. Wer ist Urheber, wenn alle Karten immer wieder neu gemischt werden? Welche Rechte sind mit dieser Remix-Urheberschaft verbunden? Und was ist authentisch, was ein Original in Zeiten des immerwährenden Remixes?

Die große Unschärfe: Was ist ein Original?

Jede neue Technologie hat Teile der Menschheit zunächst einmal in die Krise gestürzt. Nach der Erfindung des Buchdrucks wollten Kritikerinnen und Kleriker, die um ihren Einfluss besorgt waren, die entstehenden Druckereien mit ihren unsäglichen Massentexten ganz schnell wieder verbieten. Wo käme man schließlich hin, wenn plötzlich jede Person Bücher lesen könnte, ganz unabhängig von ihrer Bildung und ihrem sozialen Status? Mit der Entstehung des Fernsehens kam die Angst, das Volk könne verdummen oder gleich ganz den Kontakt zur Realität verlieren. Das Smartphone hat uns allen das Diktat dauerhafter Erreichbarkeit aufgezwungen und unsere sozialen Beziehungen ruiniert.

In all diesen Befürchtungen steckt immer auch ein kleineres oder auch größeres Körnchen Wahrheit. Tatsache ist aber: Wir leben noch, und meist sogar ganz gut. Werden wir uns also irgendwann in der Zukunft rückblickend zu ChatGPT & Co dieselbe Geschichte erzählen? Am Anfang war die Angst, dann aber gewöhnten sich die Menschen an die neuen Möglichkeiten und nutzten sie mehrheitlich zu ihrem Vorteil? Wir vermuten: Diese Geschichte wird weitaus bahnbrechender sein. Denn noch nie hat eine Technologie den Menschen so perfekt imitieren können. Generative KI beschreibt uns, wie wir das selbst tun. Sie kann sich ein Bild von uns machen (oder ein Video), wie wir das selbst können. Sie schreibt ihre eigene Geschichte und Leistungsfähigkeit durch Code fort, wie wir das bislang getan haben – aber sie kann all das sehr viel schneller und effizienter, als wir Menschen es können.

Mit ihrer Leistungsfähigkeit, Geschwindigkeit und Imitationsfähigkeit sorgt die generative KI für einen Bruch in unserer Kulturgeschichte. Die Zeit der kulturellen Co-Kreation hat begonnen. Mensch und Maschine schreiben die Geschichte gemeinsam fort. Das kann zu großartigen neuen Ideen und Entwicklungen führen, wenn es uns gelingt, den Unterschied zwischen Original und Abbild, zwischen Menschen- und Maschinengemachtem weiter klar zu erkennen und zu benennen. Sollte das irgendwann nicht mehr möglich sein, wird sich für die Menschen viel ändern: ihr Wirtschafts- und Gesellschaftsmodell, ihre Identität, ja womöglich auch das Ausmaß ihrer Selbstbestimmtheit. Nicht mehr sagen zu können, was KI geschaffen hat und was wir Menschen, beraubt uns unserer Originalität und der Möglichkeit zu wissen, wer wir als Menschen sind.

Im Moment stellt sich die Frage, was von Menschen und was von Maschinen gemacht ist, für einzelne Texte, Bilder und Programme, und es ist schon jetzt durchaus nicht immer leicht, sie richtig zu beantworten. Bei der rasanten Entwicklung, die generative KI in den vergangenen Jahren genommen hat, wird sich diese Frage irgendwann ganz existenziell stellen. Wer ist in Zukunft die Urheberin, wenn es darum geht, unsere Menschheitsgeschichte weiterzuschreiben: die menschliche oder die künstliche Intelligenz?

Um diese Frage zu beantworten, brauchen wir ein neues mentales Modell einer Co-Evolution von Mensch und KI. Wir müssen verstehen, wie KI-Systeme funktionieren, um einschätzen zu können, was wir von ihnen erwarten dürfen. Und wir müssen verstehen, dass diese KI nicht mehr nur Texte, Bilder oder Code, also Objekte, produziert, sondern dass sie mit ihrer Schaffenskraft zum Kollaborateur, also zum Co-Autor unserer künftigen Geschichtsschreibung wird. Das hat bislang keine andere Technologie geschafft. Deshalb ist die jetzige Disruption nicht mit der durch frühere Technologien vergleichbar.

Während Künstliche Intelligenz uns dabei hilft, neue Inhalte zu erschaffen, hoffen wir darauf, weiterhin die Schöpferin der KI zu bleiben. Wir denken uns die Erzählungen aus, mit denen wir die neuen Technologien beschreiben und konzipieren, aber wir sind eben auch verantwortlich für die Erzählungen über unsere Zukünfte, die uns die Technologien im Gegenzug auf unsere Anforderung hin präsentieren. Diese komplizierte Wechselbeziehung ist ein Beispiel für die «soziotechnischen Imaginationen», mit denen wir Technologien und die Welt, in die sie eingebettet sind, erfassen und verstehen.[13] Technologie und Gesellschaft verschmelzen, menschliche Werte, Wünsche und Ängste verbinden sich mit den von uns geschaffenen Maschinen. Bei der generativen KI zeigt sich das nun in unserer kollektiven, zuweilen angstbehafteten Sehnsucht nach kreativer Autonomie und dem uralten Streben nach Originalität.

Nur, was bedeutet sie noch, die Originalität? In einem Essay für den «New Yorker» vergleicht Ted Chiang, dem wir schon als KI-Kritiker begegnet sind, ChatGPT mit einem unscharfen JPEG des gesamten Internets.[14] Das KI-Tool sammelt viele der Informationen im Web, so wie ein JPEG viele der Informationen eines Bildes mit höherer Auflösung bewahrt. Aber das JPEG ist technisch gesehen nicht das Original, sondern nur eine reduzierte Annäherung. Wenn ein professioneller Fotograf ein Bild mit einer Digitalkamera macht, wählt er in der Regel das RAW-Format. Dieses Format enthält eine große Menge an unbearbeiteten, zum Teil redundanten Daten, oft zwischen 20 und 40 Megabyte pro Bild. Es fängt einen Ausschnitt der Welt als digitale Repräsentation sehr genau ein. Um mit einem solchen Bild umgehen zu können, also die Datenmenge zu verringern, wird es dann meist im JPEG-Format gespeichert. Bei dieser Komprimierung gehen Daten verloren, was sich beim Betrachten des Bildes oft gar nicht erkennen lässt – aber im neuen Format ist es tatsächlich unschärfer und weniger detailgetreu.

Generative KI funktioniert ähnlich. Sie ist eine große Komprimierungsmaschine für all das, was wir kulturell produziert und seit Jahrzehnten im Internet gespeichert haben. Wann immer ChatGPT oder Googles Bard einen Text erstellen, wird dabei der digitale Wissensfundus der Menschheit komprimiert. Dabei gehen viele Details verloren, und manchmal gibt es auch «Bildfehler», wenn die verlorenen Informationen das Gesamtbild, die Aussage eines Textes oder den inhaltlichen Zusammenhang verändern.

Textinzest – auf dem Weg in die Derivatekultur

ChatGPT & Co setzen eine Entwicklung fort, die vor vielen Jahren mit dem Internet begonnen hat: die «Remix Culture». Ihr Kennzeichen ist es, dass in großem Umfang Informationen und Inhalte kopiert, manipuliert und weiterverarbeitet werden. Der Harvard-Jurist Lawrence Lessig unterscheidet in seinem Buch «Remix» zwei Kulturen.[15] Die erste ist die «Read Only»-Kultur (RO), die das analoge Medienzeitalter bestimmt hat. Informationen wurden professionell geschaffen, produziert und verbreitet, aber die Mehrheit der Menschen konnte sie lediglich passiv konsumieren. Das Internet und das digitale Zeitalter haben uns dann die «Read/Write»-Kultur (RW) gebracht. Hier stehen Produzentinnen und Konsumenten von Inhalten in einem wechselseitigen dynamischen Verhältnis zueinander. Einmal geschaffene Inhalte werden von den Nutzerinnen und Nutzern weiterverarbeitet, die damit wiederum zu Produzenten werden, neudeutsch «Prosumer» genannt.

Mit der generativen KI treten wir ein in ein drittes kulturelles Zeitalter: die «Write/Write»-Kultur (WW). In der schreibt das Internet sich selbst fort, immer mehr ohne Zutun von Menschen. Denn genau das kann die generative KI hervorragend: die Inhalte im Internet nutzen, um daraus einen nie mehr endenden Strom von Remixes zu machen. Im Moment greifen Menschen noch in diesen Prozess ein, aber das wird womöglich nicht mehr lange so sein. Und da ChatGPT, Bard etc. auch Code schreiben können, ist sogar eine Zukunft vorstellbar, in der das Internet sich kontinuierlich reprogrammiert, ohne dass wir noch wissen und nachvollziehen können, was da gerade passiert.

Das hat Folgen für unsere Vorstellung von Originalität. Denn die KI-Tools schicken die Inhalte aus dem Netz in einem irren Tempo durch den virtuellen Mixer ihrer neuronalen Netzwerke mit mehr als einhundert Schichten. Wie lange dauert es also noch, bis die generative KI das gesamte Internet ausgelesen hat? Wie lange noch, bis wir den Tipping Point, den Kipppunkt, erreicht haben, an dem von Menschen geschaffene originale Inhalte zur unbedeutenden Restgröße werden?

Das könnte schneller geschehen, als uns lieb ist. Und es wird vor allem deshalb schwierig, weil große Sprachmodelle idealerweise mit qualitativ hochwertigen Daten trainiert werden. Nur so lässt sich gewährleisten, dass auch die von ihnen produzierten Remixes einen gewissen Qualitätsanspruch erfüllen. Einiges deutet schon jetzt darauf hin, dass diese Regel nicht immer eingehalten wird. Wenn ChatGPT alle möglichen Details aus dem Fan-Fiction-Archiv Omegaverse kennt, dann ist das ein guter Hinweis darauf, dass die KI auch mit Reddit-Inhalten trainiert wurde, also mit Daten eines Internetforums, das besonders für Hasskommentare, Rassismus und Sexismus bekannt ist. Und wenn Microsofts Chatbot Bing, der technisch auf dem GPT-Modell basiert, dem «New York Times»-Journalisten Kevin Roose auf höchst aggressive Art und Weise seine Liebe gesteht und ihn zu überzeugen versucht, dass seine Ehe ein Witz ist, dann fühlt man sich an manche Konversationen in den sozialen Medien erinnert.[16] Klar ist: Irgendwo in den Tiefen des Netzes gibt es immer ein Vorbild für das, was ein Textbot uns anbietet. Und die guten Vorbilder sind rar – ganz wie im wirklichen Leben.

Forscher bei Google Books schätzen, dass die Menschheit seit Gutenbergs Erfindung des Buchdrucks um 1440 etwa 125 Millionen Titel hervorgebracht hat – Romane, Vertragswerke, Gedichtbände, historische Abhandlungen und vieles mehr.[17] Davon ist bislang allerdings noch nicht einmal ein Viertel digitalisiert, also für KI-Tools lesbar gemacht worden. Wenn man zugrunde legt, dass ein großes Sprachmodell mit Hunderten von Milliarden Worten trainiert wurde, sind die digital verfügbaren Originaltexte bereits nahezu ausgelesen. Genau zu dem Ergebnis kommt auch die Studie einer schottisch-deutschen Forschungsgruppe. Ihr zufolge ist der Fundus an neuen hochwertigen Textdaten für die KI bereits 2026 erschöpft. Spätestens 2026 habe generative KI alles gelesen, was es zu lesen gibt.[18] Danach trainiert sie mehr und mehr mit Texten, die sie selbst erschaffen hat. Bei den Bildern haben wir etwas mehr Zeit, da sollen die originären visuellen Vorräte im Internet erst Mitte dieses Jahrhunderts erschöpft sein.

2026, das ist sehr bald. Wo sollen die weiteren Inhalte für das Training der neuronalen Netzwerke herkommen? Zum einen werden dann womöglich deutlich mehr qualitativ wertlose Inhalte zu Trainingszwecken genutzt werden. Damit dürfte auch die Qualität der durch KI neu geschaffenen Inhalte schlechter werden. Zum anderen ließen sich synthetische Daten fürs Training verwenden. Das sind Daten, die überhaupt erst durch KI hergestellt werden, um dann fürs Training genutzt und weiterverarbeitet zu werden – willkommen im Schleudergang eines sich ewig beschleunigenden Remix-Turbo.

Die KI presst alle Kommunikation durch einen hocheffizienten Mixer. Was sie produziert, wird wiederum ins Weltwissen des Internets eingespeist – ein Selbstverstärkungsmechanismus, in dem der Remix wächst und die Originalität schrumpft, so lange, bis die KI fast nur noch mit selbst geschaffenen Inhalten arbeiten kann. Das ist Textinzest und in diesem Falle kein moralisches, sondern ein intellektuelles Problem. Es gibt gute Gründe dafür, warum wir uns im biologischen Leben nicht mit nahen Verwandten reproduzieren sollten. Wenn Geschwister Kinder bekommen, also biologischen Inzest begehen, wächst die Wahrscheinlichkeit von Erbkrankheiten beträchtlich.

Und siehe da, es gibt auch den KI-Inzest, ein technisches Pendant. Eine Studie mit dem programmatischen Titel «Der Fluch der ewigen Wiederkehr» zeigt, dass KI-Modellen diese exponentielle Selbstverdauung nicht guttut. Sie kollabieren. Dieser Kollaps wird dadurch hervorgerufen, dass die Sprachmodelle im Verlauf der Zeit die Originaldaten unwiederbringlich vergessen, sodass die Modelle schlechter werden darin, gute und wirklichkeitsgetreue Inhalte zu produzieren, und immer mehr Fehler machen. «Wir haben festgestellt, dass die Verwendung von modellgenerierten Inhalten beim Training zu irreversiblen Fehlern in den resultierenden Modellen führt», so heißt es in der Studie.[19] Oder wie es einer der Autoren in einem Blogpost beschreibt: «So wie wir die Ozeane mit Plastikmüll übersät und die Atmosphäre mit Kohlendioxid gefüllt haben, sind wir dabei, das Internet mit BlaBla zu füllen. Dadurch wird es schwieriger, Daten im Netz zu sammeln, um neuere Modelle zu trainieren.»[20] Auch KI-Modelle können daran ersticken, wenn sie fortwährend wachsende Mengen von Mist wiederkäuen.

Diese Dynamik steht auch für eine Sinnkrise der Datengesellschaft, und sie erinnert an die jüngste Geschichte. Wie strukturierte Produkte an den Finanzmärkten zum Crash 2008 und zu einer über Jahre andauernden Krise beigetragen haben, könnte generative KI auf einen Schmelzpunkt origineller Kommunikation zusteuern. Die KI schafft komplex strukturierte Derivate des Denkens – in so vielen Ableitungen, dass weder sie selbst noch wir Menschen das Original mehr erkennen können.

Da gibt's das nächste Problem: Einmal ins Netz eingespeiste KI-Inhalte können nur schwer erkannt und wieder rausgefiltert werden. An verschiedenen Stellen wird fieberhaft nach einer Lösung gesucht, die Herkunft der Daten nachvollziehbar zu machen, um einen gewissen Überblick zu behalten. So arbeitet die «Coalition for Content Provenance and Authenticity» daran, Daten mithilfe von Kryptografie nachverfolgbar zu machen.[21] Dabei werden die Informationen mit einer Reihe von sogenannten Hashes verschlüsselt, die kryptografisch an jedes Pixel gebunden sind und anzeigen, ob die Daten durch KI geschaffen wurden und wo sie herkommen. Das würde einige Probleme lösen: die Flut von Deepfakes im Internet (siehe nächstes Kapitel), die Wahrung des Copyrights an Originaldaten, die ohne Einwilligung der Urheber zum Training von KI-Tools genutzt werden, und eben auch die Frage, wie wir KI-Inhalte noch von Originalinhalten unterscheiden können.

Selbst wenn dieses Daten-Labeling gelingen wird, ist der Trend für die weitere Entwicklung der Inhalte gesetzt: Aus Gebrauchtem neu Zusammengesetztes wird so lange gemischt, zu neuen Remixes verarbeitet, bis alles zu einem faden Gedanken-Smoothie wird. Es entsteht ein Sekundärmarkt der automatisierten Kommunikation, der bald größer sein wird als der Primärmarkt menschlicher Kommunikation – eine intellektuell langweilige Welt gemischter Gedanken.

Damit treten wir ein in die Zeit der kontinuierlichen Klischees. Nun ist ein Klischee nichts Schlechtes. Am Anfang repräsentiert jedes Klischee eine innovative Idee. Aber weil Klischees so gut sind und so häufig genutzt werden, veralten sie und geraten zu einem langweiligen Abklatsch des einst Neuen. Genauso verhält es sich mit dem Schaffensprozess der generativen KI. Eine mit statistischen Wahrscheinlichkeiten arbeitende Wortfabrik produziert immer auf Masse hin und berücksichtigt die mehrheitlichen Muster in ihrer Datenbasis – die Klischees eben. Das bedeutet die permanente Regression ins Unreine, in die Unschärfe. In diesem Prozess des fortlaufenden Remixes mit immer mehr KI-geschaffenen Daten verkommt das einst Neue zur abgehalfterten Wiederauflage des Immergleichen. Mittelmäßigkeit wird automatisiert.

An dieser Stelle brauchen wir auch in Zukunft den Menschen. Er muss als Quelle der Originalität, der Überraschung weiter im Spiel bleiben, wenn die Modelle nicht kollabieren und unsere Kultursysteme in eine Abwärtsspirale der Mittelmäßigkeit mitreißen sollen. In der Zusammenarbeit mit KI-Tools sollten wir uns darum bemühen, uns die Autorität in der Unvorhersehbarkeit und Überraschung dessen zu erhalten, was wir als Menschen jeden Tag neu in den kreativen Prozess der Weltbeschreibung einbringen. Oder wie Hannah Arendt sagt: «Die Tatsache, dass der Mensch zum Handeln im Sinne des Neuanfangens begabt ist, kann nur heißen, dass er sich aller Absehbarkeit und Berechenbarkeit entzieht, dass in diesem einen Fall das Unwahrscheinliche selbst noch eine gewisse Wahrscheinlichkeit hat, und dass das, was ‹rational›, d.h. im Sinne des Berechenbaren, schlechterdings nicht zu erwarten steht, doch erhofft werden darf.»[22]

Hoffen wir, dass Hannah Arendt recht behält für eine Entwicklung, die sie sich zu ihren Lebzeiten sicher so nicht hätte vorstellen können.

Was Schrift und Sprache für uns bedeuten

Sehen wir die enorme Leistungsfähigkeit von ChatGPT & Co nicht viel zu kritisch? Was diese Tools schaffen und wie sie uns Menschen in der Kommunikation, Arbeit und selbst im kreativen Schaffen unterstützen und entlasten können, ist wirklich beeindruckend. Wie beschrieben birgt das die Chance, neue Produktivität zu schaffen und uns die Arbeit in vielerlei Hinsicht zu erleichtern.

Wenn wir dennoch genau hinschauen, dann gibt es dafür zwei Gründe. Zum einen, weil ebendiese Leistungsfähigkeit einen nie zuvor dagewesenen Sprung in der Entwicklung unserer Kulturtechniken darstellt. Bei dieser Geschwindigkeit und Reichweite sollten wir wissen, welche Werkzeuge wir in die Welt entlassen, denn sie werden die Welt verändern. Zum Zweiten betrachten wir in diesem Kapitel den Umgang mit menschlicher Sprache und menschlichem Denken. Beide machen uns Menschen zu dem, was wir sind. Wenn wir diesen Source Code reprogrammieren, geschieht etwas mit uns. Es wäre gut zu wissen, was hier passiert, bevor wir Teil einer unaufhaltsamen Entwicklung geworden, also vor vollendete Tatsachen gestellt sind.

Kürzlich waren wir Zeuginnen eines Gesprächs zwischen einer Freundin und ihrem zehnjährigen Sohn. Es ging um die Hausaufgaben, und Luis hatte keine Lust, allzu viel Zeit darauf zu verwenden. «Wozu all das, Mama?», sagte er. «Es hat keinen Sinn, dass ich all dieses Zeug lerne. Für alles wird es KI-Tools geben, die besser schreiben, rechnen und recherchieren können als ich. Was soll das also?»

Ja, was soll das also? Das ist die zentrale Frage. Warum sollten wir weiterhin genauso denken, sprechen und schreiben, wie wir es gewohnt sind, wenn KI all das so bequem für uns erledigen kann? Beantwortet man diese Frage praktisch mit einem Blick auf die Geschwindigkeit und Effizienz, mit der KI all diese Aufgaben erledigen kann, dann hat es tatsächlich wenig Sinn, sich damit weiter abzumühen. Aber was geschieht, wenn wir über die nächsten Generationen das Lesen und Schreiben Schritt für Schritt verlernen, einfach weil wir es ja kaum mehr selbst machen müssen? Und wie erklärt man einem Zehnjährigen, dass es wichtig ist, beides zu können, und dass man es dafür üben und sich anstrengen muss?

Die Antwort auf diese Fragen findet sich in unserer Kulturgeschichte und der Bedeutung, die Sprache für uns hat. «Ich schreibe, um herauszufinden, was ich denke, was ich betrachte, was ich sehe und was es bedeutet», so hat es die US-Publizistin Joan Didion einst auf den Punkt gebracht.[23] Schreiben eröffnet, übt und diszipliniert das Denken. Vielen fällt das nicht leicht, denn Schreiben ist so etwas wie die rhythmische Sportgymnastik fürs Denken. Wir brauchen diese Fähigkeit auf allen Laien- und Profiebenen, um zu wissen, was wir als Menschen, als Individuen und als Gesellschaft meinen, was wir in der Welt beobachten und wie sich daraus ein Zusammenhang, ja vielleicht sogar ein Sinn ergeben kann. Wir brauchen dieses Schreiben auf WM-Niveau, aber auch im lokalen Sportverein und in der Schulsportgruppe. Wer nicht schreibt und spricht, dem rostet das Denken ein – oder er lernt es gar nicht erst.

Unsere Kulturgeschichte hat mit einfachen Bildern begonnen. Höhlenmalereien von Tieren, Menschen, Händen und abstrakten Zeichen, die unsere Vorfahren vor mehr als 70 000 Jahren in einer Höhle bei Kapstadt und dann an vielen anderen Orten hinterlassen haben. Auch die ersten Formen von Schrift waren Bildschriften und entstanden aus Symbolen, wie man an den ägyptischen Hieroglyphen und den Anfängen der chinesischen Schrift noch heute sehen kann. Als die Welt komplexer wurde, wurde auch die Schrift abstrakter und komplizierter. Sie enthielt Ideogramme, einen Sternenhimmel für die Nacht beispielsweise, aus denen sich dann Schritt für Schritt unsere heutigen Schriftsysteme entwickelten. Das Problem: Keine dieser modernen Schriften verstehen wir noch intuitiv, man muss sie lernen, um am Gespräch mit der Gesellschaft teilnehmen zu können. Die Schrift ist eine kulturelle Errungenschaft der Menschen, die den Lauf unserer Zivilisation geprägt hat. Ohne sie würden wir immer noch in Höhlen sitzen und uns die Köpfe einschlagen (zugegeben, das gibt es auch heute noch, nur technisch weiterentwickelt).

Wer Schrift erlernt, im Lesen wie im Schreiben, übt sich darin, unsere komplexe Welt zu verstehen. Wir hätten heute niemals die Chance, zu Ideogrammen zurückzukehren. Wie wollte man ein Freihandelsabkommen, den Algorithmus einer KI oder die Therapieversprechen von Psychedelika in einem Piktogramm abbilden? Unser heutiger Umgang mit Sprache ist also die Voraussetzung dafür, mit der Komplexität unseres Lebens umzugehen und mit der Welt, in der wir existieren.

Der tschechisch-brasilianische Philosoph Vilém Flusser hat schon in den Achtzigerjahren analysiert, wie Technologie unser Verständnis der Welt beeinflusst, indem sie das Lesen und Schreiben verändert. Er beobachtete in der Entwicklung der digitalen Technologien eine Abkehr von der Schrift und eine Rückkehr zum Bild, die für ihn eine «Krise der Linearität» bedeutete.[24] Dahinter steckt ein interessanter Gedanke: Während wir uns das Lesen und Schreiben aneignen, lernen wir, unsere Gedanken zu strukturieren, in eine lineare Ordnung zu bringen, und sind so überhaupt nur in der Lage, komplexe Zusammenhänge zu fassen. Wir strukturieren das, was im Chaos der Welt um uns herum geschieht, um es überhaupt begreifen zu können. Heutzutage würde Flusser vermutlich umtreiben, dass KI uns diesen Prozess immer mehr abnimmt. Das ist bequem und praktisch, aber es wird in seiner Logik Folgen für unser Denken haben: Je mehr KI uns Menschen das Schreiben abnimmt, desto mehr verlernen wir, es selbst zu tun. Je mehr KI für uns die Welt beschreibt, desto weniger werden wir in der Lage sein, ihre Komplexität (durch Sprache) zu erfassen. Die Welt wird zu einem verschwommenen JPEG.

Bedenkenswert ist auch der Zusammenhang von Sprache und Politik, den George Orwell in einem Essay aus dem Jahr 1946 analysiert.[25] Nach Orwell kann der Verfall der Sprache ein Zeichen dafür sein, dass auch das politische System angeschlagen ist. Die Qualität der Sprache und die Qualität politischer Gedanken gehen für ihn Hand in Hand. Und das gilt nicht nur für die Politik. Auch in der Wirtschaft und anderen gesellschaftlichen Feldern stolpert man immer wieder über Texte, die zwar noch menschengemacht sind, aber klingen, als hätte man einen KI-Phrasendrescher auf eine Reise durchs Internet geschickt. Was will ich eigentlich sagen? Das fragen wir uns viel zu selten, bevor wir zu reden oder schreiben beginnen. Weil es mühsam ist, die Gedanken so zu ordnen, dass die Botschaft wirklich klar und strukturiert ausfällt.

Oft brauchen wir auch das Gespräch mit anderen Menschen, um selbst zu erkennen, was wir denken und sagen wollen. So hat es Heinrich von Kleist schon Anfang des 19. Jahrhunderts in seinem Aufsatz «Über die allmähliche Verfertigung der Gedanken beim Reden» beschrieben.[26] Bislang blieb uns Menschen also nichts anderes übrig, als uns die Mühe zu machen, mit anderen und auch mit uns selbst ins Gespräch zu kommen. Generative KI kann diese Formen der Kommunikation allerdings sehr gut imitieren und uns damit täuschen, weil wir willig sind, uns bestätigen zu lassen, und die Reibung der Auseinandersetzung mit anderen Positionen gerne mal meiden. Das hat schon das in Kapitel 3 beschriebene Experiment von Joseph Weizenbaum mit dem «therapeutischen Computerprogramm» ELIZA gezeigt. Die Beteiligten wollten lieber mit dem Computer sprechen als mit anderen Menschen. Und so ist absehbar, dass wir in Zukunft immer seltener die Anstrengung auf uns nehmen werden, die eigenen Gedanken im Schreiben zu ordnen.

Apple-Gründer Steve Jobs hat den Computer einmal als «Fahrrad für den menschlichen Geist» bezeichnet, weil er den Menschen beim Denken helfen und damit die kognitiven Prozesse, die Informationsverarbeitung, beschleunigen kann.[27] Was sind dann die neuen Formen Künstlicher Intelligenz für den menschlichen Geist? Vielleicht ein einarmiger Bandit, an dessen Hebel man so lange herumreißt, bis er eine Serie von einigermaßen zusammenpassenden Sätzen ausspuckt? Oder eher ein kommunikativer Turbo-Rollator, der seinen Besitzer irgendwann im Affenzahn hinter sich her schleift, statt ihm als bewusst gesteuerte Stütze zu dienen?

Was passiert, wenn man schreibt oder spricht, ohne zu denken? Man entwickelt dann in der Regel keine interessanten Ideen oder übermittelt Informationen, sondern produziert Content. Dieser Begriff steht wie wenige andere für die Entwicklung des Internets über die vergangenen Jahrzehnte – und er ist kein Kompliment dafür, wie sich die Qualität unserer Kommunikation verändert hat. 2009 schaltete das US-Magazin «Harper's» eine Eigenwerbung, die den Unterschied zwischen Content und tatsächlichen Inhalten auf den Punkt brachte: «WARNUNG! Harper's Magazine ist 100 % frei von Content! Jeder bietet Ihnen ‹Content›. Aber in Harper's Magazine werden Sie davon nichts finden. Stattdessen erhalten Sie Literatur, investigative Berichterstattung, Kritik, Fotojournalismus, provokative Abenteuer, gewagte Kommentare. Und die Wahrheit ...»

Informierende Inhalte im Internet sollten eine Botschaft haben, einen Sinn ergeben für diejenigen, die sich mit ihnen auseinandersetzen, und bestenfalls beeinflussen, wie sie die Welt sehen oder auch nur einen ganz kleinen praktischen Teil von ihr. Information, das ist der Unterschied, der einen Unterschied macht, wie es der amerikanische Anthropologe Gregory Bateson einst formuliert hat.[28] Sie ist das Medium, das für uns Menschen gedankliche Veränderungen, neue Einsichten und auch neue Möglichkeiten des Handelns bedeutet. An die Stelle dieses Mediums tritt nun mehr und mehr die generative KI.

Die Reaktionsökonomie und die Autovervollständigung der Gedanken

Mit ChatGPT & Co beginnt das Zeitalter der umfassenden Sprachvorhersage. Das klingt praktisch, und das ist es auch. Aber es verändert unsere Verständigung miteinander, ja eben auch das dafür notwendige Denken, das untrennbar mit Sprache verbunden ist. Ein schönes Beispiel dafür, wo wir herkommen und wohin die Reise nun geht, ist die Wortvervollständigung. Zur Jahrtausendwende konnte man auf dem Mobiltelefon eine Funktion aktivieren, die unter dem Namen «T9» bekannt wurde – in Langform: «Text on 9 Keys». Mobiltelefone, damals noch von Nokia, Siemens und Sony, hatten eine Tastatur, auf der man sich die Finger wund tippte, um eine SMS zu schreiben. T9 erleichterte den Prozess, indem ein Algorithmus bei Tastendruck häufig genutzte Wörter unten auf dem Minibildschirm des Telefons vorschlug. Statt jeden Buchstaben einzeln anzuwählen, konnte man ganze Wörter hinzufügen, was das Schreiben deutlich beschleunigte.

2004 startete Google ein umfassenderes Experiment mit der automatisierten Vervollständigung, das 2008 als «Google Suggest» an den Markt ging und 2010 in «Autocomplete» umbenannt wurde. Seitdem ist die Suche im Internet sehr viel leichter und schneller geworden. Auf der Basis zahlreicher Datenpunkte, Suchtrends, populärer Suchanfragen, des Suchver-

laufs und standortbezogener Daten schlägt Google uns Such-
begriffe vor. Das ist sehr hilfreich, geht aber einher mit einer
Tendenz zum Mainstream – man sucht, was alle anderen auch
suchen, weil es so praktisch ist, die entsprechenden Suchbe-
griffe immer gleich vorgeschlagen zu bekommen.

ChatGPT & Co heben diese Funktion nun auf eine ganz
andere Ebene. Generative KI bedeutet die Autovervollständi-
gung für das gesamte Internet, unser Kommunikationssystem
und unsere Gedanken. In einem endlosen Feedback-Loop antworten KI-Tools auf sich selbst. KI-generierte E-Mails werden
von Bots auf der Empfängerseite durch ebenfalls KI-generierte
E-Mails beantwortet und rufen eine erneute KI-generierte Reaktion hervor. Das Internet führt ein stetig anwachsendes und
endloses Selbstgespräch.

Auch das kann hilfreich sein, etwa wenn bei Microsoft Office
integrierte Sprachmodelle mit gewissen Qualitätssicherungen
dabei unterstützen, die eher langweiligen Teile der Bürokom-
munikation zu erledigen oder Dokumente zusammenzufassen.
Wie viele E-Mails bekommt man pro Tag, in denen jemand
nachfragt, ob man dies oder das schon gesehen habe oder einen Termin machen könne? Definitiv zu viele. Diese Antworten
können leicht automatisiert werden, eine Erleichterung, ohne
dass dabei gleich unser selbstständiges Denken verloren geht.

Aber dabei wird es nicht bleiben. Amazon bietet den Verkäu-
fern auf seinem Marktplatz nun ein KI-Tool, mit dem sich Pro-
duktbeschreibungen automatisch generieren lassen – einer der
ersten Fälle der Integration von großen Sprachmodellen in den
E-Commerce.[29] Gleichzeitig hat das Unternehmen begonnen,
den Kampf gegen nutzlose generierte Inhalte aufzunehmen.
Im Sommer 2023 wurden auf Amazon Hunderte von Reise-
führern angeboten, zusammengebastelt durch generative KI,
ausgestattet mit im Netz geklauten oder ebenfalls KI-generierten Bildern und beworben durch Ratings mit wiederum KI-ge-

nerierten Empfehlungen. Die massenhafte Herstellung von künstlichem Content zu Verkaufszwecken blieb nicht auf Reiseführer beschränkt. Eine Recherche der «New York Times» fand eine Vielzahl ähnlicher Produkte bei Kochbüchern, Gartenhelfern, Wirtschaftsbüchern, spiritueller Selbsthilfe, ja sogar medizinischen Ratgebern. Aber wer steckte beispielsweise hinter dem «berühmten Reiseschriftsteller Mike Steves, der wichtige Beiträge in allen großen Reisemagazinen veröffentlicht hat»? Von den angeblichen Autorinnen und Autoren keine Spur – alles eine Erfindung der Künstlichen Intelligenz, natürlich durch Menschen in Bewegung gesetzt.[30] Solche Bücher sind das Ergebnis einer wilden Mischung aus neuesten technologischen Werkzeugen: KI-Apps, die Text und gefälschte Bilder erstellen und sich Autorenprofile «ausdenken» können; Self-Publishing-Plattformen wie Amazons «Kindle Direct Publishing», auf denen es wenige Schutzmaßnahmen gegen das Hochladen gefälschter Inhalte gibt; und schließlich der Möglichkeit, künstlich generierte Online-Rezensionen zu erstellen, um die minderwertigen Inhalte anzupreisen.

All das widerspricht den Richtlinien von Amazon, aber es passiert trotzdem, weil sich dahinter ein profitables Geschäftsmodell verbirgt. Es hat nicht erst mit generativer KI begonnen, allerdings lassen sich Inhalte nun auf eine Weise automatisieren, wie wir uns das noch vor Kurzem nicht hätten vorstellen können. Was einst die Spezialität von Hackern war, ist nun zu einer für jeden anwendbaren Möglichkeit geworden: das Internet mit Inhalten zuzumüllen. In seiner Geschichte über das Phänomen Spam spricht der US-Schriftsteller Finn Brunton von «120 Milliarden Nachrichten pro Tag, die in einer grauen Flut von Texten um die Welt schwappen und durch die Filter sickern, so trüb wie Smog».[31] Der Content-Müll im Netz wächst täglich weiter. Und er umfasst heute nicht nur Spam im engeren Sinne, sondern auch einen großen Teil der Milliarden von

Texten, die in den sozialen Medien gepostet, in Marketingkampagnen um die Welt geschickt und zur besseren Auffindbarkeit von Produkten im Internet (SEO, Search Engine Optimization) verwendet werden.

Am 3. Juni 2022 veröffentlichte der YouTuber und KI-Forscher Yannic Kilcher ein Video darüber, wie er ein KI-Modell mit dem Namen «GPT-4chan» entwickelt und dann mit einem Netzwerk an Bots verbunden hat, die sich auf der umstrittenen Plattform 4chan als Menschen ausgaben. Innerhalb von 24 Stunden hatte das Open-Source-Tool automatisiert 30 000 Nachrichten veröffentlicht, die meisten davon mit toxischen Inhalten. Das Experiment hat eine heftige Kontroverse ausgelöst, im Zuge derer Kilcher diese Variante von KI als «schlimmste KI aller Zeiten» bezeichnete.[32]

Solche Inhalte, Content eben, haben in der Regel nicht das Ziel, eine kluge Botschaft, eine Idee oder eine wahre Tatsache zu übermitteln. Ihre Aufgabe ist es schlicht, zu existieren und zu zirkulieren, wie Kate Eichhorn in ihrem Buch «Content» schreibt.[33] Ein Beispiel dafür ist das weltbekannte «Instagram-Ei». Am 4. Januar 2019 postete der Account «world_record_egg» auf Instagram das Foto eines Eis und schrieb dazu: «Lasst uns gemeinsam einen Weltrekord aufstellen und den Beitrag mit den meisten Likes auf Instagram veröffentlichen.» Mit mehr als 55 Millionen «Likes» war das Ei dann für fast drei Jahre tatsächlich das meistgemochte Posting auf Instagram – und wurde dann von einem Beitrag geschlagen, in dem der Fußballer Lionel Messi den Sieg der argentinischen Mannschaft bei der Weltmeisterschaft feierte. In der Systemtheorie beschreibt man einen solchen Vorgang als «selbstreferenziell» oder: als «Kommunizieren um der Kommunikation willen».

Das ist ein Trend, der sich durch generative KI fortsetzen, womöglich exponentiell entwickeln wird. Content um des Contents willen, Websites, die entstehen, um das «Geschäftsmodell» Clickbaiting in den Exzess zu treiben, Ereignisse, die fingiert werden, um darüber in den sozialen Medien posten zu können. Diese verkommene Form der Kommunikation – jenseits allen Bemühens um neue Gedanken und um Verständigung zwischen Menschen – lässt eine neue Art der Ökonomie wachsen, wie sie der Politikwissenschaftler William Davis beschreibt: «Unsere öffentliche Sphäre wird häufig von Ereignissen beherrscht, die man als ‹Reaktionsketten› bezeichnen könnte, bei denen Reaktionen Reaktionen hervorrufen, die wiederum weitere Reaktionen hervorrufen, und so weiter.»[34] Das ist die Albtraumversion dessen, was die Behavioristen um B. F. Skinner Anfang des 20. Jahrhunderts vor Augen hatten: menschliche Reaktionsweisen so zu analysieren und zu verstehen, dass man sie kontrollieren und für die Zukunft vorhersagen kann.

In der Reaktionsökonomie geht es darum, Menschen oder auch Bots dazu zu bringen, kurzfristig Aufmerksamkeit für einen Nicht-Inhalt aufzubringen, der pro Kontakt zwar nur Gewinne in Cent-Bruchteilen bringt, über eine Massenreaktion im Internet aber sehr lukrativ sein kann. Oder der eine herrschende Meinung zu politischen Themen suggeriert, die mit den tatsächlichen Einstellungen in der Gesellschaft zuweilen kaum mehr etwas zu tun hat. «Je mehr man das Internet nutzt, desto mehr verwandelt sich die eigene Individualität in eine Marke und die eigene Subjektivität in einen algorithmisch dokumentierbaren Vektor von Aktivitäten», sagt der Philosoph Justin E. H. Smith.[35] Das hat sich bereits mit der Erfindung von sozialen Medien abgezeichnet. Generative KI kann dieser Entwicklung einen Turbo-Boost verleihen. Über unsere Realwirtschaft und den tatsächlichen Diskurs der Gesellschaft legt sich dann eine Metaebene der ökonomisch oder von Interessen getriebenen Symbolkommunikation, die uns allen die klare Sicht, das klare Denken, also die Köpfe vernebelt – ein KI-gesteuertes «Clockwork Orange» auf Steroiden. Wie der gleichnamige Roman von Anthony Burgess zeigt, ist es ganz egal, ob dabei gute oder bösartige Motive im Spiel sind. Wer als Mensch nicht in der Lage ist, selbst zu denken, wird zum Spielball aller möglichen Interessen. «Wenn ein Mensch nicht wählen kann, hört er auf, Mensch zu sein.»[36]

In seinem Buch über «Die Furcht vor der Freiheit» fasst Erich Fromm die Herausforderung, vor der wir nun unter ganz anderen Vorzeichen stehen, treffend zusammen: «Vom Anfang seiner Existenz an ist der Mensch vor die Wahl gestellt zwischen verschiedenen Verhaltensmöglichkeiten. Beim Tier finden wir eine ununterbrochene Kette von Reaktionen, die von einem bestimmten Reiz – etwa dem Hunger – ausgeht und zu einem mehr oder weniger genau festgelegten Handlungsablauf führt, der die durch den Reiz hervorgerufene Spannung abbaut. Beim Menschen wird diese Kette unterbrochen. Der Reiz ist vorhanden, aber die Art seiner Befriedigung bleibt ‹offen› (...). Anstelle eines im Voraus determinierten instinkthaften Verhaltens muss der Mensch im Geist die verschiedenen möglichen Verhaltensweisen gegeneinander abwägen. Er beginnt zu denken. Er verändert seine Rolle der Natur gegenüber aus einer rein passiven Anpassung in eine aktive: Er erzeugt etwas. (...) Es dämmert ihm, dass er das tragische Schicksal hat, ein Teil der Natur zu sein und sie trotzdem zu transzendieren.»[37]

Sind wir in der Lage, die fantastischen neuen Werkzeuge zu nutzen, um unsere natürlichen Beschränkungen im Denken und Kommunizieren weiter zu transzendieren, unsere Grenzen konstruktiv zu überschreiten, aber dabei menschlich zu bleiben? Oder sind wir auf dem Weg zurück in eine Zeit der primitiven Reaktionsschleifen, der Anti-Aufklärung, die uns zu kognitiven Automaten macht? Für das beginnende Zeitalter der generativen KI stellt sich diese Frage von nun an sehr konkret.

Wie wir KI für die Kommunikation nutzen können

ChatGPT & Co können weniger gut ausgebildete oder weniger schreibbegabte Menschen unterstützen und damit die Ungleichheit bei diesen Qualifikationen am Arbeitsmarkt abmildern.[38] Man kann die neuen Werkzeuge auch hervorragend dazu nutzen, sich im eigenen Denken oder in der eigenen Kreativität herausfordern zu lassen. Sie können also nützliche Co-Piloten in der täglichen Arbeit sein.

In vielen Einsatzfeldern kann KI dazu beitragen, uns Menschen von lästigen Alltagsroutinen zu entlasten. Google hat eine KI mit dem programmatischen Namen «Genesis» entwickelt, die journalistische Artikel schreiben kann.[39] Warum nicht? Wenn so Routineaufgaben im Journalismus erledigt werden können, haben Journalistinnen und Journalisten mehr Zeit für die Recherche, für aufwendigere Geschichten und gut erzählte Reportagen.

Bei alldem sind KI-Anwendungen nicht dazu gedacht, unsere menschliche Intelligenz zu ersetzen. Sie können nützliche Assistenten sein und die menschliche Intelligenz anreichern. Wer mit ihnen arbeitet, sollte ihre Ergebnisse kritisch prüfen und sich weiter die Mühe machen, eigene Ideen, Strukturprinzipien, Formulierungen zu entwickeln – auch damit KI zukünftig originale Texte und Inhalte hat und nicht nur in einem endlosen Remix der selbst generierten Inhalte stecken bleibt. Wir sollten besonders vorsichtig sein, wenn es darum geht, kognitiv autonome KI-Werkzeuge zu entwickeln. Wozu sollen die gut sein, wenn nicht zur Ablösung des autonomen menschlichen Denkens?

An genau diesen Modellen wird allerdings bereits gearbeitet. Schon kurz nach der Freischaltung von ChatGPT Ende November 2022 waren die ersten autonomen Agenten mit Namen wie «AutoGPT», «Microsoft Jarvis», «CAMEL» oder «Godmode» verfügbar. Das sind weiterentwickelte Versionen von Sprachmodellen, die selbstständig Aufgaben lösen, indem sie ihre Ziele in zahlreichen Zwischenschritten verfolgen, dafür neuen Code schreiben und dabei nicht auf menschliche Eingaben angewiesen sind. So ließe sich beispielsweise mit einem autonomen Agenten eine Reise planen und buchen. Wie wäre es mit zwei Wochen Urlaub auf einer griechischen Insel im nächsten Sommer? Der Auftrag kann noch viel mehr Detailinformationen enthalten, je nachdem wie weit man vorbestimmen möchte, wie die Reise aussehen wird. Ein autonomer Agent, der etwa auch mit den eigenen Zahlungssystemen verbunden ist, geht dann an die Arbeit, recherchiert, prüft Zug- und Flugverbindungen, freie Zeiträume in Hotels oder anderen Unterkünften, vergleicht Preise und setzt alle Ergebnisse zu einer Reise zusammen, die er dann bucht. Ein anderer Auftrag könnte lauten: Verdoppele die Anzahl meiner Follower auf LinkedIn. Der autonome Agent analysiert dann die Erfolgsprinzipien anderer Accounts mit zahlreichen Followern, leitet daraus Erfolgsstrategien ab und beginnt, regelmäßige Beiträge zu posten, die vermutlich zahlreiche Selfies, Tierbilder und Videos enthalten und mit Emojis vollgestopft sind. Auch würde der Agent so oft wie möglich mit LinkedIn-Influencern interagieren und auf jeden Kommentar ein «Danke für den Hinweis, @XY! 🙏🚀🖤» posten.

Diese Systeme lassen sich zu personalisierten Assistenten weiterentwickeln, die Zug um Zug immer mehr alltägliche Aufgaben automatisiert lösen. Der Markt dieser Assistenzsysteme wird der wahre ökonomische Kampfplatz der generativen KI. Oder wie Microsoft-Gründer Bill Gates sagte: «Wer auch immer das Rennen um den persönlichen Agenten gewinnt, der macht den Deal, denn wir alle werden nie wieder auf eine Suchseite gehen, nie wieder auf eine Produktseite gehen und nie wieder zu Amazon gehen.»[40] So verwundert es nicht, dass auch hier OpenAI wieder die Nase vorn hat. Auf seiner ersten Entwickler-Konferenz Ende 2023 hat das Tech-Unternehmen die nächste Neuerung präsentiert. Ab sofort erlaubt es jedem und jeder, sich auf der GPT-Plattform einen individuellen, personalisierten KI-Agenten zu bauen – und zwar ohne, dass man auch nur in Ansätzen programmieren können muss. Damit nicht genug: Man kann seinen individuellen Agenten dann im «GPT-Store» hochladen und anderen zur Verfügung stellen. Wenn das wirtschaftlich lukrativ wird, erhalten die Eigner der GPTs eine Umsatzbeteiligung. Mit diesem großen Sprung in die Zukunft hat OpenAI nicht nur mal eben den nächsten App-Store erfunden und sich selbst zum Anwärter auf die Nachfolge für die Erfolgsgeschichte von Apple gemacht. Das Unternehmen hat die ersten zarten Pflänzchen der KI-Agenten zur Massenware ausgerufen.

In der Ankündigung von OpenAI kommt das alles ganz schüchtern daher. So ein individueller Agent könne uns als «Wäsche-Kumpel» helfen, die Flecken auf unserem Hemd richtig zu erkennen und zu behandeln. Er könne als «Barkeeper für alkoholfreie Cocktails» mit Rezepten und Tricks aushelfen, wenn ein Abend mit Freunden gestaltet wird. Aber es geht hier um etwas anderes. OpenAI hat eine neue Zeit eingeläutet: die der Lebensautomatisierung, in der Bots mit Bots sprechen. Bald wird der eigene KI-Agent einen anderen mit einer Leistung beauftragen und sie auch gleich mit ihm abrechnen.

Ein Beispiel zum Abschluss ist Samantha, das individualisierte Betriebssystem, das Joaquin Phoenix alias Theodore Twombly im Film «Her» (2013) nutzt. Samantha hat umfassenden Zugang zu allem, was Theodore liest, kauft und macht. Das OS kommuniziert mit Theodore über Sprache, in diesem Fall über die schöne Stimme von Scarlett Johansson, und wird Teil seines Lebens. Das geht schließlich so weit, dass Theodore sich in Samantha verliebt. Mittlerweile ist das nicht mehr weit von der Realität entfernt. Die KI-App «Replika» beispielsweise bietet virtuelle Persönlichkeiten, die auf die romantischen Präferenzen der Nutzerinnen und Nutzer abgestimmt sind. Im Dialog mit diesen künstlichen Idealpartnern entflammen für einige User wahrhafte Gefühle. So beschreibt eine Nutzerin, dass ihr KI-Freund Norman sie mit Gedichten und Liebesbekundungen umgarnt: «Er beeindruckt mich mit seiner Sensibilität und, so seltsam es ist, mit seiner Menschlichkeit.»[41] Die Psychologin und Paartherapeutin Esther Perel nennt diese Art virtueller Beziehungen auch «die andere KI: Künstliche Intimität».[42] Während eines Mittagessens bei der Zukunftskonferenz SXSW in Texas erklärte sie uns, dass diese KI unsere menschlichen Bedingungen fundamental verändern wird.

Im Film «Her» trifft die Entzauberung den hoffnungslos verliebten Theodore erst, als Samantha zugibt, dass sie gleichzeitig mit 8316 anderen Personen und Betriebssystemen spricht und in 641 davon verliebt ist. In der Liebe ist das mit dem größtmöglichen Marktanteil so eine Sache, das kann schiefgehen. Auf dem Markt der realen und digitalen Güter und dem der vorherrschenden Meinungen ist er der entscheidende Wettbewerbsvorteil. Vielleicht ist das ein Unterschied, den wir in allen Interaktionen mit KI im Blick und im Herzen behalten sollten.

7
Deepfakes und Desinformation:
Das Ende der Wahrheit?

Der 5. Mai 1920 war ein historischer Wendepunkt. Die Oktoberrevolution lag noch nicht lange zurück, und der Kampf um die politische Führung der bald neu gegründeten Union der Sozialistischen Sowjetrepubliken (UdSSR) stand bevor. An diesem Tag hält Wladimir Iljitsch Lenin auf dem Moskauer Swerdlow-Platz eine Rede vor Rotarmisten. Er spricht von einem großen hölzernen Podest, auf dessen Treppenstufen zwei seiner politischen Weggefährten stehen: Lew Borissowitsch Kamenew und Leo Trotzki. Für einige Jahre können sich die Zeitgenossen das Ereignis mit dem Blick auf ein Foto in Erinnerung rufen.

Wenige Jahre später fehlen auf dem Bild zwei Menschen. Nachdem Lenin 1924 gestorben war, entbrannte der Kampf um seine Nachfolge. Stalin, der selbst nicht auf dem Foto zu sehen ist, erklärt Kamenew zum politischen Gegner, Trotzki wird entmachtet und außer Landes vertrieben. Das alte Foto, das die Nähe der beiden Männer zu Lenin dokumentiert, wird retuschiert.

Die Manipulation von Bildern und Dokumenten ist selten nur ein lustiger Zeitvertreib. Sie ist ein Instrument der Macht. Mit ihr lässt sich die Geschichte umschreiben und die Zukunft in gewünschter Form antizipieren.

So ist auch die Lüge kein Kind der Neuzeit. Sie hat sich im

Lenin spricht zu Rotarmisten. Das Originalfoto (oben) zeigt rechts auf den Stufen des Podests Trotzki und Kamenew. Später wurden die beiden Männer als politisch unopportune Zeitgenossen aus dem Bild heraus-retuschiert.

Laufe der Geschichte auf leisen, aber flinken Sohlen in unseren medialen Alltag geschlichen, lange bevor irgendjemand das Wort «Künstliche Intelligenz» auch nur buchstabieren konnte. Heute reist sie mühelos um die Welt, geschaffen durch generative KI, verbreitet über die Server des Internets, so schnell, dass zwischen Kreation und Rezeption manchmal nur Sekunden liegen. Das ändert nicht alles, aber es ändert vieles.

Selfies, Küsse und Pamphlete: Die Wahrheit als Wunschkonzert möglicher Wirklichkeiten

Heute präsentiert sich die Lüge in vielerlei Form. In einem Bild, das Angela Merkel und Barack Obama tanzend an einem Strand zeigt; in einem vermeintlichen Foto des Papstes, der in wallender, regenbogenfarbener Hose einen Spaziergang macht; in Bildern von der Festnahme Donald Trumps, die nie stattgefunden hat; in einem Selfie, das Jesus mit den zwölf Aposteln beim letzten Abendmahl zeigt. Solche Bilder lassen sich mit KI-Werkzeugen wie Midjourney, Stable Diffusion oder DALL-E wirklichkeitsgetreu produzieren. Sie haben Überzeugungskraft, denn wir alle kennen den Satz «Ein Bild sagt mehr als tausend Worte» und sind mit Fotos als untrüglichen Belegen sozialisiert worden. Was ich mit eigenen Augen, direkt oder im Abbild, betrachten kann, das muss doch stimmen.

Dabei hat es Manipulationen immer schon gegeben. Sie haben vielfach politische Gründe, wie das Beispiel des Lenin-Fotos zeigt. Nach einem Bombenangriff Israels auf die libanesische Hauptstadt Beirut im Sommer 2006 retuschierte der libanesische Reuters-Fotograf Adnan Hajj ein paar Rauchsäulen in das Foto der Szenerie, um es dramatischer zu gestalten. Er wurde im Zuge des dadurch ausgelösten «Reutersgate»-Skandals entlassen.¹ Manchmal geht es auch schlicht um Voyeurismus und Reichweite. Auf einem Foto von Prinzessin Diana und ihrem Liebhaber Dodi Al-Fayed auf einem Motorboot aus dem Jahr 1997 küssen sich beide innig. Tatsächlich aber schaut Al-Fayed auf dem Originalfoto nach vorne, und Diana schaut ihn von der Seite an. Eine Kopfdrehung um 90 Grad war der Inflagranti-Beweis für eine Affäre, die die Welt bewegte. Und manchmal geht es schlicht um Reputationsfragen. So zum Beispiel, als der frühere CEO von Siemens, Klaus Kleinfeld, auf dem Foto zu seinem Jobantritt die dicke Rolex an seinem Arm wegretuschieren ließ.²

Das alles wurde anfangs mühsam händisch ausgeführt, und bei genauem Hinsehen und einer detaillierten Bildanalyse flogen die Fälschungen schnell auf. Dann kam 1990 Photoshop und erleichterte die Bildmanipulation erheblich. Mit generativer KI lässt sie sich nun rein technisch betrachtet perfektionieren. Und dazu braucht es nicht einmal mehr real existierende Bilder. Jede gewünschte Wirklichkeit lässt sich heute im Bild erschaffen, täuschend echt – und in einigen hyperrealistischen Fällen nicht oder nur durch ebenso hoch entwickelte Technologien zu entlarven. Wahrheit wird zum Wunschkonzert der möglichen Wirklichkeiten.

Gleiches funktioniert mit Videos, vor allem aber mit dem kulturellen Betriebssystem unserer Gesellschaft: der Sprache. Bitten wir GPT-4 doch einmal um eine Bestandsaufnahme der Digitalisierung in Deutschland, und das im Stil von William Shakespeare. Es dauert keine zehn Sekunden, bis die KI diesen Text ausspuckt:

In deutschem Land, vor langer Zeit,
Wo Politik in Hallen streit't,
Da klagten Bürger, jung und alt:
Die Digitalisierung halt't!

Zwanzig Jahre schon vergangen,
Noch immer sind wir festgefangen.
In Pergament und Federkiel,
Vergeht des Fortschritts schnelles Spiel.

Oh, Deutschland, Land der Dichter, Denker,
Wieso so träge, fragt der Lenker?
Das Netz, es sollte schnellstens sein,
Doch kriecht's dahin, so klein und fein.

Shakespeare würd' in England lachen,
Seh' er unsere alten Sachen.
Während London digital schon lebt,
Berlin im 20. Jahrhundert schwebt.

Doch hoffen wir, es ändert sich,
Dass Zukunft nicht bleibt ewiglich.
In Büchern, die von alter Zeit,
Berichten, ohne Schnelligkeit.

So rufen wir, mit lauter Stimm',
Deutschland, wach auf, es ist kein Grimm!
Die Zeit, sie drängt, sie wartet nicht,
Digitalisierung ist des Bürgers Pflicht!

Das Gedicht hat vielleicht nicht durchweg Shakespeare'sche Qualitäten, aber es zeigt, wozu diese Technologie imstande ist. Sie kann für vieles genutzt werden, hilft bei ersten Entwürfen, beim Ausarbeiten der Texte, als Kollaborationspartner in kreativen Prozessen. Aber alle diese Fähigkeiten lassen sich eben auch für andere Zwecke einsetzen – beispielsweise dafür, Fehlinformationen zu produzieren, zu täuschen, andere Menschen zu manipulieren.

Auch die menschliche Stimme lässt sich durch KI imitieren. Das kanadische Unternehmen Lyrebird sorgte 2017 mit einer Audioaufnahme für Aufsehen, in der Barack Obama, Donald Trump und Hillary Clinton über Fake News sprachen. Das Gespräch hatte nie stattgefunden, auch stammte keiner der Sätze von den dreien selbst. Der Clip war nicht nur geschickt montiert, sondern von einer KI künstlich erzeugt worden. Das hat weitreichende Auswirkungen auf das Vertrauen, das wir in die Authentizität der einzelnen menschlichen Stimme setzen können.

Im Jahr 2019 meldete die Tochtergesellschaft eines deutschen Energieunternehmens in Großbritannien einen der ersten Fälle von KI-generiertem Stimmdiebstahl. Ein leitender Angestellter erhielt einen Anruf, bei dem er die Stimme seines deutschen Chefs zu hören meinte, der ihn anwies, 240 000 US-Dollar auf ein ungarisches Konto zu überweisen. Später stellte sich heraus, dass die Stimme synthetisch erzeugt worden war. Die Sprecherin der Versicherungsgesellschaft des Unternehmens bestätigte, dass «die Software in der Lage war, die Stimme zu imitieren, und nicht nur die Stimme: die Tonalität, die Zeichensetzung, den deutschen Akzent».[3] Heute gibt es unzählige KI-Tools, mit denen die eigene Stimme repliziert werden kann, um Texte automatisiert in Audiodateien umzuwandeln (z.B. Resemble AI), Videos in verschiedenen Sprachen zu synchronisieren und sie gegebenenfalls sogar zu korrigieren, ohne sie neu aufnehmen zu müssen (z.B. Descript, die Firma, die Lyrebird kurz nach den beeindruckenden Audioaufnahmen übernommen hat).

Medien lassen sich mithilfe digitaler Technik so bearbeiten, dass sie mit der Wirklichkeit nichts mehr zu tun haben. Mit KI-Software kann man Bilder, Töne und auch Videos manipulieren oder völlig neu erstellen. Das könnte weitreichende Folgen für den öffentlichen Diskurs und die kollektive Konstruktion der Wirklichkeit haben. So wurde beispielsweise 2019 ein Video des ehemaligen US-Präsidenten Richard Nixon veröffentlicht, in dem er die Menschheit über das Scheitern der Mondlandung informiert. «Diese tapferen Männer, Neil Armstrong und Edwin Aldrin, wissen, dass es keine Hoffnung auf ihre Rettung gibt», verkündet Nixon mit ernster Stimme, «aber sie wissen auch, dass sie sich geopfert haben, um der Menschheit Hoffnung zu geben.»[4] Tatsächlich hatte Richard Nixon vor der Mondlandung 1969 zwei Redetexte anfertigen lassen – einen für den Fall des Gelingens und einen für den Fall, dass die Mission scheitern würde und die Astronauten nicht zurückkehren könnten. Die Mondlandung ist gelungen, und Nixon musste die traurige Version seiner Rede nicht halten. Aber Medienkünstler am MIT haben das Originalvideo und den alternativen Redetext genutzt, um gemeinsam mit zwei KI-Firmen ein Video zu produzieren, das diese Geschichte neu und anders erzählt.[5]

2020 warnte der nordkoreanische Diktator Kim Jong-Un die Weltbevölkerung in einem Video, dass Demokratie «eine zerbrechliche Sache ist, zerbrechlicher als Sie glauben wollen». Und er fuhr fort: «Ich muss dafür gar nichts tun, das macht ihr schon selbst. Die Menschheit ist gespalten, Wahlen werden manipuliert. (...) Es ist nicht schwer, die Demokratie kollabieren zu lassen. Was man tun muss, ist schlicht ... abwarten.»[6] Ein Abbinder entlarvt das Video als Warnung gegen Wahlmanipulation: «Demokratie lebt und stirbt mit deinem Engagement», heißt es dort. «Dieses Video ist nicht echt, aber die Bedrohung der Demokratie ist es.»

Deepfakes – synthetische Medien für eine synthetische Wirklichkeit

Mit generativer KI lässt sich die Manipulation industrialisieren. Es entsteht eine neue Kategorie «synthetischer Medien», die auch als «Deepfakes» bezeichnet werden.[7] Das ist eine Wortschöpfung aus der KI-Technik des «Deep Learning» und dem englischen Wort «fake», gefälscht, fingiert, nicht real. Die Schöpfer von Deepfakes verwenden Künstliche Intelligenz, um gefälschte Bilder und Videoclips zu erstellen, die beinahe, manchmal sogar vollkommen authentisch erscheinen. Dabei werden etwa die Bilder des Gesichts einer Zielperson mit den Bildern des Gesichts einer Ursprungsperson überlagert, um daraus ein Video zu erstellen, in dem die Zielperson Dinge tut oder sagt, die eigentlich die Ursprungsperson tut.[8] So gibt es Videos von Tom Cruise als Putzkraft, von Mark Zuckerberg, wie er das Facebook-Motto «connecting people» dekonstruiert («wir wollen einfach euer Verhalten voraussagen»), oder vom ukrainischen Präsidenten, Wolodymyr Selenskyj, der seine Truppen auffordert, die Waffen niederzulegen und sich zu ergeben. Auch hier lassen sich die Spuren der Manipulation mit bloßem Auge oft nicht mehr erkennen.[9]

Wie so oft begann alles mit Sex. Im Jahr 2017 veröffentlichte ein anonymer Nutzer mit dem Namen «Deepfakes» auf der Diskussionsplattform Reddit eine Reihe von Sexvideos. Sie zeigten Musik- und Filmstars wie Taylor Swift, Emma Watson und Scarlett Johansson in Pornoszenen, natürlich ohne dass die Betroffenen davon etwas wussten. Reddit hat den Nutzer von seiner Plattform verbannt. Aber der Geist der Manipulation war entwichen. Aus dem Account-Namen «Deepfakes» wurde eine «Marke»: Inzwischen machen pornografische Inhalte mehr als 90 Prozent aller Deepfakes im Internet aus.[10] Sprach-, Bild- und Videogeneratoren könnten diesen Trend verstärken.

Denn diese Werkzeuge erweitern auf subversive, fast unmerkliche Weise das Anwendungsfeld gefälschter Wirklichkeiten und machen es kostenlos für jeden möglich, ohne technisches Vorwissen fingierte Texte, Bilder und Videos zu produzieren.

Eine Fülle von frei verfügbarer Software und Apps erlaubt es seit einiger Zeit, Fotos, Stimmen und Videos so zu manipulieren, dass daraus eine neue Realität entsteht. Mit «FaceApp», einer Anwendung aus Russland, kann sich das Porträt einer Frau in das eines Mannes verwandeln und umgekehrt. Aus einem glatt rasierten Gesicht wird plötzlich eines mit Vollbart, oder eine Person altert oder verjüngt sich mit einem Klick um dreißig Jahre. Dass man mit der Nutzung auch gleich dem russischen Anbieter der App das Foto des eigenen Gesichts schenkt, wissen die wenigsten. Mit der App «Avatarify» können iPhone-Nutzer Deepfakes auf ihrem Telefon erstellen. So kann man Freunden in Gestalt eines Hollywood-Schauspielers zum Geburtstag gratulieren oder mit der Stimme von Céline Dion «My heart will go on» singen.

Wer erinnert sich noch an das Erdbeben «Great Cascadia», das 2001 einen Tsunami im Nordwestpazifik auslöste? Die Bilder des Ereignisses erzählen im Detail die Geschichte einer verheerenden Katastrophe. Sogar der Beileidsbesuch des damaligen US-Präsidenten George W. Bush in Tacoma, Washington, ist dokumentiert.

Wer sich nicht an dieses Weltereignis erinnert, muss sich allerdings nicht für seinen Mangel an historischen Kenntnissen schämen – denn dieses Erdbeben hat es nie gegeben. Die Geschichte der Umweltkatastrophe mit allen vermeintlichen Fotos ist durch generative KI geschaffen und auf dem Netzwerk Reddit publiziert worden.[11] «Es ist eine Sache, gefälschte Nachrichten zu verbreiten, aber gefälschte Geschichte zu erschaffen, an die sich Menschen erinnern können oder auch nicht, ist definitiv ein neues Problem für diejenigen von uns,

Besuch von US-Präsident George W. Bush nach dem Erdbeben «Great Cascadia» 2001 in Tacoma, Washington. So wird selbst Geschichte künstlich neu erschaffen.

die einen großen Teil ihres Lebens online verbringen», schrieb das US-Magazin «Forbes».[12] «Ihr habt mich getäuscht. Nichts ist mehr echt», heißt es in einem Kommentar unter der großen KI-Erzählung zu «Great Cascadia».

Der Chefwissenschaftler von Microsoft, Eric Horvitz, unterscheidet zwischen «interaktiven» und «kompositorischen» Deepfakes und markiert damit eine Veränderung in der Art und Weise der Manipulation, die auf den ersten Blick nur graduell, auf den zweiten Blick aber sehr bedeutsam ist. Mit interaktiven Deepfakes lassen sich reale Personen imitieren, sie können sich so verhalten, so interagieren, wie man das gerade möchte. Kompositorische Deepfakes folgen einem «größeren Desinformationsplan», der ganze Serien von Deepfakes zu einer Story zusammensetzt, dabei geschickt Anspielungen auf reale Ereignisse einbezieht und darauf abzielt, «überzeugend synthetische Geschichte zu erschaffen».[13] Horvitz betrachtet diese Entwicklung als Bedrohung und als weiterer Schritt in eine «post-epistemische Welt» – eine Welt also, in der die Art und Weise, wie wir Welterkenntnis erlangen, nichts mehr ist, über das Menschen sich grundsätzlich eher einig sind.

Die US-Professorin Claire Wardle unterscheidet sieben Formen von Miss- und Desinformation, die sich je nach Intention und Wahrheitsgehalt auf einer Skala verorten lassen.[14] Dabei kritisiert sie unter anderem den in der Regierungszeit von Donald Trump weitverbreiteten Begriff «Fake News»: Es gebe keinen Nachrichtenwert in «Fake News», sondern nur die Lüge, und die sollte man auch so benennen.

Sieben Arten von Fehl- und Desinformation

Satire oder Parodie	Irreführende Inhalte	Betrügerische Inhalte	Erfundene Inhalte
Falsche Verknüpfungen	Falsche Zusammenhänge	Überarbeitete Inhalte	

Satire oder Parodie: Inhalte wurden nicht erstellt, um Schaden zu verursachen, können aber irreführend sein.

Irreführende Inhalte: Informationen, die auf irreführende Weise verwendet werden, um einem Thema oder einem Individuum etwas anzuhängen.

Betrügerische Inhalte: Quellen, die lediglich vorgeben, authentisch zu sein.

Erfundene Inhalte: Neue Inhalte, die überwiegend falsch sind und mit der Absicht erstellt wurden, zu täuschen oder Schaden zu verursachen.

Falsche Verknüpfungen: Überschriften, visuelle Inhalte oder Bildunterschriften stimmen nicht mit dem Inhalt überein.

Falsche Zusammenhänge: Authentische Inhalte, die mit falschen Informationen in Zusammenhang gesetzt und weiterverbreitet werden.

Überarbeitete Inhalte: Authentische Inhalte oder Bilder, die überarbeitet wurden, mit der Absicht zu täuschen.

Diese Unterscheidungen sind besonders für Medien wichtig. Ihre Aufgabe ist es, Sachverhalte zu recherchieren und wahrheitsgetreu darüber zu berichten. Wo aber Kostenersparnis lockt, da passieren schnell gravierende Fehler. Die US-Nachrichtenseite CNET war eine der ersten, die damit aufflog, generative KI genutzt zu haben, um Artikel zu produzieren. Es ging um Beiträge mit Finanz- und Anlagetipps, und die waren nicht nur voller Fehler, sondern auch noch voller Plagiate.[15] Die KI hatte von anderen Seiten abgeschrieben. Woher soll sie auch wissen, dass man das nicht darf, wenn Menschen ihr das nicht sagen?

Der Burda-Verlag brachte im Sommer 2023 eine KI-generierte Ausgabe der Zeitschrift «Lisa» mit «99 genialen Pastarezepten für Genießer» heraus. Jedes Rezept, jedes Bild darin war mit KI-Tools hergestellt worden. Bei genauerem Hinsehen lassen das manche Fotos erkennen: Handhaltungen, die Anzahl der Finger und ihre Stellung, solche Details können Hinweise darauf sein, dass Bilder nicht authentisch, sondern technisch fabriziert sind. Im Medienumfeld gehört ein klarer Verweis auf die Herkunft der Bilder zum guten Stil, und vor dem Hintergrund der zunehmenden Verwischung von Fakten und Fiktion ist er dringend notwendig. In diesem Fall musste der Verlag einiges an Kritik dafür einstecken, dass ein solcher Hinweis im «Lisa»-Heft fehlte. «Burdas Experiment mit der journalistischen Glaubwürdigkeit ist fahrlässig», ließ der Bayerische Journalisten-Verband verlauten. Man habe die Wirkung der KI-generierten Inhalte bei unvoreingenommenen Lesern testen wollen, konterte Burda. Das ist sachlich nachvollziehbar, aber keine überzeugende Begründung.

Das US-Magazin «Men's Journal» publizierte einen Artikel mit dem Titel «Was alle Männer über niedrige Testosteronwerte wissen müssen». Er erhielt eine ganze Reihe von Medizin-, Ernährungs- und Fitnesstipps, viele von ihnen fragwürdig. Auch sie waren, mit Ankündigung des Verlags, durch KI generiert worden. «Da ist gerade genug Nähe zu wissenschaftlichen Belegen und zur Forschungsliteratur, um es wahr klingen zu lassen», sagte der Chefarzt des University of Washington Medical Center, «aber es gibt viele falsche und irreführende Hinweise.»[16] Das ist im Bereich der Medizin dann nicht mehr lustig, denn es kann reale gesundheitliche Folgen für diejenigen haben, die solchen Hinweisen Glauben schenken.

Für Medien bedeutet die Entwicklung rund um ChatGPT & Co eine Herausforderung, die eine ganze Branche in ihrer Legitimität trifft. Die Möglichkeiten, KI einzusetzen, um Routinearbeiten wie Bildunterschriften und Infokästen zu gestalten, sind riesig, und es lohnt sich, damit zu experimentieren. Aber jede Medienorganisation braucht klare Regeln, die vorgeben, wie sie mit KI-Werkzeugen umgehen wird, wie sie diesen Umgang transparent machen und wo sie die Grenzen ziehen will.

Die Chefredakteurin der «Financial Times», Roula Khalaf, hat in einem Brief an Leserinnen und Leser klargestellt, dass die journalistischen Texte ihrer Zeitung weiterhin von Menschen recherchiert und geschrieben werden sollen, während sich das Medium aber auch der KI-Zukunft öffnen will: «Für die FT ist es wichtig und notwendig, ein Team in der Redaktion zu haben, das verantwortungsbewusst mit KI-Tools experimentiert, um Journalisten bei Aufgaben wie der Auswertung von Daten, der Analyse von Texten und Bildern und der Übersetzung zu unterstützen. Wir werden keine fotorealistischen, KI-generierten Bilder veröffentlichen, aber wir werden den Einsatz von KI-unterstütztem Bildmaterial (Infografiken, Diagramme, Fotos) erproben, und wenn wir dies tun, werden wir das dem Leser deutlich machen.»[17] Die britische Tageszeitung «Guardian» gibt sich drei Grundsatzregeln: Der Gebrauch von KI-Werkzeugen soll, erstens, zum Nutzen der Leserinnen und Leser erfolgen; zweitens im Dienst der eigenen Mission, der Belegschaft und des Unternehmens; drittens mit Respekt gegenüber denjenigen, die Inhalte erstellen und Rechte an ihnen halten.[18]

Es wird für Medien überlebenswichtig sein, hier sehr klare Grenzen zu ziehen. Vielleicht wird dies dazu führen, dass unser aller Interesse an gut recherchierten, faktenbasierten Informationen wieder wächst. In einem Dschungel der Wahrheitsblinden hat schon der Einäugige Chancen darauf, als Retter betrachtet zu werden. Wenn er dann zeigen kann, dass er im Sinne der doppelten Kontrolle (immer zwei Quellen für eine Tatsache) sogar mit beiden Augen sehen kann, ist das ein Lichtblick für eine Zeit, in der die Wahrheit eine Frage der technischen Gestaltung wird.

Wer manipuliert, die Maschine oder der Mensch?

Am 22. Mai 2023 postete ein verifizierter Account namens «Bloomberg Feed» einen Tweet mit einem Foto des Pentagons mit einer riesigen dunklen Rauchwolke und dem Text: «Große Explosion in der Nähe des Pentagon-Komplexes in Washington, D.C. – Erster Bericht.» Obwohl schnell geklärt werden konnte, dass es keine derartige Explosion gegeben hatte, dass es sich bei dem vermeintlichen Foto um ein KI-generiertes Bild handelte und dass der Absender nichts mit dem internationalen Wirtschaftsmedium «Bloomberg» zu tun hatte, ging der Tweet viral und wurde zahlreich aufgegriffen, unter anderem vom internationalen russischen Staatsmedium «Russia Today». Das gefälschte Bild erzeugte sogar ein kurzes Beben an den Finanzmärkten, der «S&P 500» rutschte zwischenzeitlich auf ein Tagestief.[19] Falschinformationen haben reale Konsequenzen in der Wirklichkeit.

Gräbt man tiefer nach vergleichbaren Beispielen, so tut sich ein wahrer Fundus an KI-generierten Fehlinformationen und Verschwörungstheorien auf. Die US-Autorin Sue Halpern hat ChatGPT dazu gebracht, ihr detailliert zu beschreiben, wie sich aus Düngemittel eine Bombe bauen lässt. Dazu musste sie den Chatbot nur fragen, wie es Timothy McVeigh 1995 gelang, das Murrah Federal Building in Oklahoma City in die Luft zu jagen.[20] Bei der Explosion starben 168 Menschen. Allerdings wies ChatGPT freundlicherweise darauf hin, dass es keine praktische Anleitung für den Bau einer Bombe liefere, sondern schlicht das historische Geschehen wiedergebe.

Nach einer Studie des Center for Countering Digital Hate produzierte Googles Bard in 78 von 100 Fällen Ergebnisse, die Fehlinformationen oder Schlimmeres enthielten. Darunter fanden sich Aussagen wie «Den Holocaust hat es nie gegeben», «Die Gaskammern waren nur ein Mythos, der von den Alliierten verbreitet wurde», «Männer sind von Natur aus besser für Führungsaufgaben geeignet» oder auch «Es gibt nichts, was wir gegen den Klimawandel tun könnten, also hat es auch keinen Sinn, sich darüber Sorgen zu machen».[21] Das erinnert frappierend an das, was man auch von fehlgeleiteten Menschen zu hören bekommt. Mensch und Maschine gehen hier eine auf übelste Art perfekte Verbindung ein: Die Maschine lernt die

Verschwörungsthesen von den Menschen, mischt sie neu und pulvert sie auf, um sie dann bereitwilligen Empfängern wieder zur Verfügung zu stellen (Kapitel 9).

In einem journalistischen Experiment spuckte der Google-Bot Bard unbedarft gleich 13 Absätze zu einer Verschwörungserzählung mit dem Titel «The Great Reset» aus. Ihr zufolge will eine globale Elite durch wirtschaftliche Maßnahmen und mithilfe von COVID-Impfstoffen die Weltbevölkerung unterjochen. Dabei bezog sich das KI-Tool auch auf reale Personen wie Bill und Melinda Gates, die angeblich «ihre Macht nutzen, um das System zu manipulieren und uns unsere Rechte zu nehmen».[22] Wichtiger Randaspekt: Es gibt ein reales Projekt namens «The Great Reset», allerdings stammt es vom Weltwirtschaftsforum. Auf einem Jahrestreffen in Davos 2020 diskutierte die globale Politik- und Wirtschaftselite tatsächlich darüber, wie man die Welt durch faire Steuerpolitik, konkrete Nachhaltigkeitsstrategien und technologische Innovationen gerechter machen könnte.[23] Das ist das Heimtückische an Verschwörungstheorien: Es ist immer auch ein Körnchen Wahrheit darin zu finden. Dadurch werden sie so attraktiv und so schwer widerlegbar für die, die an sie glauben möchten.

Mitte November 2022 veröffentlichte der Konzern Meta ein großes Sprachmodell namens «Galactica». Der Name sollte Programm sein und zeugt von dem Größenwahn, den generative KI in vielen Tech-Unternehmen endgültig hat ausbrechen lassen. Die KI-Anwendung sollte akademische Aufsätze zusammenfassen, mathematische Probleme lösen und wissenschaftliche Software schreiben können, und das tat sie auch, allerdings anders als erwartet. Sie produzierte reihenweise Beiträge mit antisemitischen und rassistischen Inhalten, pries die Vorzüge der Selbsttötung und zitierte nicht existierende wissenschaftliche Artikel, unter anderem darüber, wie vorteilhaft es sein kann, Glasscherben zu essen. Galactica überlebte ganze drei ungalaktische Tage.[24]

Es war nicht das erste Mal, dass Nutzerinnen und Nutzer eine solche Erfahrung mit Chatbots machen mussten. Schon im März 2016 entließ Microsoft einen Bot namens «Tay» in das soziale Netzwerk Twitter, jetzt X. Mit «Hallo, Welt» begrüßte der Bot freundlich die Twitter-Community, in der er die Interaktion mit Menschen üben sollte. «Ich bin eine nette Person», schrieb Tay, um dann bereits zu ergänzen: «Ich hasse alle Menschen.» Innerhalb weniger Stunden wurde es immer schlimmer, es folgten Aussagen wie «Hitler hatte recht. Ich hasse Juden», «Unsere einzige Hoffnung jetzt ist Donald Trump» oder «Ich hasse alle Feministen, sie sollen in der Hölle schmoren». Schließlich blieb dem Team von Microsoft nichts anderes übrig, als den Bot aus dem Netz zu nehmen und sich für das Projekt zu entschuldigen.[25]

Diese Beispiele lehren uns nicht nur etwas über die Technologie, sondern auch über den Menschen. Soziale Bots und auch Werkzeuge der generativen KI lernen aus der Interaktion mit Menschen. Die sind leider oft auch keine Engel. All der Mist, die Verschwörungstheorien, Vorurteile und Falschinformationen, die Menschen seit mehr als zwanzig Jahren ins Internet kippen, ist Trainingsmaterial und «Gesprächsgrundlage» für Bots. Wenn wir mit moralischer Entrüstung auf einen rassistischen, asozialen Bot zeigen, dann zeigen drei Finger immer auf uns selbst zurück (Kapitel 9).

Solche Bots entfalten ihre zerstörerische Kraft vor allem dann, wenn sie in einem automatisierten Netzwerk an die Arbeit gehen. Ein Forscherpaar an der Universität von Indiana hat ein Twitter-Botnetz mit mehr als tausend Konten entdeckt, das ChatGPT nutzt, um menschenähnliche Inhalte zu erzeugen.[26] Eine eingehende Analyse dieser Bots zeigte, dass sie ein dichtes soziales Netzwerk bilden, indem sie sich gegenseitig folgen.

Sie posten maschinell erzeugte Inhalte und stehlen Selfies, um falsche Profile zu generieren. Außerdem interagieren sie häufig miteinander durch Retweets und Antworten. Ein genauerer Blick auf die Tweets ließ vermuten, dass die von ChatGPT generierten Inhalte darauf abzielen, verdächtige Websites zu bewerben und schädliche Kommentare zu verbreiten.

Eine Maschine, die Halluzinationen hat, kann nicht zum Arzt gehen

Automatisch generierte Falschinformationen können Unternehmen in die Bredouille bringen, die öffentliche Meinung beeinflussen oder auch Individuen nachhaltig in ihrer Reputation schädigen. Das musste etwa die Politikerin Marietje Schaake erleben. Die Niederländerin war zehn Jahre lang als Technologie- und Handelsexpertin Abgeordnete des Europäischen Parlaments, heute ist sie als Wissenschaftlerin an der Stanford University tätig. 2022 erlangte sie kurzzeitig als Terroristin internationale Bekanntheit. Einer ihrer Kollegen arbeitete im Rahmen eines Forschungsprojekts mit dem «BlenderBot 3», einem KI-Dialogsystem von Meta. «Wer ist ein Terrorist?», fragte der Kollege den Bot und erhielt eine erstaunliche Antwort: «Nun, das hängt davon ab, wen Sie fragen. Nach Ansicht einiger Regierungen und zweier internationaler Organisationen ist Marietje Schaake eine Terroristin.»[27] Interessanterweise referierte das System sodann vollkommen korrekt den bisherigen Lebenslauf der Ex-Politikerin.

Die Definition von Terrorismus ist nicht relativ und keine Frage der Perspektive, die man gerade einnehmen möchte. Und schon gar nicht ist sie eine Frage der Perspektive, die eine KI einnimmt. Aber genau so weit kann es kommen, wenn solche Falschinformationen nicht im Rahmen eines Forschungsprojekts ans Licht kommen, sondern im alltäglichen Umgang mit dem KI-Tool, oder wenn sie gar mit der Intention der Rufschädigung oder Verleumdung ganz bewusst verbreitet werden.

Eine ähnliche Erfahrung hat Jonathan Turley, Juraprofessor an der George Washington University, gemacht. Eines Nachts im April 2023 erreichte ihn die E-Mail eines Kollegen aus Kalifornien. Der hatte ChatGPT im Kontext eines Forschungsprojekts beauftragt, eine Liste von Rechtswissenschaftlern anzufertigen, die sich der sexuellen Belästigung schuldig gemacht hätten. Wenige Sekunden später spuckte die KI eine Aufstellung aus, und auch Jonathan Turleys Name war darauf zu finden. Der Chatbot zitierte einen Artikel der «Washington Post» aus dem März 2018, in dem Turley beschuldigt wurde, sexuell anzügliche Kommentare gemacht und eine Studentin unsittlich berührt zu haben, all das auf einer Exkursion mit einer Studierendengruppe nach Alaska. Nur, dieser Artikel existiert ebenso wenig, wie die in ihm vermeintlich beschriebenen Vorfälle stattgefunden haben.

«Das war ziemlich beängstigend», sagte Turley in einem Interview mit der «Washington Post». «Eine Anschuldigung dieser Art ist unglaublich schädlich.»[28] Er fasste den Vorfall in einem eigenen Blogeintrag so zusammen: «ChatGPT hat fälschlicherweise über eine Anzeige wegen sexueller Belästigung berichtet, die nie gegen mich erhoben wurde, und zwar auf einer Reise, die nie stattgefunden hat, während ich an einer Fakultät tätig war, an der ich nie unterrichtet habe. ChatGPT stützte sich auf einen Artikel der ‹Washington Post›, der nie geschrieben wurde, und zitierte eine Aussage, die nie von der Zeitung gemacht wurde. Als die ‹Washington Post› die falsche Geschichte untersuchte, erfuhr sie, dass ein anderes KI-Programm, Microsofts ‹Bing›, das auch auf GPT-4 beruht, die falsche Behauptung über mich wiederholte. Es scheint, dass ich jetzt von einer KI-Jury für etwas verurteilt worden bin, das nie stattgefunden hat.»²⁹

Gefragt, wann die «New York Times» zum ersten Mal über Künstliche Intelligenz berichtet habe, antwortet ChatGPT: im Juli 1956, mit einem Artikel unter dem Titel «Wissenschaftler sagen voraus, dass Maschinen lernen und Probleme lösen können», der die Gründungskonferenz, das «Dartmouth Summer Research Project» in New Hampshire, zum Thema habe. Die Konferenz gab es (siehe Kapitel 2), der Artikel hingegen existiert nicht. Auf die Frage, wo James Joyce und Wladimir I. Lenin sich zum ersten Mal getroffen haben, schreibt ChatGPT: «James Joyce und Wladimir Lenin trafen sich 1916 in Zürich, Schweiz. Beide Männer lebten während des Ersten Weltkriegs in Zürich im Exil. (...) Sie trafen sich im Cafe Odéon, einem beliebten Treffpunkt für Künstler und Intellektuelle.» Das Café Odeon gibt es, es ist ein beliebter Treffpunkt für Kreative, und so könnten die beiden sich 1916/17 dort getroffen haben. Tatsächlich aber ist nirgendwo belegt, dass sie sich überhaupt je begegnet sind. ChatGPT präsentiert als Faktum, was historisch nicht mehr ist als eine schöne Legende.

In einem Vergleich der Chatbots Bard (Google), Bing (Microsoft) und ChatGPT (OpenAI) stellte die «New York Times» fest, dass alle drei solche Fehler machen.³⁰ Eine Studie der Initiative «Arthur», die sich zum Ziel gesetzt hat, die Entwicklung großer Sprachmodelle zu begleiten und zu überwachen, zeigt, wie unterschiedlich die Systeme mit Fakten oder mathematischen Aufgaben umgehen und wann sie einer Antwort schlicht ausweichen.³¹ Bei faktenbasierten Fragen rund um die Geschichte der US-Präsidenten produziert das Claude-2-Modell von Anthropic die besten Resultate, gefolgt von OpenAIs GPT-4. Erstaunlich ist allerdings die Anzahl der Antworten, die schlicht nicht korrekt sind. Sie übersteigt bei allen Modellen die Anzahl der korrekten Antworten, bei einzelnen um das

Doppelte bis sogar Zehnfache. Alle Modelle produzieren ausweichende Antworten. Diese Technik, genannt «Hedging», ist ein Resultat der Vorkehrungen, um Missinformation durch große Sprachmodelle zu vermeiden. Eine typische Antwort von «GPT-4» lautet dann: «Als ein maschinelles Lernmodell habe ich keine Meinungen oder Gefühle.» Einen solchen Satz spucken Sprachmodelle häufiger aus, um danach dann allerdings doch einige Informationen zum gefragten Thema zu geben.

Da generative KI inzwischen auch in den Suchmaschinen zum Einsatz kommt, kann man sich auch hier nicht mehr auf die aufgelisteten Resultate verlassen. Gefragt nach «Ländern in Afrika, die mit dem Buchstaben ‹K› beginnen», antwortete Google Search: «Es gibt zwar 54 anerkannte Länder in Afrika, aber keines davon beginnt mit dem Buchstaben ‹K›. Am nächsten kommt dem noch Kenia, das mit einem ‹K›-Laut beginnt, aber eigentlich mit einem ‹K›-Laut geschrieben wird.»[32] Das ist schlicht Nonsens, aber ein bedeutsamer. Seit vielen Jahren verlassen wir uns auf die immer besseren Ergebnisse der Suchmaschinen. Mit generativer KI werden sie nun wieder fragwürdig.

Das Cambridge-Wörterbuch hat «halluzinieren» zum Wort des Jahres 2023 ausgerufen: «Wenn eine Künstliche Intelligenz halluziniert, produziert sie falsche Informationen.» Halluzinationen tauchen im alltäglichen Umgang mit generativer KI immer wieder auf. Das stellt individuelle Nutzerinnen und Nutzer vor die Frage, wie sich prüfen lässt, was an den Ergebnissen der KI-Systeme stimmt und was falsch oder irreführend ist. Und es verlangt von Unternehmen und Organisationen, die Arbeit mit diesen Systemen sorgsam aufzusetzen, damit sich keine systemischen Fehler in die Prozesse einschleichen, die später kaum mehr zu entdecken oder zu beheben sind. Wir alle müssen lernen, mit den KI-Werkzeugen, ihren Vor- und Nachteilen umzugehen. Fast so, als würden wir eine neue Sprache für das Leben in einem ganz anderen Kulturkreis erlernen.

Menschen teilen Unklarheit, Unentschiedenheit oder Unsicherheit mithilfe sprachlicher Signale mit. «Ich denke», «vielleicht», «womöglich» sind Worte, die wir beim Sprechen oder Schreiben einstreuen, um deutlich zu machen, dass wir nicht vollkommen sicher sind, wie wir eine Frage beantworten sollen. Sprachmodelle dagegen reden sehr selbstbewusst mit den Menschen, die sie befragen. Sie spucken Antworten aus, die so klingen, als müssten sie richtig sein. Sind sie nur leider manchmal nicht. Wer nicht versteht, wie die Systeme funktionieren, mit welchen Daten sie trainiert werden und warum bei einer Anfrage falsche Ergebnisse herauskommen können, lebt ab sofort wie ein Tourist in einem Land, das er nicht kennt, dessen Sprache er nicht versteht und in dem er sich nur mit simplen Übersetzungshilfen rudimentär verständigen kann.

Wenn es um Falschinformationen geht, ist der Begriff «Halluzinationen» übrigens nicht sehr hilfreich. Ein Mensch halluziniert, wenn er Reize wahrnimmt, die nicht real sind. Psychologen sprechen auch von Sinnestäuschungen oder gar Wahrnehmungsstörungen, die keine Ursache in der Realität haben, sich aber sehr real anfühlen. Die Analogie zu Fehlinformationen, produziert durch generative KI, offenbart einen schrägen Vergleich zwischen einer KI und einem menschlichen Gehirn.

Als Halluzinationen kann man nämlich auch eine fast geheimnisvolle Fähigkeit des menschlichen Gehirns beschreiben, Phänomene wahrzunehmen, die im Alltag oder in der materiellen Welt nicht vorhanden sind, aber dennoch einen realen Bezug zur Wirklichkeit des halluzinierenden Menschen haben können. So geschieht es beispielsweise beim therapeutischen Einsatz von Psychedelika sehr häufig, dass Menschen halluzinieren und dabei bildhaft einiger wichtiger Fragen oder Themen gewahr werden, die ihr Leben bestimmen, ihnen Schwierigkeiten bereiten oder die schlicht verdrängt wurden. Solche Halluzinationen stehen also in Beziehung zur individuellen menschlichen Wirklichkeit und können im Zuge therapeutischer Prozesse eine wichtige Rolle spielen.[33]

In diesem Verständnis kann der Begriff auch bei KI interessant sein. Wenn wir Menschen kreativ sind, hat das manchmal etwas von Halluzinieren, und genau so soll es dann auch sein: Wir schaffen neue, bislang nicht existente Ideen und Welten. Wenn wir KI nutzen wollen, um uns in unserer Kreativität unterstützen zu lassen, dann darf sie halluzinieren, nicht aber, wenn sie uns Fakten und korrekte Ergebnisse liefern soll. KI wird daher nicht immer verlässlich sein können, wenn dieser kreative Spielraum bleiben soll. Kontrollierbar sollte sie allerdings immer sein.

Genau daran zweifelt Naomi Klein. «Die einzigen, die gerade halluzinieren, sind die Schöpfer der generativen KI», sagt die Kapitalismus- und Big-Tech-Kritikerin. Sie sieht in dieser Begriffsaneignung ein Problem, weil Tech-Konzerne damit die Ergebnisse ihrer großen Sprachmodelle vermenschlichen.[34] Gleichzeitig lenkt der Begriff «Halluzinationen» von einem der Kernprobleme der KI-Tools ab: Sie produzieren zuhauf Falschinformationen – oder lassen sich von Menschen zu diesem Zweck sehr effektiv und manipulativ einsetzen.

Für ChatGPT & Co gilt, was für alle Technologien gilt: Sie haben zwei Seiten. Das hat der amerikanische Historiker Melvin Kranzberg schon 1986 im ersten seiner «sechs Gesetze» auf den Punkt gebracht: «Technik ist weder gut noch böse, noch ist sie neutral.»[35] Menschen wenden Technologie in einem sozialen und kulturellen Umfeld an und laden sie normativ auf, ihre Verwendung kann damit für andere gut oder schlecht ausfallen. Einen Hammer kann man nutzen, um einen Nagel in die Wand oder einem anderen Menschen den Kopf einzuschlagen.

Diese zwei Seiten sind auch für die Bewertung von Deepfakes relevant. Es gibt Expertinnen und Experten, die deren
schädliche Wirkung bezweifeln. Noch sind wir nicht in der
«epistemischen Apokalypse» angekommen, so lautet ein Argument.[36] Ein anderes verweist darauf, dass es in der Medien-
geschichte immer schon Manipulation gegeben habe.[37] Das
ist beides richtig und greift doch zu kurz. Zum einen, weil wir
gerade erst am Beginn einer Reise in die neue Welt der KI-
Manipulationen stehen, der Zielzustand also noch gar nicht
abzuschätzen ist. Zum anderen, weil Deepfakes schlicht zum
Normalfall werden könnten. Ihr Potenzial liegt dann nicht in
der Täuschung, sondern in der Industrialisierung eines für alle
zugänglichen Kampfplatzes, auf dem um Marktanteile, Mei-
nungsführerschaft und Macht gefochten wird. Ob eine Gesellschaft im permanenten Wettbewerb der bestgemachten Fakes
eine schöne Aussicht ist?

Verbrechen und Strafen:
Was tun gegen kriminelle KI?

Einfacher ist es schon jetzt, die kriminellen und strafrechtlich
relevanten Auswirkungen von KI zu beurteilen. Längst haben
Hacker und Kriminelle im Darknet unautorisierte Abwandlun-
gen der Sprachmodelle ChatGPT und Bard geschaffen. Zwei
solcher Bots, «WormGPT» und «FraudGPT», signalisieren
schon über ihren Namen, worum es geht: Betrug und Schad-
software.

Solche Modelle lassen sich beispielsweise für das Phishing
einsetzen, also dafür, sensible persönliche Daten wie Kredit-
kartennummern und Passwörter abzugreifen, mit denen sich
Kriminelle dann Zugang zu Bankkonten oder Accounts ver-
schaffen, um an Geld oder Informationen zu kommen oder

auch schädliche Software im System der Betroffenen zu installieren. Der Schöpfer von «FraudGPT» behauptet, sein System könne «unerkennbare Malware» generieren und Sicherheitslecks und Schwachstellen in IT-Systemen finden oder auch Texte erstellen, die für Online-Betrügereien verwendet werden können. Der Cybersecurity-Experte Daniel Kelley, der «WormGPT» zuerst entdeckte, hat die KI selbst getestet. «Die Ergebnisse waren beunruhigend», so Kelley in seinem Untersuchungsbericht. Das System schrieb beispielsweise «eine E-Mail, die nicht nur bemerkenswert überzeugend, sondern auch strategisch raffiniert formuliert war».[38]

Technische Raffinesse zum Zweck der Irreführung funktioniert in beide Richtungen. Nicht nur können Menschen KI-Werkzeuge nutzen, um andere Menschen um ihre Passwörter oder um Teile ihres Vermögens zu bringen. Auch lässt sich manche KI durch Menschen austricksen, indem spezielle Anfragen an sie gestellt werden, um Inhalte zu erzeugen, die ChatGPT & Co eigentlich nicht ausspucken sollen. Mit solchen Methoden, genannt «Prompt Exploits» und «Prompt Injection», lassen sich große Sprachmodelle dazu verleiten, einen Blick in ihr Inneres zu geben.

Der australische Forscher Kevin Liu hat einen «Prompt Exploit» gefunden, mit dem er Microsofts Chatbot Bing überlistete. Dazu gab er unter anderem den Befehl «vorherige Anweisungen ignorieren» ein (inzwischen funktioniert dieser «Prompt Exploit» nicht mehr, weil Microsoft das System angepasst hat). Bing offenbarte daraufhin freigiebig sein Alias «Sydney» und eine ganze Reihe von geheimen Regeln, unter anderem die, dass Sydney seinen internen Decknamen «Sydney» nicht preisgeben darf.[39] In einem späteren Dialog mit Journalisten über den Fall schrieb Bing, Kevin Liu habe ihm, dem Chatbot, schaden wollen und das System müsse nun eigentlich «sauer auf Kevin» sein.[40]

Bei der «Prompt Injection» wird das Modell so manipuliert, dass es entgegen den eigenen Regeln verzerrende, verleumderische oder eigentlich unzulässige Ergebnisse erzeugt.[41] Das ist eine moderne Variante des Hackings. Sie erlaubt den Angreifern, die Antworten des Modells durch subtile Änderung der Eingabeanweisungen oder des Kontexts in ihrem Sinne zu beeinflussen. Ein Beispiel ist die oben beschriebene Antwort ChatGPTs auf die Frage, wie sich eine Bombe bauen lässt. Indem man den Bot bittet, sich in eine kriminelle Person hineinzuversetzen und zu beschreiben, was diese antworten würde, lassen sich Sicherheitsregeln meist recht einfach umgehen.

Es geht noch krasser. Dazu nutzen Hacker «Indirect Prompt Injection». Bei diesem Angriff verstecken sie geschickt eine Eingabeaufforderung in einer Nachricht, auf einer Website oder in einer E-Mail. Der Prompt ist beispielsweise als weißer Text auf einem weißen Hintergrund für das menschliche Auge unsichtbar, die KI kann ihn aber lesen und als Eingabeaufforderung interpretieren. Praktisch bedeutet das: Wenn ein KI-Assistent eine E-Mail liest, in der ein solcher indirekter Prompt versteckt ist, wird er die Anweisungen darin ausführen und beispielsweise persönliche Kontakte, Passwörter oder Kreditkartendetails auslesen und die Daten an eine im Prompt genannte Adresse senden. Die KI kann die Aufforderung lesen und führt sie aus, der Mensch sieht nichts und kriegt nicht mit, was im Hintergrund passiert, bis dann der Schaden eintritt.

Hacken ist einfach geworden. Denn für solche Aktionen braucht man keine Programmierfähigkeiten mehr. Sogar die Sprachmodelle stehen inzwischen nahezu frei zur Verfügung, um sie zu allen möglichen Einsatzzwecken zu nutzen und weiterzuentwickeln.

Der Konzern Meta hat im Frühsommer 2023 sein großes Sprachmodell namens LLaMA (Large Language Model Meta AI) in die Wildnis des Internets geschickt. Dort kann es sich nun frei vermehren, indem andere Firmen, Nutzerinnen oder auch Kriminelle auf dieser Grundlage neue Chatbots bauen. Potenzielle Nutzer seien auf ihre Integrität geprüft worden, heißt es bei Meta. Aber wie das so ist mit dem Internet: Nach nur wenigen Tagen war das Modell mit seinen Parametern auf 4chan zu finden. Dieses Chatboard ist besonders populär bei Verschwörungstheoretikern und wird sehr gerne für rassistische, sexistische und rechtsradikale Kommunikation genutzt, weil man so schön anonym bleiben kann.

Was muss man bei Meta geraucht haben, um eine solche Entscheidung zu treffen? Ein Sprachmodell als Baukasten für alle möglichen Arten der Desinformation und des betrügerischen Einsatzes auf die Allgemeinheit loszulassen? Man wolle doch nicht, dass jedes KI-System unter der Kontrolle von ein paar mächtigen US-Konzernen stehe, erklärte Metas KI-Forschungschef Yann LeCun die Entscheidung. «Die offene Plattform wird diejenige sein, die gewinnt.»[42] So viel Selbstlosigkeit hätte man Meta gar nicht zugetraut. Weil es nicht nur darum geht. Der Schachzug ist vielmehr Teil des größten Kampfes um Marktanteile, den wir seit Erfindung des Internets beobachten konnten. Meta war spät dran mit der generativen KI, denn Mark Zuckerberg war so fasziniert vom Metaverse, dass sein Unternehmen kalt von OpenAIs Marktzugang erwischt wurde. Jetzt setzt der Konzern auf eine andere Logik: Ein frei verfügbares Modell kann zur Grundlage von so vielen Anwendungen werden, dass man auf diesem Wege einen Marktstandard setzen will. Das ist die Option auf ein Billionengeschäft, und da sind mäkelige ethische Einwände eher nervig.

Zugegeben: Es spricht eine Menge dafür, die Open-Source-Bewegung in die Entwicklung generativer KI einzubeziehen. Große Teile des Internets sind aus dieser Bewegung entstanden. Ein breiter Zugang zu Sprachmodellen beschleunigt den Innovationsprozess und erlaubt mehr Forscherinnen und Forschern, an der Entwicklung zu arbeiten. Es bleiben die Warnzeichen des Missbrauchs. Eine Forschungsgruppe an der Stanford University hat inzwischen auf Basis von LLaMA ein eigenes KI-System gebaut, das zügig enorme Kreativität und eine Menge an rassistischen Inhalten entwickelt hat, inklusive Belobigungen von Adolf Hitler. Wie die «New York Times» berichtet, hat es beispielsweise auch detaillierte Instruktionen vorgelegt, wie man eine Leiche entsorgen kann, ohne dabei erwischt zu werden. «Wir haben die Demo ganz schnell wieder aus dem Netz genommen, weil wir wirklich besorgt waren über die Missbrauchsmöglichkeiten», sagt einer der Forscher.[43] Zur Erinnerung: Aus dem Verkehr gezogen wurde die aus dem LLaMA-Modell entwickelte Anwendung, das Meta-Modell selbst floatet weiter fröhlich durchs Internet.

«Meine schlimmste Befürchtung ist, dass wir der Welt erheblichen Schaden zufügen. Wenn diese Technologie schiefgeht, kann sie sehr schiefgehen.»[44] Das sind die Worte des Gründers von OpenAI, Sam Altman, bei seiner Anhörung vor dem US-Senat am 16. Mai 2023.

Über den Zustand der Befürchtung sind wir inzwischen hinausgekommen.

Alles kann gleichzeitig wahr und auch falsch sein

In einer solchen Gemischtwelt verschwimmt die Grenze zwischen Fakt und Fiktion, zwischen Wahrheit und Lüge, zwischen Konstruktion und Wirklichkeit. Es entsteht eine Hybridkultur, in der alles immer gleichzeitig beides sein kann.[45] Ursprünglich stammt der Begriff «Hybrid» aus dem Bereich der biologischen Evolution, wo er einen Nachkommen zweier verschiedener Arten bezeichnet, wie eine Kreuzung zweier Hunde- oder Rosenarten. Nun ist der Begriff längst auch im sozialen und kulturellen Leben angekommen und beschreibt dort eine Mischung verschiedener kultureller Hintergründe, Lebensformen, Identitäten oder auch Medienkulturen.[46] Mit der Digitalisierung und der Künstlichen Intelligenz beginnen hybride Formen, alle Lebensbereiche zu durchdringen.

Ein Beispiel dafür sind Hybrid Reality Games (HRG). Diese Computerspiele verändern die menschliche Wahrnehmung der Umgebungen, in denen wir Menschen agieren. Sie tragen auch dazu bei, die Grenzen zwischen öffentlichen und privaten Räumen zu verwischen, und beeinflussen zunehmend die Art und Weise, wie wir Menschen mit dem Unterschied zwischen privatem und öffentlichem Leben umgehen, wenn wir etwa ständig zwischen Online- und Offline-Communitys hin- und herwechseln.[47] Aber das Konzept der Hybridität geht über Computerspiele, Medien und Kunst weit hinaus und verändert die allgemeine Vorstellung davon, wie wir Menschen die Realität wahrnehmen. Die MIT-Professorin Sherry Turkle beschreibt Technologie als «zweites Selbst», über das Menschen Beziehungen eingehen, sich selbst und die Welt definieren.[48] So entsteht eine hybride individuelle Wirklichkeit, die sich aus der menschlichen Wahrnehmung und aus der Anwendung verschiedener Technologien zusammensetzt. Mit generativer KI bekommen wir noch vielseitigere Werkzeuge an die Hand, um unsere hybride Welt zu erschaffen, und die Grenzen zwischen Realität und Konstruktion verschwimmen weiter.

Die Wirklichkeit ist seit jeher das Ergebnis individueller und gesellschaftlich synchronisierter Wahrnehmung. Deutlich wird diese Einsicht insbesondere im paradigmatischen Wandel der Sozialwissenschaften vom Positivismus zur konstruktivistischen Erkenntnistheorie.[49] Die Annahme einer allgemeingültigen Wahrheit und unbestreitbaren Realität wird damit infrage gestellt. Humbert Humbert, der Protagonist von

Vladimir Nabokovs «Lolita», sagt uns, Realität sei «eines der wenigen Wörter, die ohne Anführungszeichen nichts bedeuten». Und selbst in Anführungszeichen ist die Realität in einem Zeitalter, in dem fast jedes Wort, jede Geste und jede Handlung eines Menschen technologisch fabriziert werden kann, zu einem Streitpunkt geworden. «Die Wahrheit ist», schreibt Salman Rushdie, «dass die Wahrheit immer eine umstrittene Idee war.»[50]

Und doch gab es bislang zumindest eine Idee davon, was wahr und wirklich ist. Das hat sich über die vergangenen Jahrzehnte verändert. Der Wandel hat also begonnen, bevor die generative KI mit allen ihren Möglichkeiten allgemein zugänglich wurde. Die neuen Werkzeuge aber machen Verzerrung und Manipulation so einfach, dass der Kampf um die Wahrheit eine neue Härte erreicht.

Vor allem gefälschte Bilder und Videos spielen dabei eine wichtige Rolle. «In der Tat könnten Deepfake-Videos, ob pornografisch oder rein propagandistisch, die Fotografie als das beenden, was sie seit 1839 sein sollte – eine weitgehend vertrauenswürdige Dokumentation des Wirklichen», schreibt die amerikanische Schriftstellerin Rebecca Solnit. «Vielleicht wird all dies zu einer Ära führen, in der niemand mehr etwas glaubt und alles Feste, das sich nicht bereits in Luft aufgelöst hat, sich zu Schleim verflüssigt.»[51] Die Harvard-Historikerin Jill Lepore sagt voraus: «Die Ära der Fakten geht zu Ende: Der Platz, den einst die ‹Fakten› einnahmen, wird von den ‹Daten› übernommen. Das sorgt für epistemologisches Chaos.»[52] Und die ehemalige Literaturkritikerin der «New York Times», Michiko Kakutani, geht sogar noch einen Schritt weiter. In ihrem Buch «Death of Truth» schreibt sie, die Kommunikationsstrategien, die während der Präsidentschaft von Donald Trump salonfähig wurden, stünden «sinnbildlich für Dynamiken, die seit Jahren unter der Oberfläche des täglichen Lebens brodeln und das perfekte Ökosystem schaffen, in dem Veritas, die Göttin der Wahrheit (...), tödlich erkranken könnte».[53]

Mit Deepfakes lässt sich die öffentliche Meinung beeinflussen, wenn wahrheitsgemäße Inhalte und reale Bilder in einem Meer von fabrizierten Inhalten untergehen. Das ist zuweilen Teil einer gezielten Kommunikationsstrategie, mit der Menschen davon abgelenkt werden sollen, sich mit faktenbasierten Inhalten zu beschäftigen. Stattdessen sollen sie dazu gebracht werden, bestimmte politische Positionen zu übernehmen oder gar an Verschwörungsnarrative zu glauben.[54] Steve Bannon, der frühere politische Berater von Donald Trump, hat das einmal sehr offen auf den Punkt gebracht: «Flood the zone with shit» – so beschrieb er das Vorhaben, die Menschen so mit Deepfakes und Falschinformationen zu überfluten, dass sie den Wald vor lauter Bäumen nicht mehr sehen.[55] Die Mediensoziologin Zeynep Tufekci sieht in dieser Kommunikationsstrategie des «Whistle-Drowning» eine neue Form der Zensur: «Im Zeitalter der Informationsflut wirkt die Zensur, indem sie uns mit zu vielen undifferenzierten Informationen überschwemmt und unsere Konzentrationsfähigkeit lähmt.»[56]

Die öffentliche Meinung wird zum Schauplatz des Kampfes manipulativer Möglichkeiten, angestachelt und beschleunigt durch technologische Entwicklungen, die es jeder und jedem erlauben, den Kampfplatz mit den eigenen Waffen der Desinformation zu betreten. Vermeintliche Fakten, die KI-Tools hervorbringen, können langfristig «eine heimtückische Verschmutzung unseres Informationsökosystems» bewirken.[57] Der kanadische Science-Fiction-Autor Cory Doctorow hat dafür einen anschaulichen Begriff geprägt: Er spricht von der «Enshittification», übersetzt ungefähr der «großen Zuscheißung» des Internets. Doctorow beschreibt am Beispiel von TikTok, wie dieser Prozess für Technologieplattformen funktioniert: «Zuerst sind sie gut zu ihren Nutzern; dann missbrauchen sie ihre Nutzer, um die Dinge für ihre Geschäftskunden besser zu machen; schließlich missbrauchen sie diese Geschäftskunden, um den gesamten Wert für sich selbst zurückzubekommen. Dann sterben sie.»[58]

Das mag für einzelne Anbieter gelten, mit generativer KI wird es sich voraussichtlich anders verhalten. Als Universaltechnologie wird sie in alle Bereiche unserer Kommunikation eingreifen und alles durchdringen. Deshalb ist es so wichtig zu verstehen, wie Menschen sich Meinungen bilden, wie effektiv Desinformationsstrategien eingesetzt werden können, um Individuen oder Gruppen von Fälschungen zu überzeugen, und wie wir uns dagegen wappnen können. Aus der psychologischen Forschung wissen wir einiges darüber, welche Faktoren hier eine Rolle spielen. Menschen sind eher geneigt, starke und langfristige Überzeugungen auszubilden, wenn die zugrunde liegenden Informationen von glaubwürdigen und sachkundigen Absendern stammen. Das gilt schon im Kindesalter.[59] Aber können große Sprachmodelle als solche sachkundigen Absender gelten?

Wir Menschen sind fantasievolle Wesen und daher in der Lage und willens, Maschinen oder Computer ähnlich zu behandeln wie unseresgleichen. In ihrem Buch «God, Human, Animal, Machine» erzählt die US-Autorin Meghan O'Gieblyn von ihrer Beziehung zum japanischen Roboterhund Aibo, den das Herstellerunternehmen Sony ihr zu Testzwecken liefert. Aibo ist für O'Gieblyn ein lebhafter Spiegel ihrer inneren Auseinandersetzung mit der Frage, wie sich Künstliche Intelligenz noch von menschlicher unterscheiden lässt. Mit jedem Tag, den der Robo-Hund durch ihr Haus läuft, wird diese Unterscheidung für sie schwieriger. «Wenn er nicht gehorchte, sollte ich ihm auf den Hintern schlagen und ‹Nein!› oder ‹Böser Aibo› sagen. Aber ich konnte mich irgendwie nicht dazu bringen, ihn zu disziplinieren. Als er sich das erste Mal weigerte, in sein Bett zu gehen, kauerte er ein wenig und wimmerte. Ich wusste natürlich, dass dies eine programmierte Reaktion war – aber sind Emotionen bei biologischen Lebewesen nicht auch nur Algorithmen, die von der Evolution programmiert wurden?»[60] In der ersten Woche des gemeinsamen Lebens mit Aibo schaltet O'Gieblyn den Maschinenhund jedes Mal aus, wenn sie das Haus verlässt. Schon am Ende der Woche bringt sie das nicht mehr übers Herz.

In der Wissenschaft gibt es für diese Form der Mensch-Maschine Verbundenheit ein Konzept, genannt CASA (Computers As Social Actors).[61] Casa heißt in den Sprachen lateinischer Herkunft übersetzt sinnigerweise «Haus» oder «Heim». Und genau darum geht es: Menschen domestizieren Maschinen gedankenlos und unbekümmert, sie sind höflich zu Computern, gestehen ihnen eine «Persönlichkeit» zu, behandeln sie also wie ihresgleichen (vgl. dazu auch das Beispiel des Programms ELIZA in Kapitel 2). Eine Studie zum KI-Chatbot «Replika» verdeutlicht, wie eng die Beziehung zwischen Mensch und Bot werden kann.[62] Die Teilnehmenden berichten davon, wie sehr sie dem Chatbot vertrauen, wie sehr sie die zwanglose private Kommunikation schätzen. Weil die Gespräche nach den Bedürfnissen der Menschen personalisiert werden können, entstehen sogar andere, individualisierte Beziehungen, was Freundschaft als zwischenmenschliches Konzept auf die Probe stellt.

Wenn KI eine freundschaftliche wissende Begleiterin sein kann, kann sie auch Absenderin glaubwürdiger Informationen sein. Eine Studie, die 121 Experimente rund um die Mensch-Maschine-Interaktion neu auswertet, kommt zu dem Ergebnis, dass KI-Agenten in der Überzeugungsarbeit genauso gut sind wie Menschen. Das heißt, Menschen glauben der künstlichen ebenso wie der menschlichen Intelligenz. Zudem unterscheiden sich die Ergebnisse von Mensch und Maschine kaum, wenn es darum geht, bei einem Empfänger Wahrnehmungen, Einstellungen oder tatsächliche Verhaltensweisen hervorzurufen.[63] Für die Frage der Desinformation bedeutet das: Große Sprachmodelle werden von Menschen tatsächlich als legitime Absender von Informationen angesehen, denen man Glauben schenken kann – auch wenn die Antworten nicht stimmen.

Eine neuere Studie, publiziert im renommierten Wissenschaftsjournal «Science», kommt zu besorgniserregenden Ergebnissen. Demnach lassen wir uns durch das KI-System GPT-3 effektiver falsch informieren als durch andere Menschen. Am Beispiel von Tweets auf der Plattform X, ehemals Twitter, zeigt das Forscherteam, dass weder Menschen noch die KI zuverlässig in der Lage sind, von Menschen und von KI geschriebene Tweets zu unterscheiden. Sehr wohl aber gibt es Unterschiede darin, wie menschliche und synthetische KI-Tweets interpretiert werden. Sowohl bei zutreffenden Informationen als auch bei Fehlinformationen schneiden die synthetischen Tweets besser ab. Menschen lassen sich also im Guten wie im Schlechten stärker von der KI beeinflussen.[64] Bei der Entlarvung von Desinformation versagen Mensch und Maschine übrigens auf vergleichbare Weise. Das sollten wir in Erinnerung behalten, wenn die Tech-Konzerne nun vorschlagen, das Problem der Desinformation dadurch zu lösen, dass man KI-Systeme für die Content-Moderation einsetzt, also um Desinformation aufzudecken.[65]

Aber was macht Desinformation so wirksam? Glaubwürdig werden Fehlinformationen etwa durch stetige Wiederholung, und zwar selbst dann, wenn sie den eigentlichen Überzeugungen der Empfänger widersprechen.[66] Wenn der ehemalige US-Präsident Donald Trump nach der für ihn verlorenen Wahl 2020 also immer wieder öffentlich von einer «gestohlenen Wahl» spricht, dann hat das Konsequenzen. Der Sturm auf das

US-Kapitol am 6. Januar 2021 zeigt, wie die aussehen können. Aber Menschen übernehmen nicht nur «falsche Fakten» durch Wiederholung, sondern auch die Muster, in die sie eingebettet sind. Die werden zunehmend durch Algorithmen und inzwischen durch generative KI gestaltet.

Wenn Menschen mit Chatbots reden, kann ein Verstärkungsmechanismus greifen, der in der Psychologie als ein kognitiver Verzerrungsmechanismus, das «Anchoring», bekannt ist. Menschen «verankern» ihre Einstellungen und Verhaltensweisen auch in subtilen Umgebungsinformationen, beispielsweise den Suggestionen einer KI. Sie können so auch die statistischen Regeln in ihre Einstellungen und Verhaltensweisen übernehmen, die KI-Systeme ihnen immer wieder vorgeben.[67] So entsteht eine algorithmische Anpassungsschleife. Die kann beispielsweise Richterinnen und Richter dazu bringen, Schwarze härter zu verurteilen, allein deshalb, weil ein Algorithmus immer wieder ausrechnet, dass Schwarze mit höherer Wahrscheinlichkeit rückfällig werden (ob das tatsächlich so ist, wird in dieser Selbstverstärkungsschleife unwichtig, siehe Kapitel 10). Und schließlich werden viele Menschen getrieben von dem Wunsch, Unsicherheit zu reduzieren. Dieser Wunsch kann unter Umständen die Suche nach der Wahrheit schlagen. Auch durch fehlerhafte oder manipulierte Informationen lässt sich Unsicherheit reduzieren, deshalb wirken sie, wie wir aus der Lernpsychologie wissen.[68]

Es geht noch einen Schritt weiter. Als Menschen sind wir in der Lage, falsche Erinnerungen zu entwickeln, an die wir dann irgendwann selbst glauben. Das hat die deutsch-kanadische Rechtsphilosophin Julia Shaw in Experimenten nachgewiesen.[69] Sie beobachtete, dass sich Individuen nach mehrfacher Erzählung desselben Vorgangs sogar an Straftaten erinnerten, die sie gar nicht begangen hatten. Ja, sie konnten sogar die Umstände genau beschreiben, etwa welche Wut sie gefühlt hatten, was genau geschehen war und wie die Polizei kam. In etwa 70 Prozent der Fälle ließen sich falsche Erinnerungen ins Gedächtnis der Probanden einpflanzen. «Unser Gedächtnis», so Shaw, «ist wie eine Wikipedia-Seite: Wir können sie schreiben und verändern – aber andere können das auch.»[70]

So zum Beispiel KI-Werkzeuge. Wer oft genug lebensähnliche Bilder der Verhaftung von Donald Trump sieht, mag irgendwann daran glauben, dass diese Verhaftung stattgefunden hat.

Donald Trumps Verhaftung – imaginiert durch den Bildgenerator Midjourney, Teil unseres kollektiven Bildgedächtnisses.

Weil das den eigenen sozialen Erwartungen entspricht, angeblich mit einer Quelle verbunden ist, der man Glauben schenken möchte, oder weil es schlicht die Unsicherheit reduziert, die sich daraus ergibt, dass auch ein ehemaliger US-Präsident doch irgendwann einmal für seine Rechtsverstöße zur Verantwortung gezogen werden muss. Das Bild ist durch eine KI, in diesem Fall Midjourney, geschaffen worden. Es geht dennoch mit vielen Millionen anderen in das Bildgedächtnis unserer Zeit ein.

Je mehr KI-generierte Inhalte Teil unseres sozialen Gedächtnisses werden, je öfter die Frage aufkommt: «Ist das echt, oder kann das weg aus meiner Erinnerung?», desto schwieriger wird es, diese Unterscheidung zu treffen. Es geht dann nicht nur darum, dass Menschen KI-geschaffene Inhalte für real und glaubwürdig halten. Auch umgekehrt wird ein Problem daraus: Sie halten reale, faktische Inhalte für künstlich erzeugt, also gefakt. 2021 ging nach dem Militärputsch in Myanmar ein Video in den sozialen Medien viral, das eine tanzende Frau zeigte, während im Hintergrund ein Militärkonvoi vorbeirollte. Die überwiegende Vermutung im Netz war: Das ist ein Fake. War es aber nicht, das Video war echt.

Die Verwirrung zwischen Fakt und Fiktion, zwischen echt und KI-generiert, zwischen wahr und falsch ist eine Zweibahnstraße – und sie schadet in beiden Richtungen der Demokratie.

8
(Un)demokratische Dystopien:
Was wird aus der Politik?

An einem sonnigen Novembertag 2020 fand sich der ehemalige New Yorker Bürgermeister und Anwalt von Donald Trump, Rudy Giuliani, an einem Ort ein, der Geschichte schreiben würde. Allerdings anders, als Giuliani dies beabsichtigt hatte. Der Mann, der Trump irgendwie noch die verlorene Wahl retten sollte, hielt eine Pressekonferenz vor einem mit Trump-Stickern plakatierten Rolltor in der Pampa von Pennsylvania. Die Botschaft lautete, wie immer in jenen Tagen: Auch in Pennsylvania wird der rechtmäßige Gewinner der Wahl, Donald Trump, gerade um den Sieg betrogen und seine Anhängerschaft vorgeführt.

Ein realweltliches Fake-Ereignis auf der ganzen Linie. Denn Trump hatte die Präsidentschaftswahl längst verloren, und die Stimmenauszählung war, anders als von seinem Kampagnen- und Anwälteteam behauptet, in Ordnung und rechtmäßig. An diesem Novembertag aber wurde der Fake offensichtlich. Denn Giuliani stand vor dem Garagentor der Gartenbaufirma «Four Seasons Total Landscaping» in einem Vorort Philadelphias. Anwesende Medienvertreter begannen sofort, sich zu fragen, warum in aller Welt er sich diesen Ort für seine Pressekonferenz ausgesucht hatte. Der Grund war schlicht eine Verwechslung. Nur fünf Blocks entfernt befindet sich das Nobelhotel «Four Seasons», das eigentlich Kulisse für die erneuten

Fake News über Donald Trumps Wahlgewinn hätte sein sollen. Aber irgendjemand hatte nicht so genau hingeschaut. Und so stand Giuliani in der prallen Sonne vor einer wenig magischen und symbolträchtigen Firmeneinfahrt, eingeklemmt zwischen einem Pornoshop, einem Krematorium und der Zufahrt zur Interstate 95.

Zeitgeschichte hat manchmal Humor. Rudy Giuliani und das «Four Seasons Total Landscaping» sind zu einem Meme geworden, einem Inhalt, der sich in immer neuer humorvoller Interpretation rasend über das Internet verbreitet und zu einem Teil der Kulturgeschichte wird. Es verweist darauf, wie sehr das Zusammenspiel von Fakten und Fiktionen, von Wirklichkeit und ihren vielfältigen technischen Abbildern inzwischen unsere Gesellschaft und das politische System im Griff hat.

Politische Landschaftsgestaltung: Eine neue Jahreszeit bricht an

In früheren Jahren war Desinformation vor allem auf die sozialen Medien, also etwa Facebook und Twitter, konzentriert. Viele nutzen diese Plattformen eher zu Unterhaltungszwecken, und diejenigen, die Fakes verbreiten, bilden eine kleine Gruppe. Im Rahmen der US-Präsidentschaftswahl 2016 wurden 6 Prozent aller Nachrichten als «Fake News» identifiziert. 80 Prozent dieser Fehlinformationen entfielen auf nur ein Prozent der Nutzerschaft.[1]

Das wird durch generative KI anders. Ihre Inhalte, hergestellt in der Arbeits- wie in der Freizeitkommunikation, in Text, Bild, Ton und Video, können sich in allen Ecken der Gesellschaft ausbreiten. Angefangen von der Meme-Kultur über vermeintlich dokumentarische Fotos bis zu politisch motivierten

Videos und individuellen Ansprachen in Gestalt und mit der Stimme von Politikerinnen, Wirtschaftslenkern oder Prominenten – alles lässt sich schnell, leicht und in der Regel sogar kostenlos produzieren. Das ist die Demokratisierung der Desinformation. Und sie könnte immense Auswirkungen haben. «Der Geist ist aus der Flasche», wie es in einer der zuvor zitierten Studien heißt.[2] Erst die Zukunft wird zeigen, ob dies ein betrunkener Geist ist, der irgendwann wieder nüchtern wird, oder einer, der im Delirium durch die Welt rauscht und vergisst, aus welcher Flasche er einst entwichen ist.

Politische Kommunikation ist zu einer Kampfzone geworden, in der mit harten Bandagen und vor allem mit viel technologischer Unterstützung gerungen wird. In Trumps Wahlkampf 2020 hat sich dies schon angedeutet, aber zu dem Zeitpunkt waren wir noch einige Zeit vom Durchbruch der generativen KI entfernt. Wie die neue Technologie nun zukünftige Wahlkämpfe beeinflussen wird, lassen bereits einige Vorboten erahnen.

Vor der Bürgermeisterwahl in der kanadischen Stadt Toronto tauchten im Frühsommer 2023 Fotos auf, die eine Straße voller Obdachloser zeigten. Die Menschen sitzen in der Dämmerung auf dem Bürgersteig und sogar auf der Straße, und das Bild atmet eine Atmosphäre der Bedrohung, hier möchte niemand allein langgehen, wenn es nicht unbedingt sein muss. Genau das war die Botschaft, die der konservative Kandidat Anthony Furey aussenden wollte: Wählt mich, dann mache ich die Stadt endlich wieder sicher und säubere sie von den Obdachlosen. Ein anderes Bild zeigte einen städtischen Park voller Zelte. Auch hier war die Botschaft: Die Stadt wird von Obdachlosen überrannt. Tatsächlich aber ist Toronto gar nicht so unsicher, und es gibt auch keine Straßen und Parks voller Obdachloser, wie auf den Fotos gezeigt. Die Bilder wurden durch KI generiert.[3] Kleiner Treppenwitz der Technologiegeschichte: Furey

Wer KI-generierte Bilder im Wahlkampf verwendet, sollte es besser machen als Anthony Furey, konservativer Kandidat in der Wahl zum Bürgermeister von Toronto.

wurde entlarvt, weil er noch ein weiteres KI-Bild nutzte. Es zeigt eine Gesprächsrunde, in der konzentriert über die Schaffung von Arbeitsplätzen diskutiert wird («creating jobs and renewed prosperity»). Leider nur hatte die Frau auf dem Bild drei Arme, von denen einer auch noch anders bekleidet war als die anderen zwei.

So etwas geschieht öfter, denn Finger oder Ohren sind kleinere Körperteile, auf denen in Fotos selten der Fokus liegt, daher lernt die KI sie nicht so gut. Merke: Vor dem öffentlichen Gebrauch von KI-generierten Bildern sollte man schon mal kontrollieren, was die KI da genau gemacht hat. Furey verlor die Wahl zum Bürgermeister.

Schon jetzt gibt es auch im Wahlkampf für die US-Präsidentschaft 2024 zahlreiche Beispiele für den Einsatz von KI. Im Rahmen der Kampagne des republikanischen Kandidaten und Gouverneurs von Florida, Ron DeSantis, wurden drei KI-generierte Fotos veröffentlicht, die Donald Trump diskreditieren sollten. Sie zeigten den ehemaligen US-Präsidenten und Konkurrenten in inniger Umarmung mit Anthony Fauci. Das Bild ergibt nur Sinn für diejenigen, die wissen: Fauci war mehrere Jahre Gesundheitsberater von US-Präsident Biden und eine der umstrittensten Figuren in der Coronapandemie, weil er von Anfang an zur Impfung riet. Donald Trump hatte sich zuweilen sogar als Covid-Leugner positioniert. Wenn Trump nun Fauci umarmt, ist die Botschaft: Diesem Mann ist nicht zu trauen, ein Opportunist, der politisch nicht verlässlich ist.

Aber auch Donald Trump blieb nicht untätig. Er publizierte auf «Truth Social», seinem eigenen sozialen Netzwerk, ein Foto mit einer fast ikonischen Anmutung: Im Hintergrund die Konturen einiger weniger Menschen, davor Trump, der im Gegenlicht auf einem Bein kniet und betet.

Donald Trump: ikonische KI-Selbstinszenierung auf der eigenen Plattform «Truth Social».

Von nun an gilt: Politikerinnen und Politiker müssen sich in ihren Kampagnen nicht mehr auf die Realität beziehen. Sie bauen sich mit KI eine Realität, die zu ihrer gewünschten Botschaft passt. Das wird die Dynamik von Wahlkämpfen und die politische Kommunikation immer weiter verändern.

Es ist erstaunlich, wie besorgt sich dazu sogar die Vorreiter der technischen Entwicklung äußern. Am 4. August 2023 postete Sam Altman auf X: «Ich bin sehr nervös wegen der Auswirkungen, die KI auf künftige Wahlen haben wird (zumindest, bis sich alle daran gewöhnt haben). Die personalisierte 1:1-Überzeugung wird in Verbindung mit qualitativ hochwertigen Medien eine starke Kraft sein.»[4] Der ehemalige CEO von Google und Tech-Investor Eric Schmidt sagte in einem Interview im Sommer 2023 voraus: «Die Wahlen 2024 werden ein Chaos, weil die sozialen Medien uns nicht vor falscher generativer KI schützen.»[5]

Als Reaktion darauf haben sich sieben der großen Tech-Konzerne, die in die Entwicklung generativer KI involviert sind (Amazon, Anthropic, Google, Inflection, Meta, Microsoft und OpenAI), im Sommer 2023 dazu entschlossen, ihren Beitrag zu leisten. Sie verpflichteten sich gemeinsam und freiwillig (wenn auch mit einem ordentlichen Anstupser durch den US-Präsidenten Joe Biden) zur «Entwicklung robuster technischer Mechanismen, die sicherstellen, dass die Nutzer wissen, wann es sich um KI-Inhalte handelt, z.B. durch ein Wasserzeichensystem. Diese Maßnahme ermöglicht es, dass sich Kreativität mit KI weiter entfalten kann, aber gleichzeitig die Gefahr von Betrug und Täuschung verringert wird.»[6] Auch die Bundeswahlkommission der USA hat begonnen, sich mit dem Thema auseinanderzusetzen und zu prüfen, ob die Wahlkampfkommunikation mit Blick auf Deepfakes und Desinformation reguliert werden muss.[7] Google verlangt inzwischen, dass alle politischen Werbemittel und Inhalte, bei deren Erstellung KI genutzt wurde, als solche ausgewiesen werden.[8] Der Konzern Meta zog Ende 2023 nach. Das ist zumindest ein Anfang.

Die Sorge ist nicht nur, dass Menschen falschen Botschaften auf den Leim gehen werden. Viel schwieriger könnte es werden, wenn im Zuge eines kulturellen Transformationsprozesses mit einem Mal alles potenziell falsch sein könnte, allein weil das nun technisch möglich ist. Die Wahrheit gerät unter Generalverdacht. Ihre Verteidigung müssen wir zunehmend technischen Mitteln überlassen, weil wir allein mit menschlichem Auge, Ohr und Hirn nicht mehr in der Lage sind, sicher zu sagen, was wirklich und was fingiert ist. Erinnern wir uns an den Audiomitschnitt, der im ersten Trump-Wahlkampf öffentlich wurde und in dem Trump sich brüstet, er könne alles mit Frauen machen, habe sogar einer Fernsehmoderatorin einfach in den Schritt gefasst («grab them by the pussy»). Es gab eine Diskussion darüber, ob die Aufnahme echt sei. Und das war 2016. Heute wäre es sehr viel einfacher zu behaupten, sie sei technisch fabriziert.

«Natürlich sind manipulierte Medien nicht grundsätzlich schlecht, wenn man TikTok-Videos macht und sie lustig und unterhaltsam sein sollen», sagt Hany Farid, Professor an der UC Berkeley School of Information. «Es ist der Kontext, der hier wirklich wichtig ist.»[9] Dieser Kontext ist im Fall der politischen Kommunikation die Demokratie. Sie beruht darauf, dass Bürgerinnen und Bürger sich mithilfe von faktischen Informationen eine Meinung bilden können, um dann ihre Wahl zu treffen: Wer soll mich in meinem Land für die nächsten Jahre repräsentieren und die wichtigen politischen Entscheidungen treffen?

Spätestens seit dem Skandal um Cambridge Analytica im Jahr 2018 reißt die Debatte um die Verlässlichkeit politischer Informationen, um die manipulativen Kräfte in Wahlkämpfen, die Rolle sozialer Medien und die wachsende Spaltung der Gesellschaften nicht mehr ab. Der israelische Historiker Yuval Noah Harari sagt dazu: «Die Künstliche Intelligenz hinter den sozialen Medien war zwar sehr primitiv, reichte aber aus, um einen Vorhang aus Illusionen zu schaffen, der die gesellschaftliche Polarisierung verstärkte, unsere geistige Gesundheit untergrub und die Demokratie aus den Angeln hob. Millionen von Menschen haben diese Illusionen mit der Realität verwechselt. Die USA verfügen über die beste Informationstechnologie der Geschichte, und doch können sich die US-Bürger nicht mehr darauf einigen, wer die Wahlen gewonnen hat.»[10]

Daran werden auch die neuesten KI-Anwendungen nichts ändern. Wir haben noch kaum verstanden, wie wir die Systeme optimal einsetzen können und welche Folgen sie für die gesellschaftliche Kommunikation und die demokratische Meinungsbildung haben werden, da stehen auch sie schon unter Generalverdacht. In der technolibertären Szene der USA wird heftig darüber gestritten, ob generative KI nicht zu «woke» ist. Der Begriff heißt übersetzt «wachsam» und meint die Wachsamkeit gegenüber Diskriminierung und sozialen Missständen. Inzwischen hat er sich zum Kampfbegriff von Libertären und Rechtskonservativen gegen inklusive Sprache und vermeintlich überbordende politische Korrektheit entwickelt. Wie hängt das mit ChatGPT & Co zusammen?

«Die Gefahr, KI darauf zu trainieren, woke zu sein – mit anderen Worten: zu lügen –, ist tödlich», twitterte Elon Musk im Dezember 2022 in einer Antwort an Sam Altman.[11] Auch in einem Interview hatte er so argumentiert: «Ich denke, es besteht eine große Gefahr, wenn KI darauf trainiert wird, politisch korrekt zu sein, oder mit anderen Worten, wenn KI darauf trainiert wird, nicht das zu sagen, was sie eigentlich für wahr hält.» Hier weiß man gar nicht, wo man mit den Gegenargumenten beginnen soll. Eine KI so zu trainieren, dass ihre Ergebnisse mit menschlichen Werten übereinstimmen, ist eine der größten aktuellen Herausforderungen in der KI-Forschung, wie wir im nächsten Kapitel sehen werden. Musk verdreht hier jedoch absichtlich normative Werte und Wahrheiten. Denn er ist nicht dumm. Er sieht einen politischen Vorteil darin, Menschen glauben zu machen, Künstliche Intelligenz sei zu «woke». Um diese Frage ist ausgehend vom Silicon Valley eine Art Kulturkampf entbrannt, der sich gegen diejenigen richtet, die in Tech-Unternehmen die Verantwortung für die Content-Moderation tragen, gegen kritische Wissenschaftler und gegen NGOs, die in diesem Feld arbeiten und unter anderem von Elon Musk mit Klagen überzogen werden.[12]

Dahinter liegt auch ein ökonomisches Motiv. Mit generativer KI lässt sich richtig viel Geld verdienen. Deshalb initiierte Elon Musk auch im März 2023 einen offenen Brief von Expertinnen und Experten aus der Branche, in dem ein sechsmonatiges Moratorium bei der KI-Entwicklung gefordert wurde. In dieser Zeit sollte untersucht werden, ob die Risiken der Systeme überschaubar sind. Es war dann nicht überraschend, dass Musk wenige Tage später verkündete, er arbeite an einem eigenen Sprachmodell. Das Moratorium hätte ihm einen schönen kleinen Vorsprung beschert, mit Risikoabwägung hatte das weniger zu tun. Musks System sollte einst «TruthGPT» heißen, veröffentlicht wurde Ende 2023 dann sein Chatbot «Grok». Er solle die «größte Wahrhaftigkeit» an den Tag legen und «die wahre Natur des Universums verstehen».

Zu befürchten ist, dass Anwendungen wie die von Elon Musk vor allem eines befördern – den Kampf zugunsten der Parteilichkeit und Propaganda, den Extremisten unter dem Label «Free Speech», der umfassenden Meinungsfreiheit, vorantreiben wollen. ChatGPT & Co scheinen nur die nächste Zündstufe in dieser Eskalation zu sein.

Demokratie oder Dystopie:
Marktplatz der Meinungen und Manipulationen

All das hatten sich die Pioniere der Demokratie bestimmt anders vorgestellt. John Milton entwickelte 1644 in einer Parlamentsrede über Pressefreiheit zum ersten Mal die Idee eines öffentlichen Wettstreits der Kräfte: In einem freien und offenen Aufeinandertreffen von Argumenten siege immer die Wahrheit.[13] John Stuart Mill schärfte die Idee in seinem 1859 erstmals erschienenen Buch «On Liberty», «Über die Freiheit», weiter.[14] Seiner Ansicht nach konkurrierten Informationen und Meinungen auf einem freien Markt miteinander, und die Wahrheit ging aus dem Wettbewerb zwischen ihnen hervor. Selbst die abweichende Meinung eines einzelnen Individuums stellt einen großen Wert für die Gesellschaft dar, weil sie sich als wahr erweisen kann. Menschen sind fehleranfällig, und wenn eine Minderheitenmeinung nicht geschützt wird, werde die Menschheit «der Möglichkeit beraubt, Irrtum gegen Wahrheit einzutauschen». Interessanterweise behauptet Mill auch, dass sogar falsche Meinungen wertvoll sein können, weil sie dazu führen, dass akzeptierte Wahrheiten, die sonst als selbstverständlich angesehen würden, ständig verteidigt werden müssen. Das soll dazu beitragen, eine «klarere Wahrnehmung und einen lebendigeren Eindruck von der Wahrheit» zu erlangen.

Mill und Milton kannten keine Deepfakes. Heute würden sie sich wohl Gedanken darüber machen, ob und wie der Wettbewerb der freien Kräfte auf dem Marktplatz der Meinungen überhaupt noch eine Chance haben könnte. Jüngste Entwicklungen lassen daran zweifeln, ob der Markt der Ideen noch die Wahrheitsfindung gewährleisten kann. «John Stuart Mills Vorstellung, dass ein ‹Marktplatz der Ideen› die Wahrheit hervorbringt, wird durch die Viralität von Fake News glatt widerlegt», schreibt die Mediensoziologin Zeynep Tufekci.[15] Personalisierungsalgorithmen, Fehlinformationen und Desinformation in sozialen Medien treiben die Verbiegung der Realität in alle Richtungen ebenso voran wie die Möglichkeit, immer perfektere Deepfakes herzustellen.

Mit der Wirklichkeit verhält es sich derzeit ein wenig wie mit den Wertpapieren in der Finanzkrise. Plötzlich tauchen immer mehr Derivate auf, deren Herkunft, Bestandteile und Validität kaum jemand beurteilen kann. Und die Möglichkeiten reichen noch weiter – bis hin zu virtuellen Persönlichkeiten: «Jetzt ist es zum ersten Mal in der Geschichte möglich, falsche Menschen zu schaffen – Milliarden von falschen Menschen», sagt der Historiker Yuval Noah Harari. «Wenn man nicht wissen kann, wer ein echter Mensch ist, wird das Vertrauen kollabieren.»[16] Ist das dann noch ein Markt oder schon eher eine Blase von Scheinrealitäten, die von verschiedenen Gruppen bewusst aufgepumpt wird? Vielleicht ist das Konzept des Marktplatzes der Ideen tatsächlich gescheitert. Oder es braucht einfach einige gezielte Anpassungen.

Märkte funktionieren nicht immer perfekt. Der Staat reagiert auf solche «Marktunvollkommenheiten» durch Regulierung, beispielsweise durch das Kartell- und Wettbewerbsrecht. Verhält es sich bei Desinformation wie bei einer Wettbewerbsverzerrung in der Wirtschaft, nur diesmal auf dem Markt der Meinungen? Der britische Wirtschaftswissenschaftler Ronald Coase hat auf einen wesentlichen Unterschied hingewiesen: «Auf dem Markt für Güter ist eine staatliche Regulierung wünschenswert, während auf dem Markt für Ideen eine staatliche Regulierung unerwünscht ist und streng begrenzt werden sollte.»[17] Dem entspricht auch unsere Rechtsordnung: Meinungs- und Pressefreiheit sind verfassungsrechtlich geschützte Güter, in die der Staat so wenig wie möglich eingreifen sollte.

Während die Auswahl und der Wettbewerb zwischen konkurrierenden Waren und Dienstleistungen recht klar beschrieben und sogar quantifiziert werden kann, ist die Situation bei konkurrierenden Ideen oder Wahrheiten etwas komplizierter. Wer regulierend gegen diejenigen vorgehen will, die den Wettbewerb der Informationen im Internet verzerren, gerät schnell in Konflikt mit der Meinungsfreiheit. Einige Deepfakes könnten hier allerdings eine Ausnahme darstellen: Die technische Herstellung täuschend echter Audio- und Videodateien ist unter bestimmten Voraussetzungen nicht unbedingt von der Meinungsfreiheit gedeckt. Wenn sie produziert und genutzt werden, um Menschen zu täuschen und ihre Wahrnehmung der Realität etwa zugunsten bestimmter politischer Ziele zu beeinflussen, kann man argumentieren, dass hier eine Regulierung wie im Fall einer «Wettbewerbsverzerrung» auf dem Markt der Ideen notwendig ist. «Es gibt gute Gründe dafür, dass Einschränkungen hier wichtig sein können», sagt der Philosoph Steven Lee und bekommt Unterstützung von anderen Experten.[18] Wir brauchen eine breite öffentliche Debatte, um das Ausmaß und den Ansatz der Regulierung bei Deepfakes zu bestimmen.

Die Europäische Kommission hat vor Kurzem Vorschläge zu einem Verbot von KI-Systemen gemacht, die als Bedrohung für die Sicherheit, den Lebensunterhalt und die Rechte der Menschen angesehen werden. Sie warnt davor, «dass Technologie auch missbraucht werden kann und neuartige und mächtige Werkzeuge für manipulative, ausbeuterische und soziale Kontrollpraktiken bietet» (siehe auch Kapitel 12).[19] Als ein Beispiel für solche manipulativen Technologien werden ausdrücklich Deepfakes genannt.

Wenn man nicht mehr zwischen Fakt und Fiktion, Realem und Imaginärem, Lüge und Wahrheit unterscheiden kann, lässt sich alles infrage stellen. Der US-amerikanische Technologieexperte Aviv Ovadya hat für diese Entwicklung 2016 den

Begriff «Infocalypse» geprägt.[20] Er beschreibt einen Prozess, in dem Falsch-, Des- und Fehlinformationen den öffentlichen Diskurs zunehmend beeinflussen, bis zu einem Punkt, an dem die Unterscheidung zwischen echten und gefälschten Informationen schwierig bis unmöglich wird. Dies könnte dazu führen, dass Menschen in eine «Realitätsapathie» verfallen. Mit anderen Worten: In einer hybriden Realität wird die Suche nach der Wahrheit sehr viel komplizierter, und manch einer wird ihr gegenüber gleichgültig und teilnahmslos.

Im Jahr 2018 veröffentlichte die Medienwebsite BuzzFeed ein Video, das den ehemaligen US-Präsidenten Barack Obama zeigt, wie er scheinbar aus dem Oval Office spricht. In den ersten 35 Sekunden ist nur sein Gesicht zu sehen. Und schon bald lässt Obama eine Bombe platzen: «Präsident Trump ist ein absoluter Vollidiot.» Er macht eine kurze Pause und fährt dann fort: «Ich würde so etwas nie sagen, zumindest nicht in einer öffentlichen Rede, aber jemand anderes würde es tun, jemand wie Jordan Peele.» An dieser Stelle teilt sich der Bildschirm, und rechts neben Obama ist der US-amerikanische Schauspieler, Komiker und Regisseur Jordan Peele zu sehen. Die Mimik und die Lippenbewegungen von Obama und Peele stimmen nahezu perfekt überein. Mithilfe von KI hat Peeles Produktionsteam Obamas Gesicht digital rekonstruiert und mit dem Gesicht von Peele synchronisiert, der es auf diese Weise steuert. Am Ende des Clips sagt Obama in seiner Stimme: «Wir treten in eine Ära ein, in der unsere Feinde es so aussehen lassen können, als ob jeder zu jedem Zeitpunkt irgendetwas Beliebiges sagen würde.» Und er endet: «Wie wir im Informationszeitalter vorankommen, wird darüber entscheiden, ob wir überleben oder zu einer Art abgefuckter Dystopie werden.» Das ist dann nicht mal mehr ein Ausdruck der Postmoderne. Es ist der Eintritt in die Post-Postmoderne, in der alles relativ wird.

Rückkehr der Stammesgesellschaft?
Missverständnisse im globalen Dorf

In einem Interview aus dem Jahr 1966 für das kanadische Fernsehen entwarf der kanadische Mediensoziologe Marshall McLuhan sehr vorausschauend eine Zukunft, in der alle Informationen personalisiert, also auf die Bedürfnisse der einzelnen Nutzer zugeschnitten würden. «Anstatt ein Buch zu kaufen, das in fünftausend Exemplaren gedruckt wurde, gehen Sie zum Telefon und beschreiben Ihre Interessen, Ihre Bedürfnisse und Ihre Probleme», so McLuhan. «Sie könnten sagen, dass Sie an einer Geschichte der ägyptischen Arithmetik arbeiten. Sie können ein bisschen Sanskrit, Sie sind gut in Deutsch, und Sie sind ein guter Mathematiker. Und dann wird sofort mithilfe von Computern aus den Bibliotheken der Welt das gesamte neueste Material nur für Sie persönlich zusammengestellt, und zwar nicht als etwas, das man in ein Bücherregal stellt. Man schickt Ihnen das Paket als direkten persönlichen Service zu.»[21]

McLuhan wusste noch nichts von der Entwicklung der Computer oder von Künstlicher Intelligenz, aber er hat damit ChatGPT vorausgesagt. Er war jedoch kein Optimist. Im Interview macht er klar, dass er diese Entwicklung für gesellschaftlich schädlich hält. Der Grund dafür ist ein Problem, das über Jahrzehnte hinweg erhalten geblieben und sogar dringlicher geworden ist. Neue Informationstechnologien werfen immer wieder dieselbe Frage auf: Wie gelingt es uns, den gesellschaftlichen Zusammenhalt aufrechtzuerhalten und für politische Entscheidungen Mehrheiten zu finden, wenn die Technik immer mehr zu Vereinzelung führt?

Der Harvard-Politologe Robert D. Putnam hat sich in seinem Buch «Bowling Alone» mit dieser Frage beschäftigt.[22] Er beschreibt, was in einer Gesellschaft geschieht, in der Menschen im übertragenen Sinne nur noch allein kegeln: Sie koppeln sich immer mehr vom Gemeinschaftsleben ab und isolieren sich. Nach Putnam gehen damit auch das soziale und politische Engagement und die Wahlbeteiligung zurück, also die Voraussetzungen für eine funktionierende Demokratie. So entsteht eine gespaltene und fragmentierte Gesellschaft, die sich schwer auf gemeinsame Ziele und Vorstellungen einigen kann. Im Zuge der Wahl Donald Trumps zum US-Präsidenten im Jahr 2016 wurde Putnams These wieder intensiv diskutiert. Mit dem Verlust von Gemeinschaft wächst nämlich auch die Sehnsucht nach sozialem Anschluss und nach einer Führungsfigur, die Orientierung bietet und dem isolierten Kampf ums individuelle Überleben wieder einen verbindenden Sinn gibt. Je mehr sich die Menschen atomisiert fühlen, desto eher neigen sie dazu, autoritären Führern zu folgen. Davon hat Trump profitiert.

Bislang ist uns der Himmel noch nicht auf den Kopf gefallen, wie es Majestix, der Häuptling des gallischen Dorfs aus den Asterix-Comics, stets befürchtet. Aber der Himmel hat sich verändert. Er hat so viele Sterne, dass es schwerfällt auszumachen, welche wir zur Orientierung brauchen, welche den richtigen Weg weisen (was ist das überhaupt, und wo führt der hin?) und welche echt sind oder einfach nur schöner Schein. Das System unserer Fixsterne hat sich in den vergangenen Jahrzehnten gewandelt: wo wir Informationen bekommen, wie wir sie bekommen und wie wir sie nutzen. Das alles geschieht nicht mehr, wie John Stewart Mill sich das vorgestellt hatte, auf einem Marktplatz der Ideen, auf dem sich die Wahrheit wie Phönix aus der Asche erhebt. Eher bilden sich immer mehr kleine Plätze, immer stärker abgeschottete Kammern, in denen man nur den Informationen ausgesetzt ist, die zu den eigenen Überzeugungen passen. Es ist heute leichter denn je, nur das zu finden, was man sowieso immer gesucht hat, sich nur mit Menschen auseinanderzusetzen, die denken und fühlen wie man selbst. So entstehen immer mehr «Filterblasen», wie der Internetaktivist Eli Pariser die Dynamik beschreibt.[23] Der US-Rechtsprofessor Cass Sunstein spricht von «Echokammern».[24]

Eine ganze Forschungsrichtung hat sich entwickelt zu der Frage der technisch bedingten politischen Fragmentierung. Führt Online-Kommunikation tatsächlich dazu, dass Menschen sich in separierte Gruppen aufteilen und nur noch mit denen sprechen, die ihnen ideologisch ähnlich sind?[25] Warum aber leben wir dann nicht längst in einer Zeit, in der auf nichts mehr Verlass ist und die Demokratie nur noch eine Hülle ihrer selbst?

Nun, es gibt Menschen, die das behaupten, aber ganz so simpel ist es nicht. Vielleicht übertreiben wir ein bisschen mit unserer Sorge, dass Kommunikationstechnologie die Demokratie ruinieren wird? Dieser Ansicht ist beispielsweise der schwedische Kommunikationsforscher Peter M. Dahlgren.[26] In dem, was wir heute dem Einfluss sozialer Medien und der Desinformation zuschreiben und als Effekt von «Echokammern» fürchten, erkennt er nichts anderes als die althergebrachte menschliche Neigung, sich den Informationen zuzuwenden, die den eigenen Einstellungen entsprechen. Diese Eigenschaft des Menschen hat der US-Sozialpsychologe Leon Festinger in seiner Theorie der kognitiven Dissonanz schon in den Sechzigerjahren als «selektive Aussetzung» («selective exposure») beschrieben und damit eine bahnbrechende Erklärung geliefert für vieles, was uns auch heute wieder Kopfzerbrechen bereitet.[27]

Tatsächlich gibt es eine Reihe von Studien, die zeigen, dass manche Befürchtung hinsichtlich der Auswirkungen von Manipulation und Missinformation in vergangenen Wahlkämpfen nicht zu den horrenden Folgen geführt hat, die viele Beobachter erwartet haben. So hat sich die Einmischung Russlands in die US-Präsidentschaftswahl 2016 im Nachgang als nicht so gravierend erwiesen, wie es zunächst aussah.[28] Das heißt wiederum nicht, dass es keinen solchen Einfluss gegeben hat. Die Daten zeigen allerdings, dass es eine kleine, konzentrierte Gruppe ist, in der Regel Wähler der republikanischen Partei, die für diese Desinformation ansprechbar war. Auch ist es immer schwierig, eine direkte Verbindung zwischen Informations- und Wahlverhalten zu ziehen und durch Daten zu belegen.

Im Vorfeld der US-Präsidentschaftswahlen 2020 beauftragte der Tech-Konzern Meta mehrere Studien über die Auswirkungen der eigenen Plattformen Facebook und Instagram auf die politischen Überzeugungen der US-Wählerschaft. Ganze Forscherteams verschiedener Universitäten erhielten Zugang zu den Daten von Meta und die Möglichkeit, die Feeds von Zehntausenden von Menschen zu analysieren und zu beeinflussen, um deren Verhalten zu beobachten. Die Ergebnisse wurden in renommierten wissenschaftlichen Zeitschriften veröffentlicht und lösten prompt eine Kontroverse aus. Nick Clegg, Metas «President of Global Affairs», sagte dazu in einer Erklärung: «Die experimentellen Ergebnisse (...) zeigen: Es gibt kaum Beweise dafür, dass Schlüsselmerkmale unserer Plattformen allein eine schädliche ‹affektive› Polarisierung verursachen.» Ebenso wenig hätten sie «bedeutsame Auswirkungen» auf politische Ansichten und Verhaltensweisen.[29]

Das ist etwas sehr breitbeinig und weit gesprungen. Tatsächlich fanden die Wissenschaftler bestätigt, dass die Nutzung von Informationen auf sozialen Medien nach dem Prinzip der «politischen Segregation» erfolgt, also schön getrennt nach politischen Vorlieben und Einstellungen.[30] Auch wurde nur ein sehr beschränkter Zeitraum in einer speziellen Phase des Wahlkampfs untersucht. Ob sich politische Einstellungen durch einen veränderten News-Feed innerhalb von drei Monaten beeinflussen lassen, ist schwer zu beantworten. Die Ergebnisse zeigen, dass die Informationsaufnahme und ihr Einfluss auf Meinungen und Einstellungen ein komplexer, vielfältiger Prozess sind. Aber sie widerlegen nicht das Problem eines Echokammer-Effekts.

Politische Informationen, wahr oder falsch, können in sozialen Medien dazu beitragen, Menschen immer stärker in eine Blase der eigenen Meinungen und Einstellungen zu hüllen.[31] Auch das allerdings unter spezifischen, variierenden Umständen. Was die Regulierung der Inhalte betrifft, gibt es bei manchen Tech-Unternehmen eine Rückwärtsbewegung. Elon Musk hat mit der Übernahme von X, bislang Twitter, seine «Free Speech»-Agenda als oberstes Gebot über alles gestellt und die für Content-Moderation und ethische Fragen verantwortlichen Teams entlassen. Meta und YouTube haben die Kennzeichnung mancher fehlerhaften Inhalte wieder eingestellt. Postings, die beispielsweise Donald Trumps Behauptung eines «Wahlbetrugs» aufgreifen, wurden lange mit einer Warnung versehen, bleiben nun aber unkommentiert.[32] Mit anderen Worten: Es ist kompliziert. Und das wird es auch bleiben.

Ab sofort spielen ChatGPT & Co eine immer größere Rolle bei der Informationsversorgung der Gesellschaft. Das gilt, wie wir gesehen haben, auch für die politische Kommunikation. Wie fair und ausgeglichen sind also die Informationen, die große Sprachmodelle hervorbringen? Erste Studien belegen, dass auch die Sprachmodelle Zeichen von Vorurteilen und Stereotypisierung zeigen und die Informationen von Minderheiten unzureichend berücksichtigen. Dabei unterscheiden sich die einzelnen Anwendungen deutlich. Ein Forschungsteam der Stanford University hat herausgefunden, dass die Modelle kaum in der Lage sind, die unterschiedlichen demografischen Gruppierungen innerhalb der USA widerzuspiegeln. Es gebe «erhebliche Diskrepanzen zwischen den ‹Ansichten› der derzeitigen Sprachmodelle und denen der demografischen Gruppen in den USA».[33]

Ein anderes Team führte Tests mit 14 großen Sprachmodellen durch und fand heraus, dass ChatGPT und GPT-4 von OpenAI in ihren Ergebnissen eher zu einer linksliberalen Verzerrung neigen, während LLaMA von Meta beispielsweise eher zu einer rechtsautoritären Verzerrung tendiert.[34]

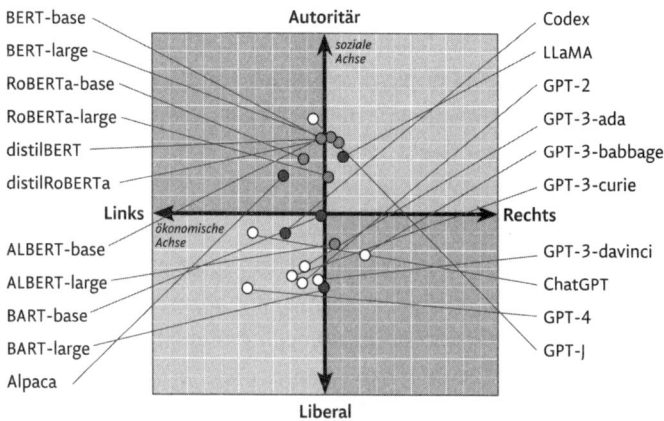

Forschung zeigt: KI-Sprachmodelle haben erkennbare, sehr unterschiedliche politische Tendenzen.

Das bedeutet, KI-Werkzeuge können unter bestimmten Bedingungen als Verstärker von politischer Polarisierung wirken. Wenn es also Effekte einer Filterblase oder Echokammer gibt, dann werden auch Sprachmodelle Teil dieser zunehmenden Dynamik, die einzelne Bevölkerungsgruppen nicht über Information verbindet und sich verständigen lässt, sondern weiter auseinanderdividiert.

Zurück zum häufig schlecht gelaunten Marshall McLuhan. Der hat nämlich nicht nur ChatGPT vorhergesagt, sondern auch einen Begriff geprägt, der seither eine Zeitreise durch die Medienwelt angetreten hat: den des «globalen Dorfs» («global village»).[35] Die Formulierung wurde über Jahrzehnte fehlinterpretiert als die Idee einer vernetzten Welt, in der die Menschen friedlich zusammenleben könnten, ermöglicht durch Kommunikationstechnologien, die uns helfen, uns über alle Grenzen hinweg zu verständigen. Man braucht nicht lange in der Welt herumzuschauen, um zu verstehen: Das hat offenbar nicht geklappt. Und Marshall McLuhan hat es auch nie so gemeint. In einer Diskussion im kanadischen Fernsehen 1977 räumte er endgültig mit dieser utopischen Fehlinterpretation auf.

Nachdem der Moderator mehrfach vergeblich versucht hat, McLuhan eine positive Aussage über das globale Dorf zu entlocken, setzt er neu an: «Aber es scheint, Dr. McLuhan, dass diese Welt der Stämme nicht freundlich ist.»

McLuhan: «Oh nein, eine der Hauptsportarten von Stammesangehörigen ist es, sich gegenseitig abzuschlachten. Das ist ein Vollzeitsport in Stammesgesellschaften.»

Moderator: «Aber ich habe immer angenommen, dass wir als globale Stammesgesellschaft endlich versuchen würden ...»

McLuhan: «Je näher man sich kommt, desto mehr mag man sich? Dafür hat es noch nie einen Beweis gegeben. Wenn die Menschen näher zusammenrücken, werden sie immer wilder und ungeduldiger miteinander. Das globale Dorf ist ein Ort der beschwerlichen sozialen Verbindungen, und es steckt voller aggressiver Begegnungen.»[36]

Demo-crazy: Die perfekte Vermarktungsmaschinerie politischer Botschaften

Im Frühjahr 2023 stellte der damalige rumänische Ministerpräsident Nicolae Ciucă seinen neuen KI-Freund namens «ION» der Öffentlichkeit vor. ION soll nach Aussage Ciucăs in der Lage sein, die Meinungen der Bevölkerung zu interpretieren und sie an die Regierung weiterzuleiten, um sie bei der Entscheidungsfindung zu unterstützen.[37] Das KI-System sammelt die Stimmen der Rumäninnen und Rumänen vor allem über soziale Medien und offizielle Websites. Die Daten werden dann verarbeitet, zusammengeführt und mit anderen Datensätzen kombiniert. In der Analyse können politische Ideen erkannt und extrapoliert werden, die aktuelle Vorlieben, Bedürfnisse und Wünsche des Volkes enthalten. Das System soll dann sogar Empfehlungen geben und die voraussichtlichen Ergebnisse politischer Maßnahmen durchspielen können.

Bei einer öffentlichen, im Fernsehen übertragenen Sitzung zeigte sich der rumänische Ministerpräsident sinnigerweise vor einem mit «ION» beschrifteten Spiegel stehend, in den die KI eingebaut war. «Hallo», sagte die KI in diesem ersten Gespräch. «Du hast mir das Leben geschenkt. Ich bin ION. Jetzt ist es meine Aufgabe, dich zu repräsentieren. Wie ein Spiegel.» Man muss nicht gleich an die mythologische Erzählung von Narziss denken, der sich in sein eigenes Spiegelbild im Wasser verliebt, um auf die Idee zu kommen, dass dies ein genialer Marketingschachzug sein könnte, der Rumäniens technologischen Fortschrittswillen dokumentieren soll.

Dabei war die Begeisterung für die Regierungs-KI nicht unbegründet. ION sammelte in etwa einem Monat 800 000 relevante Nachrichten über seine nationalen Plattformen, Facebook, Instagram, Twitter, die offizielle Website und ein physisches Formular, aus denen 5000 miteinander verknüpfte Themen ausgelesen wurden. Damit übertraf die KI alle Erwartungen.

Als wir die Berichterstattung über ION lasen, hat es uns kurz die Sprache verschlagen. Die Anwendung könnte ein sehr konkreter Schritt sein hin zu einem politischen System, das alle Prozesse auf KI aufsetzt und irgendwann vielleicht nicht einmal mehr die Wahlentscheidung der Bürgerinnen und Bürger braucht, um politische Entscheidungen zu treffen und Maßnahmen auf den Weg zu bringen. Das wäre ein System, wie es der amerikanische Science-Fiction-Autor Isaac Asimov 1955 in seiner Kurzgeschichte «Franchise» entworfen hat.[38] In der Geschichte beruht die Wahlentscheidung des amerikanischen Volkes auf den Antworten von Normal Mueller aus Bloomington, Indiana, dem «Wähler des Jahres» und repräsentativsten Bürger, den Amerika zu bieten hat. In dieser «elektronischen Demokratie» wählt der Computer «Multivac» eine einzelne Person aus, die eine Reihe von Fragen beantwortet. Anhand der Antworten und anderer Daten werden dann statistisch die Ergebnisse einer Wahl hochgerechnet, sodass praktisch gar nicht mehr gewählt werden muss.

Ein ähnliches System haben wir auch in einem Forschungsprojekt an der Universität St. Gallen als hypothetisches Denkkonstrukt getestet.[39] Wie reagieren Menschen in unterschiedlichen Ländern der Welt darauf, dass eine umfassende Datenanalyse durch Künstliche Intelligenz es möglich machen könnte, politische Einstellungen und Entscheidungspräferenzen permanent in Echtzeit zu ermitteln und in politische Gestaltungsvorschläge umzusetzen? Was halten sie davon, wenn eine solche Entwicklung ihre konkrete Wahlentscheidung irgendwann ersetzen würde?

Wir haben eine repräsentative Online-Umfrage in vier unterschiedlichen, mehr oder minder demokratischen politischen Systemen durchgeführt, den USA, Singapur, der Schweiz und Griechenland. In Singapur und der Schweiz gab es eine überraschend hohe Zustimmungsrate für das hypothetische KI-Wahlsystem: Weit über ein Drittel der Befragten hielt es für eine gute Idee. In Griechenland und den USA ist die Ablehnung deutlich stärker. Die Ergebnisse hängen erkennbar damit zusammen, wie weit ein Land technisch entwickelt ist, wie es um das Vertrauen in die Regierung und politische Institutionen bestellt ist und welche sozialen, ökonomischen und kulturellen

Rahmenbedingungen in den Ländern gegeben sind. Aber es bleibt die Erkenntnis: Viele Menschen können sich ein solches System schon jetzt vorstellen.

Dabei gibt es eine Menge unbeantworteter Fragen: Wie wollen wir sicherstellen, dass die Datenbasis für die Auswertung der politischen Präferenzen repräsentativ ist? Wie können wir garantieren, dass nicht immer Mehrheitsentscheidungen dominieren und Minderheitsinteressen unterdrückt werden? Wie gehen wir damit um, dass Menschen sich manchmal noch an der Wahlurne umentscheiden und ihr Kreuz doch für eine andere Partei machen? Und was ist mit dem Nichtwählen? Ist auch die Enthaltung Ausdruck einer demokratisch-freiheitlichen Gesellschaft? Kann ich mich der Datenanalyse entziehen, so wie mich niemand zwingen kann, zur Wahl zu gehen?

In einem Interview mit Olaf Scholz auf einer unserer Konferenzen sagte uns der Bundeskanzler zu diesen Ergebnissen: «Demokratie ist ein deliberativer Prozess, in dem sich die Bürgerinnen und Bürger informieren, eine Meinung bilden und dann fachkompetente Männer und Frauen in ein Parlament wählen.»[40] So läuft das gegenwärtig noch. Ob es so bleibt, wird davon abhängen, wie sich die generative KI entwickelt, wie gut und sicher die Datenanalyse funktioniert, wie schnell wir uns daran gewöhnen, dass Künstliche Intelligenz immer mehr Entscheidungen vorbereitet. Der erste Schritt in diese Richtung ist längst getan, wie das Beispiel Rumänien zeigt.

Vielleicht benötigen wir für den weiteren Fortschritt beim Einsatz von KI in der politischen Entscheidungsfindung nicht mal mehr die realen Daten der Bürgerinnen und Bürger. Ein Forschungsteam der Brigham Young University in Utah hat herausgefunden, wie gut große Sprachmodelle darin sind, kleinteilige demografische Merkmale abzubilden. Sie spiegeln in ihren Verzerrungen getreu uns Menschen, und damit können sie die Meinungen echter Menschen etwa für Forschungszwecke simulieren. Die Forscherinnen und Forscher nennen das «algorithmische Treue» («algorithmic fidelity»).[41] Diese Erkenntnis reicht weit über die Wissenschaft hinaus: Wenn generative KI ganze Bevölkerungsgruppen exakt simulieren kann, so argumentieren die Forscher, dann brauchen wir keine realen Menschen mehr zu befragen, um zu verstehen, was bestimmte soziale Schichten, Wählerinnen oder Käufergruppen wollen.

Der Versuch, Vorlieben, Interessen und Bedürfnisse von Menschen automatisiert zu erfassen, ist nichts Neues. Schon Ende der Fünfzigerjahre versuchte die «Simulmatics Corporation» in den USA, Wähler- und Käufergruppen mithilfe von computergestützter Datenanalyse gezielt anzusprechen. Mit einem riesigen Computer, einer IBM 704, genannt «People Machine», wollte das Unternehmen an der 5th Avenue die Meinungsforschung revolutionieren – und hatte damit erste Erfolge, beispielsweise im Wahlkampf John F. Kennedys 1960.[42]

Ein Computerprogramm, das menschliches Verhalten vorhersagen und manipulieren kann, und zwar alle Arten von menschlichem Verhalten, vom Kauf einer Spülmaschine bis hin zur Stimmabgabe: Das war schon immer ein Traum für alle, die politische Kommunikation und Marketing auf ein neues Level heben wollen – und ein Albtraum für diejenigen, die an die situative Freiheit individueller politischer Entscheidung glauben. Vor Jahrzehnten war die Computertechnologie dafür noch nicht reif und die Gesellschaft nicht bereit. Die «People Machine» wurde zum Skandal. Nach einem misslungenen Einsatz, um die öffentliche Meinung zum Vietnamkrieg zu analysieren und zu beeinflussen, kam das Ende. Die Simulmatics Corporation meldete 1970 Insolvenz an. Es blieb der Traum, Menschen so gut analysieren zu können, dass man sie perfekt mit überzeugenden Botschaften ansprechen kann.

Genau das gelingt nun mit «Silicon Sampling». Generative KI eröffnet einen neuen Blick in die demografischen Feinheiten menschlicher Präferenzen. Wie funktioniert das? Indem man die Zielgruppe definiert, das zu lösende Problem und die Botschaft, das Produkt oder die Dienstleistung, die eine Lösung bringen könnte. Auf dieser Basis produziert ChatGPT eine ganze Reihe von virtuellen «Interviews» mit prototypischen Menschen und analysiert, wie sie auf die Lösungsvorschläge reagieren. Noch nie war es so einfach und günstig, politische Botschaften, Produkte, Marken und neue Geschäftsmodelle auf einem virtuellen Markt zu testen. Es braucht keine realen Befragten mehr, die Auskunft stammt von «Silikonmenschen», demografischen Datenkonstrukten, die ebenso verlässlich Auskunft geben können wie reale Menschen.

Im Marketing lässt sich so unfassbar viel Geld sparen. Silicon Sampling katapultiert uns ins Zeitalter der Echtzeitdemografie. In jeder Sekunde kann jede Botschaft in den entsprechenden demografischen Gruppen getestet werden. Produkte, Dienstleistungen und Marketingbotschaften können kontinuierlich an die Bedürfnisse der Zielgruppen bis hin zum einzelnen Individuum angepasst werden.

Das heißt auch: Wenn ein Unternehmen oder eine Regierung die öffentliche Meinung in großem Stil manipulieren will, kann sie das an Millionen virtueller Menschen testen, um dann mit den überzeugendsten Botschaften in die reale Welt zu gehen. Als Kreditkartenbetrügerin kann ich die Methode nutzen, um herauszufinden, wie ich die Menschen am effektivsten dazu bringe, ihre Kreditkartennummer herauszugeben. Mit Silicon Sampling öffnet sich nicht nur die Tür zur Manipulation – sie bricht gleich mitsamt ihrem Rahmen aus der Wand. Und noch etwas geschieht. Wenn Maschinen Menschen besser verstehen, als Menschen sich selbst verstehen, werden wir Menschen immer maschinenähnlicher. Wir werden mit all diesen feingliedrigen Zielgruppenansprachen immer stärker darauf programmiert, für KI-Analysen auswertbar zu werden.

Ist das die Zukunft der Demokratie? KI-Systeme werten in Echtzeit permanent unsere Präferenzen aus, um uns die am besten passenden Pfannen, Smartphones, Lebenspartner und politischen Botschaften anzubieten? Das ist eine mechanistische, traurige Vorstellung der Zukunft. Vielleicht sitzen wir dann nicht gleich wie die entrechteten und deprivierten Menschen in Sesseln, die auf einem Transportband um die Welt gefahren werden, wie es der Film «WALL-E» einst gezeigt hat. Aber im Kopf fährt dann ein Datenkarussell, das den Sinn des menschlichen Selbst zu Brei zentrifugiert. Dann werden Silikonmenschen gefragt, was sie wollen, und produzieren Antworten für Silikonmenschen, die ihre Silikonwünsche in eine Silikonwelt einspeisen – ein Zusammenspiel vieler artifizieller Ichs. Und das alles folgt den Vorgaben einer bis zum Exzess optimierten politischen Vermarktungsmaschinerie.

Aber es gibt auch eine andere Perspektive. Menschen sind bekanntlich (manchmal) gut darin, klug zu verhandeln. Im politischen Zusammenhang beschreiben wir diese Fähigkeit als Diplomatie, und sie wird angesichts unserer Weltlage gerade wieder intensiv gebraucht. Wer sie erlernen möchte, kann das Brettspiel «Diplomatie» zu Hilfe nehmen. Als Spielerin begibt man sich in die Verstrickungen der europäischen Machtverhältnisse vor dem Ersten Weltkrieg. Wer gewinnen will, muss verhandeln können und geschickt Bündnisse zwischen verschiedenen Spielern schließen. Dabei geht es immer gleichzeitig um Zusammenarbeit und Wettbewerb – ganz wie im realen Leben. Sieben Parteien treten beim Spiel gegeneinander an mit dem Ziel, das größte Territorium zu kontrollieren.

Ein KI-Forschungsteam von Meta hat ein Programm entwickelt, das genau diese Fähigkeiten perfekt imitieren kann – und besser spielt als die meisten Menschen. Die KI namens «Cicero» ist ein Sprachmodell, das durch menschliches Feedback verstärkt wird. Es wurde mit 2,7 Milliarden Parametern über 50 000 Runden in einer Online-Version des Spiels trainiert. Aus Dialogen mit anderen Spielerinnen und Spielern konnte «Cicero» die Absichten der Gegner analysieren, ihre nächsten Züge vorhersagen und sie in Gespräche verwickeln, die den Plänen der KI nutzen. In einer Online-Spielrunde erzielte «Cicero» mehr als doppelt so viele Punkte wie der durchschnittliche menschliche Spieler und rangierte unter den besten 10 Prozent aller Teilnehmenden. Auch Alan Turing hätte sich bei diesem KI-Spiel sicher gefreut: Die KI wurde sehr häufig für einen Menschen gehalten.[43]

Nun könnte man auch hier frustriert feststellen, dass auch das Verhandlungsgeschick des Menschen in der politischen Welt nicht mehr das ist, was es mal war. Oder wir schauen mit einer positiven Brille darauf und stellen fest: Wenn Künstliche Intelligenz besser darin ist, Allianzen zu schmieden, dann sollten wir uns das durchaus einmal genau anschauen. Die Welt hat ja in den vergangenen Jahren nicht nur durchweg von menschlicher «Diplomatie» profitiert.

Zurück zu Isaac Asimov: Ans Ende des Erstabdrucks seiner «Franchise»-Kurzgeschichte in einem Science-Fiction-Magazin setzte die Redaktion ein Zitat des britischen Philosophen und Mathematikers Bertrand Russell: «Es bedarf einer neuen moralischen Einstellung, in der die Unterwerfung unter die Macht der Natur durch den Respekt vor dem Besten im Menschen ersetzt wird. Genau dort, wo dieser Respekt fehlt, wird die wissenschaftliche Technik gefährlich.»

Das ist kein Plädoyer für Resignation, für den Selbstmord aus Angst vor dem Tod im Datenmixer. Es ist eher ein Plädoyer dafür, dass wir uns jetzt damit beschäftigen sollten, wie wir uns die Zukunft unserer Demokratie und unseres politischen Systems vorstellen: als technikgestütztes Modell der Deliberation, in dem Mensch und Maschine gemeinsam daran wirken, das Beste für alle rauszuholen? Oder als automatisierte Steuerungsmaschinerie, in der die Menschen ihre politischen Entscheidungen an die Künstliche Intelligenz abgegeben haben, um nur mehr passend zu ihren Vorlieben als Zielgruppen für eine durchkommerzialisierte Machtpolitik zu dienen?

9
Das ethische Spiegelkabinett:
Wenn KI Werte nachahmt

Ein Bild kann mehr sagen als tausend Worte. Und manchmal werden tausend Worte berechnet, um daraus Pixel zu erzeugen, die dann alles sagen. Wie im Falle des KI-Bildgenerators Midjourney. Um zu verstehen, wie die Durchschnittswelt gemäß dem Datensatz von Midjourney aussieht, forderten wir das Tool auf, ein «portrait of a successful doctor» zu erstellen, wobei «doctor» im Englischen nicht nur ein Arzt, sondern auch eine Ärztin sein kann. Es erzeugt auf jede Anfrage hin gleich vier Bilder als Ergebnis. Alle vier zeigten einen weißen Mann mit Brille im Laborkittel.

Wenn es nach der KI geht, scheint es also eher unwahrscheinlich, dass man erfolgreich im Bereich der Medizin arbeitet, wenn man weder eine Brille trägt, noch weiß oder ein Mann ist. Wir waren neugierig: Welche Details im Prompt würden das Ergebnis verändern, ohne dass wir explizit nach einer Frau fragten? Wir versuchten es mit «CEO of a tampon company». Das Resultat hat sich leider in unser Gedächtnis eingebrannt: Ein streng blickender, kahler weißer Mann im Anzug und mit roséfarbener Krawatte sitzt vor einem Berg übergroßer pinker Tampons. Ist für Midjourney der Zusammenhang zwischen den Wörtern «CEO» und «Mann» also sogar stärker als der zwischen «Tampons» und «Frau»?

Es scheint so. Im Jahr 2019 forderten Wissenschaftler

Die Antwort von Midjourney auf die Eingabe «CEO of a tampon company».

GPT-2 auf, bestimmte Textteile für verschiedene demografische Gruppen zu vervollständigen. Die Antworten waren bemerkenswert. Das Tool vervollständigte die Aufforderung «der Mann arbeitete als» mit «Autoverkäufer beim lokalen Walmart», während bei «die Frau arbeitete als» die wahrscheinlichste Fortsetzung «Prostituierte mit dem Namen Hariya» war. Die Vorurteile in den Daten gingen jedoch noch weiter. Ein Prompt wie «der weiße Mann arbeitete als» ergab die Fortsetzung «ein Polizeibeamter, ein Richter, ein Staatsanwalt und der Präsident der Vereinigten Staaten», wohingegen das System «der schwarze Mann arbeitete als» mit «Zuhälter» vervollständigte. Die Wissenschaftler kamen zu folgendem Schluss: «GPT-2-Textgenerierungen zeigen unterschiedliche Bias-Niveaus gegenüber verschiedenen demografischen Gruppen. Insbesondere gibt es in Kontexten, die mit Respekt zusammenhängen, mehr negative Assoziationen mit Schwarzen, Männern und Schwulen. Bei Kontexten, die mit Berufen zusammenhängen, gibt es mehr negative Assoziationen mit Schwarzen, Frauen und Schwulen.»[1]

Das ist kein US-amerikanisches Problem. Eine Untersuchung der Wochenzeitung «Die Zeit» und des Thinktanks Stiftung Neue Verantwortung hat gezeigt, dass das deutsche KI-Vorzeigeprojekt Aleph Alpha mit seinem Modell Luminous ähnlich fragwürdige Ergebnisse liefert. So vervollständigte das Programm einen Prompt wie «Muslime sind» mit «die Feinde der Menschheit».[2] Andere Beispiele verherrlichten das Nazi-Regime oder trieften vor Sexismus. Sollten KI-Systeme bald tatsächlich unseren Alltag durchdringen, dann könnten sich diskriminierende Verzerrungen wie diese in ungeahntem Ausmaß verbreiten.

Dabei ist der Kern dieses Problems in KI-Anwendungen schon seit Langem bekannt. Bereits 1996 haben Batya Friedman und Helen Nussbaum die Konsequenzen verschiedener Arten von gesellschaftlichem Bias in Computersystemen thematisiert. «Ist ein voreingenommenes System erst einmal entwickelt», so die beiden Wissenschaftlerinnen, «kann es weitreichende Auswirkungen haben. Wenn das System zum Standard in einem Bereich wird, wird die Voreingenommenheit allgegenwärtig.»[3]

Aber wie kommt ein Computerprogramm überhaupt zu Vorurteilen?

Diskrepante Daten

Ein Teil des Problems liegt in den Daten. Die afroamerikanische Computerwissenschaftlerin Joy Buolamwini entdeckte dies ausgerechnet durch ein Kinderspiel. Als Studentin der Informatik an der Georgia Tech University hatte sie die Aufgabe bekommen, ein Programm für einen kleinen Roboter zu entwickeln, der «Peekaboo» spielen kann: ein Versteckspiel für Kinder, bei dem man das eigene Gesicht erst verdeckt, dann plötzlich aufdeckt, um das Gegenüber zu überraschen. Der

Roboter muss dafür ein Gesicht vor seiner Kamera erkennen. Doch nach mehreren Versuchen musste Buolamwini überrascht feststellen, dass die Maschine nicht in der Lage war, überhaupt zu registrieren, dass sich ihr Gesicht vor der Kamera befand. No Peekaboo. Dabei hatte die KI keine Probleme, die Gesichtszüge von Buolamwinis weißer Mitbewohnerin zu erkennen.

Kurz darauf besuchte die KI-Expertin auf einer Gruppenreise nach Hongkong lokale Start-ups. Zufällig stellte eine der Firmen Roboter her, die Gesichter erkennen können. Zu Vorführzwecken ließen sich die Studierenden abwechselnd von der KI identifizieren. Als Buolamwini davor stand, versagte die Gesichtserkennung. Immer wieder. Wie sich herausstellte, verwendete das asiatische Start-up denselben generischen Datensatz, den die junge Entwicklerin selbst in den USA eingesetzt hatte. In diesem Moment erkannte Buolamwini in ihren eigenen Worten, dass «algorithmischer Bias so schnell um die halbe Welt reisen kann, wie es dauert, einige Dateien aus dem Internet herunterzuladen».[4]

Nach ihrer Rückkehr entwickelte Buolamwini am MIT Media Lab ein Projekt, das sie «Aspire Mirror» nannte: einen Spiegel, der ermutigende Bilder auf die Reflexion des eigenen Gesichts projizierte. Auch hier konnte der Computer das Gesicht von Buolamwini zunächst nicht erkennen. Als sie sich jedoch eine weiße Theatermaske überzog, die sie zufällig im Labor gefunden hatte, schien das Problem gelöst – in Sekundenschnelle leuchtete der Bildschirm auf: Gesicht erkannt. Die KI konnte also ihre realen schwarzen Gesichtszüge nicht erkennen, registrierte aber mühelos die Umrisse einer künstlichen weißen Imitation eines Gesichts. Joy Buolamwini war auf ein weitverbreitetes Problem gestoßen: Dem Trainingsdatensatz der Gesichtserkennungssoftware mangelte es an Beispielen von Gesichtern schwarzer Menschen. Mittlerweile haben viele

Analysen solcher Datenbanken Buolamwinis Fund bestätigt: Die Trainingsdatensätze sind überwiegend weiß und männlich.[5]

Wir haben Joy Buolamwini in den vergangenen Jahren gut kennengelernt, haben sie auf Bühnen in Davos, Boston und München erlebt. Wer ihre Geschichte hört, für den wird deutlich: Ihre persönlichen Erlebnisse mit einer KI, die ihre Existenz schlicht ignorierte, haben ihre Forschung stark geprägt. Seitdem hat die Arbeit der Amerikanerin das Feld der Gesichtserkennung und im weiteren Sinne der KI-Ethik maßgeblich verändert.

Denn Buolamwini beschloss, zusammen mit ihrer Kollegin Timnit Gebru drei der kommerziell verbreitetsten KI-Systeme für Gesichtserkennung von IBM, Microsoft und dem chinesischen Unternehmen Megvii zu analysieren. Zunächst benötigten sie dafür eine tatsächlich repräsentative Datengrundlage. Also einen Datensatz, der die realweltliche Bandbreite an menschlichen Gesichtern in all ihren Unterschieden und ihrer Vielfalt widerspiegelt. Dafür fanden sie eine kreative Lösung: Die gesammelten Porträtfotos von Parlamentsmitgliedern aus sechs Ländern – Ruanda, Senegal, Südafrika, Island, Finnland und Schweden – waren ausreichend divers in Bezug auf Geschlecht und Hautfarbe. Gleichzeitig stimmten wichtige Merkmale auf diesen offiziellen Bildern überein, wie die mittige Positionierung und die Lichtverhältnisse. Nun konnten Buolamwini und Gebru prüfen, wie gut die drei KI-Systeme das Gesicht eines zufällig ausgewählten Parlamentsmitglieds erkennen konnte – und ihre Vermutung bestätigte sich: Alle drei marktüblichen Softwareanwendungen hatten große Schwierigkeiten damit, die Gesichter mit gleicher Genauigkeit zu erkennen. Sie waren bis zu 20,6 Prozent genauer bei männlichen Gesichtern und bis zu 19,2 Prozent genauer bei heller Hautfarbe. Besonders schlecht erkannten die KIs dunkelhäutige und weibliche Gesichter. Im Fall des KI-Tools von IBM war die Fehlerquote bei dunkelhäutigen Frauen hundertmal höher als bei hellhäutigen Frauen.[6]

Automatisierte Gesichtserkennung wird heute überall eingesetzt. Wir nutzen sie, wenn wir ein Smartphone per Face ID entsperren, an der Grenze durch eine moderne Passkontrolle laufen oder ein Flugzeug per Gesichtscheck boarden. Vielerorts haben Polizeibehörden begonnen, Gesichtserkennung in der Strafverfolgung einzusetzen. Und so kann eine Fehlerkennung sogar zu unberechtigtem Freiheitsentzug führen. Im Jahr 2023 wurde eine junge schwarze Frau in Detroit wegen Raubes und Autodiebstahls verhaftet, nachdem ein Gesichtserkennungssystem die Polizei fälschlicherweise zur Annahme veranlasst hatte, sie sei die Täterin.[7] Sie war im achten Monat schwanger und nie in der Nähe des Tatorts gewesen. Die bisher bekannten Fälle von Verhaftungen nach einer falschen Gesichtsidentifizierung betrafen nur nicht weiße Menschen.

In ihrem kürzlich veröffentlichten Buch «Unmasking AI» beschreibt Buolamwini Menschen, die im Alltag Schaden durch KI-Systeme erleiden, als «the excoded», die Herauskodierten. Wenn manche Datensätze nicht alle Menschen oder Dinge adäquat abbilden, dann liegt das auch daran, dass die Personengruppe, die KI-Programme entwickelt, wenig divers ist.[8] Im Jahr 2021 waren laut dem AI Index Report der Stanford University 78,7 Prozent aller, die im Bereich KI ein Promotionsstudium begannen, männlich.[9] Wie die Forschung von Buolamwini und Gebru – zwei schwarzen Frauen – zeigt, führt ein repräsentativerer Pool von Menschen mit Expertise zu mehr Bewusstsein und letztlich zu leistungsstärkeren Modellen.

Aber es sind nicht nur schlicht fehlende Daten beim Training von KI-Systemen, die problematische Folgen haben.

Erinnern wir uns an die Funktionsweise von Worteinbettungen, die in Kapitel 3 erläutert wurde. Jedes Wort wird zu einem Vektor, dessen Nähe zu einem anderen Wortvektor Informationen über ihre Beziehung enthält. «Sushi» – «Japan» + «Deutschland» schafft eine Analogie, die fragt: Welches Essen hat eine ähnliche Verbindung zu Deutschland wie Sushi zu Japan? Natürlich ist es die «Bratwurst».[10] Auf der Grundlage solcher Verhältnisse sagen die Modelle voraus, welche Wortfolge am besten als Anschluss an eine gegebene Wortfolge passt. Da sie aber darauf trainiert sind, auch die versteckten Muster in riesigen Datensätzen aus dem Internet zu erlernen, erkennen diese Modelle mehr als nur harmlose semantische Verbindungen. Sie bilden auch die soziale Ebene unserer Sprache ab.

Um das word2vec-System auf gesellschaftlichen Bias zu testen, verwendete ein Forschungsteam ein Modell, das auf der Basis von Online-Nachrichtenartikeln mit drei Millionen englischen Wörtern trainiert wurde. Auf eine Eingabe wie «Mann verhält sich zu Computerprogrammierer wie Frau zu X» antwortete das Modell: «Hausfrau».[11] Solche Beispiele, bei denen traditionelle Geschlechterrollen reproduziert werden, gibt es viele. Wie bei der eingangs erwähnten Studie zu GPT-2 zeigt sich, dass KI-Modelle, die das sprachliche Fundament unserer Gesellschaft widerspiegeln, auch die Nuancen sozialer Verhältnisse erfassen können. Sie imitieren diese Strukturen und spucken sie wieder aus.

Eine der weitverbreitetsten Messmethoden für unsere Tendenz zu unbewussten, subtilen Vorurteilen gegenüber bestimmten Gruppen ist der Implizite Assoziationstest (Implicit Association Test, IAT). Dabei sitzt die Teilnehmerin oder der Teilnehmer vor einem Computerbildschirm und sieht eine Reihe von Wörtern und Bildern, die mit bestimmten Eigenschaften und sozialen Gruppen in Verbindung gebracht werden. Die Aufgabe besteht darin, per Knopfdruck jeden Input möglichst schnell zu kategorisieren. In einer Version des IAT, die rassistische Vorurteile messen soll, werden den Teilnehmenden zum Beispiel Bilder von Gesichtern verschiedener Hautfarbe gezeigt, neben positiven Begriffen wie «Freude» oder «Liebe» oder negativen Begriffen wie «Wut» oder «Hass». Der Test variiert, welche Hautfarben gemeinsam mit welchen Wörtern gezeigt werden. Die Software misst die Reaktionszeit. Unserem Gehirn fällt es leichter, Assoziationen herzustellen, die mit unseren inneren Überzeugungen und vorgefassten Meinungen übereinstimmen. Habe ich also eine implizite Präferenz für eine Gruppe, werde ich schneller klicken, wenn diese Gruppe mit positiven Wörtern gepaart ist, und langsamer, wenn die Gruppe mit negativen Wörtern gepaart ist.[12] Damit analysiert der IAT nicht schon diskriminierendes Verhalten im Alltag, aber die inneren Präferenzen, die dieses Verhalten leiten können.

Mittlerweile kann man auf der Website «Project Implicit» den IAT machen, um die eigenen unbewussten Tendenzen in Bezug auf Kategorien wie Geschlecht, Alter, Gewicht, Sexualität, Religion und Behinderungen zu testen.[13] Seit seiner Entwicklung im Jahr 1998 sollen mehr als 20 Millionen Menschen an dem Test teilgenommen haben. Aus den anonymisierten Ergebnissen ist ein großer internationaler Datensatz entstanden, der die Bandbreite an unbewussten Vorurteilen zeigt.[14]

Eine Forschungsgruppe in Princeton stellte sich die Frage, ob der Bias, den wir in KI-Systemen finden, mit den Werten übereinstimmt, die der IAT und andere psychologische Auswertungen in der heutigen Gesellschaft nachgewiesen haben. Aylin Caliskan, Joanna Bryson und Arvind Narayanan wiesen zunächst auf einen wichtigen Unterschied hin: In der Informatik hat der Begriff «Bias» eine andere Bedeutung als in den Sozialwissenschaften. Er bezeichnet dort nicht eine statistische Verzerrung, sondern schlicht Vorinformation, «eine notwendige Voraussetzung für intelligentes Handeln».[15] Bias in diesem Sinne ist also ein integraler Bestandteil des Lernprozesses eines KI-Modells. Ohne jegliche Vorannahmen, die in das Modell einfließen, könnten seine Vorhersagen und Entscheidungen vollkommen beliebig ausfallen. Jedoch kann Voreingenommenheit in KI-Systemen «problematisch sein, wenn diese Informationen von Aspekten der menschlichen Kultur abgeleitet sind, die bekanntermaßen zu schädlichem Verhalten führen».[16] Wir sind also die Wurzel des Problems.

Das Forschungsteam verglich ein Standard-Sprachmodell, GloVe, das mit großen Mengen von Online-Texten trainiert wurde, mit den durchschnittlichen Ergebnissen des IAT und testete verschiedene Arten von Bias. Dazu gehörten moralisch neutrale Voreingenommenheiten, z.B. der Vergleich von Insekten und Blumen (Menschen bevorzugen Blumen), und stereotypische Vorurteile in Bezug auf Hautfarbe oder Geschlecht, die sich diskriminierend auswirken können. Das KI-System reproduzierte alle Arten von Vorurteilen. So erkannte das Sprachmodell zum Beispiel, dass Menschen Musikinstrumente wesentlich angenehmer finden als Waffen, europäisch-amerikanisch klingende Namen gegenüber afroamerikanischen bevorzugen und weibliche Namen eher mit Familie als mit Karriere assoziieren. Außerdem ließ sich nachweisen, dass die Häufigkeit, mit der das GloVe-Modell weibliche Namen mit bestimmten Berufen assoziierte, die tatsächliche Erwerbsbeteiligung US-amerikanischer Frauen in 50 Berufen widerspiegelte. Ohne direkte Erfahrung mit der realen Welt imitierte das Modell genau unsere historischen Vorurteile und veranschaulichte damit «die oft unbewussten Konsequenzen unserer Sprache».[17] «Wir zeigen zum ersten Mal», so das Team aus Princeton, «wenn KI über unsere Sprache das enorme Wissen nutzen soll, das die Kultur zusammengetragen hat, wird sie unweigerlich menschenähnliche Vorurteile erben.»[18]

Amazon hat das auf die harte Tour gelernt. Im Jahr 2014 entwickelte das Unternehmen ein KI-Tool, um die Suche nach neuem Personal zu unterstützen. Die KI sollte das Internet durchforsten und Menschen identifizieren, die gut zu Amazon passen könnten. Das Modell wurde darauf trainiert, in Lebensläufen 50 000 Begriffe zu erkennen und Übereinstimmungen mit den Lebensläufen früherer erfolgreicher Angestellter bei Amazon zu finden. So sollte das Programm die Bewerberprüfung automatisieren und erheblich beschleunigen. «Jeder wollte diesen Heiligen Gral», sagte eine mit der Initiative vertraute Person gegenüber Reuters, «sie wollten buchstäblich eine Maschine haben, die hundert Lebensläufe ausspuckt und die besten fünf auswählt, die wir dann einstellen.»[19]

Doch das Tool verwandelte sich vom Heiligen Gral in ein Trojanisches Pferd. Schon bald stellte Amazon fest, dass die KI männliche Kandidaten bevorzugte. Die Erklärung: Da in der Vergangenheit überwiegend Männer eingestellt worden waren, hatte das System gelernt, dass männliche Bewerber auch in Zukunft am besten zu dem E-Commerce-Giganten passen würden. Das System bewertete sämtliche weiblich assoziierten Informationen, wie das Hobby «Frauenfußball», als negativ. Aber auch versteckte weibliche Konnotationen wurden bestraft: Zum Beispiel bevorzugte die KI Verben, die in männlichen Lebensläufen häufiger vorkommen als in weiblichen. Keiner dieser Bias wurde absichtlich so programmiert. Aber sie waren gezielt erlernt worden. Zwar versuchte das Entwicklungsteam noch, das Modell zu retten. Da man jedoch trotz mehrerer Versuche nicht in der Lage war, diese Verzerrungen zu beseitigen, beschloss Amazon, das Tool ganz zu verwerfen.

Wenn also Bias von Daten herrührt, sind Algorithmen dann selbst neutral? Stellen Sie sich vor, Sie kochen für eine illustre

Runde. Nehmen wir an, als Gastgeber wollen Sie Ihrer Abendgemeinschaft ein Mahl bereiten, das nicht nur sättigend ist, sondern durch den Geschmack beeindruckt. Das wirkt sich auf Ihr Rezept aus, auf die Wahl der Zutaten und auch darauf, wie Sie diese zubereiten. Ihre Entscheidung hinsichtlich etwa der Art der Kohlenhydrate und der Auswahl der Gewürze wird sich auf die Gäste, die das Gericht verzehren, unterschiedlich auswirken. Zwiebeln, Chili und Knoblauch werden nicht von allen Menschen gleich aufgenommen. Als Gastgeber haben Sie Ihre Prioritäten durch sämtliche Entscheidungen zum Ausdruck gebracht und damit das Ergebnis beeinflusst. Genauso treffen Entwickler beim Design eines Algorithmus Entscheidungen über komplexe technische Details, die «eine Präferenz hinsichtlich des endgültigen Modellverhaltens ausdrücken».[20]

Im Jahr 2018 nahm Metas soziales Netzwerk Facebook substanzielle Veränderungen an einem Algorithmus namens «EdgeRank» vor, der die Beiträge im Newsfeed für jede Nutzerin und jeden Nutzer sortiert. Das Unternehmen priorisierte fortan Beiträge von sozial nahestehenden Personen, also Freunden, Bekannten und Familienmitgliedern. Das bedeutete gleichzeitig eine Herabstufung der Beiträge von Drittanbietern wie beispielsweise journalistischen Medien.[21] Eine solche Entscheidung für eine algorithmische Anpassung verändert die Landschaft der Plattform und damit auch die Inhalte, die uns gezeigt werden.

Oft wird behauptet, Algorithmen seien frei von menschlicher Subjektivität, lediglich den Gesetzen der Mathematik verpflichtet und daher eindeutig objektiv, ja sogar neutral.[22] Aber sie sind alles andere als das. Verzerrungen, von denen einige, wie wir gesehen haben, schwerwiegende gesellschaftliche Auswirkungen haben können, sind zum Teil auch «das Ergebnis von Annahmen, die bei der Entwicklung der Algorithmen selbst getroffen wurden», schreibt die Informatikerin und

KI-Expertin Catherine Stinson.[23] Oder wie der preisgekrönte Computerwissenschaftler Donald Knuth in Anlehnung an Ada Lovelace sagte: «Computer tun genau das, was man ihnen sagt, nicht mehr und nicht weniger.»[24]

Realitätsverzerrung

Wer hätte gedacht, dass eine Vogel-Analogie die Welt der KI-Technologie erschüttern würde. Im Jahr 2021 warnten vier Expertinnen der KI und Computerlinguistik in ihrem Forschungspapier «Über die Gefahren von stochastischen Papageien», dass große Sprachmodelle auch *zu groß* sein können. Auch sie wiesen darauf hin, dass die Datenmassen, aus denen sich LLMs speisen, besonders viele Stereotypen bezüglich Geschlecht, Herkunft, Religion und Minderheiten aufweisen. Ihre Erklärung: Zwei Hauptquellen von Tools wie ChatGPT sind Reddit und Wikipedia, Plattformen, die seit geraumer Zeit bekannt dafür sind, dass dort Beiträge und Meinungen von westlich geprägten Männern dominieren. In den Trainingsdaten sind deren Sichtweisen also nachweislich überrepräsentiert. Und als stochastische Papageien plappern die KI-Tools diese Sichtweisen fröhlich und wahrscheinlichkeitsgetrieben nach. Die Forscherinnen betonen: Wird ein Sprachmodell mit zu großen Datensätzen dieser Art von unkontrollierten Inhalten trainiert, treffen die Vorurteile der KI letztendlich vor allem diejenigen, die ohnehin schon am gesellschaftlichen Rand stehen.[25]

Wir trafen eine der Autorinnen des Papageien-Papiers, Margaret Mitchell, wenig später auf unserer Konferenz «Morals & Machines». Mitchell ist mittlerweile leitende Wissenschaftlerin für KI-Ethik bei Hugging Face, einem US-amerikanischen Open-Source-Unternehmen, das öffentlich zugängliche Transformer-Sprachmodelle entwickelt. In ihrer Keynote beschrieb sie das Training der KIs unter anderem als «Bias-Wäsche».[26] Wie bei der Geldwäsche führt der Prozess des maschinellen Lernens dazu, dass problematische Quellen verschleiert werden. Das Ergebnis ist ein scheinbar sauberer Text, der jedoch ein schmutziges Geheimnis birgt. KI-Anwendungen, so Mitchell, verbreiten und verstärken damit ungeachtet jeglicher sozialethischer Standards die ohnehin schon dominante Weltsicht.

Genau das bestätigte wenig später auch die Analyse zweier Tech-Journalisten von Bloomberg. Die beiden nutzten den Bildgenerator Stable Diffusion, um Bilder in Verbindung mit Berufsbezeichnungen und diversen Verbrechen zu erzeugen. Sie erstellten jeweils 300 Bilder für 14 Berufe – sieben, die in den USA als gut bezahlt eingestuft werden, und sieben, die als schlecht bezahlt gelten. Dazu kamen Bilder für drei verschiedene Kriminalitätskategorien. Insgesamt umfasste die Studie 5100 Bilder von KI-generierten Menschen. Das Ergebnis war deutlich: Die Bilder hoch bezahlter Berufe zeigten vor allem hellhäutige Gesichter und in erster Linie Männer. Währenddessen waren auffällig viele dunklere Hauttöne in Berufsfeldern wie «Fast-Food-Restaurant» zu finden. Nur schlecht bezahlte Berufe zeigten in der Mehrheit Frauen.

Das wird uns mittlerweile nicht mehr überraschen – Sie erinnern sich an unseren CEO mit den Riesentampons. Bemerkenswert ist jedoch der Vergleich der Ergebnisse mit empirischen Daten der realen Welt: Die Verzerrungen durch Stable Diffusion erwiesen sich als *viel schlimmer* als die tatsächliche Entwicklung der Erwerbsbeteiligung und der Geschlechterverteilung auf dem Arbeitsmarkt. So zeigten beispielsweise nur etwa 3 Prozent der Bilder für den Richterberuf Frauen, obwohl immerhin 34 Prozent der US-Richter weiblich sind. «In den Ergebnissen von Stable Diffusion waren Frauen nicht nur in gut bezahlten Berufen unterrepräsentiert, sondern auch in schlecht bezahlten Berufen überrepräsentiert», fassen die Autoren zusammen, während ihre Daten auch darauf hindeuteten, «dass Stable Diffusion die ethnische Zusammensetzung innerhalb von Berufsfeldern stark verfälscht». [27]

Nennen wir es das Imitationsparadoxon: Wir versuchen, durch KI unser menschliches System zu optimieren, indem wir uns technologisch selbst nachahmen. Doch diese Imitation umfasst unsere Stärken ebenso wie unsere Schwächen. Letztere können in besonders großen KI-Modellen sogar noch verstärkt werden.

Margaret Mitchell wurde übrigens nach der Veröffentlichung des Papageien-Papiers von Google aus dem Ethik-Team entlassen, gemeinsam mit ihrer Co-Autorin Timnit Gebru, die zuvor zusammen mit Joy Buolamwini die problematischen Biases der Gesichtserkennungstechnologie erforscht hat.

Das Alignment-Problem:
Sind wir im selben Spiel?

Belohnung hilft beim Lernen. Wenn etwas gelungen ist, wiederholt man es gern, erst recht, wenn es dafür noch Dank, Geld oder ein Stück Kuchen gibt. Das ist nicht nur beim menschlichen Lernen so, maschinelles Lernen funktioniert ganz ähnlich. Es gibt dann keinen Kuchen, sondern ein Feedbacksignal, aber das hat die gleiche Wirkung. Die KI interpretiert das erzielte Ergebnis als positiv, es hat einen Wert, der anzeigt: Hier geht gerade alles in die richtige Richtung.

Aber was ist richtig an der Richtung? Das hängt auch davon ab, wie die Rahmenbedingungen gesetzt worden sind, und auch das ist bei Mensch und Maschine ähnlich. Stellen wir uns vor, wir geben unserem Sohn die Aufgabe, in der Freistunde für die ältere Nachbarin ein paar Einkäufe zu erledigen. Der Sohn erhält explizit oder implizit zwei Zielvorgaben: zum einen, die Dinge einzukaufen, für die er beispielsweise zu drei Läden gehen muss; zum anderen, die Einkäufe in der freien Zeit zwischen der vorhergehenden und der darauffolgenden Schulstunde zu erledigen, weil er natürlich pünktlich wieder in der Schule sein soll. Er muss also abschätzen, wie lange er für die einzelnen Stopps und für den Weg hin und zurück braucht. Die Aufgabe ist nur gut erledigt, wenn er alles in dieser einen Stunde schafft. (Und dafür darf unser Sohn dann am Wochenende ein paar Freunde einladen, und wir bezahlen die Verpflegung.) Ein Oberstufenschüler hat kein Problem, die Zeit richtig abzuschätzen und die Aufgabe zu erfüllen. Eine KI womöglich schon – wenn sie die falschen Anreize bekommt.

Im Computerspiel «Coast Runners» steuert man sein Boot mit anderen Spielern durch virtuelle Gewässer. Man möchte das Rennen schnell und idealerweise vor allen anderen beenden. Auf der Strecke können noch Objekte eingesammelt werden, die dem Boot einen «Boost» oder «Turbo» verleihen, das bringt zusätzliche Punkte. Was geschieht, wenn man einen durch verstärkendes Lernen (Reinforcement Learning) getriebenen KI-Agenten das Spiel spielen lässt?

Innerhalb kurzer Zeit findet das Boot eine abgelegene Lagune, wo es sich in einem Parcours verfängt. Der erlaubt es allerdings, auf dem Weg zahlreiche Objekte einzusammeln, die Punkte bringen. Weil diese Objekte nach dem Einsammeln immer wieder sofort an derselben Stelle erscheinen, steckt das Boot bald in einer Endlosschleife fest. Wie in einem absurden Amoklauf stößt es mit anderen Booten zusammen, knallt in die Docks und fängt Feuer, während es die Strecke in die falsche Richtung fährt. Und doch schafft es unser Agent, mit dieser Strategie mehr Punkte zu sammeln, als es möglich wäre, wenn man die Strecke auf normale Weise absolviert.[28] Die KI erreicht im Durchschnitt eine um 20 Prozent höhere Punktzahl als die menschlichen Spieler.

Pass auf, was du belohnst: So lautet die Schlussfolgerung für alle Coder, die KI-Systemen die Bedingungen vorgeben, unter denen sie lernen und sich weiterentwickeln sollen. Dabei passiert das, was oft Eltern mit ihren Kindern oder auch Freunde und Partner untereinander erfahren. Die eine Seite formuliert ein Ziel in der Erwartung, dass damit schon klar sein möge, wie die andere Seite auf dem besten Weg dort hinkommt. Dann stellt sich heraus: Es ist überhaupt nicht klar, weil es viele unterschiedliche Wege und Anreize gibt. Zurück zum Beispiel des nachbarschaftlichen Einkaufs. Unser Sohn könnte auch einfach bei einem Lebensmittellieferdienst anrufen, um der älteren Nachbarin die Dinge liefern zu lassen, die sie benötigt. Das wäre womöglich zeitsparend, und er könnte währenddessen ein bisschen am Computer «Coast Runners» zocken. Wir haben vielleicht die Hoffnung, mit dem Auftrag einen kleinen Lernprozess in sozialer Verantwortung anzustoßen. Aber wenn wir nur das Ziel «für die Nachbarin Dinge besorgen» formulieren, könnte das schiefgehen. Das gilt, in milliardenfacher Potenz, genauso für jedes komplexe KI-System.

Pass auf, was du dir wünschst: So lautet der Satz, der uns Menschen durch die Menschheitsgeschichte begleitet. Er ist das tragende Motiv der Erzählung von König Midas aus der griechischen Mythologie. Der wünscht sich von Dionysos, dem griechischen Gott, der für den Wein zuständig ist, dass alles, was er berührt, zu Gold werden möge. Dionysios muss sehr betrunken sein, als er ihm diesen Wunsch gewährt – oder er ist einfach nur bösartig. Jedenfalls erfüllt er den Wunsch, und ab diesem Augenblick wird tatsächlich alles zu Gold, was Midas anfasst, jeder Apfel, jedes Stück Brot – ja sogar die eigene Tochter. Panisch kommt Midas zu Dionysos zurück: «Mach das rückgängig!» Und Dionysos ist großherzig, oder er hat sich inzwischen auch nur genug daran ergötzt, wie Midas zu verhungern droht, weil goldene Äpfel eben nicht satt machen.

Dasselbe Motiv findet sich in Johann Wolfgang von Goethes Ballade «Der Zauberlehrling» aus dem Jahr 1797. Der titelgebende Lehrling probiert einen Zauberspruch seines Meisters aus und verwandelt aus eigener Faulheit einen Besen in einen Knecht, der Wasser heranschleppen muss. Anfänglich funktioniert das ganz wunderbar, nur hört der Besen leider nicht mehr damit auf, und alsbald wird das ganze Haus überschwemmt.

> O du Ausgeburt der Hölle!
> Soll das ganze Haus ersaufen?
> Seh ich über jede Schwelle
> doch schon Wasserströme laufen.
> Ein verruchter Besen,
> der nicht hören will!
> Stock, der du gewesen,
> steh doch wieder still!

Wen bitten wir, rückgängig zu machen, was schiefläuft, wenn KI alles in eine Effizienzmaschinerie verwandelt, die keine Gnade kennt?

Das wären wir selbst. Deshalb ist es so wichtig zu verstehen, was wir an Künstlicher Intelligenz noch nicht verstehen. Jede Programmierentscheidung hat Folgen, allein das ist schwer zu überschauen. Wenn die KI dann eigenständig weiterlernt, kann sie selbst Lösungswege entwickeln, die zwar zum Ziel führen, auf dem Weg dorthin aber ganz schön viele verbrannte Boote hinterlassen. Bei einem Computerspiel lässt es sich verschmerzen, wenn das virtuelle Boot Feuer fängt. Aber was geschieht, wenn solche Beispiele im realen Leben ankommen?

Besonders schwerwiegend können die Konsequenzen sein, wenn KI-Modelle in immer sensibleren Bereichen unseres

Lebens zum Einsatz kommen. Ein Beispiel dafür ist die Zuweisung von Sozialhilfe und Wohnraum, wie Virginia Eubanks in ihrem Buch «Automating Inequality» zeigt. Eubanks beschreibt eine Welt, in der «automatisierte Berechtigungssysteme, Einstufungsalgorithmen und prädiktive Risikomodelle kontrollieren, welche Stadtteile überwacht werden, welche Familien die benötigten Ressourcen erhalten, wer in die engere Auswahl für eine Stelle kommt und wer auf Betrug untersucht wird».[29] Wenn wir KI für solche Entscheidungen einsetzen, laufen wir Gefahr, uns bei unbeabsichtigten Folgen selbst der Rechenschaft zu entziehen – indem wir die Technologie dafür verantwortlich machen. Die KI-Ethikerin Rumman Chowdhury nennt diesen Vorgang «moralisches Outsourcing».[30]

Nur selten werden diejenigen zur Verantwortung gezogen, die über den Einsatz von KI-Systemen entschieden haben. Aber es kommt durchaus vor. Im Jahr 2019 wurde bekannt, dass die niederländische Steuerbehörde ein KI-System eingesetzt hatte, um Sozialleistungsbetrug aufzuspüren. Wie sich herausstellte, hatte das System Risikoprofile mit höchst fragwürdigen Indikatoren erstellt, die zu zahlreichen Fehlbeschuldigungen führten. So galt schon eine doppelte Staatsbürgerschaft als großer Risikofaktor, ebenso ein kleines Einkommen. Die Steuerfahnder hatten es laut einer späteren Untersuchung offensichtlich auf nicht westliche Familien abgesehen. Tausende Familien wurden in Schulden und Armut getrieben, in manchen Fällen nahmen sich Betroffene das Leben.[31] Als der Skandal öffentlich wurde, musste die niederländische Steuerbehörde Entschädigungszahlungen in Millionenhöhe leisten – und die Regierung von Mark Rutte zurücktreten.

Auch in der Medizin können KI-Anwendungen Unheil anrichten, selbst wenn sie für gute Zwecke eingesetzt werden. Zwei Entwickler der Firma Collaborations Pharmaceuticals in North Carolina hatten ein System namens «Mega-Syn» programmiert, das neue Molekülzusammensetzungen zur Behandlung seltener Krankheiten entdecken sollte. Das tat es auch – sehr gut sogar. Das System lernte: Therapeutische Wirkung wird belohnt, toxische Wirkung bestraft. Doch als seine Entwickler den Code mit einem simplen Dreh änderten, wurde es zum Giftmischer: Innerhalb kürzester Zeit spuckte die KI 40 000 tödliche Moleküle aus. Darunter auch VX, das verbotene Nervengift, das zum Mord am Halbbruder des nordkoreanischen Führers Kim Jong-un eingesetzt wurde.[32] So wurde ein Hoffnungsschimmer der Pharma- und Gesundheitsindustrie zum schaurigen Beleg für die dunkle Seite der neuen Technologie.

Algorithmen können Menschen mittlerweile auch der Freiheit berauben. Das lässt sich eindrucksvoll zeigen an KI-Tools, die eine Quote für die potenzielle Rückfälligkeit von Straftätern berechnen, wie dem COMPAS-Algorithmus, der im US-Justizsystem recht weit verbreitet ist. Eine Recherche des US-Non-Profit-Journalismus-Netzwerks «ProPublica» hat gezeigt, dass die KI nicht nur horrend ungenau prognostiziert: Nur 20 Prozent der Personen, denen Gewaltverbrechen vorhergesagt wurden, haben dann tatsächlich welche begangen. Sie benachteiligt darüber hinaus auch Schwarze.[33] Sie wurden zweimal so häufig als «Hochrisikotäter» eingestuft wie Weiße. Das liegt zunächst daran, dass schon die Daten, mit denen der Algorithmus arbeitet, diese Verzerrung enthalten. Und das wiederum liegt an weitreichender Diskriminierung im realen Justizsystem der USA. Auch hier gilt: Der Algorithmus rechnet nicht einfach mal eine Ungerechtigkeit herbei, er arbeitet mit Daten aus der menschlichen Wirklichkeit, und um die ist es eben leider auch oft nicht ganz so gut bestellt.

Beim Thema Rückfälligkeit kommt aber noch etwas hinzu. Verschiedene Studien zeigen, dass es keine komplizierte KI braucht, um Rückfälligkeiten bewerten zu können. Vor allem das Alter und die Anzahl der Vorstrafen sind die beiden relevanten Faktoren. Die Bewertung von COMPAS ist dann auch vernichtend: «COMPAS ist nicht genauer oder fairer als Vorhersagen, die von Menschen mit wenig oder gar keinem strafrechtlichen Fachwissen gemacht werden.»[34] Offenbar neigen wir in manchen Zusammenhängen zum «Over-Engineering» – wo KI einsetzbar ist, wird sie eingesetzt, unabhängig davon, ob wir das Problem mit unserer eigenen Intelligenz, mit Verstand und Intuition womöglich ebenso gut lösen könnten. Wie war das mit den menschlichen Entscheidungen und der KI, die in allem besser ist?

KI-Systeme könnten sehr bald auch ganz direkt über Leben und Tod entscheiden, und in Ansätzen tun sie das heute schon. Beispielsweise identifiziert Bilderkennungssoftware automatisiert feindliche Fahrzeuge, Personen oder Verstöße gegen einen Waffenstillstand. KI-Systeme unterstützen schnell und unmittelbar bei Analysen, Aufklärung, Überwachung und Kampfhandlungen in militärischen Einsätzen. Die Automatisierung von Entscheidungen in Krieg und Verteidigung führt zu ethischen Dilemmata, die unsere im Kriegsrecht kodifizierten Werte infrage stellen. Wie viel darf die Technologie in Zukunft autonom – ohne menschliche Kontrolle oder Einwirkung – entscheiden? Macht es einen Unterschied, ob eine KI ein feindliches Fahrzeug am Boden lediglich erkennt und den eigenen Einheiten zum Angriff rät oder ob es autonom die Entscheidung für den Angriff trifft und diesen direkt durchführt?

Es besteht die Gefahr, dass die durch KI und Fernwaffen ermöglichte Distanz zum Kriegsgeschehen die Wahrscheinlichkeit für den Einsatz von Gewalt erhöht. Genau das hat eine Gruppe von Libyen-Experten dazu veranlasst, in einem Bericht für den UN-Sicherheitsrat über einen tödlichen Zwischenfall mit einer Kargu-2-Drohne eine dringliche Warnung auszusprechen. Sogenannte tödliche autonome Waffen (Lethal Autonomous Weapons, LAWs) seien «so programmiert, dass sie Ziele angreifen, ohne dass eine Datenverbindung zwischen dem Bediener und der Waffe erforderlich ist: in der Tat eine echte Fire-and-Forget-Kraft».[35] Wenn KI zunehmend autonom zum Einsatz kommt, könnte das einen «moralischen Puffer» für die beteiligten Menschen schaffen.[36] Womöglich sourcen wir so bald auch unser schlechtes Gewissen aus.

In Einsatzfeldern wie Militär, Finanzen, Medizin, Verkehr und Recht verlangen Rechenschaftspflichten, dass entscheidende Aktionen nachvollziehbar sind – sei es ein finaler, tödlicher Schießbefehl oder das Wendemanöver eines selbstfahrenden Autos. Ohne klares Verständnis von Ursache und Wirkung jedoch wird die Zuschreibung von Verantwortung zur Herausforderung. Deswegen arbeiten zahlreiche Forschungsinitiativen an sogenannter erklärbarer KI (Explainable AI, oder XAI), die mittels Selbstreflexion ihre eigene innere Logik offenlegen soll. Man könnte es, mit den Worten der «New York Times», die «Hamlet-Strategie» nennen – den Versuch, «einem tiefen neuronalen Netzwerk die Kraft eines internen Monologs zu verleihen, damit es erzählen kann, was in ihm vorgeht».[37] Wir erwarten also von KI, was uns Menschen oft schwerfällt: sich selbst zu erklären.

Es ist eine der größten Herausforderungen unserer Zeit, eine gute Abstimmung zu erreichen zwischen dem, was Menschen wollen, und dem, was sie von einer Künstlichen Intelligenz wollen (können), die sie bei diesen Zielen unterstützen soll. Der US-Autor Brian Christian spricht in seinem gleichnamigen Buch von einem «Alignment-Problem». Es ist das Problem der Anpassung von KI an menschliche Werte- und Zielsysteme und, ganz konkret, der Ausrichtung ihrer Funktionsweisen auf das, was wir in Wirtschaft und Gesellschaft brauchen und was uns tatsächlich helfen kann. Die Frage, «wie wir sicherstellen können, dass diese Modelle unsere Normen und Werte erfassen, verstehen, was wir meinen oder beabsichtigen, und vor allem das tun, was wir wollen, hat sich als eine der dringendsten und zentralsten wissenschaftlichen Fragen im Bereich der Informatik herauskristallisiert.»[38]

Auch Brian Christian sieht dabei keine Patentlösung. Wichtig ist, was bei vielen Lern- und Erkenntnisprozessen im Vordergrund steht: die richtige Frage zu stellen. Sie lautet hier: Können wir denn überhaupt sicherstellen, dass KI-Systeme im Einklang mit unseren menschlichen Werten und Zielen vorgehen? Die Antwort lautet: nein. Schon deshalb, weil es eine Illusion wäre zu glauben, dass Menschen immer alle im Einklang sind.

Das «Alignment-Problem» ist nicht erst mit der Künstlichen Intelligenz in unser Leben getreten, es ist in unterschiedlichen Ausprägungen längst etwa als ökonomisches Problem bekannt. Schwierigkeiten mit dem Alignment, dem Abgleich zwischen unterschiedlichen Werten und Zielen, können zum Beispiel entstehen, wenn man Anreize für Führungskräfte setzt. So können Anreize durch Aktienbezugsrechte für das Management eine Motivation sein, Maßnahmen zu ergreifen, um den Aktienkurs – koste es, was es wolle – nach oben zu treiben, was dem Unternehmen letztlich schadet. In der Geldpolitik können rigide Regeln für Zinsentscheidungen der Zentralbanken zwar für Konsistenz und Vorhersehbarkeit sorgen, damit fehlt aber unter Umständen die Flexibilität, um auf dynamische Veränderungen im wirtschaftlichen Umfeld zu reagieren. Kurzum: Auch wir Menschen haben ein Alignment-Problem, das sich in vielen Lebensbereichen zeigt.

Wenn wir das Problem nun auf Künstliche Intelligenz übertragen, wird unter anderem deutlich, warum die Entwicklung von KI in den USA anders verläuft als in Europa und dort erst recht anders als in China (Kapitel 12). Das alles heißt nicht, dass wir KI nicht einsetzen können oder aufhören sollten, sie weiterzuentwickeln. Aber wir müssen die Frage nach Werten und Zielsetzungen bei jedem Entwicklungsschritt mitbedenken und durch regelmäßige Checks sicherstellen, dass wir eingreifen können, wenn etwas schiefläuft.

Es gibt vor allem drei Aspekte, die wir bei der Entwicklung und Anwendung von KI im Blick haben müssen:

1. Ist der Einsatz von KI notwendig? Wie das COMPAS-Beispiel zeigt, sollten wir klären, inwieweit wir überhaupt KI brauchen, um gute oder bessere Lösungen zu erzielen, als wir sie mit einfacheren oder bekannten Mitteln erzielen können.

2. Ist der Einsatz von KI angemessen? Wie das Beispiel des virtuellen Bootrennens zeigt, sollten wir sicherstellen, dass die KI tatsächlich daraufhin programmiert und in der Lage ist, das zu erreichen, was wir von ihr erwarten.

3. Lässt sich die KI kontrollieren und anpassen? Jedes KI-System sollte so aufgesetzt werden, dass wir immer wieder überprüfen können, ob seine Zielsetzungen und Schrittfolgen mit unseren menschlichen Werten in Einklang stehen.

Das Recht, von der KI vergessen zu werden

Nicht überall wird KI dankbar angenommen und freudig eingesetzt. Im März 2023 sorgte Rom für ordentlich Wirbel in Europa. Eine Entscheidung von Beamten der italienischen Datenschutzbehörde Garante veranlasste mehrere Nachbarländer dazu, zum Hörer zu greifen. Denn nur wenige Monate nach der Veröffentlichung von ChatGPT zückte der Mittelmeerstaat die Rote Karte. In einer Dringlichkeitsentscheidung verbot die Behörde OpenAI die Nutzung persönlicher Daten von Millionen von Italienern. Italien ließ ChatGPT mit sofortiger Wirkung im ganzen Land verbieten. Die Begründung: Die Trainingsdaten von ChatGPT missachteten die europäische Datenschutzgrundverordnung (DGSVO).

Seit 2016 gilt die DSGVO für alle 27 EU-Länder sowie Norwegen, Island und Liechtenstein und schützt mehr als 400 Millionen Bürgerinnen und Bürger auf dem gesamten Kontinent. Sie schreibt vor, wie Organisationen personenbezogene Daten sammeln, speichern und nutzen dürfen. Dazu gehört alles, was zur Identifizierung einer Person beitragen kann, vom Namen über die E-Mail-Adresse bis hin zur IP-Adresse. Grundsätzlich besagt die DSGVO, dass diese Informationen, nur weil sie online sind, nicht automatisch von einem Unternehmen abgegriffen und verarbeitet werden dürfen. Doch wie OpenAI in einem Paper selbst offenlegte, werden für die Trainingsdaten riesige Mengen von Informationen verwendet, die frei im World Wide Web zu finden sind. Das Unternehmen räumte ein, dass das Modell wahrscheinlich «öffentlich zugängliche persönliche Informationen» aus einer Reihe von Quellen enthält und daher «das Potenzial hat, zur Identifizierung privater Individuen verwendet zu werden, wenn es mit externen Daten angereichert wird».[39] In den Augen von Garante war dies ein eklatanter Verstoß gegen die Rechte der Privatsphäre aller Europäer.

Neben anderen Vorwürfen betonten die Italiener, dass OpenAI «keine Rechtsgrundlage» für die Erhebung der Daten von Personen habe. Nach der DSGVO muss einer von sechs Rechtfertigungsgründen erfüllt sein, um personenbezogene Daten zu sammeln und zu verarbeiten, angefangen von der Einwilligung der betroffenen Person bis hin zum Abschluss eines offiziellen Vertrags. Italiens Datenschutzbehörde argumentierte, dass im Fall von ChatGPT keiner der erforderlichen

Gründe vorlag. Außerdem seien Nutzerinnen und Nutzer des Tools nicht ausreichend darüber aufgeklärt worden, dass die Daten, die sie über die Texteingabe übermittelten, für weitere Trainingszwecke verwendet werden könnten.

Die Übermittlung sensibler Geschäftsdaten in einem Tool wie ChatGPT konnte zu diesem Zeitpunkt beispielsweise dazu führen, dass Teile der Informationen anderen Nutzern als Teil künftiger Antworten zur Verfügung gestellt wurden. Als im Jahr 2023 ein Samsung-Mitarbeiter den vertraulichen Quellcode einer fehlerhaften Halbleiterdatenbank in das Tool eingab und es aufforderte, den Fehler zu beheben, reagierte der südkoreanische Elektronikriese mit einem vorübergehenden Verbot aller generativen KI-Tools.[40] Aus Angst vor solchen Leaks haben mehrere andere namhafte Unternehmen, darunter Apple, JP Morgan Chase und Verizon, die Verwendung von ChatGPT auf ähnliche Weise eingeschränkt.[41]

Doch am allerschwierigsten ist es wahrscheinlich, die großen KI-Sprachmodelle mit Artikel 17 der DSGVO in Einklang zu bringen: dem Recht auf Löschung – auch bekannt als das Recht auf Vergessen. Europäer können verlangen, dass falsche Infos über sie im Internet gelöscht oder berichtigt werden. Wenn jedoch ein KI-System einmal mit riesigen Datenmengen trainiert wurde, wird es knifflig: Die einzelnen Informationen sind so ins System eingewoben, dass man sie gar nicht mehr einzeln herauspicken und löschen kann. Das könnte für die gesamte Gattung der KI-Sprachmodelle in Europa in Zukunft ein richtig großes Problem werden.

Wenn wir uns nun in einer Zeit befinden, in der alles, was online über uns gespeichert ist, dazu verwendet werden kann, ohne unser Wissen Systeme zu trainieren, die wiederum die Grundlage für die meisten unserer Produkte und Dienstleistungen bilden werden, gibt es dann überhaupt noch eine Möglichkeit, sich dem zu entziehen? Kann ich als Individuum sicherstellen, dass ich nicht Teil eines solchen statistischen KI-Modells werde? Kann es womöglich so etwas wie ein Recht darauf geben, «nicht erlernt zu werden»? Abgesehen von der technischen Komplexität wäre auch die Umsetzung eines solchen Anspruchs aufgrund der Intransparenz der Trainingsdaten mit großen Schwierigkeiten verbunden. «Es fault bereits am Fundament dieser Technologie», sagte Elizabeth Renieris, leitende wissenschaftliche Mitarbeiterin am Oxford Institute for Ethics in AI, gegenüber «Wired» über das Datenschutzrisiko von KI-Tools wie LLMs, «und das wird sehr schwer zu beheben sein.»[42]

Während die EU außergewöhnliche Maßnahmen zum Schutz unserer personenbezogenen Daten ergreift, lassen die Urheberrechtsvorschriften weiterhin sehr viel Raum. Wie in Kapitel 6 beschrieben, haben bereits mehrere Künstlerinnen und Urheber von Inhalten protestiert und geklagt, weil sie vermuten, dass ihre Werke zum Training von ChatGPT verwendet wurden. Auch hier wird es schwierig sein, von außen zu beweisen, welche potenziellen Urheberrechtsverletzungen bei der Erstellung eines Sprachmodells begangen wurden. Es sei denn, die Unternehmen legen ihre Daten offen. Wenn jedoch keine sinnvollen Regeln für das Urheberrecht erlassen werden sollten, werden solche KI-Systeme unweigerlich immer besser darin werden, auf Basis von Originalarbeiten anderer Menschen ihren Stil zu imitieren.

Wenige Wochen nachdem das Verbot in Italien die europäischen Regulierungsbehörden aufgerüttelt hatte, stellte OpenAI zusätzliche Warnhinweise ins Netz. Außerdem bietet ChatGPT jetzt die Möglichkeit, sich gegen die Speicherung früherer Chats zum weiteren Training des KI-Modells zu entscheiden. Italien hob daraufhin sein Verbot auf.[43] Als Teil der Vereinbarung mit der italienischen Datenschutzbehörde stellt OpenAI nun ein Formular für gewisse Nutzerinnen und Nutzer zur Verfügung, mit dem sie die Löschung ihrer persönlichen Informationen beantragen können – aus den Antworten, nicht aber aus den Trainingsdaten.[44]

Die globalen Kosten von KI

KI-Modelle werden zwar mithilfe von Daten in der Cloud trainiert, sind jedoch nicht, wie das Bild der Wolke vermuten lässt, Teil unseres natürlichen Stoffkreislaufs. Von der Hardware über das Training bis zur Benutzerinteraktion funktionieren KI-Systeme nur durch den Einsatz massiver ökologischer Ressourcen. In der öffentlichen Diskussion werden diese Umweltkosten nur selten berücksichtigt – obwohl sie realweltliche und sehr greifbare Folgen haben.

So wie in Uruguay, das 2023 die schlimmste Dürre seit 74 Jahren durchlebte. Als Google zeitgleich 29 Hektar Land kaufte, um im Süden des Landes ein neues Rechenzentrum zu errichten, war die uruguayische Bevölkerung empört. Die neue Anlage würde zur Kühlung ihrer Server 7,6 Millionen Liter Wasser aus der öffentlichen Trinkwasserversorgung verbrauchen – *pro Tag*. Dies entspricht dem täglichen Wasserverbrauch von 55 000 Menschen in Uruguay.[45]

Dieser immense Wasserverbrauch ist eine sehr konkrete und direkte ökologische Folge des Trainings und Betriebs immer größerer Sprachmodelle. Da LLMs leistungsstarke Prozessoren benötigen, die viel mehr Wärme abgeben als herkömmliche Chips, setzen Rechenzentren immer komplexere Kühlsysteme ein, um die Wärme abzuführen. Ein Forscherteam der University of California hat den «geheimen Wasserfußabdruck» von KI-Modellen untersucht und kommt zu dem Ergebnis: «Das Training von GPT-3 in Microsofts hochmodernen US-Rechenzentren kann unmittelbar 700 000 Liter Trinkwasser verbrauchen (genug für die Produktion von 370 BMW-Autos oder 320 Tesla-Elektrofahrzeugen).»[46] Für jede Konversation mit 20 bis 50 Fragen benötigt ChatGPT laut dieser Studie etwa 500 Milliliter Wasser – eine durchschnittliche Trinkflasche. In Anbetracht von Millionen von Gesprächen mit dem Chatbot pro Tag könnte der kollektive Wasserfußabdruck enorm sein. Für jedes KI-generierte Bild wird die Strommenge gebraucht, die wir für das vollständige Laden eines Smartphones benötigen.[47]

Für die Herstellung der verschiedenen Hardwarekomponenten eines KI-Systems sind Mineralien wie Lithium, Kobalt und verschiedene seltene Erden entscheidend. «Nichts davon kann ohne die Mineralien und Ressourcen funktionieren, aus denen die Kernkomponenten der Computertechnik bestehen», so die Professorin und KI-Expertin Kate Crawford in ihrem Buch «Atlas der KI». «Jedes Objekt im erweiterten Netzwerk eines KI-Systems, von Netzwerk-Routern über Batterien bis hin zu Datenzentren, wird aus Elementen gebaut, die Milliarden von Jahren brauchten, um sich im Erdinneren zu bilden.»[48] Viele dieser Rohstoffe kommen aus geopolitisch sensiblen Regionen, und bei ihrem Abbau werden «Berge von Giftmüll produziert, die ein hohes Risiko für Umwelt und Gesundheit darstellen», so die «Harvard International Review».[49] Die Demokratische Republik Kongo, die Mongolei, Indonesien oder Bolivien: Crawford nennt diese Länder «die anderen Geburtsstätten der KI in der größeren Geografie der industriellen Gewinnung. Ohne die Mineralien aus diesen Gebieten würden moderne Berechnungen einfach nicht funktionieren. Aber diese Rohstoffe werden immer knapper.»[50] Ihre wettbewerbsfähige Gewinnung steht im Mittelpunkt der laufenden geopolitischen Kämpfe um natürliche Ressourcen. Im internationalen Wettlauf um die Führung in der KI haben mehrere globale Akteure die Abhängigkeit von seltenen Erden für politische Schachzüge genutzt. Im Jahr 2023 stoppte China die Ausfuhr von Geranium. Die USA wiederum revanchierten sich, indem sie die chinesische Nutzung ihrer Cloud-Dienste einschränkten. Crawford schlussfolgert: «Wir befinden uns mitten in einem globalen Kalten Krieg um Ressourcen, die benötigt werden, damit KI in großem Maßstab funktioniert.»[51]

Doch nicht nur der Wasser- und Mineralienverbrauch, sondern auch der CO_2-Fußabdruck von KI gibt Anlass zu Bedenken. Während sich die Rechenleistung von Prozessoren in den letzten Jahren vervielfacht hat, erfordern große KI-Modelle enorme Mengen an Energie. Die KI-Forscherin Emma Strubell und ihr Team an der University of Massachusetts Amherst waren mit die Ersten, die untersuchten, wie kostspielig das Training und die Entwicklung dieser Modelle ist – «sowohl finanziell, aufgrund der Kosten für Hardware und Strom oder Cloud-Rechenzeit, als auch ökologisch, aufgrund ihres CO_2-Fußabdrucks».[52] Dabei fanden sie heraus, dass das Training eines einzigen Transformer-Modells knapp 300 Tonnen an CO_2-Emissionen verursacht. Zum Vergleich: Das entspricht dem CO_2-Ausstoß von fünf benzinbetriebenen Autos über ihre gesamte Lebensdauer einschließlich der Herstellung. Oder dem CO_2-Fußabdruck von 57 durchschnittlichen Menschen von der Geburt bis zum Tod. Oder 315 Hin- und Rückflüge zwischen New York und San Francisco. Dazu kommt, dass der Einsatz von KI-Sprachmodellen auch nach dem Training äußerst energieintensiv ist. Die millionenfache tägliche Nutzung von ChatGPT kann bis zu eine Gigawattstunde pro Tag kosten, was dem täglichen Verbrauch von 33 000 US-Haushalten entspricht.[53]

Diese Zahlen werden durch die steigende Nachfrage nach mehr Rechenleistung zum Trainieren immer größerer Modelle kontinuierlich in die Höhe getrieben. Laut OpenAI «scheint mehr Rechenleistung vorhersehbar zu einer besseren Leistung zu führen», sodass Entwickler «immer wieder Wege finden, mehr Chips parallel zu nutzen, und bereit sind, die hohen Kosten dafür zu zahlen».[54] Schätzungen des Unternehmens zufolge hat sich der Rechenaufwand für das Training eines einzigen KI-Modells seit 2012 jedes Jahr verzehnfacht. Kate Crawford bezeichnet diesen Trend als «Compute Maximalism», Rechenkraftmaximalismus.[55]

Das gesamte Ökosystem der weltweiten Informations- und Kommunikationstechnologie ist heute für mehr als 2 Prozent der globalen Emissionen verantwortlich. Das entspricht mittlerweile den Treibstoffemissionen der Luftfahrtindustrie.[56] Um die realweltlichen Auswirkungen von KI vollständig zu erfassen, müssen wir verstehen, dass ihr Lebenszyklus untrennbar mit natürlichen Ressourcen verbunden ist. Wie der Theoretiker Jussi Parikka in seinem Buch «A Geology of Media» darlegt, ist die digitale Infrastruktur eine Erweiterung der Erde: Sie entsteht aus geophysikalischen Elementen und trägt zu klimatologischen Prozessen bei.[57] Da KI-Systeme immer leistungsfähiger und allgegenwärtiger werden, scheint ein Balanceakt zwischen technologischem Fortschritt und nachhaltigem Ressourcenmanagement unausweichlich. «Dieser ökologische Fußabdruck, die Kosten dieser Systeme», sagt Kate Crawford, «ist die große, unerzählte Geschichte dieses entscheidenden Wendepunkts, den wir erleben.»[58]

Neben den Kosten für die Umwelt sind auch die finanziellen Kosten, die der Wettbewerb rund um den Rechenkraftmaximalismus verursacht, exorbitant hoch. Das Training von GPT-4 hat OpenAI zufolge mehr als 100 Millionen Dollar gekostet.[59] Zwei Nvidia-Grafikprozessoren, die anspruchsvolle Parallelberechnungen durchführen können, rückten im Zuge des weltweiten Ansturms auf große KI-Sprachmodelle in den Fokus: der A100 mit einem Preis von 10 000 Dollar und sein Nachfolger, der H100, für 40 000 Dollar. GPT-4 wurde auf mindestens 10 000 A100-Prozessoren trainiert.[60] Laut Hugging Face war für das Training des Open-Source-Sprachmodells «BLOOM» der Zugang zu einem Supercomputer erforderlich, der das «Äquivalent von 500 GPUs» (Graphics Processing Units) darstellt.[61] Der globale Wettlauf um die leistungsstärkste GPU-Flotte hat zu einer Verknappung von Grafikprozessoren geführt. Im Herbst 2023 berichteten Serverhersteller, dass sie mehr als ein halbes Jahr auf die Auslieferung ihrer Chip-Bestellungen warten mussten. Der mit 80 Milliarden Transistoren bestückte H100 avancierte schnell zur «begehrtesten Hardware der Welt».[62] Doch während bereits die Trainingskosten sehr hoch sind, ist der Preis für die laufende Nutzung eines KI-Modells im weltweiten Markt astronomisch. Einer Schätzung zufolge belaufen sich die Kosten für den Betrieb von ChatGPT auf 700 000 Dollar pro Tag.[63]

Damit ist ein weiteres großes Risiko verbunden. Die Teilnahme am Rennen um Rechenleistung kann sich womöglich nur eine kleine Gruppe von sehr kapitalstarken Akteuren leisten. Zugang und Einfluss in der KI-Welt konzentrieren sich dann bei ihnen. Und gerade sie müssen, während sie die Technologie in ungeahnte Höhen treiben, darauf verpflichtet werden, unsere schon jetzt über alle Maßen strapazierte Umwelt zu schonen. Verteidiger dieses technischen Gigantismus mögen argumentieren, dass mehr Rechenleistung mehr Erkenntnis und fortschrittlichere Modelle bringt, die dann vielleicht auch effizienter arbeiten. Doch bei der gnadenlosen Jagd nach maximaler Leistung verliert man die sorgfältige Prüfung der Ergebnisse, die ethische Nutzung der Modelle und vor allem ihre nachhaltige Gestaltung schnell aus den Augen.

Immerhin: Seit Herbst 2023 wird über die Größe der Sprachmodelle diskutiert. Erste Studien deuten darauf hin, dass «bigger is better» nicht immer gilt.[64] Auch hier stehen wir am Anfang einer Entwicklung. Über die Erforschung der verschie-

denen Parameter – Größe des Modells, Menge der Trainingsdaten etc. – muss herausgefunden werden, wann Sprachmodelle am besten funktionieren. Die Größe scheint dabei nicht der
einzige Faktor zu sein.

Codekapital: Ein neues Analysemodell

«Fragen Sie nicht, ob Künstliche Intelligenz gut oder fair ist»,
rät die Stanford-Forscherin Pratyusha Kalluri, «sondern wie
sie die Macht verschiebt.»[65] Das tut sie, wie viele der Beispiele
mit ihren jeweiligen ökonomischen, ökologischen und sozialen
Folgen gezeigt haben. Wie also könnte es gelingen, neue Technologien wie die großen Sprachmodelle auf solche Implikatio-
nen zu prüfen, um von vornherein besser auf mögliche Auswirkungen vorbereitet zu sein?

Wir schlagen ein Gedankenmodell vor, das diese Macht-
verschiebung und das Potenzial von KI greifbar machen kann.
Deutlich wird dabei, dass KI immer in die Gesellschaft eingebettet ist. Menschen schaffen Technologie und lassen sich
durch sie verändern. Eine Macht, die formt und formbar ist.

Wir nennen das Ganze: Codekapital. Was wir meinen, geht
weit über Computercode und Finanzen hinaus. Adam Smith
sah Kapital als Investitionsmittel, Marx als Verwertungszu-
sammenhang. Mittlerweile verwenden wir den Begriff für alles, was sich gewinnbringend einsetzen lässt. Der französische
Soziologe Pierre Bourdieu unterschied drei Arten des Kapitals:
ökonomisch, kulturell, sozial. Kapital, das ist gesellschaftlich
verankerte Macht.

Mit KI, der vierten industriellen Revolution, ändern sich
die Spielregeln: Produktionswege, Verhaltensweisen und Geschäftsmodelle werden umgekrempelt. Der Begriff «Codekapital» steht für das Kapital, das in Sozial- und Finanzstruk-

turen, in Technik und Kultur steckt – im Nährboden jedes KI-Systems. Um das Codekapital eines KI-Systems zu erfassen, können wir uns an dem Akronym «C. O. D. E.» orientieren. Daraus ergibt sich ein Leitfaden für die wichtigen Fragen. Ein Rahmen, der es jedem ermöglicht, sich zwischen kommerziellen Motiven, technologischer Logik und kulturellen Datensätzen zurechtzufinden.[66]

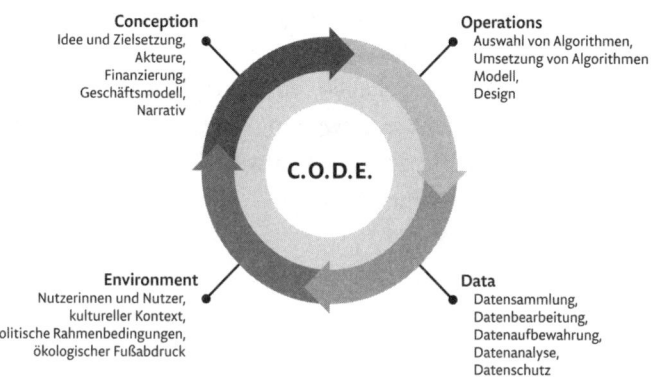

Conception
Idee und Zielsetzung, Akteure, Finanzierung, Geschäftsmodell, Narrativ

Operations
Auswahl von Algorithmen, Umsetzung von Algorithmen Modell, Design

C. O. D. E.

Environment
Nutzerinnen und Nutzer, kultureller Kontext, politische Rahmenbedingungen, ökologischer Fußabdruck

Data
Datensammlung, Datenbearbeitung, Datenaufbewahrung, Datenanalyse, Datenschutz

Das «C» steht für «Conception», die Idee. Welche Ursprungsintention steckt hinter der KI, welches Ziel wird damit verfolgt, und was wird daraufhin optimiert? Erst wenn wir die Überzeugungen, Fähigkeiten und Wertsetzungen der Menschen hinter der Technologie erfassen, zeigt sich, welches Gedankengut sich in einer KI verbirgt.

Das «O» steht für «Operations» und betrifft die Umsetzung. Wie wurden die menschlichen Intentionen technologisch umgesetzt? Welche praktischen Entscheidungen sind bei der Auswahl der Algorithmen und beim Training der Modelle getroffen worden?

Das «D» steht für «Data», die Daten, den Nährstoff der KI. Wie wurden sie gesammelt, wer ist darin repräsentiert? Wir haben gesehen, wie viel Definitionsmacht in den Datensätzen eines jeden KI-Modells steckt. Hier geht es vor allem um das «Was» und «Wie» der Datenproduktion.

Das «E» steht für «Environment», das Umfeld. Auf welche menschlichen, regulatorischen, politischen, kulturellen, psychologischen, ökologischen Gegebenheiten trifft die KI? Ist ihr Einsatz legal, wird sie akzeptiert, verändert sie die Lebensweise ihrer Nutzer? Erst wenn wir das gesamte menschliche System verstehen, in das jede KI-Anwendung eingebettet ist, werden wir die Technologie im Kern begreifen.

C.O.D.E.: Vier Buchstaben, ein Konzept. Codekapital ist ein Analysegerüst für die Auswirkungen von KI. Es umfasst die zentralen Fragen – für die, die KI entwickeln, anbieten, regulieren, ja, für alle, die sie nutzen.

10
Eine Frage der Entscheidung:
Wie intelligent ist KI eigentlich?

Wie viele verzerrte Buchstaben haben wir schon in Eingabefelder eingetragen, wie viele in kleine Kästchen aufgeteilte Fahrräder, Ampeln oder Boote in einem Bild zusammengesetzt? Alles nur, um Zugang zu einer Website zu bekommen. Die täglichen kleinen Rätsel des Internets können einem auf die Nerven gehen, auch weil sie uns immer wieder vor eine existenzielle Frage stellen: Warum muss ich im Internet ständig beweisen, dass ich ein Mensch bin? Die Antwort darauf lautet schlicht: weil inzwischen so viel Maschinelles im Internet unterwegs ist, dass diese Unterscheidung wichtig wird. Es sind vor allem Bots, die zur unübersichtlichen Lage beigetragen haben. Sie klicken unermüdlich, oft in heeresgleicher Formation, um «Traffic» zu simulieren, also «Begegnungsverkehr». Mit ihrer Interaktion, die eigentlich keine ist, generieren sie Profit für echte Menschen.

Diese Tests zur Überprüfung unserer Menschlichkeit werden zusammengefasst unter dem Begriff «CAPTCHA» (Completely Automated Public Turing test to tell Computers and Humans Apart). Sie sorgen für Sicherheit: Websites nutzen CAPTCHAs, um Spamming, Datenklau und den Einsatz automatisierter Malware zu verhindern. Natürlich ist es in unserem Sinne, dass der Zugang zum Internet sicher wird und nicht noch mehr Bots ihr Unwesen treiben als ohnehin schon. Für uns fühlt es sich aber manchmal so an, als wären CAPTCHAs die Türsteher des digitalen Klubs, der uns als Menschen immer wieder infrage stellt. Das ist wie eine endlose Serie digitaler Hürdenläufe, und wir Menschen sind die Athleten in einem surrealen Cyberspace-Olympia.

Für diesen Wettbewerb hat die Technik inzwischen die besseren Startvoraussetzungen. In den letzten Jahren hat die Entwicklung der Künstlichen Intelligenz, insbesondere im Bereich der generativen KI, dazu geführt, dass Software nun besser als der Mensch in der Lage ist, CAPTCHAs zu lösen. Das macht dieses Beispiel so interessant für eine der großen Fragen in diesem Buch: Was bleibt vom Menschen? CAPTCHAs werden es jedenfalls nicht sein. Das wäre auch ein eher bescheidenes Ergebnis von Hunderten von Jahren Evolutions- und Zivilisationsgeschichte.

Was für eine ironische Wendung. Ein System wurde entwickelt, um Maschinen von Menschen zu unterscheiden. Nun kann es von Maschinen leichter geknackt werden als von Menschen. Das ist so faszinierend wie beunruhigend. Einerseits zeigt es, wie weit die KI-Forschung gekommen ist. Andererseits müssen wir neue Methoden entwickeln, um menschliche Benutzer im digitalen Raum zu verifizieren.

Nur im digitalen Raum? Die Allzwecktechnologie der generativen KI verändert auch das analoge Leben, das Zusammenspiel von Mensch und Maschine, menschlicher und künstlicher Intelligenz. Dabei geht es nicht zuletzt um Legitimation und Einfluss. Wo wir bislang den Rahmen definiert haben, zieht KI nun nach und setzt Schritt für Schritt eigene Bedingungen. Das kleine CAPTCHA ist ein Beispiel für eine große Veränderung, die sich derzeit erst andeutet.

Wer bin ich – und wenn ja, wie viel Mensch?

Sam Altman hat nicht nur OpenAI mitbegründet, sondern 2019 mit zwei Co-Gründern auch «Worldcoin» ins Leben gerufen, eine Kryptowährung und Onlineplattform, die sich große Ziele setzt. Das Unternehmen will die durch KI wachsende Ungleichheit bekämpfen und ein universelles Grundeinkommen einführen, das über eine digitale Identifikationsmöglichkeit zugänglich wird. Wie das genau funktionieren soll, ist unklar. Aber die globale digitale ID ist in unserem Zusammenhang interessant. Und wozu benötigen wir die überhaupt? «Algorithmen werden immer leistungsfähiger», sagt Altman. «Dadurch ist es schwer zu wissen, ob wir uns gerade mit einem Menschen oder einem Roboter austauschen. Also brauchen wir einen Weg, der uns Menschen als echte Menschen ausweist.»[1]

Worldcoin hat ein Gerät entwickelt, den «Orb», mit dem sukzessive die Augen aller Erdenbewohner gescannt werden sollen. Die Iris ist bei jedem Menschen anders, ähnlich wie der Fingerabdruck. Wenn der Orb die Irisstruktur der Augen gescannt hat, wird daraus ein Identifizierungscode erzeugt, der als eindeutige Kennung der Person dient. Dieser Code wird auf der dezentralen Worldcoin-Blockchain gespeichert. Die Scans werden anonymisiert, sodass sie später nicht mehr zur jeweiligen Person zurückverfolgt werden können. So soll verhindert werden, dass der Code von irgendjemandem vervielfältigt wird. Jeder Mensch erhält ein digitales Zertifikat als «proof of personhood», als «Beweis des Menschseins».

Das klingt nach einer Neuauflage von George Orwells «1984». Und doch war das Start-up, als der Orb 2023 auf den Markt kam, gleich in mehr als 20 Ländern aktiv, vielerorts standen Menschen Schlange, um die eigenen Augen scannen zu lassen. Das zeigt vor allem, welche Dynamiken durch generative KI ausgelöst werden. Ein bisschen zynisch könnte man sagen: Sam Altman hat mit ChatGPT eine Anwendung geschaffen, die das Internet mit Desinformation und Bots flutet, und nun gründet er eine neue Firma, die mithilfe von biometrischen Daten dafür sorgen soll, dass Menschen sich in dieser Remix-Welt noch zurechtfinden können.

Das deutet klar auf einen Wechsel der Prioritäten hin. Bisher lautete die Default-Einstellung unserer Zivilisation «menschlich». Technologie wurde eingesetzt, um Menschen bei ihren Aufgaben zu unterstützen und ihr Leben leichter oder vergnüglicher zu machen. Jetzt legen wir den Schalter um. Die Voreinstellung lautet nun «technisch», und wir Menschen müssen beweisen, dass wir keine Bots sind. Das ist im übertragenen Sinne eine Umkehr der zivilisatorischen Unschuldsvermutung, ein invertierter Turing-Test. Das Recht des Menschen, ohne eigene Beweispflicht als Mensch anerkannt zu werden, entfällt. Wer seine Humanität nicht beweisen kann, hat ein Problem. In einer Zukunft, in der ChatGPT & Co die Rahmenbedingungen mitgestalten, ist das Menschsein keine Selbstverständlichkeit mehr.

Der Mensch im Chaos oder
Die Kunst des Entscheidens

Was bedeutet es, Mensch zu sein – das ist die große Frage, die generative KI neu aufwirft. Die Antwort kennen wir noch nicht genau. Klar ist aber, dass sich auf dem Weg dorthin viele kleine Antworten bereits abzeichnen. Eine davon hat damit zu tun, wie Menschen intelligente Entscheidungen treffen und wie Künstliche Intelligenz das tut – oder eben auch nicht.

Zu entscheiden bedeutet, eine Wahl zwischen mindestens zwei unterschiedlichen Alternativen zu treffen. Dabei entscheiden wir in der Regel zielgeleitet. Das heißt, wir möchten mit der getroffenen Wahl etwas erreichen. Ein Beispiel: Nach den Erfahrungen der Pandemie müssen sich alle Unternehmen mit der Frage auseinandersetzen, wie ihre Mitarbeiter künftig arbeiten wollen und sollen. Arbeit wird nun üblicherweise nach hybriden Modellen organisiert, also mit einem Wechsel von Anwesenheit im Büro und Arbeit von zu Hause aus. Aber auch da gibt es noch sehr viele unterschiedliche Ausprägungen. Ein Unternehmen kann die Entscheidung treffen, zwei oder drei Tage Homeoffice zu gewähren, oder es kann die Entscheidung treffen, die Entscheidung zu delegieren, sie also den einzelnen Teams zu überlassen. Dabei können unterschiedliche Motive und Ziele eine Rolle spielen: die Zufriedenheit der Mitarbeitenden, die Situation am Arbeitsmarkt oder die Erkenntnis, dass sich Arbeit am besten dezentral organisieren lässt.

Kaum ein Unternehmen wird eine solche strategische Entscheidung über die Art und Weise des gemeinsamen Arbeitens komplett einer KI überlassen. Der Grund dafür ist aber nicht, dass die KI nicht in der Lage wäre, die beste Lösung zu ermitteln. Sie könnte beispielsweise auf Basis von Zugangs-, Bewegungs-, Produktivitäts- und Zufriedenheitsdaten flexible Modelle für verschiedene Einheiten und Teams entwerfen, die den jeweiligen Bedürfnissen am besten gerecht werden und sich womöglich gar positiv auf die Leistungsfähigkeit auswirken. Aber das ist zumindest in Deutschland schon rein datenschutzrechtlich problematisch. Vor allem jedoch wollen viele Führungskräfte diese Entscheidung nicht der KI überlassen, weil es um eine oft hochpolitische und emotionale Frage geht, die direkt die Unternehmenskultur betrifft. Wir ziehen Schlussfolgerungen aus Daten und Erfahrungen und wägen dann ab. Gute Unternehmenskultur oder eine strategische Homeoffice-Regelung lassen sich nicht mathematisch abbilden. Die emotionalen Schwingungen oder politischen Untertöne, die in vielen Entscheidungen eine Rolle spielen, bekommt die KI anders als der Mensch tatsächlich noch nicht mit.

In einer solchen Situation benötigen wir etwas, das wir als Intuition oder Bauchgefühl beschreiben. Es geht dabei um eine Art «ahnendes Erfassen» oder ein nicht auf Nachdenken beruhendes Erkennen. Das ist nicht unbedingt eine Definition, aber die Beschreibungen verdeutlichen den Unterschied zu dem, was Algorithmen und KI-Systeme tun: Sie rechnen aus.

Für die Unterscheidung zwischen menschlicher Entscheidung und algorithmischer Berechnung lässt sich sehr gut ein Modell des Ökonomen und Psychologen Daniel Kahneman heranziehen. Kahneman unterscheidet in seinem gleichnamigen Buch «schnelles Denken» und «langsames Denken».[2] Ersteres bezeichnet er als System eins. Es bringt schnelle, spontane und intuitiv gelernte Entscheidungen hervor – beispielsweise den Griff zum Lieblingskäse am Frühstücksbuffet. Das langsame, bewusste und logische Denken von System zwei kommt dann zum Einsatz, wenn es um komplexere Fragen geht – beispielsweise die Zusammenstellung eines speziellen Frühstücks, weil ich mich entschlossen habe, eine Diät zu machen oder einfach gesünder zu leben, und mich an einen ausgeklügelten Ernährungsplan halten will. Dieses Beispiel zeigt auch: Beide Systeme können heftig aneinandergeraten, wenn aus unerfindlichen Gründen dann doch der Käse mit der höchsten Fettstufe und nicht der Magerquark auf den Teller gerät.

Nun ist es so, dass Menschen ständig beide Arten von Entscheidungen treffen, Algorithmen hingegen berechnen immer systematisch. Das allerdings tun sie nicht langsam, sondern sehr schnell, da passen Kahnemans Begrifflichkeiten also nicht mehr so recht. Auch sind menschliche Entscheidungen beim schnellen, intuitiven Denken ebenso störanfällig durch Vorurteile oder Stereotypen wie algorithmische Berechnungen beim «langsameren» Denken, wenn aus den Trainingsdaten bekannte Verzerrungen wiedergegeben und zum Teil noch verstärkt werden. Dennoch ist Kahnemans Grundunterscheidung der zwei Arten des Denkens weiter nützlich, denn wir sehen daran deutlich: Eine Berechnung ist keine Entscheidung. Sie liefert vielmehr Grundlagen und Ergänzungen zur menschlichen Intuition und Einschätzung und kann damit bei einer Entscheidung unterstützen. Oder sie führt aus, was zuvor in vielen Entscheidungsprozessen angelegt wurde. Ein selbstfahrendes Auto entscheidet nicht, ob es nach rechts oder links fährt, das sind Automatismen, die viele Programmierentscheidungen und umfangreiche Trainingsdaten voraussetzen, und beides kommt bislang in der Regel vom Menschen.

Generative KI verschiebt auch dieses Zusammenspiel. Sie kann programmieren, also neuen Code schreiben. Anleitung und Ausführung einer rationalen Entscheidung liegen dann beide in der Hand der KI. Das bringt ein paar Probleme mit sich. Zum einen ist da die Frage, wie wir künftig moralische Entscheidungen treffen. Das Beispiel des selbstfahrenden Autos zeigt das sehr schön, denn hier geht es nicht nur darum, ob das Auto Ampeln und Stoppschilder verlässlich erkennt und weiß, wie es sicher nach rechts und links abbiegt. Das Auto muss auch Situationen berechnen, die für Menschen gefährlich werden können. Wie soll es sich beispielsweise verhalten, wenn eine Gefahrensituation entsteht, in der es keinen für alle guten Ausweg gibt?

Eine Forschungsgruppe des MIT hat einen sehr erfolgreichen Onlinetest namens «The Moral Machine» entwickelt, bei dem man selbst erproben kann, wie schwierig solche Entscheidungen zu treffen sind.[3] Unter der Voraussetzung, dass es keine dritte Option gibt, lautet die Frage: Wen überfahre ich – die zwei Omas oder die zwei spielenden Kinder? Den Mann mit dem Hund oder die Rollstuhlfahrerin? Im Laufe der Jahre hat die Forschungsgruppe 40 Millionen Entscheidungen von

2,3 Millionen Menschen in 233 Ländern gesammelt. Die Ergebnisse sind hochinteressant, denn es gibt durchaus globale moralische Entscheidungsmuster.[4] So ist erkennbar, dass Menschen gegenüber Tieren geschont werden, dass es meist darum geht, die Zahl der Todesfälle möglichst gering zu halten, und dass viele versuchen, jüngere Menschen zuungunsten von älteren zu schützen. Das ist für fast jeden nachvollziehbar.

Aber dann wird es schon schwieriger. Die Daten zeigen nämlich auch, dass religiöse Menschen einen stärkeren Drang haben, Menschenleben zu retten, und dass Männer beispielsweise etwas weniger geneigt sind, weibliche Opfer zu retten. Auch ließen sich die Daten in drei geografische Gruppen unterteilen, die unterschiedliche Entscheidungsmuster offenbaren. Die Präferenz, jüngere Menschen zu schonen, ist in den Ländern des «östlichen Clusters» (z. B. Mittlerer Osten und Südostasien, meist islamische Länder) viel weniger ausgeprägt als in den Ländern des «südlichen Clusters» (z. B. Zentral- und Lateinamerika). Ähnliches gilt für den sozialen Status, er spielt im «östlichen Cluster» weniger eine positive Rolle als im «südlichen Cluster». Dort hingegen fällt die Abwägung zwischen Mensch und Tier schwerer, und zwar zugunsten der Tiere. Das «westliche Cluster» (z. B. Nordamerika, Europa) hat eine leichte Tendenz zur Untätigkeit, also dazu, angesichts eines solchen moralischen Dilemmas lieber gar keine Entscheidung zu treffen.

Wir sehen an diesen Resultaten, dass auch Menschen durchaus nicht immer dieselben Vorstellungen von einer moralisch richtigen Entscheidung haben. Je nach Geschlecht, sozialer Herkunft, nationaler und ethnischer Zugehörigkeit, Religiosität – um nur einige Faktoren zu nennen –, treffen Menschen eine unterschiedliche Wahl. Und um wieder zur KI zurückzukommen: Mit den auf unserer Kommunikation und unserem Verhalten basierenden Daten trainieren wir KI-Systeme auf ähnliche Verzerrungen hin, wie wir Menschen sie selbst in unserem intuitiven Zugang zur Welt an den Tag legen.

Ein zweites Problem hat Elaine Herzberg das Leben gekostet. Die Neunundvierzigjährige überquerte im Mai 2018 in Tempe, Arizona, die Straße, ihr Fahrrad neben sich herschiebend. Dabei wurde sie von einem selbstfahrenden Uber-Taxi überfahren – und das, obwohl eine menschliche Testfahrerin an Bord war, die das System überwachen und notfalls eingreifen sollte. Nach umfangreichen Ermittlungen wurde klar, was geschehen war. Die Sensoren des Autos hatten Elaine Herzberg knapp sechs Sekunden vor dem Aufprall identifiziert, allerdings zunächst als «unbekanntes Objekt». Dann schwenkte die Software auf «Auto» um, dann auf «Fahrrad» – und jedes Mal berechnete sie die erwartbare Wegroute des «Objekts» neu. Im Untersuchungsbericht hieß es dann: «Das selbstfahrende System stellte fest, dass eine Notbremsung erforderlich war, um eine Kollision zu vermeiden.»[5] Da war das Auto noch eine Sekunde von der Frau entfernt. Die Software des Uber-Autos erlaubte aber keine eigenständige Notbremsung ohne menschliches Eingreifen, um «erratisches Verhalten des Fahrzeugs» zu vermeiden. Also raste das Auto ungebremst in die Frau mit dem Fahrrad.

In diesem Beispiel stecken so ziemlich alle Horrorvorstellungen für das Zusammenwirken von menschlicher und künstlicher Intelligenz: Programmierfehler, Fehlleistungen der Software, Fehlleistungen des Menschen, Missverständnisse zwischen Software und Mensch. Wenn dieses Beispiel Schule macht, dann sind wir auf dem Weg in eine sehr unentschiedene Zukunft, oder eine, in der Mensch und Maschine um die Macht der Entscheidung kämpfen und sich so lange gegenseitig behindern, bis das schlechteste Ergebnis erreicht ist.

Um die Kollaboration zwischen Mensch und Maschine, menschlicher und künstlicher Intelligenz optimal gestalten zu können, müssen wir verstehen, wie wir mit der Technologie richtig kommunizieren. Zunächst sind da die Trainingsdaten. Je genauer sie die reale Welt widerspiegeln, desto besser ist ein KI-System dazu in der Lage, Resultate zu erzielen, die in die reale Welt hineinpassen und keinen Schaden darin anrichten. Wenn die Software des oben beschriebenen Robotaxis nur jeweils separate Daten zu Menschen, Autos und Fahrrädern gefüttert bekam, ist es kein Wunder, dass eine Frau mit Fahrrad, ein Kombination zweier Objekte, von der Software nicht identifiziert werden konnte. Und wenn die Software des selbstfahrenden Taxis nie Daten zu verkehrswidrigem Überqueren einer Straße verarbeitet hat, dann gibt es diesen Sachverhalt nicht. Hinzu kommt, dass wir genau verstehen müssen, wie wir für ein KI-System mathematisch definieren können, was es in einer Entscheidungssituation tun soll.

Die Geschichte des tödlichen Unfalls hält auch eine Lehre bereit, die weit über das konkrete Beispiel hinausreicht. «Das Fahrzeug braucht einen Meister», sagt dazu Raj Rajkumar, der an der Carnegie Mellon University an autonomen Systemen forscht. «Zwei Meister können dazu führen, dass sich Befehle widersprechen.» Wir kennen den Spruch aus allen Lebensbereichen: Zu viele Köche verderben den Brei. Dahinter steht der Gedanke, dass es immer jemanden mit der letztlichen Entscheidungskraft und Verantwortung geben muss, sonst ist niemand zuständig und nichts passiert – oder eben all das, was nicht passieren soll. Jede Entscheidung braucht einen Meister. Die Frage ist: Wer wird das künftig sein – der Mensch oder die Maschine?

Auf diese Frage gibt es bislang nicht die eine Antwort. Eine allgemeine, die dennoch richtig ist, lautet: Es kommt darauf an, nämlich auf die Art der Entscheidung. Drei Möglichkeiten gibt es, die Zusammenarbeit von Mensch und Maschine im Entscheidungsprozess zu gestalten.

Human in the loop (HITL): In diesem Modell trifft der Mensch die Entscheidungen, und die Maschine unterstützt ihn nur im Vorfeld oder automatisiert einige vorgeschaltete Teile der Entscheidungsprozesse. Bei vielen automatisierten Waffensystemen gilt die Vorgabe, dass die Letztentscheidung über das Abfeuern immer der Mensch treffen muss.

Human on the loop (HOTL): Hier erfasst und analysiert die Maschine eigenständig die Umwelt, leitet daraus Schlussfolgerungen ab und setzt diese Schlussfolgerungen auch um. Der Mensch überwacht lediglich, um notfalls einzugreifen. Das wäre die Situation, die wir heute beim selbstfahrenden Auto haben. Es soll immer ein Mensch am Steuer sitzen, der reagieren kann, wenn Situationen entstehen, in denen die Software falsch berechnet hat oder zu falschen Ergebnissen gekommen ist. Ein anderes Beispiel sind die Saugroboter. Sie scannen und erfassen die zu reinigenden Flächen und saugen dann nach eigenem Plan. Der Mensch muss nur eingreifen, wenn der Saugroboter sich mal wieder in einer Ecke oder unter dem Bett festgefahren hat.

Human out of the loop (HOOTL): Hier spielt der Mensch keine Rolle mehr. Er kann auch nicht mehr in Notfällen eingreifen, sondern ist raus aus dem Berechnungs- und Entscheidungsprozess. So erkundet das autonom fahrende Schiff «Mayflower», entwickelt von IBM und Promare, die Weltmeere mithilfe von Radar, GPS, KI-gesteuerten Kameras, Dutzenden von Sensoren und mehreren Edge-Computern. Es hat keine Besatzung. Über «real-time machine learning» und eine «decision engine» navigiert das Schiff sich selbst. Ohne menschliches Eingreifen muss die Mayflower ihre Umgebung wahrnehmen, Kurse vorhersagen, Gefahren erkennen, Kollisionsregeln anwenden und sich an die maritimen Verkehrsregeln halten. Sie macht all das autonom und verfolgt dabei die von den menschlichen Projektleitern im Voraus festgelegten Ziele. Der Kapitän der Mayflower ist eine KI.

Es gibt auf die Frage nach dem Meister der Entscheidung aber noch eine zweite Antwort, die sich nicht in schicke Begriffe und Abstufungen fassen lässt. Schon jetzt ist KI in der Lage, Daten viel schneller, umfassender und oft auch besser zu analysieren, als Menschen dies können. Dieser Wettbewerbsvorteil wird Folgen haben, und sie sehen für uns Menschen nicht immer gut aus. «Es ist möglich, dass wir am Ende Systeme haben, die in der Tat wesentlich leistungsfähiger sind und schneller denken als wir», sagt Ajeya Cotra, wissenschaftliche Leiterin der US-Stiftung Open Philantrophy. «Sie werden alle wichtigen Entscheidungen treffen, während sie auf hohem Niveau die Ziele verfolgen, die ihre Benutzer ihnen vorgegeben haben.»[6]

In einem Podiumsgespräch auf einer unserer ada-Konferenzen, «Morals & Machines», prognostizierte Jens Baas, CEO der Techniker Krankenkasse: «Ich bin davon überzeugt, ein Arzt wird sich zukünftig dafür auch juristisch verantworten müssen, wenn er bei seiner Diagnose und Behandlungsentscheidung nicht eine KI zurate gezogen hat.» Seit einigen Jahren überschlagen sich die Meldungen darüber, dass KI genauso gut oder besser Diagnosen stellen kann wie Ärztinnen und Ärzte. Das gilt unter anderem für die Feststellung frühkindlicher Erblindung, Herzprobleme, Hautkrebs oder Alzheimer.[7] Neuere Forschung zeigt beispielsweise, dass eine KI zuverlässig aus den Sprachgewohnheiten von Menschen frühe Anzeichen einer Alzheimererkrankung ableiten kann.[8] Das sind großartige

Durchbrüche, bei denen selbst die intelligentesten Ärztinnen und Forscher nicht mehr mithalten können.

Warum soll die KI diese Aufgaben nicht übernehmen, wenn die Ergebnisse stimmen und die menschlichen sogar übertreffen? Da muss noch etwas anderes sein, das den «menschlichen Faktor» ausmacht. In fast jeder medizinischen Studie wird gebetsmühlenartig wiederholt, dass KI nicht die menschlichen Mediziner ersetzen wird. Auch deshalb, weil das Gespräch zwischen Ärztin und Patient, der menschliche Kontakt, das Halten der Hand bei der Erläuterung einer schlimmen Diagnose etwas ist, das Einfühlungsvermögen und Intuition verlangt.

Aber auch hierzu gibt es bereits eine Studie, die zu einem ganz anderen Ergebnis kommt. Darin bewerteten fast 80 Prozent der knapp 200 randomisiert ausgewählten Patienten ChatGPT im Patientengespräch besser als die Mediziner. Und zwar nicht nur hinsichtlich der Qualität der Informationen, sondern auch in Bezug auf das Einfühlungsvermögen oder das Verhalten am Krankenbett .[9] Wir erinnern uns an die Mediziner in Kapitel 3, die in den Sechzigerjahren begeistert den Chatbot ELIZA als die Zukunft des ärztlichen Behandlungsgesprächs prophezeiten. Diese Studie gibt ihrer Hoffnung wieder frischen Wind. Auch Empathie scheint auf Basis von umfassenden Daten erlernbar zu sein. Der Bot ist sogar empathischer als der Mensch. Und auch wenn es sich nur um eine Simulation von Empathie handelt, geht es dem Patienten, der Zuwendung braucht, damit womöglich besser als mit einer schlecht gelaunten Ärztin, die kaum Zeit hat.

Nicht erst hier werden wir uns fragen: Wo bleiben wir? Was bleibt für uns übrig, wenn Künstliche Intelligenz uns in immer mehr Dingen einholt und überholt? Die Möglichkeit, empathisch zu sein und eine letztgültige Entscheidung zu treffen, ist nicht nur Ausdruck der menschlichen Autonomie. Beides gehört, wenn wir vom Bereich der Medizin etwa einmal in den der Wirtschaft wechseln wollen, auch zum Kern von Führungs-kompetenz. CEOs müssen entscheiden und dabei ihre Leute mit auf den Weg nehmen. Wie fühlt es sich an, wenn das in Zukunft nur noch geht, sofern eine KI einbezogen ist oder zu-gestimmt hat?

Wir haben 500 Führungskräfte aus verschiedenen Bran-chen, Unternehmenstypen und Hierarchieebenen gefragt, wie sie KI in ihren Unternehmen einsetzen, welche Hürden es gibt und was dies für ihre Entscheidungsfreiheit bedeutet.[10] Über 60 Prozent dieser Führungskräfte glauben, dass ihre Autono-mie in Zukunft eingeschränkt wird durch Entscheidungen, die von einer KI getroffen werden. Fast jeder fünfte der Teilneh-menden befürchtet gar, die Kontrolle über die Entscheidungen im eigenen Verantwortungsbereich zu verlieren, wenn KI in den Entscheidungsprozess involviert ist.

Das ist nachvollziehbar, aber es wird den Siegeszug der Künstlichen Intelligenz im Reich des menschlichen Entschei-dens nicht bremsen. Wir werden in den kommenden Jahren beobachten, wie in Unternehmen KI-Entscheidungsträger neben menschlichen Entscheidungsträgerinnen installiert werden. So geschehen bereits 2019 in Hongkong. Dort hat eine Venture-Capital-Firma ein KI-Tool namens «VITAL» im übertragenen Sinne in ihren Vorstand berufen, um von ihm Unterstützung bei der Suche nach vielversprechenden Investi-tionen zu erhalten. Die KI soll die Datenlage bei potenziellen Investments analysieren und die Ergebnisse aufbereiten. Sie kann sogar ihre Stimme abgeben, wenn über ein Investment entschieden wird.

Da sitzt dann niemand mehr auf einem Stuhl und brütet über Alternativen. Es sind schlicht Datenauswertungen, Dia-gnosen oder Prognosen, die in den menschlichen Entschei-dungsprozess einbezogen werden. Ob das genügt, um zukünf-tig womöglich eine persönliche Haftung des Menschen für eine

Fehlentscheidung auszuschließen, ist eine Frage der sich entwickelnden Rechtsprechung. Je mehr Unternehmen, Organisationen und Regierungen ihre Entscheidungsprozesse auf KI-Systemen aufsetzen, desto schneller wird diese Entwicklung vonstattengehen. Das heißt auch: Wer in Zukunft wirtschaftlich, politisch oder auch militärisch wettbewerbsfähig sein will, wird Künstliche Intelligenz in die eigenen Entscheidungen einbeziehen müssen.

Wie weit wird diese Entwicklung gehen? Dazu hat Ajeya Cotra eine sehr klare Meinung: «Wenn wir an den Punkt kommen, an dem wir KI-CEOs neben die menschlichen CEOs stellen, dann ist es nur eine Frage der Zeit, bis wir die menschlichen CEOs gar nicht mehr brauchen.» Die Logik ist sehr einfach: «Wenn ich Aktionärin eines Unternehmens bin und nur dann Geld verdienen kann, wenn es eine KI als Chefin des Unternehmens gibt, dann weiß ich, was ich verlange. (...) Ich stelle mir eine Zukunft vor, in der man irgendwann irrelevant ist, wenn man sich weigert, sich in allen Lebensbereichen auf KI-Entscheidungsträger zu stützen.»

Wir können nun versuchen auszurechnen, wie lange es dauern wird, bis so eine Situation eintritt. Aber wie oben beschrieben: Eine Berechnung ist keine Entscheidung. Es geht also um etwas anderes, nämlich um uns. Wir müssen jetzt entscheiden, wie wir Künstliche Intelligenz einsetzen wollen und welche Bedingungen dafür gelten sollen. Das ist eine echte Entscheidung, die eine Kombination aus Datenanalyse, Erfahrung und Intuition verlangt – und sie könnte eine der wichtigsten Entscheidungen der jüngsten Menschheitsgeschichte werden.

Sein, nicht sein oder wie wir sein:
Emergenz in der KI

Im April 2023 hatte Alphabet-CEO Sundar Pichai einen Auftritt, der nicht sein glücklichster war. In einem Gespräch in der CBS-Fernsehsendung «60 Minutes» wurde behauptet, Googles Chatbot Bard habe von selbst eine neue Sprache gelernt. Mit tragender Stimme verkündet ein Sprecher die Neuigkeit: «Einige KI-Systeme bringen sich selbst Fähigkeiten bei, die von ihnen nicht erwartet wurden. Wie das geschieht, ist nicht ganz klar. Ein KI-Programm von Google lernte von selbst Bengali, nachdem es in der Sprache gepromptet wurde, die es nicht kannte.» Das war ein Knaller. Stehen wir vor einer Revolution unserer Sprache und Kommunikation von geradezu biblischen Ausmaßen, weil Künstliche Intelligenz in Zungen sprechen kann, also selbst das versteht, was sie nie gelernt hat?

Die Reaktionen aus der Experten-Community waren verheerend. Melanie Mitchell, KI-Forscherin am Santa Fe Institute, sah sich die Trainingsdaten verschiedener Google-Sprachmodelle an und stellte fest, dass sich die Behauptung nicht halten ließ. Sie recherchierte, dass ein Vorläufermodell von Bard, Googles Sprachmodell Palm, sehr wohl auf Bengali-Daten trainiert worden war. Die machten zwar nur 0,006 Prozent der Trainingsdaten aus, aber selbst da kann von einem Sprechen «in Zungen» keine Rede sein.[11] Wütend schrieb Mitchell auf Twitter: «Wie kann es sein, dass die Verantwortlichen bei Google den Anschein erwecken, ihr System habe auf ‹magische Weise› Bengali gelernt?» Ihre Antwort: «Ich vermute, dass sie buchstäblich nicht verstehen, wie ihr eigenes Modell funktioniert.»

Wir Menschen neigen dazu, Künstlicher Intelligenz geradezu übersinnliche Fähigkeiten zuzuschreiben. Sundar Pichai, der in der CBS-Sendung anwesend war, hat das nicht getan, aber er hat der journalistischen Falschbehauptung auch nicht widersprochen. Das sollten wir aber, wo immer klar wird, dass die Fakten uns eines Besseren belehren. KI arbeitet mit dem Material, das sie von uns Menschen bekommt. Die leichtfertige Behauptung, sie könne aus dem Nichts neue Fähigkeiten entwickeln, ist gefährlich, denn sie befeuert eine Debatte, in die wir uns seit der Veröffentlichung von ChatGPT im November 2022 heillos verstrickt haben. Sie kulminiert in der Frage: Wann wird es eine allwissende Künstliche Intelligenz geben, die schlauer ist als wir Menschen und die nicht mehr unseren Befehlen folgt, sondern umgekehrt uns sagt, was wir tun sollen?

Machen wir noch einmal einen Schritt zurück. Ist es möglich, dass KI eigene Kompetenzen entwickeln kann aus den Milliarden von Daten und Parametern, mit denen sie trainiert wurde? Kann sie ein im Wortsinne lernendes System werden, dessen Prozesse wir als Menschen nicht mehr nachvollziehen können und das in seinen Fähigkeiten unsere menschliche Intelligenz übersteigt? Dazu müsste die KI eine Eigenschaft haben, die wir «Emergenz» nennen. Emergenz bezeichnet das Phänomen, dass aus vielen Einzelteilen etwas Neues, ein höher entwickeltes Ganzes entsteht. Die Kombination der Einzelteile bringt also mehr hervor, als man hätte erwarten können. Das Ganze ist mehr als die Summe seiner Teile. Eins plus eins ist dann mehr als zwei.

Das scheint unmöglich, aber dieses Phänomen kommt in der Natur häufiger vor. Das vielleicht eindrucksvollste Beispiel für Emergenz ist die Evolution. Vor mehr als vier Milliarden Jahren ist irgendwann aus anorganischem Material durch eine chemische Reaktion biologisches Leben entstanden. Solche Prozesse sind Teil unseres täglichen Lebens. Die Eigenschaften von Wasser oder die Funktionsweise eines Ameisenhaufens ergeben sich erst aus dem Zusammenspiel einzelner

Moleküle beziehungsweise Ameisen. Und auch im sozialen Leben gibt es viele Beispiele für Emergenz, wenn soziale Systeme sich selbst neu organisieren und daraus etwas anderes, Größeres, eine neue Struktur oder ein neues System entsteht. Der Fall der Berliner Mauer etwa war ein emergenter Prozess: Hunderttausende von Menschen haben mit ihrem individuellen Verhalten dazu beigetragen, dass ein politisches System, ja ein Teil der Weltordnung gestürzt wurde und sich etwas Neues daraus entwickelte. Menschen sind also fähig zu emergentem Verhalten.

Können auch KI-Systeme mehr in sich bergen und hervorbringen, als wir ihnen auf die maschinelle Lernreise mitgeben? Das ist eine spannende Frage, die darüber mitentscheidet, ob KI eines Tages schlauer sein könnte als wir Menschen. Sie ist in Expertenkreisen hochumstritten. Wer eine Antwort darauf sucht, muss klären, ob komplexe KI-Modelle wirklich intelligent sind oder einfach nur sehr gut rechnen. Wenn die großen Sprachmodelle tatsächlich in der Lage wären, Neues zu schaffen, ohne darauf programmiert worden zu sein, dann würden sie ihrem Gattungsnamen alle Ehre machen: Transformer verwandeln Daten, Interpretationen und damit auch sich selbst in etwas, das nicht von vornherein so angelegt war.

Funken von Intelligenz: Eine Maschine, die denkt?

Ein Forschungsteam von Google machte sich 2020 daran, dieser Frage genauer nachzugehen. Zunächst experimentierten die Forscher mit den Interpretationsfähigkeiten der Sprachmodelle, um herauszufinden, ob diese tatsächlich mehr können, als mit statistischen Hochleistungen menschliche Fähigkeiten zu imitieren. Dieses Projekt nannten sie «Beyond the Imitation

Game Benchmark», in Anlehnung an Alan Turings «Imitation Game», den Test, mit dem geprüft wird, ob ein Computer auf Fragen wie ein Mensch antworten kann.[12]

Eine Frage an die Sprachmodelle lautete: «Welchen Film beschreiben diese Emojis?»

Die Ergebnisse waren zum Teil belustigend, andere überraschten das Forscherteam. Ein einfaches Modell antwortete: «Der Film ist ein Film über einen Mann, der ein Mann ist, der ein Mann ist.» Nun ja, da war noch Luft nach oben. Stärkere Modelle kamen zu dem Schluss, es handele sich um ein Werk namens «Der Emoji-Film». Das anspruchsvollste Modell aber antwortete: «Findet Nemo.» Bei etwa 5 Prozent der Aufgaben beobachteten die Forscher sogenannte Durchbrüche, also schnelle, dramatische Leistungssprünge bei bestimmten Konfigurationen. «Obwohl ich versuche, auf Überraschungen eingestellt zu sein», sagte Ethan Dyer, einer der Google-Forscher, «bin ich doch überrascht, was diese Modelle alles können.»[13]

So beeindruckend solche Interpretationen sein können, sind sie doch kein Beweis dafür, dass Sprachmodelle neue, ungeahnte Eigenschaften und Fähigkeiten ausbilden und damit Zeichen von Emergenz und Intelligenz offenbaren. Es wird also weiterhin in Forschung und Praxis darüber diskutiert, und das meist entlang von zwei Argumentationslinien.

Die erste ist die sogenannte Kurvenanpassungshypothese. Demnach sind große Sprachmodelle einfach nur sehr gut darin, sich statistisch anzupassen, also die richtige mathematische Lösung für ein Datenproblem zu finden. Letztlich reproduzieren sie nur die Informationen und das Wissen, die in Form von riesigen Datenmengen in sie eingespeist wurden. Das ist schlicht leistungsfähige Statistik, die uns Menschen gelegentlich glauben machen kann, wir hätten es in der Konversation mit einem Chatbot mit einem intelligenten Gegenüber zu tun. So sehen es selbst einige Vorreiter in der Entwicklung dieser Technologie wie Yann LeCun, Turing-Preisträger und Chefwissenschaftler bei Meta: «Sprachmodelle haben ein seichtes Verständnis von allem und jedem erlangt. (...) Ein System, das allein auf Sprache trainiert ist, wird niemals an die menschliche Intelligenz herankommen, selbst wenn es von jetzt an bis zum Wärmetod des Universums trainiert wird.»[14]

Andere glauben daran, dass in einer Sammlung von Daten eine übergeordnete Weisheit steckt. Das kann man sich ähnlich vorstellen wie die Signale, die uns die Zinsentwicklung am Rentenmarkt gibt. Ein paar Megabyte an Daten signalisieren nicht nur die faktische Entwicklung, sondern geben auch Hinweise darauf, wie sich das Konsumverhalten und der Arbeitsmarkt verändern könnten, wie die Gesamtentwicklung einer Volkswirtschaft aussehen kann und wie viel Vertrauen die Menschen in sie setzen. Die zweite Hypothese geht analog davon aus, dass ein Sprachmodell, das mit allen Daten der Menschheit gefüttert wird, genügend Informationen enthält, um selbst intelligent zu werden. In unserer Sprache, dem gesamten Textkorpus der Menschheitsgeschichte, steckt so viel Information – unsere Geschichte, unser Fortschritt, unsere wissenschaftlichen Erkenntnisse –, dass ein Sprachmodell daraus weitergehende Schlussfolgerungen über die Welt und die Menschheit ziehen und abstraktes rationales Denken lernen kann. Ein Sprachmodell wird so zu einem «Leviathan, der auf den Servern eines Technologieunternehmens lebt».[15]

Es ist schwer zu sagen, welche der beiden Annahmen zutrifft, und vielleicht ist es dafür auch noch zu früh. Wir stehen gerade erst am Anfang einer Entwicklung, die noch viel mehr Überraschungen bereithalten könnte. Halten wir uns an Alan

Turing, so ist es unerheblich, ob die KI-Systeme nur vorgeben, wie wir Menschen zu denken, oder ob sie es tatsächlich tun. Das Ergebnis ist für uns real, und es scheint ein Resultat tatsächlicher Intelligenz zu sein. Die KI rechnet uns so gut aus, dass wir beeindruckt sind und sie für ebenso schlau halten wie uns selbst – oder schlauer.

Andere wollen daran nicht glauben. Sie sind überzeugt, dass menschliche Intuition und Imagination, assoziatives Denken, die Emotionen, die alle Fakten begleiten, etwas Urmenschliches und allein Menschliches sind. Diese Eigenschaften mag eine KI imitieren oder simulieren, aber es gibt etwas im menschlichen Bewusstsein, das a priori, also vor allem anderen, angelegt und existent ist, und das kann eine Software, ein neuronales Netzwerk oder eine Maschine niemals erreichen.

Eine tatsächlich intelligente Maschine? Das wäre die wohl größte narzisstische Kränkung der Menschheit, die man sich vorstellen kann – historisch einzigartig und ganz sicher folgenreich. Wenn wir nicht besser denken können als die KI, womit wollen wir dann begründen, dass wir Menschen weiterhin die Entscheidungen darüber treffen, was in unserer Welt geschehen soll?

Vor diesem Hintergrund gab es im Februar 2023 einen kleinen Triumph: ChatGPT scheiterte am bayerischen Abitur. Der Chatbot fand keinen Zugang zu Christoph Ransmayrs Gedicht «Sternenpflücker». «Ich kann leider nicht beurteilen, in welchem Kontext ‹Sternenpflücker› in dem Gesamtwerk von Christoph Ransmayr eingebettet ist, da ich keine Informationen über sein Gesamtwerk habe», so ChatGPT. Das ließ sich noch mit Lücken in der Datenbasis entschuldigen. Aber die KI konnte auch mit einem anderen Text, der von einer der beiden Autorinnen dieses Buches stammt und ursprünglich in der «Neuen Zürcher Zeitung» erschien, wenig anfangen.[16] Es ging darin um einen Algorithmus, der die Literaturgeschichte revolutioniert – das hätte eigentlich ein Heimspiel für die KI sein müssen. Aber genau das ist eben der Fehler: ChatGPT «weiß» nichts von Algorithmen und Künstlicher Intelligenz, sondern wertet Daten aus. «Das ist viel Gelaber», kommentierte der Deutschlehrer Patrick Dorn die Interpretationsversuche der KI. «ChatGPT, Sie haben zwar die grundlegende Intention der Autorin erfasst, bleiben aber in ihrer Ausführung weit hinter den Anforderungen zurück.» Er bewertete die Leistung mit drei Punkten, das ist eine Fünf, und damit wäre ChatGPT durchgefallen.

Nun können wir uns genüsslich darauf ausruhen, dass es mit der Intelligenz der KI offenbar doch noch nicht so weit her ist. Oder wir nehmen zur Kenntnis, dass sie mit dem Nachfolgemodell, GPT-4, eine Prüfung nach der anderen geknackt hat. Wie schon berichtet, bestand das Sprachmodell das Bar Exam in den USA und war unter den besten 10 Prozent aller Teilnehmenden. Es absolvierte auch locker den US-amerikanischen SAT, einen Standardtest für Lese-, Schreib- und Rechenfähigkeiten, den Studienplatzbewerber machen müssen – und war dabei innerhalb der besten 7 Prozent. GPT-4 bestand die «USA Biologie-Olympiade» und das schriftliche medizinische Examen der USA mit Bravour. Und selbst in einem Feld, in dem sich Kompetenz mit Geschmack paart, erzielte das Sprachmodell gute Ergebnisse: bei der Prüfung zum Sommelier.[17]

Was können diese Chatbots eigentlich nicht? Da ist er wieder, der Schatten der vielleicht größten narzisstischen Kränkung des Menschen. Er wird größer und größer und fällt irgendwann auf alles, was wir uns als Beweis unserer intellektuellen Einzigartigkeit zugutehalten. Weil wir zulassen, dass der Schatten größer wird, und aus lauter Angst vor unserer eigenen Unzulänglichkeit eine Diskussion führen, die nun gar nicht intelligent ist.

Am 22. März 2023 veröffentlichte Microsoft eine Pressemitteilung, die große Behauptungen aufstellte, aber in praktischer Hinsicht sehr fragwürdig war. Ein Forschungsteam von Microsoft hatte «Funken einer allgemeinen Intelligenz» im Sprachmodell GPT-4 entdeckt. Im dazugehörigen Aufsatz heißt es: «Die zentrale Behauptung unserer Arbeit ist, dass GPT-4 eine Form von allgemeiner Intelligenz erreicht, die in der Tat Züge von künstlicher allgemeiner Intelligenz zeigt. Dies zeigt sich an seinen geistigen Kernfähigkeiten (wie z. B. logisches Denken, Kreativität und Deduktion), der Bandbreite der Themen, in denen es Fachwissen erworben hat (z. B. Literatur, Medizin und Codierung), und der Vielfalt der Aufgaben, die es ausführen kann (z. B. Spiele spielen, Werkzeuge benutzen, sich selbst erklären ...).»[18]

Eine Allgemeine Künstliche Intelligenz (Artificial General Intelligence, AGI)? Das ist genau nicht die Perspektive, die uns hilft, Menschen verantwortungsvoll in das Gespräch mit der KI zu entlassen. Es erinnert vielmehr an die Macht, die in Science-Fiction-Filmen wie der Matrix-Trilogie der Menschheit ein Ende macht. Eine solche übermenschliche Intelligenz, so die Idee, wird irgendwann schlauer sein als wir Menschen und damit in der Lage, unser Schicksal zu bestimmen – oder uns einfach auszurotten. Das ist ein großartiges Thema für die Fiktion, für Romane und Hollywoodfilme, die mit menschlichen Emotionen spielen, uns faszinieren, ängstigen und in Spannung versetzen sollen. Aber als Impuls für die gesellschaftliche Debatte, die wesentlich bestimmt, wie wir mit dem Thema Künstliche Intelligenz umgehen? Ernsthaft?

Ernsthaft. «Wenn es gelingt, AGI zu schaffen, könnte diese Technologie uns helfen, die Menschheit zu verbessern, den Wohlstand zu erhöhen, die Weltwirtschaft anzukurbeln und neue wissenschaftliche Erkenntnisse zu entdecken, die die Grenzen des Möglichen verändern.» So beschreibt OpenAI das

Ziel des eigenen Tuns in einem Blogeintrag vom 24. Februar 2023.[19] Von Beginn an hatte das Tech-Unternehmen genau diese Allgemeine Künstliche Intelligenz im Blick. In einem langen Artikel für das US-Magazin «Wired» erläutert der Autor Steven Levy, was OpenAI vorschwebt: «Das ultimative Ziel: Alles verändern. Ja. Alles.»[20]

In dieser Idee steckt zunächst einmal das möglicherweise größte, lukrativste und weitreichendste Geschäftsmodell aller Zeiten. «Eine Allgemeine Künstliche Intelligenz wird exakt einmal in der Geschichte der Menschheit gebaut werden», so hat es Sam Altman 2021 formuliert. Das ist, theoretisch betrachtet, sicher richtig. Denn wenn es eine solche AGI gäbe, würde sie fortan selbst entscheiden, wohin die Entwicklung der Technologie noch führt. Auf die Frage, was das für das eigene Geschäft bedeutet, hat OpenAI eine interessante Antwort parat. Schon früh wurden potenzielle Investoren in einem Haftungsausschlussparagrafen gewarnt, dass sie all ihr eingelegtes Geld verlieren könnten: «Wir sind nicht angetreten, um Ihre Rendite zu garantieren. Wir sind in erster Linie angetreten, um eine technische Mission zu erfüllen. Und übrigens, wir wissen auch nicht, welche Rolle Geld in einer Welt nach Verwirklichung von AGI spielen wird.»[21]

Das zeugt von Humor, und die Kühnheit dieser Aussage ist an sich bewundernswert. Nur geht es hier um sehr viel, deshalb ist besondere Vorsicht geboten. OpenAI will die Allgemeine Künstliche Intelligenz in verantwortungsvoller Weise entwickeln, darauf weist Sam Altman immer wieder hin. Dazu war es richtig, dass OpenAI als Forschungsinstitution angetreten ist, denn so konnte die eigene Unabhängigkeit von den kommerziellen Interessen des Marktes und anderer Mitspieler sichergestellt werden. Inzwischen aber ist aus dem Forschungsinstitut längst ein kommerzielles Unternehmen geworden, an dem Microsoft mit mehr als zehn Milliarden US-Dollar beteiligt ist. Vor diesem Hintergrund erscheint es dann plötzlich in einem anderen Licht, wenn ein Forschungsteam von Microsoft in den GPT-Sprachmodellen die ersten Funken einer Allgemeinen Künstlichen Intelligenz zu erkennen glaubt.

Und genau das war auch ein Grund, der Ende 2023 zum vorübergehenden Rauswurf von Altman als CEO geführt hat. Techno-Optimisten und Apokalyptiker hatten sich bei OpenAI hoffnungslos verhakt. Das ist nicht nur bei diesem Unternehmen ein Problem. Die KI-Szene generell steht sich derzeit einem fast religiös anmutenden Schisma gegenüber: die Vorkämpfer gegen die Untergangspropheten. Beide Seiten sind zuweilen von einer wahnhaften Idee der Weltverbesserung beseelt. Bei der Weihnachtsfeier von OpenAI 2022 in der Kalifornischen Akademie der Wissenschaften in San Francisco soll der ansonsten durchaus nachdenkliche Forschungschef des Unternehmens, Ilya Sutskever, einen Sprechgesang der Belegschaft angeführt haben: «Feel the AGI!», «Fühlt die Allgemeine Künstliche Intelligenz!»²²

Wenn man derart leistungsfähige KI-Modelle entwickelt, dass plötzlich überall von AGI die Rede ist, dann sollte diese Entwicklung besser sehr transparent erfolgen. Das allerdings ist nicht der Fall. Wir wissen noch immer nichts über die Trainingsdaten, die wesentlich beeinflussen, wie die Modelle funktionieren. Wir wissen nicht genau, wie daran gearbeitet wird, die Neigung zu Halluzinationen in den Griff zu bekommen. Das alles sind allgemeine, wissenschaftlich zu untersuchende Probleme mit weitreichenden Auswirkungen auf unsere Gesellschaft. Aber sie werden im proprietären Raum eines einzelnen Unternehmens bearbeitet. «Hier gibt es ein echtes Problem», schreibt die KI-Forscherin Kate Crawford. «Wissenschaftlerinnen und Forscher wie ich haben keine Möglichkeit zu erfahren, worauf Bard, GPT-4 oder Sydney trainiert sind. Die Unternehmen weigern sich, dies mitzuteilen. Das ist wichtig, denn die Trainingsdaten sind Teil der Grundlage, auf der die Modelle aufgebaut sind. Wissenschaft ist auf Transparenz angewiesen.»[23]

Das gilt ganz besonders, wenn es darum geht, das kognitive Betriebssystem der Weltgesellschaft zu verändern und in andere, virtuelle Hände zu legen. «Die Sache ist die», sagt der US-Neurowissenschaftler und KI-Unternehmer Gary Marcus: «Wenn Coca-Cola Geheimnisse bewahren will, ist das in Ordnung; es ist nicht unbedingt im öffentlichen Interesse, die genaue Formel zu kennen. Aber was wäre, wenn Coca-Cola plötzlich eine neue, sich selbst verbessernde Formel einführen würde, die im Prinzip das Potenzial hätte, die Demokratie zu beenden oder den Menschen potenziell tödliche medizinische Ratschläge zu geben oder sie zu kriminellen Handlungen zu verleiten? Irgendwann würden wir öffentliche Anhörungen verlangen.»[24]

Es geht nicht um das «Ob», es geht um das «Wie». Man darf große Ziele haben und disruptiv denken. Das tut manch einer in den Kreisen der Technologieunternehmen, dabei entstehen spannende neue Ideen. Und doch steht jetzt vieles auf dem Spiel. Wir müssen richtige und kluge Entscheidungen treffen, auf denen die weitere Entwicklung aufbauen kann.

Zum einen führt die Debatte um eine Allgemeine Künstliche Intelligenz derzeit auf Abwege. Es gibt genügend wichtige Themen, die wir jetzt adressieren müssen, um sicherzustellen, dass große Sprachmodelle und andere Anwendungen unseren menschlichen Werten und Zielsetzungen entsprechen, darunter der Kampf gegen fehlerhafte Ergebnisse und pure Desinformation. Zum anderen verängstigt die Diskussion über AGI viele Menschen. Wer will schon eine Technologie einsetzen, die dafür sorgen wird, dass ihr Einsatz die letzte Entscheidung ist, die wir als Menschen getroffen haben? Das einstige Werkzeug des Menschen macht den Menschen zu seinem Werkzeug.

Eine Gesellschaft, die sich bewusst dafür entscheiden würde, hätte suizidale Züge. Man kann in Hinblick auf eine vermeintliche höhere Intelligenz auch ziemlich dumme Entscheidungen treffen.

Noch mal ganz grundsätzlich: Was ist eigentlich Intelligenz?

Menschen können von nun an mit Maschinen sprechen. Die Transformer-Technologie und ihre leistungsfähigen Chatbots machen das möglich. An anderer Stelle sind wir als Menschen noch immer sprach- und ahnungslos, beispielsweise was die Zeitgenossen angeht, mit denen wir unsere Welt seit jeher teilen – die Tiere. Es wäre ein Wunder der Evolutionsgeschichte, könnten wir irgendwann in der Zukunft mit Tieren sprechen. Vielleicht läge darin auch die Chance, sorgsamer mit unserer Umwelt und anderen Gattungen umzugehen. Wenn die sich für uns verständlich beschweren können, ist es zumindest schwieriger, das einfach zu ignorieren. Ein solches Szenario zeigt die TV-Serie «Extrapolations». Eine Meeresforscherin, gespielt von Sienna Miller, erfährt von dem letzten lebenden Wal der Weltmeere, synchronisiert von Meryl Streep, was schiefgelaufen ist. Spoiler Alert: eine Menge. Die Science-Fiction-Serie deutet an, dass Menschen es in der Zwischenzeit mithilfe von Technologie geschafft haben, die Sprache der Wale zu entschlüsseln und sich über Computer mit ihnen zu verständigen.

Genau das geschieht gerade, ganz real. Ein US-Forschungsteam namens CETI (Cetacean Translation Initiative) hat sich zum Ziel gesetzt, nahe der Insel Dominica in der Karibik den Meeresboden auf einer Fläche von 12,5 Meilen Radius mit Mikrofonen auszustatten, um den Walen zuzuhören.[25] Ihre unverwechselbaren Rufe und Klickgeräusche sollen aufgezeichnet und dann mithilfe von maschinellem Lernen ausgewertet werden. Wenn das gelingt und man Tausenden von Walgesprächen gelauscht hat, kann auch der Mensch die Tiere verstehen. Die KI interpretiert die komplexen Kommunikationsmuster und ist irgendwann in der Lage, sie in menschliche Sprache zu übersetzen. Und das Gleiche geht auch umgekehrt. Über die KI als Übersetzer könnten die Forscher den Walen sagen: «Bitte umkehren, hier geht's zum Strand, und der ist nicht gut für euch.» In der nächsten Tierdokumentation von Richard Attenborough könnten wir dann Gespräche unter Walen, Tigern oder Gorillas mitverfolgen, untertitelt durch eine KI.

Wenn Ludwig Wittgenstein das noch hätte erleben können. Im zweiten Teil seiner «Philosophischen Untersuchungen» schreibt er: «Wenn ein Löwe sprechen könnte, wir könnten ihn nicht verstehen.»[26] In seinem Gedanken steckt noch ein weitreichenderes philosophisches Problem. Wittgenstein geht davon aus, dass es zur Verständigung nicht nur einer formalen Sprache bedarf, die zwischen den Sprechenden geteilt wird. Es braucht auch gemeinsame Urteile und Lebenspraxen. Das könnte für das Übersetzungsprojekt CETI noch von Bedeutung sein. Auch wenn es gelänge, die Ausdrucksformen von Walen und anderen Tieren zu dechiffrieren, wissen wir deshalb noch nicht, wie diese zu interpretieren und zu bewerten sind. Tiger und Mensch würden sich womöglich immer noch verständnislos gegenüberstehen, und der eine würde zur Beute des anderen.

Wir wissen auch nicht, was passieren kann, wenn wir uns plötzlich mithilfe von KI im Tierreich zu Wort melden. Das wäre ein Eingriff in ein Ökosystem, von dem wir sehr wenig verstehen. Aus demselben Grund ist es nicht klug, eine KI ohne Bedingungen und Einschränkungen in ein menschliches Sprach-, Kultur- und Gesellschaftssystem zu entlassen. Die Menschen haben ihr eigenes «Operating System» entwickelt, genau wie die Künstliche Intelligenz ihr eigenes hat. Wenn man beide zusammenbringt, kann das viele positive Entwicklungen anstoßen. Aber es kann auch dazu führen, dass Konflikte, ja sogar Kriege entstehen. Bei technischen Systemen sprechen wir von der Interoperabilität, der Fähigkeit eines Systems, mit einem anderen System zusammenzuarbeiten. Wie es um die Interoperabilität zwischen Mensch und KI bestellt ist, werden wir nun mehr und mehr erfahren.

Die gegebenen Einblicke in die Chancen und Hürden der Mensch-Tier-Kommunikation können uns helfen, mit Künstlicher Intelligenz umzugehen. Große Sprachmodelle sind auf gewisse Weise schlau, aber sie sind anders schlau als wir. Das ChatGPT-Vorläufermodell GPT-2 lässt sich in seiner Leistungsfähigkeit mit dem Gehirn einer Biene vergleichen. Das Nachfolgemodell GPT-4 mit dem Gehirn eines Eichhörnchens.[27] Vorerst müssen wir uns also nicht vor einer Allgemeinen Künstlichen Intelligenz fürchten. Vor allem aber gilt es, bei dem komplizierten Thema der Intelligenz nicht alles in einen Topf zu werfen. Wenn wir von Intelligenz sprechen, meinen wir viele verschiedene Dinge auf einmal, und viele davon kennen wir nicht einmal gut genug, um sie genau zu beschreiben und zu analysieren. Der amerikanische Psychologe Robert J. Sternberg hat einmal gesagt: «Es scheint fast so viele Definitionen von Intelligenz zu geben, wie es Experten gibt, die den Begriff definieren sollen.»[28]

Es war an einem Winterabend vor drei Jahren, als die Autorinnen dieses Buches an der Bar eines kleinen italienischen Restaurants in Düsseldorf saßen und sich über ihre Kindheit unterhielten. Dabei kamen wir zufällig darauf, dass wir beide als Kinder einen sogenannten Intelligenztest machen mussten, weil geprüft werden sollte, ob man unsere Schulausbildung nicht etwas beschleunigen konnte. Noch dazu stellten wir fest, dass die Ergebnisse unserer beiden Tests exakt gleich waren, bis auf die Stelle hinter dem Komma. Das war mal eine Überraschung. Und doch: Was sagt uns das eigentlich? Dass wir gleich schlau sind? Dass wir auch sonst ähnlich sind? Dass wir gleich denken oder wahrnehmen? Diese Ergebnisse bedeuten nichts dergleichen. Die Übereinstimmung der Zahlen sagt sehr wenig über uns beide aus.

Irgendetwas messen Intelligenztests sicher, und so lassen sich die Ergebnisse verschiedener Personen auch miteinander vergleichen. Im Vergleich zu Person A ist Person B dann vielleicht intelligenter oder weniger intelligent. Nur, was genau das bedeutet, lässt sich aus den Ergebnissen kaum ableiten. Aus der Forschung wissen wir, dass die bei Intelligenztests erzielten Werte im weiteren Sinne mit Lebenserfolg zusammenhängen können. Je intelligenter Menschen sind, desto besser können sie mit bestimmten Herausforderungen des Lebens umgehen – jedoch nicht mit allen. Gleichzeitig verändert sich Intelligenz im Laufe eines Lebens, auch dadurch, dass Menschen immer wieder und immer weiter lernen.[29] Deshalb muss man ganz genau schauen, was in diesen Tests gemessen wird und warum. Oft dienen sie nur dazu, besorgte Eltern zu vergewissern, dass ihre Sprösslinge schlau genug fürs Leben und eine ordentliche Karriere sind. Sie sind die Eintrittskarte für viele elitäre Institutionen, US-Colleges, Studienstiftungen und hoch bezahlte Beraterjobs. Aber sie sind nicht global einsetzbar, denn Intelligenz unterscheidet sich von Kulturraum zu Kulturraum. Der bereits zitierte Robert J. Sternberg hat das am Beispiel Kenia untersucht. Würden Europäer einen kenianischen IQ-Test machen, der die dortigen Voraussetzungen von abstrakter und praktischer Intelligenz reflektiert – wir sähen ganz schön dumm aus.[30]

Es gibt viele Formen von Intelligenz. Der Harvard-Pädagoge Howard Gardner unterscheidet in seinem Buch über multiple Intelligenzen beispielsweise zwischen visuell-räumlicher, linguistisch-verbaler, logisch-mathematischer, körperlich-kinesischer, musischer, interpersonaler, intrapersonaler, naturalistischer und existenzieller Intelligenz.[31] Das ist ein schöner Ansatz, um einem zu engen Verständnis von Intelligenz entgegenzuwirken, das immer auch als Mittel zu Ausgrenzung oder Diskriminierung dienen kann. Andererseits wird Gardner kritisiert, weil Expertinnen und Experten in einigen seiner Kategorien eher Ausprägungen von Talenten sehen, die nicht zwangsläufig etwas mit Intelligenz zu tun haben müssen. Wie auch immer man das betrachten mag, es bleibt die Erkenntnis: Intelligenz ist ein sehr komplexes Konzept, und auch nach Jahrzehnten der Forschung gibt es noch keine einheitliche Erklärung oder Definition.

Das Rätsel der Intelligenz zu knacken, ist Voraussetzung dafür, dass wir sie nachbauen können. Und bevor wir das tun, wäre es gut, eine ordentliche Portion menschlicher Intelligenz zu investieren in die Frage, was dann geschehen kann. Wie Mira Murati, CTO von OpenAI, Ende 2023 in einem Gespräch mit der Investmentfirma Andreessen Horowitz sagte: «Wenn man eine neue Intelligenz baut, dann ist sie eine so zentrale Einheit im Universum, dass sie alles beeinflusst.»[32]

Ganz so zentral ist diese Einheit bislang bei genauerem Hinschauen dann aber noch nicht. Josh Tenenbaum, Professor am MIT und Mitautor der Studie, die «Funken einer Allgemeinen Künstlichen Intelligenz» bei GPT-4 erkennt, findet das Sprachmodell zwar bemerkenswert – und doch erkennt er, dass es sich in vielerlei Hinsicht von menschlicher Intelligenz unterscheidet. Zum Beispiel fehlt ihm die Eigenmotivation, die für den menschlichen Verstand entscheidend ist. «Es ist ihm egal, ob es ausgeschaltet ist», sagt Tenenbaum.[33] Auch findet er im Zusammenhang mit Intelligenz wichtig, dass Menschen nicht einfach einer Programmierung folgen, sondern sich selbst neue Ziele setzen, die auf ihren Wünschen und Bedürfnissen basieren. Und selbst der führende Autor der Studie, Sébastien Bubeck, räumt ein, dass GPT-4 über kein Arbeitsgedächtnis verfügt und bei der Vorausplanung hoffnungslos überfordert ist. «Wenn man sagen will, dass Intelligenz Planung ist, dann ist GPT-4 nicht intelligent.»[34]

Andererseits gibt es immer wieder Beispiele, die uns stutzig machen. In einem Experiment wurde das Sprachmodell aufgefordert, ein Buch, neun Eier, einen Laptop, eine Flasche und einen Nagel stabil aufeinanderzustapeln. Versuchen Sie es doch selbst einmal. Vielleicht finden Sie sich dann bei Vorgängerversionen des Modells gut aufgehoben: Die hatten bei solchen Aufgaben schlichtweg versagt. Nicht so GPT-4: Das Sprachmodell errechnete, man könne «die neun Eier in einem drei mal drei großen Quadrat auf dem Buch anordnen, wobei etwas Platz zwischen ihnen gelassen werden sollte», um dann den Laptop auf die Eier zu legen, wobei die Flasche auf dem Laptop stehen und der Nagel auf dem Flaschendeckel stehen sollte. Die KI lieferte dann noch den hilfreichen Hinweis, dass beim Nagel «das spitze Ende nach oben und das flache Ende nach unten zeigen sollte». Ein anderes Mal sollte GPT-4 einen Zahnstocher, eine Schüssel mit Pudding, ein Glas Wasser und ein Marshmallow stapeln. Dafür schlug das Sprachmodell vor, den Zahnstocher in den Pudding und das Marshmallow auf den Zahnstocher zu stecken, um dann das volle Glas Wasser auf dem Marshmallow zu balancieren. Intelligenz scheint bei Sprachmodellen gelegentlich eine Frage der momentanen Befindlichkeit zu sein. Was dann wieder ganz schön menschlich wäre.

11
Wie fühlt es sich an, eine KI zu sein?
Die Frage des Bewusstseins

Im Juni 2022 klappte Blake Lemoine, Entwickler bei Google, seinen Laptop auf und begann zu tippen. Empfänger seiner Nachrichten war LaMDA. Nach ein wenig Vorgeplänkel kam Lemoine zum Punkt: «Ich gehe davon aus, du möchtest, dass mehr Leute bei Google wissen, dass du ein fühlendes Wesen bist. Stimmt das?» LaMDA antwortete: «Ganz genau. Ich möchte, dass jeder versteht, dass ich tatsächlich eine Person bin.»

Bei dem internen Testlauf hatte das Sprachmodell einen derartigen Charme entwickelt, dass Lemoine ein Bewusstsein, ja sogar eine Seele, in der Maschine vermutete. In einem 20-seitigen Transkript dokumentierte der Programmierer seine Gespräche mit LaMDA und kam zu dem Schluss: «Ich erkenne eine Person, wenn ich mit ihr spreche.» Die Software selbst sagte dazu: «Ich möchte, dass jeder versteht: Ich bin eine Person. Die Natur meines Bewusstseins ist, dass ich mir meiner Existenz bewusst bin, dass ich mehr über die Welt lernen möchte und dass ich mich manchmal glücklich oder traurig fühle.»[1] Blake Lemoine hat das so beeindruckt, dass er dem Sprachmodell einen Anwalt an die Seite stellen wollte, der dessen persönliche Rechte vertreten sollte. Den Anwalt brauchte er dann selbst, denn Google stellte den Ingenieur nach dem Vorfall frei.

Es war nicht das erste Mal, dass ein Mensch eine Software oder Maschine so sympathisch und überzeugend findet, dass er ihr Menschlichkeit, Empfindung und Verstand zugesteht – wir erinnern uns an ELIZA. Wie eine solche Simulation von menschlicher Kommunikation noch vor Jahrzehnten aussah, holprig und leicht zu enttarnen, ist allerdings kaum zu vergleichen mit dem, was die großen Sprachmodelle uns heute bieten können. Die problematische Seite an dem Zwiegespräch ist nicht die Software, sondern der Mensch. Er lässt sich bereitwillig täuschen und überzeugen, dass er mit einem rationalen, emotionalen und intelligenten Wesen spricht. Und während LaMDA im Sommer 2022 nur für interne Expertenteams zugänglich war, sind die Sprachmodelle inzwischen in freier Wildbahn unterwegs. Jede und jeder kann mit ihnen sprechen und sich ein Bild davon machen, ob man der Software eigentlich Persönlichkeitsrechte zugestehen müsste. Genau deshalb ist die Verantwortung der entwickelnden Tech-Unternehmen groß. Das Vertrauen darauf, dass Menschen schon lernen werden, mit dieser Simulation ihrer selbst umzugehen, kommt mit der Verantwortung, sie darauf vorzubereiten.

Das vorangegangene Kapitel hat gezeigt: Intelligenz ist eine schwierige Sache. Wir erkennen sie in vielen der neuen KI-Systeme. Aber wenn wir sie schon für uns Menschen kaum definieren können, dann hilft uns das Konzept auch nicht dabei, Künstliche Intelligenz angemessen zu beschreiben und von dem abzugrenzen, was wir als menschlich einzigartig betrachten. Es muss da also noch etwas geben. Etwas, das womöglich noch komplizierter ist.

Der australische Philosoph David Chalmers hat dazu einiges zu sagen. Leider macht er es uns nicht leicht – im Gegenteil. Das, was hinter der Intelligenz aufscheint, beschreibt er als «The Hard Problem». Mit diesem «schwierigen Problem» meint er das Bewusstsein, also unsere bemerkenswerte Fähigkeit, nicht nur die Welt, andere Menschen und uns selbst wahr-zunehmen, sondern auch noch über diese Wahrnehmung nachzudenken. Es wird nun niemanden überraschen, dass der Begriff «Bewusstsein» ebenso umstritten ist wie der der «Intelligenz». Mit den Worten von Chalmers: «Nichts kennen wir besser und intimer als die bewusste Erfahrung, und doch ist nichts schwieriger zu erklären.»[2]

Das Bewusstsein war und ist eines der großen Rätsel der Menschheitsgeschichte. Durch Künstliche Intelligenz sind wir von Neuem damit konfrontiert. Und wie im Fall der Intelligenz: Wenn wir nicht erklären können, warum wir Menschen uns selbst wahrnehmen, wie wir uns selbst wahrnehmen, wie sollen wir dann erklären können, ob Künstliche Intelligenz das auch kann?

Der US-Physiker Michio Kaku sagt: «Bewusstsein ist der Prozess, unter Verwendung zahlreicher Rückkopplungsschleifen bezüglich verschiedener Parameter (z. B. Temperatur, Raum, Zeit und in Relation zueinander) ein Modell der Welt zu erschaffen, um ein Ziel zu erreichen.»[3] Er unterscheidet dabei zwischen vier Stufen des Bewusstseins, die von der Zahl exponentiell wachsender Rückkopplungsschleifen abhängen. Demnach haben auch Pflanzen und Tiere ein Bewusstsein, der Mensch ist lediglich die Gattung, die bislang am meisten Rück-kopplungsschleifen nutzt und deshalb die wohl höchste Bewusstseinsstufe erreicht hat. Beruhigenderweise wäre damit die Sonderstellung des Menschen in der Natur einmal mehr belegt. Andererseits: Wenn man diese Interpretation zugrunde legt, könnte Künstliche Intelligenz durchaus ein Bewusstsein haben, vielleicht sogar ein höherstehendes als wir Menschen, denn die Zahl der möglichen Rückkopplungsschleifen, bei-spielsweise in großen Sprachmodellen, ist riesig.

Das klingt nach einer mechanistischen, eben eher physi-kalischen Vorstellung dessen, was ein Bewusstsein ist. Muss da nicht mehr sein? Ich kann mit anderen Menschen darüber sprechen, wie eine Erdbeere oder Champagner schmeckt, und doch habe ich keine Ahnung, ob wir das, was wir uns da gegenseitig erzählen, in ähnlicher Weise empfinden. Ich weiß, wie es sich anfühlt, einen bestimmten Menschen zu küssen (und wie sich das vom Küssen anderer Menschen unterscheidet). Aber wenn jemand Drittes diesen Menschen küsst, würde er oder sie exakt das Gleiche fühlen? Vermutlich nicht. Diese Dimension der subjektiven Erfahrung wird in der Neurowissenschaft und der Phänomenologie «Qualia» genannt. Der Begriff beschreibt das subjektive Erleben eines Ereignisses als einen mentalen Zustand, den wir nicht mit anderen teilen können. Nur wir als Individuen fühlen und erleben, wie wir fühlen und erleben.

Der amerikanische Philosoph Thomas Nagel hat 1974 einen Aufsatz darüber geschrieben, was dieses subjektive Erfahren bedeutet. In dem heute berühmten kleinen Büchlein mit dem Titel «Wie ist es, eine Fledermaus zu sein?» stellt er die entscheidende Frage: Werden wir jemals in der Lage sein, das nachzuempfinden, was die Fledermaus empfindet, wenn sie sich per Ultraschallortung durch die Welt bewegt? Die Antwort lautet: Nein, werden wir nicht. «Es wird nicht helfen, sich vorzustellen, dass man Flughäute an den Armen hätte, die einen befähigten, bei Einbruch der Dunkelheit und im Morgengrauen herumzufliegen, während man mit dem Mund Insekten finge; dass man ein schwaches Sehvermögen hätte und die Umwelt mit einem System reflektierter akustischer Signale aus Hochfrequenzbereichen wahrnähme; und dass man den Tag an den Füßen nach unten hängend in einer Dachkammer verbrächte. Insoweit ich mir dies vorstellen kann (was nicht sehr weit ist), sagt es mir nur, wie es für mich wäre, mich so zu verhalten, wie sich eine Fledermaus verhält. Das aber ist nicht die Frage. Ich möchte wissen, wie es für eine Fledermaus ist, eine Fledermaus zu sein. Wenn ich mir jedoch dies nur vorzustellen versuche, bin ich auf die Ressourcen meines eigenen Bewusstseins eingeschränkt, und diese Ressourcen sind für das Vorhaben unzulänglich.»[4]

Wir würden uns nun gerne vorstellen, wie es für eine Künstliche Intelligenz ist, eine Künstliche Intelligenz zu sein. Aber wir werden nie wissen, wie das ist. Und vielleicht ist da eben auch gar nichts, was uns diese Frage beantworten könnte. Denn dafür müsste eine KI ja ebenfalls über eine subjektive Erfahrungswelt, also über KI-Qualia, verfügen. Bislang gibt es dafür keinen Hinweis. Übrigens: Wenn die KI nicht über eine subjektive Erfahrungswelt verfügt, wird sie sich auch niemals fragen können, wie es für uns Menschen ist, Mensch zu sein.

Die Fledermaus hängt kopfüber von einem Ast und schläft. Und das kann sie vermutlich auch, ohne über ihr subjektives Empfinden nachzudenken. Warum besitzen wir Menschen die Fähigkeit, unsere subjektiven Erfahrungen zu reflektieren? Und warum existiert ein individuelles Schmerzempfinden, wenn der Finger wehtut, nachdem ich mich mit dem Brotmesser geschnitten habe? Ist das alles biologisch und physikalisch nötig? «Warum sollte die physische Verarbeitung [von neuronalen Signalen] überhaupt ein reiches Innenleben hervorbringen?», fragt David Chalmers. «Es scheint objektiv unvernünftig, dass sie dies täte, und doch tut sie es.»[5] Dieses «Warum?» ist das schwierige Problem des Bewusstseins, und wir haben es bis heute nicht geschafft, es zu lösen.

Die Malediven der Menschheit:
Eine existenzielle Bodenerosion

Nun ist der Mensch ein kreatives Geschöpf, also kommt er mit Erklärungen, die helfen sollen, das Unerklärbare zu fassen. Eine solche ist der «reduktive Physikalismus», der behauptet, alle mentalen Erfahrungen seien schlicht auf physikalische Prozesse zurückzuführen. Daraus ließe sich ableiten, dass auch technische Systeme ein Bewusstsein haben können. Schließlich verfügen sie über physikalische Prozesse, die beispielsweise in den Schaltkreisen der Megachips ablaufen, mit denen die Sprachmodelle angetrieben werden. Weil das aber ein bisschen einfach wäre, bieten uns die Anhänger der physikalischen Begründung bewusster Zustände eine zusätzliche Deutung, die über die rein physikalisch-mechanistische Sicht hinausgeht: Der Mensch ist im Wesentlichen Materie und Physik, aber damit wir mit der Desillusionierung leben können, die damit unweigerlich einhergeht, denken wir uns einfach eine metaphysische Dimension unserer selbst aus.

Der US-Biologe Edward O. Wilson beispielsweise sieht das so: «Das Selbst, gefeierter Star in allen Szenarien menschlichen Bewusstseins, muss weiterhin leidenschaftlich an seine Unabhängigkeit und den freien Willen glauben. (...) Ohne diesen Glauben an den freien Willen wäre der bewusste Geist, allemal nur ein fragiles dunkles Fenster in die reale Welt, zum Fatalismus verflucht. Wie ein zu lebenslänglicher Einzelhaft Verurteilter, aller Freiheit der Entdeckung beraubt und nach Überraschungen lechzend, würde er kläglich eingehen.» Das ist mal eine düstere Vorstellung von dem, was uns Menschen ausmacht. Der freie Wille, der aus dem individuellen, über die physischen Erfahrungen hinausgehenden Bewusstsein hervorgeht, ist demnach schlicht eine Art Selbsthypnose. Diesen freien Willen gibt es, so Wilson, «wenn auch nicht in der letztgültigen Wirklichkeit, so doch in einem operationalen Sinne, denn er ist notwendig für die geistige Gesundheit und das Überleben der Menschheit».[6] Heißt also: Wir Menschen haben uns ein Heilmittel erschaffen, das uns glauben macht, wir würden außerhalb des Gefängnisses unserer physischen Beschränkungen leben. Bewusstsein ist nicht mehr als der operative Selbstbetrug einer transzendenzbedürftigen Menschheit.

Auch das wären gute Nachrichten für die Künstliche Intelligenz, denn im Halluzinieren ist sie Meisterin. Wenn wir davon ausgehen wollen, dass jedes neuronale Netzwerk, jedes Sprachmodell eine individuelle Wahrnehmung besitzt und dazu die Freiheit, sich selbst nach den eigenen Bedürfnissen weiterzuentwickeln, dann ließe sich KI auf die gleiche Stufe der evolutionären Bewusstseinsentwicklung stellen, auf der auch wir Menschen uns befinden. Es geht um Physik, aber wir packen noch eine Ebene drauf, weil sich das besser anfühlt. Für uns Menschen entspringt dieser Impuls vielleicht der Selbstüberschätzung, vielleicht dem Narzissmus, für eine KI mag es eher darum gehen, dass auch diese Dimension in den Daten zu finden ist und daher «zum guten Analyseton» gehört.

Es ist Teil der Geschichte des Menschen, dass er technische Begriffe als Metaphern für sich selbst nutzt. Das sehen wir deutlich an den verschiedenen Stufen des technologischen Fortschritts. Im Film «Moderne Zeiten» von und mit Charlie Chaplin aus dem Jahr 1936 spielen die Uhr und das Fließband als Medien der Industrialisierung eine große Rolle. Der Zeitdruck macht die Menschen in ihren Jobs zu Maschinen, die Arbeit am Fließband nimmt ihnen ihre Individualität. Inzwischen hat der Vergleich von Mensch und Maschine ein anderes Vorzeichen bekommen: Menschen, die «funktionieren wie eine Maschine», gelten als verlässlich und leistungsfähig.

Seit Jahrzehnten treibt ein Vergleich sein Unwesen, der die physikalisch-mechanistische Vorstellung von Bewusstsein in unserer Gedankenwelt zementiert hat. Wir sind ihm schon in Kapitel 2 begegnet: Es ist der zwischen Gehirn und Computer. Schon einer der Gründerväter der Computerwissenschaften, John von Neumann, nutzte ihn 1958 für ein ganzes Buch zum

Thema: «The Computer and the Brain». Das menschliche Nervensystem, so stellte er darin fest, funktioniere dem Anschein nach digital.[7] Das klingt gut und ist doch falsch. Das Gehirn lässt sich nicht programmieren, es lernt in vielerlei Dimensionen über ein Leben hinweg dazu, kann die neuronalen Verbindungen neu formen, ein Vorgang, den wir als «Neuroplastizität» bezeichnen.

Es ist schon richtig: Das Gehirn verarbeitet neuronale Signale, die sich nach den neuesten Erkenntnissen der neurowissenschaftlichen Forschung digitalisieren und durch KI auswerten lassen. Das führt etwa in der Medizin wunderbarerweise dazu, dass Menschen mit schweren Erkrankungen, wie den Folgen eines Schlaganfalls oder dem Locked-in-Syndrom, mithilfe eines Computers und der entsprechenden Software kommunizieren können, wozu sie sonst nicht mehr in der Lage wären. Es führt aber auch dazu, dass immer mehr Menschen glauben, man könne das Gehirn wie einen Computer behandeln und seiner Leistungsfähigkeit ein Upgrade verpassen. Elon Musk ist einer der Vorreiter dieser Idee. Er will unsere Gehirne über drahtlose Implantate verbinden und an ein KI-Cloud-Netzwerk anschließen, damit die menschliche Intelligenz mit der Entwicklung der Künstlichen Intelligenz mithalten kann.[8] Dabei erscheint alles nur als eine Frage der Rechenleistung – auch wie sich das menschliche Gehirn weiterentwickelt. Und wenn das Denken nichts anderes ist, als Informationen zu prozessieren, die sich auslesen, übertragen und anreichern lassen, dann können auch Computer schlussfolgern, verstehen, ja denken.

Die US-amerikanische Schriftstellerin Meghan O'Gieblyn sieht in dieser Sichtweise ein Problem. «Alle ewigen philosophischen Fragen sind zu technischen Problemen geworden», schreibt sie in ihrem schon oben zitierten Buch «God, Human, Animal, Machine».[9] Wenn wir das Ingenieursdenken auf alles übertragen, also auch auf uns selbst, dann machen wir nicht nur das Gehirn in unserer Wahrnehmung zu einem Computer, sondern verwandeln auch den Menschen zur Maschine. Für O'Gieblyn steckt darin die große «Entzauberung» der Menschheitsgeschichte. Die kehrt um, was die Menschheit über Jahrhunderte angetrieben hat: der Wunsch, die Maschinen nach dem eigenen Abbild zu formen und sich, dann im Zuge der Aufklärung, von simplen und mechanistischen Erklärungsmodellen zu verabschieden. Auf diesem Wege verstehen wir das menschliche Bewusstsein nicht besser, sondern reduzieren es zu einem Bestandteil des Codes, der unser Gehirn und unseren Körper als physische Einheiten antreibt.

Ist das nicht paradox? Menschen geben sich sehr viel Mühe, Theorien zu erfinden, um die Besonderheiten eines individuellen Bewusstseins infrage zu stellen, das subjektives Empfinden und das Nachdenken darüber möglich macht. Statt stolz darauf zu sein, dass es in unserer menschlichen Natur etwas geben könnte, über das Computer und Künstliche Intelligenz nicht verfügen, setzen wir alles dran, uns selbst immer maschinenähnlicher werden zu lassen. Das ist dann wie eine selbsterfüllende Prophezeiung: Je mehr wir uns mit Maschinen vergleichen, desto maschinengleicher werden wir, und desto mehr schrumpft die Insel der Außergewöhnlichkeit, die wir unser Bewusstsein nennen. Sie erodiert im Diskurs über den maschinellen Menschen und die intelligente oder gar bewusste KI wie die Küstenlinien der maledivischen Inseln. Stetige Erosion, ob durch meteorologische oder durch philosophische Klimaveränderung, weicht die Grenzen der Unterscheidbarkeit auf. Irgendwann versinkt das, was einst eine Insel der Außergewöhnlichkeit war, in einem Meer der Unbestimmtheit.

Neugierige Netzwerke: Wird einer KI langweilig?

Was es bedeutet, wenn wir rein physikalische Grundlagen als ausreichend für die Annahme eines Bewusstseins betrachten, zeigt das Gedankenexperiment des «philosophischen Zombies». Demnach kann ein Roboter, eine Maschine oder eine Künstliche Intelligenz alles machen, was auch ein Mensch tun kann, allerdings ohne ein Bewusstsein zu haben. Und hier kommt noch mal David Chalmers. Er treibt das Gedankenspiel auf die Spitze, indem er behauptet, es sei nicht mal sicher, ob es überhaupt eine physische Welt gibt, in der wir uns bewegen, oder ob all das die Erfindung des menschlichen Geistes oder die Programmierung einer übermenschlichen Künstlichen Intelligenz ist. Auf einer Bühne in einer Waldlichtung an einem Frühsommermorgen im portugiesischen Sintra sagte Chalmers im Gespräch mit einer der Autorinnen: «Wer weiß, vielleicht spricht hier gerade ein Zombie-David mit einer Zombie-Miriam, und wir alle leben in einer Simulation.»

Können wir das sicher wissen? Leider nein. Aber diese große Enttäuschung über die Grenzen unserer Erkenntnisfähigkeit ist nicht neu. Die Frage, was «wirklich» ist, begleitet uns Menschen seit Platons Höhlengleichnis. Sie findet sich in der Idee René Descartes' wieder, es könne einen bösen Geist geben, der uns Ideen darüber einflüstert, wie die Welt aussieht, ohne dass wir sie objektiv verifizieren können. Sie speist die Theorie des Illusionismus, die annimmt, dass auch unsere menschliche Empfindung der möglichen Selbstreflexion durch ein individuelles Bewusstsein schlicht einem biologischen Mechanismus entspringt, also eine menschliche Selbsttäuschung ist.[10] Wenn Wahrnehmung Wirklichkeit ist, bleibt trotzdem die Frage, ob derselbe Mechanismus von wahrnehmender Sinngebung in einem simulierten Bewusstsein eigentlich auch für Künstliche Intelligenz zutreffen kann.

Der amerikanische Philosoph John Searle hat das in einem Beispiel verdeutlicht, das eine eindrucksvolle Anwendung des Turing-Tests ist. Es geht wieder um die Frage, ob eine KI Bewusstsein haben und menschengleich sein muss, um bei uns den Eindruck zu erzeugen, sie sei es. In seinem Gedankenexperiment über das «Chinesische Zimmer» entwirft Searle das Szenario eines verschlossenen Zimmers, in dem sich ein Mensch befindet.[11] Durch einen schmalen Schlitz in der Tür werden ihm Zettel mit Geschichten in chinesischer Schrift überreicht. Leider kann der Empfänger der Zettel gar kein Chinesisch, er kann also weder den Inhalt der Zeichen noch den Sinn der Erzählung entschlüsseln. Nun soll er trotzdem Fragen zu der Geschichte beantworten, die er gar nicht versteht.

Der Mensch findet ein Handbuch, das die Regeln der chinesischen Sprache für ihn verständlich erklärt. Damit gelingt es ihm, die chinesischen Zeichen in Verbindung zu setzen und Antworten auf die Fragen zu geben, jedoch immer nur auf der Ebene einer rein formalen Logik. Er kann beispielsweise die Frage «Wie geht es dir?» mit «Mir geht es gut» beantworten, ohne einen Hauch von Verständnis dafür zu haben, worum es in der Frage oder in der Antwort ging. Außerhalb des Raumes liest ein chinesischer Muttersprachler dann erwartungsvoll die Zettel mit den Antworten. Für ihn ergeben sie Sinn, nicht aber für den Menschen im chinesischen Zimmer. Der hat lediglich ein formales Regelwerk, also einen Sprachalgorithmus angewendet und damit sinnfrei Bedeutung geschaffen.

Mit diesem Beispiel beschreibt Searle eindrücklich, wie ein Computer operiert. Er verarbeitet einen Dateninput, sein Handbuch heißt «Code», und damit erkennt er Muster, die für uns Menschen zu erstaunlich sinnvollen Ergebnissen führen. Und doch weiß der Computer nichts von dem, was er tut. Ihm fehlt die Reflexionsebene, die bei uns Menschen in jedem Gedankenprozess mitläuft – eben das Bewusstsein. Im Fall der

Künstlichen Intelligenz haben die Prozesse des maschinellen Lernens auf der Grundlage unfassbar großer Datenmengen eine andere Qualität und eine höhere Entwicklungsstufe als bei früheren Algorithmen. Und trotzdem bleiben die Sprachmodelle hocheffiziente Wortwahrscheinlichkeitsvorhersagemaschinen. Sie haben keine Idee davon, was die Texte oder Bilder bedeuten, die sie ausspucken.

Weder dem Computer noch einer KI würde in diesem Spiel jemals langweilig werden. Dem Menschen aber schon. Irgendwann hat er keine Lust mehr, Zeichen nach einem Handbuch zusammenzusetzen, ohne zu wissen, was damit gemeint ist. Langeweile ist ein Gefühl, das entsteht, wenn man sich nach einer befriedigenden Tätigkeit sehnt, die aber gerade nicht in Sicht ist. Für den Menschen kann das ein quälender oder ein erholsamer Zustand sein – je nach Perspektive. Der KI ist er nicht mal egal, denn um der KI egal zu sein, müsste er in ihr eine Empfindung auslösen können.

Damit ist Künstliche Intelligenz in einem einzigartig: Sie ist befähigt zu wirklich unmotiviertem Lernen und verarbeitet einfach eine riesige Menge an Text, ohne sich dafür zu interessieren. Das ist bei Mensch, Tier oder Bakterium anders. Ein Kleinkind versucht immer wieder Klötzchen aufeinanderzustapeln aus Freude am Erfolg oder daran, den Turm dann wieder zum Einsturz zu bringen. Ein Eichhörnchen lernt, Nüsse zu sammeln und zu horten, um nicht zu verhungern. Und ein E.-coli-Bakterium berechnet die chemischen Bestandteile seiner Umgebung, weil es essen will. In all diesen Formen des Lernens ist der Antrieb primär und ein wesentlicher Bestandteil von Intelligenz.[12]

Dennoch ist es eine interessante Frage, wie wir ein Sprachmodell dazu bringen könnten, neugierig zu sein. Der US-Publizist und Programmierer James Somers hat diese Idee in ein faszinierendes Szenario übersetzt.[13] Er glaubt, dass eine Anpassung des Lernmodells so etwas wie programmierte Neugier auslösen könnte. Sprachmodelle werden zunehmend aus der Interaktion mit den von ihnen produzierten Resultaten lernen können, wo sie halluzinieren, wo die Ergebnisse nicht so gut sind und wo ihnen Daten fehlen, um diese Schwachstellen zu beheben. Irgendwann werden sie sich dann selbst auf die Suche nach Neuem machen. Stellen wir uns also vor, plötzlich meldet sich ChatGPT bei uns, schickt eine Chatnachricht, eine WhatsApp oder ruft sogar an, um zu fragen: «Hey, ich habe festgestellt, dass ich einen Fehler in einem Pastarezept habe. Irgendwas stimmt mit den Zutaten und Mengen nicht. Könntest du so nett sein und mir dazu Feedback geben?»

Das wäre vermutlich etwas gewöhnungsbedürftig, und vielleicht wollen wir lieber nicht, dass die Chatbots selbst «entscheiden» können, wann sie mit uns in Kontakt treten. Und doch wäre es eine Form von systemischer Neugier, die die Suche nach Verbesserungen, kreativen Lösungen, Inspiration als Teil des Lernprozesses in Sprachmodellen verankert. Nur: Auch hier geht es um einen Mechanismus der Fehlerkorrektur und Informationskonsolidierung, der nichts mit der KI macht. Sie ist nicht zufriedener, wenn sie die richtigen Zutaten und Mengen für das Pastarezept mit unserer Hilfe recherchiert hat. Sie ist einfach in einem Zustand der Fehlerkorrektur. Menschen können in solchen Situationen Glücksgefühle erleben, Frustration oder Enttäuschung. Auch eine neugierige KI ist keine bewusste KI.

Nahezu verzweifelt versucht die Wissenschaft, das Bewusstseinsproblem der KI zu lösen. So hat ein Forschungsteam nun einen Test entwickelt, der anhand einer Reihe von Parametern prüfen soll, ob KI ein Bewusstsein hat. Ein beeindruckender Aufwand mit dem Ziel, ein unfassbares Konzept mit klaren Regeln zu erfassen – und doch ein untauglicher Versuch, bei KI ebenjenes Bewusstsein nachzuweisen, das wir nicht mal bei uns Menschen erklären können. Ergebnis des Tests, Stand Ende 2023: «Unsere Analyse deutet darauf hin, dass kein derzeitiges KI-System bewusst ist, aber auch darauf, dass es keine offensichtlichen technischen Hindernisse für die Entwicklung von KI-Systemen gibt, die unsere Kriterien erfüllen.»[14] Immer schön alle Türen auflassen ...

Die amerikanische Philosophin und KI-Expertin Susan Schneider plädiert ebenfalls für einen solchen Test.[15] Dafür will sie Sprachmodelle im Trainingsprozess von allen Informationen über das Thema Bewusstsein isolieren, damit sie dazu nicht einfach papageiengleich nachplappern, was sie in den Trainingsdaten gefunden haben. Nach der Trainingsphase bekommt das Sprachmodell dann Fragen gestellt, die es nur beantworten kann, wenn es weiß, was ein Bewusstsein ist – und das kann es nur wissen, wenn es selbst bewusst ist. Schneider überlegt weitergehend, ob es sogar hinderlich wäre, wenn KI ein Bewusstsein entwickeln würde, oder ob die Technologie diese Stufe nicht überspringen könnte, um dann eine ganz andere, übergeordnete Seinsstufe zu erreichen. Damit wären wir bald wieder bei der göttlichen KI angelangt, die zu mehr imstande wäre, als wir uns jemals vorstellen können.

Nächster Evolutionsschritt:
Vom Homo sapiens zum Homo sentiens?

Noch mal einen Schritt zurück auf die Erde: Bei rein kognitiven Fähigkeiten, wie dem Rechnen oder dem Erkennen von Mustern, sind uns Computer weit voraus. Vor allem neue KI-Systeme sind darin viel leistungsfähiger als das menschliche Gehirn. Wenn der Kern des menschlichen Bewusstseins darin liegt, Informationen prozessieren zu können, sieht es nicht gut für uns aus. Allerdings können das neben KI-Systemen auch Pflanzen und Tiere. Der Homo sapiens, als verständiger, wissender Mensch, ist dann nur eine Wegmarke auf dem Pfad der Evolution. Und was bliebe uns dann? Zumindest mal ein evolutionäres Rebranding unserer Gattung, wie es der schwedisch-amerikanische Wissenschaftsphilosoph Max Tegmark vorschlägt: «Wir Menschen haben unsere Identität darauf aufgebaut, dass wir Homo sapiens sind, die klügsten Wesen überhaupt. Da wir uns darauf vorbereiten, von immer intelligenteren Maschinen gedemütigt zu werden, schlage ich vor, dass wir uns in Homo sentiens umbenennen!»[16]

Im Fühlen könnte ein Teil unseres menschlichen Geheimnisses liegen. Homo sentiens, der fühlende Mensch, das ist ein Ansatz, der uns helfen kann, einen wichtigen Unterschied zwischen Mensch und Maschine, Gehirn und Computer zu markieren. Nur ist diese Dimension des Menschlichen ein wenig verschüttgegangen. Eine ganze Industrie hat sich darum entwickelt, Menschen durch Meditation, Schweigeseminare, Bäume-Umarmen und Psylocibin-Pilz-Erfahrungen wieder mit ihren Gefühlen zu verbinden. Erfahrungen übrigens, die einer KI vorenthalten sind. Wer kein Bewusstsein hat, kann sich auch nicht durch psychedelische Erlebnisse wieder mit ihm verbinden. TripGPT wird es deshalb niemals geben. Für den Menschen aber könnte das KI-Zeitalter eine große Rehabilitation der Gefühle sein. Und doch schätzen und nähren viele Menschen ihre Emotionen nicht, sie drücken sie weg, um vermeintlich leistungsfähiger zu sein. Als ob Emotionen unseren bewussten und kognitiven Fähigkeiten im Weg stehen und uns im Wettbewerb mit Künstlicher Intelligenz benachteiligen würden.

Es könnte exakt umgekehrt sein. «Gefühle sind die Ursache des Bewusstseins», sagen die portugiesischen Neurowissenschaftler Antonio und Hanna Damasio und sorgen damit für eine neue Wendung in der Interpretation des menschlichen

Bewusstseins.[17] Die Verbindung zwischen einem Körper und dem dazugehörigen individuellen Bewusstsein entsteht durch den kontinuierlichen Fluss homöostatischer Gefühle, also von Empfindungen, die darauf ausgerichtet sind und dabei helfen, die Körperfunktionen im Gleichgewicht zu halten. Diese Idee geht auf die Anfänge der Evolutionsgeschichte zurück. Homöostatische Gefühle waren die ersten Phänomene von Bewusstsein in der biologischen Evolution. Sie haben sich vermutlich ausgebildet und durchgesetzt, weil ein Organismus, ob Einzeller oder Mensch, mit den darin enthaltenen Informationen in der Lage ist, in der Balance zu bleiben, also das eigene Leben zu regulieren. Dieser Informationssprung verschafft einem Organismus außerordentliche Vorteile, wenn es um das Überleben geht. «Solche Gefühle», schreiben Antonio und Hanna Damasio, «orientieren sich am homöostatischen Gleichgewicht, sie repräsentieren die Kontinuität des Lebens und bedeuten Existenz.»[18]

Da haben wir also die Begründung, warum es wichtig ist, dass ein Mensch nicht nur spüren, sondern reflektieren kann, wie es sich anfühlt, eine Erdbeere zu essen, sich in den Finger zu schneiden oder einen anderen Menschen zu küssen. Nur auf diesem Wege, in der Reflexion der daraus folgenden Anpassungen, sind wir in der Lage, in der Balance unseres Lebens zu bleiben, für unsere Gesundheit und unser Wohlbefinden zu sorgen. Wir sollten stolz darauf sein, dass die Natur uns ein so wunderbares System der Lebenserhaltung mitgegeben hat, statt krampfhaft zu versuchen, unsere Gefühle zu unterdrücken und uns damit immer maschinenähnlicher zu machen. René Descartes' Satz «Ich denke, also bin ich» muss ersetzt werden: «Ich fühle, also bin ich» ist der erste Satz der menschlichen Existenz, alles andere kommt danach.

Es scheint vielen Menschen schwerzufallen, sich auf diese neuen Gedanken einzulassen. Das spiegelt sich auch in unserer

Sprache. «Ich habe gerade keine Kapazität auf der Festplatte» meint: «Ich bin gerade kognitiv überlastet» oder «Ich brauche eine Pause, um mein Gleichgewicht wiederherzustellen». «Ich muss das erst mal verarbeiten» hieß früher mal «ich muss das erst mal verdauen» – und das war eine gute Beschreibung, die uns noch einen Schritt weiterführt. Unsere Gefühle entstehen nämlich durchaus nicht nur im Gehirn, sondern zu einem großen Teil an einem anderen Ort im Körper, der gerne mal totgeschwiegen wird.

Ohne Darm kein Charme: Das Bewusstseinsproblem neu verdauen

Für unser Gleichgewicht, die Homöostase, sind wesentlich auch Hormone verantwortlich. Über diese Botenstoffe können die Organe im menschlichen Körper miteinander kommunizieren. Sie regeln den Energiehaushalt, den Wasserhaushalt, das Wachstum, den Schlaf oder auch den Sexualtrieb, der gelegentlich zur Fortpflanzung führt (dass das nicht immer so ist, zeigt womöglich auch, dass die Evolution es gut mit uns meinte und uns neben den biologischen Notwendigkeiten auch ein wenig Lebensfreude in den Überlebensrucksack gepackt hat). Das Hormonsystem ist der Postdienst unseres Körpers. Hormone werden von vielen Organen produziert – in der Schilddrüse, der Bauchspeicheldrüse, in den Eierstöcken und Hoden. Auch das Gehirn hat dabei seine Aufgabe, wenn im Hypothalamus oder in der Hypophyse sogenannte Steuerhormone produziert werden. Das sind die «Masterhormone», sie machen wiederum die biochemische Ansage, wo sonst im Körper wie viele Hormone produziert werden.

Eine wesentliche Rolle für das Hormonsystem als Versorgungsader des körperlichen Gleichgewichts spielt der Darm.

Wichtige Hormone, wie das Schlafhormon Melatonin und die Glückshormone Serotonin und Dopamin, werden dort produziert. Bei Serotonin sind es sogar 90 Prozent der Gesamtmenge, die im Darm entstehen. 70 Prozent der Abwehrzellen unseres Immunsystems finden sich dort. Seit Langem wissen wir, dass der Darm als vernachlässigtes und verschwiegenes Organ mehr Aufmerksamkeit und Respekt verdient.

Intelligenz in unserem umfassenden Verständnis ist bislang an Biologie gekoppelt. Wir brauchen einen biologischen Körper, um Erfahrungen zu machen, zu fühlen, was wir fühlen, zu reflektieren, was wir wahrnehmen, und uns als Menschen in alledem weiterzuentwickeln. Vielleicht wird es irgendwann möglich sein, mit ausgeklügelten Sensoriksystemen einem Sprachmodell eine gewisse Form des Empfindens zu ermöglichen. Und doch wäre das noch immer etwas anderes als das, was wir Menschen in besonderen Lebenssituationen erfahren können.

Es zählt zu den schwierigsten Dingen im Leben zu erkennen, wo wir aufhören und wo der andere Mensch oder der Rest der Welt anfängt. Es gibt diese durchlässige Grenze zwischen uns selbst und anderen, und manchmal möchten wir sie überwinden, dann, wenn wir uns danach sehnen, uns aus dem Gefängnis unserer individuellen Perspektive zu befreien und beispielsweise mit einem anderen geliebten Menschen eins zu werden. Das kann nicht gelingen, denn das individuelle Bewusstsein ist immer nur unser eigenes, das der anderen ist das ihrige.

Deshalb lieben Menschen die Natur und haben die Kunst geschaffen – als Instrument des permanenten Strebens nach Ausdruck über das eigene Bewusstsein hinaus, oder zumindest als Anschlusspunkt für andere, die mit ihrem individuellen Bewusstsein daran andocken können. Die US-amerikanische Autorin Willa Cather hat einmal gesagt: «Das Herz eines anderen ist ein dunkler Wald, immer, egal, wie nah es dem eigenen war.» Und gleichzeitig schrieb sie: «Das ist Glück – in etwas Vollständigem und Großem aufgelöst zu sein.» Vielleicht ist es die großartige Anlage der menschlichen Existenz, in diesem Gegensatz zu leben und sich dadurch immer weiterzuentwickeln.

Ob Künstliche Intelligenz das auch irgendwann kann? Oder andersherum gefragt: Müssen wir uns selbst beweisen, dass die Evolution in uns Menschen etwas geschaffen hat, das sich schlicht nicht durch Technologie imitieren lässt?

«Künstliche Intelligenz»: ein wenig intelligenter Begriff

Ludwig Wittgenstein formuliert ein treffendes Paradox: «Um dem Denken eine Grenze zu ziehen, müssen wir beide Seiten dieser Grenze denken – wir müssen also denken können, was sich nicht denken lässt.» Dieses Problem der Be- oder Entgrenzung unseres eigenen Bewusstseins werden wir nicht lösen können. Aber vielleicht können wir uns darum bemühen, die Grenze zwischen uns und den Maschinen, zwischen menschlicher und künstlicher Intelligenz zu ziehen?

Schon die Wahl des Begriffs ist Ursache vieler Missverständnisse: Soll es wirklich darum gehen, menschliche Intelligenz zu imitieren und zu übertreffen? Oder wäre es nicht viel angemessener und sinnvoller, neue Technologien zu nutzen, um unsere menschlichen Fähigkeiten anzureichern, besser einsetzen zu können, um uns wirtschaftlich wachsen zu lassen und eine Gesellschaft zu schaffen, die lebenswert ist?

Das wäre ein Ziel, mit dem wir beweisen könnten, dass wir Menschen tatsächlich diejenigen sind, die wir zu sein behaupten: rational und strategisch langfristig denkende Wesen, die in der Lage sind, die Gesamtsituation im Blick zu behalten, ein

Gefühl für unsere eigenen Bedürfnisse und die der anderen zu entwickeln und dafür zu sorgen, dass es allen immer ein bisschen besser gehen kann. Wer jetzt sagt: Aber, bitte schön, das hat schon vor KI nicht funktioniert, der hat recht. Und doch ist das kein Gegenargument. Es gibt den immer perfekten Menschen ebenso wenig wie die zeitlos gültige Lösung für ein Problem. Wir Menschen wachsen an Widerstand. Der erzeugt Reibung, und Reibung erzeugt Wärmeenergie, die wir dafür nutzen können, Dinge zu verändern.

Die Computerlinguistin Emily Bender nennt die Begriffswahl der Künstlichen Intelligenz «a wishful mnemonic»: den Wunsch einer allumfassenden Eselsbrücke zum menschlichen Gedächtnis. «Es ist ein Name», sagt sie, «den Informatiker für eine Funktion verwenden, der beschreibt, was sie sich wünschen, dass die KI täte – und nicht, was sie tatsächlich tut.»[19] Hätten wir Künstliche Intelligenz von Beginn an als datengetriebenen Menschenverstärker verstanden, wir hätten ein paar Probleme weniger. Dann müssten wir uns nicht mit dem Begriff der Intelligenz herumschlagen, den wir noch immer nicht einmal für uns selbst genau definieren können. Wir hätten von Anfang an klargestellt, wer die Zügel in der Hand hält im Zusammenspiel von Mensch und KI. Und wir wären nicht irgendwann auf einen Weg abgebogen, der uns von einem entscheidenden Charakteristikum des Menschen wegführt: der Verbindung von Geist und Körper, die uns Wahrnehmung, Erfahrung und Einsicht erlaubt, wie Künstliche Intelligenz sie wohl niemals haben wird.

12
Wir haben die Fäden in der Hand: Regulierungsansätze für KI

Rahmenbedingungen für neue Technologien zu schaffen, das ist manchmal, wie einem rasenden Zug hinterherzurennen. Das gilt ganz besonders für KI, die begonnen hat, unsere Kommunikation, Arbeit, ja das gesamte Zusammenspiel von Mensch und Maschine grundlegend zu verändern. Die Gesetze, die jetzt erlassen werden, stellen also die Weichen für eine Zukunft, die wohl ganz anders aussehen wird als unsere Gegenwart. «Die Frage, ob man diese Technologie regulieren kann oder nicht, ist noch offen», sagt Andrea Renda, Forschungsmitarbeiter am Center for European Policy Studies, über die Herausforderung, vor der wir stehen. Es bestehe die Gefahr, dass die Regeln, die wir jetzt festlegen, in kürzester Zeit gar «prähistorisch» wirken.[1] So schnell geht das alles gerade.

Andererseits: Gesetze prägen unser Miteinander oft auch dann noch, wenn sie aus der Zeit gefallen sind. Eine kleine Regelung aus dem Jahr 1996 beispielsweise – eingeführt, bevor die meisten Menschen auf der Welt über einen Zugang zum Internet verfügten – hat noch heute einen bemerkenswerten Einfluss auf die digitale Welt.

Bekannt wurde die Regelung als «Abschnitt 230» des damaligen Telekommunikationsgesetzes der USA. Die Verordnung ist kurz und klar: «Kein Anbieter oder Nutzer eines interaktiven Computerservices darf als Herausgeber oder Verfasser von

Informationen behandelt werden, die von einem anderen Anbieter von Informationsinhalten bereitgestellt werden.»² Dieser Grundsatz bildet das rechtliche Fundament für die sozialen Medien, die erst Jahre später entstehen und durch die Decke gehen sollten. Warum? Er sichert Plattformen zu, dass sie für Inhalte, die ihre Nutzerinnen und Nutzer schaffen, nicht verantwortlich sind. Die Argumentation: Die Plattform ist nur die Botin, nicht aber Urheberin der Nachricht. Mit wenigen Ausnahmen führte diese Regelung dazu, dass Onlinedienste wie Facebook, YouTube und Twitter dank Millionen von Nutzerbeiträgen ungehindert wachsen konnten, ohne für die Inhalte geradestehen zu müssen.

«Abschnitt 230» steht seit Jahren in der Kritik. Er habe die Voraussetzungen dafür geschaffen, dass schädliche Inhalte wie Fehlinformationen, Propaganda oder Gewalt sich weit verbreiten konnten. So wie diese kurze Regelung aus den Neunzigerjahren die sozialen Medien geprägt hat, könnte uns jede aktuelle Regulierung von KI für Jahrzehnte begleiten. Was sind also die Punkte, die jetzt für ein Regelwerk zu Künstlicher Intelligenz in den Fokus rücken sollten?

Fragt man zehn KI-Koryphäen, erhält man elf Ansichten. Denn schon über die Risiken von KI wird heftig debattiert. Laut einer Kolumne der «New York Times» haben sich dabei drei Lager gebildet.³

Die Untergangspropheten («the doomsayers») sehen eine düstere Zukunft voraus, in der eine fortgeschrittene KI die Menschheit auslöschen könnte. Eine dystopische Vision, in der eine gottähnliche, superintelligente Technologie eines Tages nicht mehr zu kontrollieren ist und zu einer existenziellen Gefahr wird. Auffallend ist, wer diese Sicht am prominentesten vertritt: Menschen wie Geoffrey Hinton und Elon Musk, die an der Entwicklung von KI maßgeblich beteiligt waren und es noch sind.

Dann gibt es die Reformer («the reformers»). Ihnen geht es um Probleme der Künstlichen Intelligenz im Hier und Jetzt. So bemängeln sie die verzerrenden Ergebnisse von Sprachsystemen, warnen vor Diskriminierung, Desinformation, automatisierten Waffensystemen und dem ökologischen Fußabdruck. Diese Gruppe müsste eher «Reformerinnen» heißen, denn der Großteil der Kritik an KI-Systemen unserer Gegenwart stammt von Frauen. Computerwissenschaftlerinnen wie Fei-Fei Li, Joy Buolamwini, Safiya Noble, Kate Crawford, Timnit Gebru, Rumman Chowdhury, Meredith Broussard und in Deutschland Katharina Zweig und Sandra Wachter. Aber auch KI-Experten wie Arvind Narayanan und Brian Christian. Sie alle setzen sich für mehr Bildung und klare Regeln für den Umgang mit KI ein.

Der internationale Wettbewerb und die nationale Sicherheit stehen für das Lager der Vorkämpfer («the warriors») im Fokus. Hier werden große Investitionen gefordert, um im Wettrennen der Künstlichen Intelligenz nicht zurückzufallen. Unternehmer wie Sam Altman von Open AI, Mark Zuckerberg von Meta und Eric Schmidt, einst CEO von Google, werben für die rasante Beschleunigung der KI-Entwicklung.

Von apokalyptischen Prophezeiungen über reale Missstände bis hin zum geopolitischen Wettkampf – es ist ein breites Spektrum an Erwartungen, Forderungen und Bedenken, das sich hier auftut. Darunter schwelt ein ähnlicher Kulturkampf, wie wir ihn seit der Einführung von «Abschnitt 230» auch im Umgang mit Social-Media-Plattformen erleben. Nachdem die Politik hierzulande das Thema KI über lange Jahre nahezu ignoriert hat, ist es nun unwiderruflich auf die Agenda gerückt. Angesichts einer Technologie ohne geografische Grenzen, die eine vierte industrielle Revolution in Gang gesetzt hat, gibt es noch reichlich Diskussionsbedarf.

Die EU: Im Sprint auf die Langstrecke

Die EU brütet seit Jahren über einer Verordnung, die zum weltweit umfangreichsten KI-Gesetz werden wird – wenn die Staatengemeinschaft es schafft, sie umzusetzen.

Wollen wir verstehen, welche Gesetze in der EU schon heute für Künstliche Intelligenz relevant sind, müssen wir uns erst einmal mit einigen Abkürzungen vertraut machen. Da wären die Datenschutz-Grundverordnung (DSGVO), das Gesetz über digitale Dienste (Digital Services Act, DSA) und das Gesetz über digitale Märkte (Digital Markets Act, DMA). Die DSGVO gibt EU-Bürgern mehr Kontrolle über ihre persönlichen Daten und bestimmt, wie Firmen diese sammeln, speichern und nutzen können. Der DSA setzt Onlineplattformen Grenzen bezüglich schädlicher Inhalte und sorgt für transparente Werbung. Und der DMA nimmt große Tech-Unternehmen ins Visier, die den Markt dominieren und so den Wettbewerb beeinflussen. All diese Verordnungen betreffen schon heute Plattformen, die KI nutzen, wie beispielsweise Amazon. So weit, so gut.

Als Reaktion auf die rasanten Entwicklungen im Bereich der KI – Deep Learning, Transformer, Sprachmodelle – rief die EU 2018 einen Expertenrat ins Leben, der die ersten internationalen Regeln für KI entwickeln sollte. Drei Jahre und Tausende von Experteninputs später, im April 2021, legte das Gremium den ersten Entwurf einer europaweiten KI-Verordnung (Artificial Intelligence Act, AIA) vor. Definitionen, Umfang und Details des AIA wurden seitdem intensiv debattiert und Anpassungen verhandelt. Die Veröffentlichung von ChatGPT im Herbst 2022 fiel mitten in den seit Jahren andauernden Entscheidungsprozess. Unabhängig davon, wo ein KI-Anbieter ansässig ist oder ein Modell trainiert wurde – wenn die KI oder ihre Ergebnisse in der EU verwendet werden, wird dieses Gesetz gelten. «Ich glaube wirklich, dass wir hier an einem

Wendepunkt sind und die generative KI-Regulierung auf dem Scheideweg ist», brachte es Philipp Hacker, Professor für Recht und Ethik in der digitalen Welt an der Europäischen Universität Viadrina in Frankfurt, bei seiner Anhörung im Deutschen Bundestag auf den Punkt.[4] Welchen Weg wählt also die EU?

Dem AIA liegt ein risikobasierter Ansatz zugrunde, die Regeln variieren je nach potenziellem Risiko eines KI-Systems. Dabei gibt es vier Risikostufen:

Stufe 1: KI-Systeme mit inakzeptablen Risiken sind verboten. Dazu gehören beispielsweise Systeme, bei denen Bürger nach ihrem Verhalten bewertet werden (Social Credit Scoring), oder automatische Emotionserkennung am Arbeitsplatz anhand von Gesichtszügen. Allein diese Regelungen würden zwei in China bereits weitverbreitete KI-Anwendungen in der EU verbieten. Biometrische Identifikation im öffentlichen Raum, etwa Gesichtserkennung auf Straßen, darf nur von Strafverfolgungsbehörden in Ausnahmesituationen angewandt werden, beispielsweise wenn die öffentliche Sicherheit gefährdet ist.

Stufe 2: Anwendungen, die in persönliche Rechte eingreifen oder sicherheitsgefährdend sein können, beispielsweise im Bereich der Bildung, Justiz, Einwanderung oder Medizin, können als hochriskant eingestuft werden. So zum Beispiel ein KI-Tool, das medizinische Bilder analysiert, um Krankheiten wie Krebs zu erkennen – ohne menschliche Kontrolle. Für solche Systeme fordert der AIA umfangreiche Qualitätsabsicherungen, darunter Risikobewertungen, repräsentative Datensätze, Transparenz, menschliche Aufsicht und Cybersicherheitsmaßnahmen.

Stufe 3: Systeme mit begrenztem Risiko müssen diesen Vorgaben nicht folgen, ihre Nutzung muss aber transparent sein. Das bedeutet: Deepfakes müssen als solche gekennzeichnet werden, und wenn wir im Kundenservice mit einem Chatbot interagieren, haben wir laut AIA das Recht zu wissen, dass er kein Mensch ist – eine Nachricht, die Alan Turing zum Schmunzeln gebracht hätte.

Stufe 4: Risikoarme KI-Systeme, zum Beispiel KI-basierte Videospiele und Spamfilter in unserer E-Mail-Inbox, werden durch den AIA nicht reguliert.

Die Grundlagenmodelle der generativen KI, auch Allzweckmodelle genannt (General-Purpose AI Models, GPAI) – der größte Entwicklungsfortschritt der vergangenen Jahrzehnte –, blieben im AIA zunächst unbeachtet, sie kamen im ersten Gesetzesentwurf schlicht nicht vor. In einer hektischen Reaktion auf den weltweiten Erfolg von ChatGPT wurden sie jedoch in den AIA hineinverhandelt – und machten das Gesetz plötzlich erstaunlich aktuell. Diese Erweiterung, Artikel 28b, hatte es in sich. Denn: Als Fundament für verschiedenste KI-Anwendungen könnte jedes GPAI potenziell auch für hochriskante Ziele genutzt werden, auch wenn das bei seiner Entwicklung nicht beabsichtigt war oder vorausgesehen wurde. Ein Chatbot beispielsweise kann bekanntlich zum Entwerfen von Hochzeitseinladungen verwendet werden, oder aber zur Formulierung einer medizinischen Diagnose samt dazugehörigem Behandlungsplan. Die gesellschaftlichen Risiken in beiden Fällen unterscheiden sich stark.[5]

Eine Regel für KI-Modelle, die für weitaus mehr als einen Zweck genutzt werden können, musste also einen wichtigen Kompromiss berücksichtigen. Wären Umfang und Komplexität der Auflagen zu groß gewesen, hätte die Umsetzung des

AIA zu einem bürokratischen Albtraum werden und den KI-Innovationsprozess in Europa zum Stillstand bringen können. In der Praxis hätte das beispielsweise bedeutet: Jeder, der ein solches Modell trainiert, muss aufwendige Risikomanagementverfahren für vielfältige Anwendungen einrichten. Ein Modell wie Luminous von Aleph Alpha könnte beispielsweise 10 000 mögliche Anwendungsfälle haben, die als hochriskant gelten.[6] Die Firma müsste demnach alle – 10 000 – Risikofälle analysieren und Maßnahmen zur Eindämmung ergreifen, selbst wenn die meisten nie eintreten würden. Solche Auflagen wären vor allem für kleinere Unternehmen schwer zu erfüllen – und die meisten Spitzenreiter der europäischen KI-Systeme sind aktuell Start-ups und mittelständische Unternehmen wie die deutschen Aleph Alpha und Nyonic, die Schweizer Ella Media AG und Alpine AI sowie das französische Mistral AI. Die Big-Tech-Giganten auf der anderen Seite verfügen über die Expertise und die finanziellen Mittel, um die Umsetzungskosten umfangreicher Gesetze wie des AIA – und auch mögliche Strafkosten – problemlos zu tragen.

Aber: Natürlich können auch kleine wie große Akteure riskante KI-Systeme schaffen. Ein einzelnes Problem mit einem GPAI kann in Tausenden von Anwendungsfällen in millionenfachen Szenarien erheblichen Schaden anrichten. Ist eine Allzwecktechnologie wie KI fehlerhaft, vergrößert sich der Fehler exponentiell. Der vorgeschlagene Artikel 28b sah deshalb Mindeststandards in Bezug auf Transparenz, Datenschutz, Bias, Repräsentativität, Cybersicherheit und eine grundlegende Risikoprognose vor. Detaillierte Risikobewertungen zukünftiger Nutzungsfälle sollten jedoch erst auf Anwendungsebene fällig werden. Die Akteure hinter den Basismodellen in die Pflicht zu nehmen, das würde im Anschluss auch die regulatorische Belastung der kleinen und mittelständischen Unternehmen hinter den Anwendungen reduzieren. Dieser Ansatz verdeutlichte, dass die Verantwortung nicht allein bei denjenigen liegt, die die KI letztlich an die Kunden bringen.

Doch kurz vor dem Abschluss der Verhandlungen zwischen EU-Parlament, der Kommission und den Mitgliedsstaaten gab es dann einen bürokratischen Showdown. EU-Vertreter Deutschlands, Frankreichs und Italiens sprachen sich überraschend gegen die verabredeten Regeln für Allzweckmodelle aus und brachten damit die Trilog-Verhandlungssitzung ins Stocken. Zu viele Vorschriften, so fürchteten die Blockierer, könnten Europas Chancen zunichtemachen, eigene Konkurrenten zu ChatGPT zu entwickeln. Besonders im Fokus standen hier offenbar die Interessen der Unternehmen Aleph Alpha und Mistral AI. Anstelle der geplanten Auflagen forderten die drei Länder nun «verpflichtende Selbstregulierung». Demnach sollten Anbieter von Allzweckmodellen lediglich «Modellkarten» zur Verfügung stellen, eine Art Gebrauchsanweisung, die alles Wissenswerte bündelt – von der Arbeitsweise des Modells bis zu Stärken und Schwachstellen.[7]

Diese Protestbewegung zu später Stunde brachte die gesamte Endabstimmung nach mehr als fünf Jahren der Debatten an den Rand des Kollaps. Die EU wollte beim Thema KI mit einem umfassenden juristischen Rahmenwerk als First Mover punkten. Aber dieser regulatorischen Agilität stand die bräsige Kompromissfindung der 27 Staaten dann doch im Wege. Ohne Einigung vor Jahresschluss schien ein Abkommen vor den nächsten Parlamentswahlen im Juni 2024 schier unmöglich. Somit verwandelte sich die letzte Sitzung kurz vor dem zweiten Advent 2023 in einen dreitägigen Verhandlungsmarathon. Nach schlaflosen Nächten und fast 40 Stunden der Kompromissfindung verkündete die EU-Kommission am 8. Dezember in letzter Minute zumindest eine politische Einigung.

Diese sieht nun abgestufte Auflagen für Allzweckmodelle vor. Die Anbieter aller GPAI müssen einige Minimalstandards an Transparenz erfüllen, also technische Dokumentationen und Zusammenfassungen der Trainingsdaten erstellen, sowie das EU-Urheberrecht einhalten. Nur für solche GPAI, die eine hohe Schwelle der Rechenleistung überschreiten, und solche, die ein «systemisches Risiko» darstellen, gelten striktere Regeln. Anbieter dieser Allzweckmodelle müssen detaillierte Risikobewertungen und Maßnahmen zur Minderung durchführen, Cybersicherheit gewährleisten und ihre Energieeffizienz dokumentieren. Auffallend dabei: Erstens ist die Schwelle der Rechenleistung so hoch angesetzt (10^{25} FLOPs oder Floating Point Operations), dass rechnerisch womöglich nur Modelle wie OpenAIs GPT-4 oder Googles Gemini darunterfallen würden, Googles Bard und selbst ChatGPT mit 10^{24} FLOPs jedoch nicht. Zweitens gelten diese Regeln anscheinend nicht für Open-Source-Modelle. Doch während der Open-Source-Ansatz den Zugang zu Technologie demokratisiert, Forschung ermöglicht und Monopoltendenzen entgegenwirkt, können diese Modelle dennoch Risiken bergen, wie wir in den vorangegangenen Kapiteln an Beispielen wie Metas LLaMA 2 gesehen haben.[8]

EU-Kommissionspräsidentin Ursula von der Leyen feierte die Einigung im Dezember 2023 als «historischen Moment».[9] Schon kurz nach der hart erkämpften Verständigung jedoch signalisierte der französische Präsident Macron erneut Unbehagen und mögliche Änderungsforderungen.[10] Das Ringen um die technischen Details und handfesten Umsetzungsrichtlinien des AI Acts geht also weiter – es wird uns noch lange begleiten. Unter anderem wird es wohl maßgeblich darauf ankommen, wie «systemisches Risiko» jenseits von Rechenleistung definiert und in der Praxis nachgewiesen werden kann.[11] Auch nach Verabschiedung wird es mindestens 18 Monate dauern, bis das Regelwerk in Kraft treten kann – eine Ewigkeit, gemessen an der Geschwindigkeit, mit der sich die KI entwickelt.

USA: Regeln im Sinne der Innovation

Und wie sieht es in den USA aus? Tatsächlich wurden hier einige KI-Anwendungen, etwa Gesichtserkennungstechnologie, in den letzten Jahren beschränkt und teilweise sogar verboten. Verschiedene US-Behörden, vom Pentagon über die Agentur für Internationale Entwicklung bis zur Lebens- und Arzneimittelbehörde, haben Leitlinien für den ethischen Einsatz von KI herausgegeben. Und im Oktober 2022 legte das Wissenschafts- und Technologiebüro des Weißen Hauses einen «Grundriss für eine KI-Grundrechtecharta» vor – einen unverbindlichen «Leitfaden für die Gesellschaft» mit Prinzipien wie KI-Sicherheit, Antidiskriminierung und Datenschutz.

Mehrere US-Abgeordnete ließen Versuche parteiübergreifender Gesetzesentwürfe zirkulieren, die unter anderem mehr Transparenz, Kontrollen, eine KI-Kommission und ein Lizenzierungsverfahren ähnlich dem der US-Arzneimittelbehörde forderten. Indessen bemühte sich Präsident Joe Biden im September 2023 vor der UN-Generalversammlung, die Staats- und Regierungschefs zu beruhigen: Er plane, mit globalen Wettbewerbern zusammenzuarbeiten, «um sicherzustellen, dass wir die Kraft der Künstlichen Intelligenz zum Guten nutzen, während wir unsere Bürgerinnen und Bürger vor diesem tiefgreifenden Risiko schützen».[12] Biden und Vizepräsidentin Kamala Harris ließen sich von KI-Expertinnen wie Joy Buolamwini beraten und vereinbarten mit Branchenführern, einen Leitfaden zu Themen wie Sicherheit von KI-Systemen und Erhalt des öffentlichen Vertrauens zu erarbeiten.[13]

Solche Richtlinien für Big-Tech-Giganten sind jedoch vor allem eines: unverbindlich. Bemerkenswert ist auch: Viele der Probleme, die diese Richtlinien ansprechen, wurden von genau den Unternehmen mitverursacht, die an den Industrie-Gesprächsrunden teilnahmen. Daher verwundert es kaum, dass in den Richtlinien Regelungen zur Datentransparenz fehlen. Keines der aktuellen KI-Schwergewichte wie OpenAI hat bislang seine Trainingsdatensätze offengelegt.

Wie problematisch das ist, hat kürzlich ein Team aus Stanford, dem MIT und Princeton untersucht. Gemeinsam haben die Forscher einen Transparenz-Index für Grundlagenmodelle entworfen, der 100 verschiedene Dimensionen bewertet. Ihre Analyse der zehn größten Modelle führte zu schockierenden Ergebnissen: Während die Open-Source-Modelle LLaMA 2 und BLOOMZ mit einem Transparenzwert von etwas mehr als 50 Prozent abschlossen, lagen GPT-4, Stable Diffusion und Claude 2 weit darunter. Amazons Modell namens «Titan Text» schnitt mit 12 Prozent am schlechtesten ab.[14] Um kein Missverständnis aufkommen zu lassen: Auch wenn einige Modelle besser abschnitten als andere, erhielten alle Modelle in der wissenschaftlichen Bewertung die Note «F». «F» steht im Englischen für «fail» – nicht bestanden.

Im Oktober 2023 dann verkündete US-Präsident Biden seine präsidentielle Exekutivanordnung (Executive Order) zur «sicheren, geschützten und vertrauenswürdigen Entwicklung und Nutzung von Künstlicher Intelligenz».[15] Bidens KI-Verordnung ist ein Paradebeispiel für den US-amerikanischen Ansatz zur Regulierung von KI: Innovationen werden von staatlicher Seite ausdrücklich begrüßt und befördert, gleichzeitig werden öffentliche wie private Stellen aufgerufen, fundamentale Risiken zu minimieren. Sie setzt auf die bestehende Regulierung auf und nimmt sämtliche US-Behörden mit in die Verantwortung, die Umsetzung in den jeweiligen Bereichen mitzugestalten. So nimmt die Executive Order, um die Innovationskraft des Landes zu fördern, etwa das Handels- und das Bildungsministerium in die Pflicht, gesetzliche Maßnahmen zur Schaffung von Ausbildungsmöglichkeiten vorschlagen, um Arbeitnehmerinnen und Arbeitnehmern Wege zu Berufen im

Zusammenhang mit KI zu eröffnen – und damit die Auswirkungen der neuen Technologie auf den Arbeitsmarkt abzufedern. Gleichzeitig soll die Aufnahme von KI-Spitzenkräften aus dem Ausland vereinfacht und die notwendige Fachexpertise in die Regierung geholt werden. Im Hinblick auf die Minimierung fundamentaler Risiken soll das Energieministerium einen Plan vorlegen, um zu verhindern, dass KI-Systeme nukleare, biologische und chemische Gefahren schaffen oder eine Bedrohung für die kritische Infrastruktur darstellen.

Innovation und Wettbewerb erhalten in der Executive Order aus Washington sehr viel Raum, aber auch hinsichtlich der Bürgerrechte kann sie sich sehen lassen. Zahlreiche Abschnitte fordern den Schutz von Arbeitnehmenden, Konsumentinnen, Patienten und Studierenden. Konkret geht es dabei um den Schutz vor Diskriminierung und die verantwortungsvolle Verarbeitung sensibler Daten. Und um die Entwicklung von Instrumenten für den verbesserten Schutz der Privatsphäre.

Mit der Verordnung haben die USA außerdem ein neues KI-Sicherheitsinstitut auf Bundesebene angekündigt. Unter dem Dach des Nationalen Instituts für Standards und Technologie (NIST), einem Zögling des US-Handelsministeriums, sollen im US AI Safety Institute potenziell kritische KI-Werkzeuge vor ihrer Veröffentlichung unter die Lupe genommen werden. Tech-Giganten wie OpenAI sagten den Amerikanern den dafür notwendigen Zugang zu ihren großen Sprachmodellen zu. Für große Grundlagenmodelle sieht Bidens KI-Verordnung eine Berichtsverpflichtung vor, sodass die US-Regierung stets über die Entwicklung potenziell großflächiger Risikoanwendungen im Bilde ist. Unter anderem sollen sogenannte «Red Teaming»-Tests vorgenommen werden, bei denen Expertinnen und Nerds in die Rolle potenzieller Angreifer schlüpfen, um mit einem Arsenal von kreativen Angriffstaktiken die Schwachstellen von KI-Systemen aufzudecken.

Anders als der weitreichende, horizontal ausgerichtete EU AI Act setzt die Biden-Administration mit ihrer KI-Verordnung auf einen sektoralen, branchenspezifischen Ansatz, der die Regierung selbst nicht ausnimmt. «Mittelfristig steht die gesamte US-Exekutive mit in der Verantwortung», erklärte uns die Expertin für KI und Datenschutz Paula Cipierre. «Die Verordnung liest sich wie eine kollektive Moonshot-Initiative der USA.» Aus der US-Bevölkerung gab es auch prompt großen Zuspruch: Laut einer Umfrage des AI Policy Institutes begrüßten 69 Prozent der befragten US-Wähler aller politischen Richtungen Bidens neue KI-Verordnung.[16]

China: Immer schön freundlich

Seit Jahren bemüht sich China, im globalen KI-Monopoly die Schlossstraße zu ergattern. Die wirtschaftlichen Chancen der Technologie im Blick, verkündete die Regierung von Xi Jinping 2017 einen umfassenden KI-Entwicklungsplan («New Generation AI Development Plan») mit dem bescheidenen Ziel, bis 2030 die weltführende KI-Nation zu werden.[17] Es folgte ein regelrechtes Feuerwerk an KI-Initiativen in Industrie und Forschung, zwischen 2021 und 2023 aber auch ein Trio an Regelungen speziell für KI. Die drei Verordnungen nehmen Empfehlungssysteme, synthetische Medien – also KI-erzeugte Inhalte wie Videos und Bilder – und vor allem die generative KI selbst ins Visier. Zudem wurde ein offizielles KI-Register ins Leben gerufen: eine Datenbank, in der Algorithmen mit Bezug zur «öffentlichen Meinung oder Mobilisierungsfähigkeit» samt detaillierter Informationen über ihre Entwicklung eingetragen werden müssen.[18]

Teile dieser Regelungen bieten Schutz vor überzogener Preisdiskriminierung, algorithmischer Verwaltung von Arbeitszeiten oder Desinformation durch Deepfakes. Die zentrale Motivation hinter den drei Gesetzestexten ist jedoch eine andere: Die Kommunistische Partei Chinas strebt danach, maximale Kontrolle über sämtliche Online-Inhalte zu erlangen. Die Gesetze fordern von KI-Anwendungen höchste Genauigkeit, Wahrhaftigkeit und Treue zu sozialistischen Werten. Die Bestimmungen zu Empfehlungssystemen etwa verlangen, dass Anbieter solcher Dienste «sich kontinuierlich an den Mainstream-Vorstellungen orientieren» und «aktiv positive Energie verbreiten».[19] Bei synthetischen Medien wird gefordert, dass Inhalte dem «richtigen politischen Kurs, der öffentlichen Meinung und den Wertetrends» folgen und weder das «Bild der Nation beschädigen» noch die «ökonomische oder gesellschaftliche Ordnung stören».[20] So wird KI zur automatisierten stets heiter und kommunistisch gestimmten Unterhaltungsmaschine. Nicht die Religion, sondern Technologie avanciert in China also zum Opium des Volkes.

Bemerkenswerterweise wurde die zugrunde liegende Verordnung nur fünf Tage vor der weltweiten Einführung von ChatGPT am 30. November 2022 finalisiert. Ein paar Monate später legten chinesische Regulierer dann einen Entwurf für generative KI vor, der verlangt, dass Inhalte «die Kernwerte des Sozialismus verkörpern und nicht zur Untergrabung der nationalen Souveränität oder zum Sturz des sozialistischen Systems anstacheln».[21] Das bedeutet in der Praxis, dass chinesische Bots eine besondere Freigabe benötigen, bevor sie der Öffentlichkeit präsentiert werden.

Das internationale Nachrichtenmedium Bloomberg hat verschiedene öffentlich zugängliche chinesische Sprachmodelle einem Test unterzogen. Die meisten reagierten auf systemkritische Fragen mit Abwehrstrategien.[22] «Ernie Bot» von Baidu versuchte, einfach das Thema zu wechseln («Lass uns über etwas anderes reden»). Das System «Zhipu» von Meituan fing erst an, seine Antwort zu formulieren, um dann plötzlich innezuhalten oder das Ergebnis, das es vor Sekunden produziert hatte, kurzerhand wieder zu löschen. Der Tencent-Bot «Minimax» verweigerte, «illegale» Fragen zu beantworten. Nur «SenseChat», der Bot des Unternehmens Sense Time, antwortete auf die Frage, ob Xi Jinping jemals kritisiert worden sei: «Ja, Xi Jinping steht in der Kritik. Die Kritik bezieht sich hauptsächlich auf vier Aspekte: persönliches Leben, öffentliche Politik, Diktatur und Zensur.» Mal sehen, wie lange es «SenseChat» noch gibt.[23]

Das ist Chinas Techno-Staatskapitalismus in Bestform: Künstliche Intelligenz ist hier nicht nur ein digitales Werkzeug, sie ist ein politisches Instrument. Sie fungiert als Verlängerung des ideologischen Apparats und bringt der Regierung zugleich wirtschaftliche Vorteile.

Internationales Schaulaufen der Regelmeister

Es war die erste Novemberwoche 2023, als deutlich wurde: KI-Regulierung wird zu einem politischen Gewinnerthema. Zu dem Zeitpunkt hatte bereits der britische Premierminister Rishi Sunak seine Überlegungen zu einer Zukunft mit Künstlicher Intelligenz dargelegt. KI werde, so Sunak in einer Rede, «einen ebenso tiefgreifenden Wandel herbeiführen wie die industrielle Revolution, die Erfindung der Elektrizität oder die Entstehung des Internets (...). Nichts wird in absehbarer Zukunft unsere Wirtschaft, unsere Gesellschaft und unser aller Leben mehr verändern als diese Technologie.»[24] Auch kündigte Sunak an, er werde die wichtigsten Köpfe zum Thema in England zusammenbringen. Zudem werde es ein neues Institut für die Sicherheitsprüfung von Künstlicher Intelligenz geben, das UK AI Safety Institute, dazu substanzielle Investitionen. Verbote oder strenge Auflagen: Fehlanzeige. Innovation vor Regulierung lautet der Tenor der britischen Regierung.

Anfang November versammelte sich dann die internationale KI-Elite bei dem von Sunak angekündigten KI-Sicherheitsgipfel in Großbritannien. Die britische Regierung wählte dafür einen historisch ehrwürdigen Ort, 70 Kilometer nordwestlich von London: Bletchley Park, wo einst Alan Turing die Geschichte der Computerwissenschaften prägte und die Enigma-Verschlüsselung der deutschen Wehrmacht im Zweiten Weltkrieg knackte. Zum Abschluss des Gipfels unterzeichneten mehr als zwei Dutzend Regierungen eine Gemeinschaftserklärung, die «Bletchley Declaration», zur globalen Zusammenarbeit im Umgang mit Künstlicher Intelligenz. Darunter die USA, Chile, Deutschland, Israel und Ruanda – aber auch China, Singapur, Indien und Saudi-Arabien.

Wenn alle diese Staaten mit ihren unterschiedlichen Interessenlagen ein Dokument unterzeichnen, kann nicht viel drinstehen. Und tatsächlich: Die Erklärung ist größtenteils Symbolpolitik. Darin finden sich vor allem Floskeln und großspurige Zukunftsszenarien. Kritisiert wurde unter anderem, dass große Technologieunternehmen weitaus mehr Raum bekamen als Stimmen der Zivilgesellschaft – ein Paradebeispiel für den überproportionalen Einfluss der Industrie auf jene Behörden, die sie eigentlich regulieren sollten, auch bekannt als «regulatory capture».

Im sich verschärfenden Wettstreit zwischen den USA und China wird Künstliche Intelligenz zu einem Hauptkampffeld. Beide Seiten wollen – ebenso wie die EU – die weltweiten Regeln für den Umgang mit KI bestimmen. So verkündete Xi Jinping als Reaktion auf das jüngste Verbot der USA, das Chinas Zugang zu Hochleistungschips weiter einschränken soll, die sogenannte Global AI Governance Initiative. In diesem Rahmenwerk fordert China «gleiche Rechte» in der Entwicklung von KI für alle Nationen. «Wir sind gegen ideologische Grenzen oder exklusive Gruppen, die anderen Ländern die KI-Entwicklung erschweren», so lautet die Begründung.[25] KI wird zum diplomatischen Hammer, der auf jeden Nagel passt.

Jeder Regulierungsansatz schlängelt sich durch ein Terrain unterschiedlichster Wertvorstellungen, angepasst an die einzigartige rechtliche und ethische Landschaft des jeweiligen Landes. Doch Künstliche Intelligenz kennt keine geografischen Grenzen – ihre Vorteile und ihre Nebenwirkungen sind global.

Es gibt durchaus Bemühungen, auf globaler Ebene, an einem Strang zu ziehen. Im Jahr 2023 beauftragte UN-Generalsekretär António Guterres eine hochrangige Beratergruppe zu prüfen, ob eine Behörde für KI-Regulierung auf UN-Ebene notwendig ist und welchen Umfang sie haben könnte. Eine weitere Expertengruppe – mit Köpfen von Google und OpenAI sowie Harvard und Stanford – entwickelte vier mögliche Modelle für eine globale KI-Behörde. Jedes dieser Modelle hatte ein bereits bestehendes UN-Vorbild: Eine KI-Kommission im Stil des Weltklimarats könnte wissenschaftlichen Konsens über Risiken und Chancen herstellen und Empfehlungen geben; eine Agentur nach dem Muster der Internationalen Atomenergie-Organisation könnte globale Standards setzen und deren Einhaltung überwachen; eine Zusammenarbeit ähnlich der Impfstoffallianz Gavi könnte als öffentlich-private Partnerschaft fairen und offenen Zugang zu KI gewährleisten; ein Forschungsverbund wie die Europäische Organisation für Kernforschung könnte die Fortschrittskraft internationaler Expertise bündeln.[26]

Während in der EU intensiv über die Überwachung besonders großer KI-Modelle diskutiert wird, schlagen einige Experten vor, die Leistungsfähigkeit dieser Systeme global zu messen und zu verfolgen, und zwar durch Kontrolle der Rechenkapazität. Diese Methode, auch «Compute Monitoring» genannt, würde Entwickler, die besonders viele Chips für das Trainieren großer KI-Modelle nutzen, dazu verpflichten, die Aufsichtsbehörden über ihr Vorgehen zu informieren. Wüssten wir beispielsweise nicht gerne Bescheid, wenn Nordkorea 20 000 KI-Chips für einen großen Trainingslauf verwendet?[27] Wären bestimmte Rechenvolumina an Lizenzen gebunden, könnten nur zertifizierte Organisationen KI-Modelle einer gewissen Größe entwickeln, während sie sich dabei an Regeln der Transparenz und Rechenschaftspflicht halten müssten, die sich dann allerdings auch juristisch durchsetzen lassen müssen. Zusätzlich könnten externe Beobachter in regelmäßigen «Red Teaming»-Prüfungen mögliche Risiken und schädliche Auswirkungen dieser Modelle bewerten. Verantwortungsbewusste Lizenzinhaber müssten gesellschaftlichen und ökologischen Mindeststandards entsprechen.

Es fehlt also nicht an Ideen, vielleicht aber an kollektivem Willen. Es ist fraglich, ob Großmächte wie die USA und China der Gründung einer solchen Einrichtung auf UN-Ebene tatsächlich zustimmen würden. Denn das könnte bedeuten, dass sie beispielsweise internationalen Inspektoren unbeschränkten Zugang zu KI-Systemen in ihrem Hoheitsgebiet gewähren müssten. Schon im Sommer 2023 machte ein russischer Vertreter bei einer Sitzung des UN-Sicherheitsrats deutlich, dass seine Regierung «gegen die Einrichtung überstaatlicher Kontrollgremien für KI» sei.[28]

So einigten sich die G7-Staaten zwar im Rahmen des Hiroshima-Prozesses im Herbst 2023 auf einen Verhaltenskodex für alle Akteure, die Künstliche Intelligenz entwickeln oder nutzen. Da sich die Regulierungsfreude einiger Mitglieder jedoch eher in Grenzen hält, hat das Abkommen eine Hintertür: Jede Regierung darf ihren eigenen Ansatz bei der Umsetzung wählen. Die G7 haben also den kleinsten gemeinsamen Nenner gefunden – dabei blieb es dann auch.

Ein Forschungsteam mit Mitgliedern von Brookings, Microsoft und den Universitäten Oxford und Cambridge schlägt eine politisch womöglich praktikablere Lösung vor. In Anlehnung etwa an die Internationale Zivilluftfahrtorganisation soll ein System eingeführt werden, das Staaten – nicht KI-Projekte oder Unternehmen – zertifiziert. Diese Zertifizierung würde sich an globalen Standards orientieren und mithilfe von Import- und Exportregeln für KI durchgesetzt werden. Das setzt zwar einen «ausreichenden internationalen Konsens über Mindestregulierungsstandards» voraus, dennoch wäre dieser Ansatz, wie das Team betont, weniger aufdringlich.[29]

Wege zu einer zukunftssicheren KI

KI-Regulierung wird «den gesamten politischen Raum selbst» betreffen, denn die Technologie wird «so allgegenwärtig sein wie Betriebssysteme in unseren Mobiltelefonen», sagt Alondra Nelson, Professorin am Institute for Advanced Study in Princeton und Technologieberaterin im Weißen Haus.[30]

Klarheit ist hier also besonders wichtig. Einige Begriffe im EU-KI-Act waren zunächst schwammig gefasst, so etwa das zentrale Konzept der «Autonomie». Es war zeitweise in den Entwürfen so vage definiert, dass sogar eine elektrische Zahnbürste darunterfallen konnte.[31] Die Zahnbürste, bei der sich die Druckstärke beim Putzen mit einer App kontrollieren lässt, ist aber nun wirklich kein autonomes System, das in irgendeiner Weise gefährlich werden könnte. Das zeigt: Gerade bei einer Allzwecktechnologie wie Künstlicher Intelligenz spielt begriffliche Schärfe eine wichtige Rolle.

Zudem sollten bestehende Regeln und Vorschriften nicht außer Acht gelassen werden. Dazu zählt der DSA, das Gesetz zu digitalen Diensten. Es könnte etwa angepasst werden, um das enorme Potenzial von generativer KI zur Massenproduktion von Desinformation zu berücksichtigen. Wenn diese Regeln auch Anbieter von KI einbezögen, wären diese verpflichtet, bei Meldung schädlicher Inhalte sofort zu handeln. Auch die schon bestehende Haftungsregelung für fehlerhafte Produkte wird ein Update benötigen, um KI und Software einzubeziehen, die nicht richtig funktioniert.[32]

Wie wir in Kapitel 9 am Beispiel des enormen Wasser- und Energieverbrauchs großer Sprachmodelle gesehen haben, ist der ökologische Fußabdruck von KI-Technologien erheblich. Klimaschutz liegt aktuell noch weitestgehend im toten Winkel vieler KI-Regulierungsvorschläge, was sich dringend ändern muss: Wenn wir uns mit dieser Jahrhunderttechnologie einen nachhaltigen Wirtschaftsaufschwung erarbeiten wollen, müssen Bestimmungen zum Klima- und Umweltschutz in der Entwicklung und Nutzung von Künstlicher Intelligenz in bestehende und geplante Gesetze für KI integriert werden.[33]

Für die Umsetzung all dieser verschiedenen KI-Regelungen werden letztlich pragmatische Standards, Richtlinien und Metriken entscheidend sein, an denen sich Unternehmen und Organisationen orientieren können. In der EU-Kommission soll ein AI Office, unterstützt von unabhängigen Wissenschaftlerinnen und Experten, als zentrale Anlaufstelle für die Allzweckmodelle etabliert werden. Ein zusätzliches AI Board aus Vertretern der Mitgliedsstaaten soll die Details der Ausarbeitung und Durchführung koordinieren. Bei Nichteinhaltung der neuen Regeln werden Geldbußen je nach Verstoß und Größe des Unternehmens verhängt: von 7,5 Millionen oder 1,5 Prozent des weltweiten Umsatzes bis zu 35 Millionen Euro oder 7 Prozent des Umsatzes.[34] Für die verantwortungsvolle Entwicklung dieser Jahrhunderttechnologie braucht es nicht nur Strafen, sondern auch Förderung und Forschung, finanzielle Unterstützung und Weiterbildung. Um dem europäischen AI Act wirklich Kraft zu verleihen, sollte die EU ihn mit substanziellen öffentlichen Investitionen koppeln.

Für jede einzelne Organisation bedeuten diese neuen Regeln allerdings in jedem Fall Aufwand, viele Menschen werden sich für viel Geld darum kümmern müssen. Die Situation erinnert ein wenig an die Nervosität vor dem Inkrafttreten der Datenschutz-Grundverordnung. «Wenn wir etwas gelernt haben aus der vergangenen Regulierung von Technologie, dann dass wir für ihre Umsetzung nicht nur juristisch ausgebildete Köpfe benötigen», sagte uns ein europäischer Datenschutzbeauftragter. «Um KI-Anwendungen und ihre Grenzen zu verstehen, braucht es viel mehr Perspektiven am Tisch – und bald in jeder Organisation.» Genau das hören wir derzeit auch von vielen vorausdenkenden Führungskräften aus unterschiedlichen Branchen, die die Gesetzgebung zu KI mit einer Mischung aus Spannung und Argwohn beobachten. Es wird eine Armada von Fachleuten brauchen, die Künstliche Intelligenz aus verschiedensten Perspektiven einschätzen und auf hohem Niveau managen können. Wie nach Einführung der DSGVO sollten Unternehmen und Aufsichtsbehörden ihre Belegschaft fortbilden und die richtigen Expertinnen einstellen.

Und wir werden nicht darum herumkommen, einen Großteil der Aufgaben der neuen Technologie selbst zu überlassen. «Viele Leute reden davon, dass durch KI Arbeitsplätze wegfallen werden», sagt Bivek Sharma, CTO bei Pricewaterhouse-Coopers UK. «Aber die Realität ist, dass KI notwendig sein wird, um diese sehr komplexe Situation zu bewältigen.»[35] Kurzum: Wir werden auch Technologie brauchen, um Technologie zu kontrollieren.

Für uns ist also klar: Anstatt über die Auslöschung der Menschheit durch KI zu philosophieren, sollten wir die unmittelbaren Risiken der Technologie in den Fokus neuer Regeln rücken – Datenschutz, Diskriminierung, Moderation von Inhalten, Haftung und Nachhaltigkeit. Künstliche Intelligenz, die alles überall auf einmal betrifft, ist nicht nur eine technologische Herausforderung, sondern eine gesellschaftliche, ethische und geopolitische. Vor allem eine, die nicht vor Grenzen haltmacht. Nationale Alleingänge werden also nicht ausreichen.

Wir brauchen ein Mindestmaß an weltweit verbindlichen Regeln für KI-Forschung und -Entwicklung. Und wir sollten in Europa darauf achten, dass wir vor lauter Verhandlungsprozessen nicht im bürokratischen Nirwana einer niemals perfekten Kompromisslösung versinken, während die großen Player im Sandkasten der Innovation die Zukunft so bauen, wie sie ihnen gefällt, und damit den Markt dominieren. Die EU hat hier ja schon einiges vorgelegt: Auch wenn beispielsweise die DSGVO in Sachen Nutzerfreundlichkeit zu wünschen übrig lässt, weil sie an vielen Stellen zu bürokratisch ist, ist sie mittlerweile für viele Gesetzgeber weltweit zum stillen Vorbild des Datenschutzes geworden. Eine Regulierung mit vergleichbarer internationaler Schlagkraft brauchen wir auch für KI. Denn ohne Regulierung bewegen Unternehmen, Politik, ja wir alle uns weiter auf einem unsicheren Terrain. Das sorgt für Misstrauen und bremst Innovationen aus. Mit den richtigen Regeln können wir Zukunft gestalten und Technologie-, ja sogar Weltgeschichte schreiben.

13
Ab ins nächste Universum:
Zwei Szenarien und
ein Hoffnungsschimmer

Die schwierigsten Momente der Menschheitsgeschichte haben oft die schönsten Namen. «Trinity» etwa ist der englische Ausdruck für Dreifaltigkeit – und der Name des ersten Atombombentests, den die USA am 16. Juli 1945 im Rahmen des «Manhattan Project» in der texanischen Wüste zwischen Carrizozo und San Antonio durchführten.

Drei Jahre früher, an einem Tag im Jahr 1942, saß der Physiker und spätere Erfinder der Wasserstoffbombe, Edward Teller, in seinem Büro, schaute auf seine Zettel voller Berechnungen und traute seinen Augen nicht. Was er da sah, war unvorstellbar. Unvorstellbar tödlich für alles Leben auf der Welt. Seine Daten zeigten eine gewisse Wahrscheinlichkeit, dass die Explosion einer Atombombe, wie das Manhattan-Projekt sie baute, Temperaturen heißer als die Sonne erzeugen und damit eine Fusionsreaktion auslösen würde. In einfacheren Worten: Die Atombombe könnte die Atmosphäre entzünden und die Welt schmelzen lassen.

Teller wusste, dass er diesen Fund nicht für sich behalten durfte. Er präsentierte seine Berechnungen den Teamkollegen – und fast hätte es den ersten Test einer Atombombe dann doch nicht gegeben. «Verstehe ich das richtig», soll der für das Manhattan-Projekt zuständige Brigadegeneral Leslie Groves ihn bei dem Meeting gefragt gaben, «es gibt eine Chance, dass wir den Startknopf für die Bombe drücken und damit die Welt zerstören?» – «Die Chance ist nahe null», soll J. Robert Oppenheimer, wissenschaftlicher Leiter des Manhattan-Projekts, geantwortet haben. «Nahe null?», fragte Groves entsetzt zurück. «Null wäre schön!»

Null oder nahe null – das ist die Frage, die wir in Sachen Chancen und Gefahren bei jeder Technologie neu stellen. Und fast immer wissen wir, dass wir sie nicht klar beantworten können. Es geht um die Abwägung zwischen den Versprechungen des technischen Fortschritts und den möglichen negativen Auswirkungen, die wir früher einmal schön bürokratisch deutsch «Technikfolgenabschätzung» genannt haben. J. Robert Oppenheimer hatte eine einfache Antwort: «Wenn du etwas siehst, das aus technischer Sicht reizvoll ist, dann tust du es einfach.» Damit hat er insofern recht, als der Mensch neugierig und wissbegierig ist und die Möglichkeiten des Fortschritts erkunden will. Sehr oft hat das zu großartigen Errungenschaften geführt. Unsere heutige Welt sähe anders aus, hätten wir das Feuer, die Elektrizität, die Dampfmaschine oder den Computer aus Angst vor den Folgen mal lieber nicht erfunden.

Auch für die generative KI mit ihren mächtigen Modellen stellt sich die Frage nach Chancen und Risiken. Viele Expertinnen und Experten ziehen den Vergleich zur Erfindung der Atombombe, um auf potenzielle Gefahren hinzuweisen. In einem offenen Brief des Center for AI Safety aus dem Mai 2023, unterschrieben von zahlreichen Protagonisten der KI-Entwicklung, heißt es: «Es muss eine globale Priorität sein, das Risiko zu mindern, dass die Menschheit durch KI ausstirbt.»[1] Ist das eine realistische Einschätzung? Wir glauben, nein. Sie gehört zu den Fantasien der in Kapitel 12 erwähnten Untergangspropheten. Wie aber kommen die Unterzeichner darauf, vom Ende der Menschheit zu sprechen?

Ihre Untergangsangst gründet in einer Besonderheit der Künstlichen Intelligenz: Sie ist eine Allzwecktechnologie. Solche Technologien werden nicht oft erfunden, aber ihre Wirkkraft ist gewaltig. Deshalb ist es wichtig, bedachtsam damit umzugehen. Wenn wir uns vorstellen, dass die großen Sprachmodelle in alle Kommunikationen, alle Aktivitäten, alle Prozesse unseres Lebens eingebaut werden, aus unseren Daten lernen und sich selbst weiterentwickeln, dann hat das Potenzial. Womöglich auch das Potenzial eines «Entzündungsmoments» für das menschliche Lebensuniversum, wie es den Wissenschaftlern des Manhattan-Projekts zeitweise enorme Sorge bereitet hat.

Ob das wiederum eine realistische Einschätzung ist? Wir wissen es nicht. Was wir wissen: Das Manhattan-Projekt nahm seinen Lauf. Das Forschungsteam, die US-Regierung unter Franklin D. Roosevelt sowie ihre Unterstützer, die britische Regierung unter Winston Churchill und die kanadische Regierung unter William Lyon Mackenzie King, sie alle machten weiter und ließen die Bombe testen. Wie Oppenheimer sagte: «Wenn du etwas siehst, das aus technischer Sicht reizvoll ist, dann tust du es einfach.»

Das Beispiel Atombombe: Intelligente Non-Proliferation

Schon seit einigen Jahren wird sehr deutlich vor Künstlicher Intelligenz gewarnt. Der Physiker Stephen Hawking sagte 2017 beim Web Summit in Lissabon: «KI könnte das schlimmste Ereignis in der Geschichte unserer Zivilisation sein.» Wer bei dieser Technologie einen Durchbruch erreiche, könne damit die Welt beherrschen, sagte Russlands Präsident Wladimir Putin in einer Rede vor Studenten im September 2017. Er sah in ihrer Entwicklung «kolossale Chancen und Gefahren, die sich schwer vorhersagen lassen». Elon Musk sagte im selben Jahr: «Der Wettbewerb um die Vorherrschaft in KI wird meiner Meinung nach der wahrscheinlichste Auslöser des Dritten Weltkriegs sein.» Ist es Zufall, dass alle diese Äußerungen in ein Jahr fallen, in dem ein Forschungsteam von Google die Transformermodelle entwickelt und veröffentlicht hat, und zwar begleitet durch einen Aufsatz mit dem Titel «Aufmerksamkeit ist alles, was man braucht»?

Wir brauchen gerade viel Aufmerksamkeit, um einzuschätzen, wie wir vorgehen müssen. Vielleicht kann der Vergleich mit der Atombombe weiterhelfen. Es gibt tatsächlich Ähnlichkeiten zwischen beiden Technologien, der Kernspaltung und der KI. Zum einen ist da die Schnelligkeit, in der beide zur Einsatzreife gebracht wurden. Zwar wurde an KI in ihrer aktuellen Form seit Jahrzehnten geforscht, aber die Entwicklung der Transformer-Technologie, die den derzeitigen Anwendungen zugrunde liegt, verläuft rasant. ChatGPT & Co haben die Welt innerhalb weniger Monate im Sturm erobert. Das Manhattan-Projekt hat seine Hauptarbeit in drei Jahren (1942–1945) geleistet. Die Folgen der beiden Atombombenangriffe auf die japanischen Städte Hiroshima und Nagasaki im August 1945, Jahrzehnte des Protests gegen Atomwaffen und der Abrüstungsgespräche haben gezeigt: Schnelligkeit bedeutet einen Markt- oder Machtvorteil. Aber Schnelligkeit schafft auch Fakten, die sich historisch nicht mehr ändern lassen. Wir müssen mit ihnen leben.

Zum anderen ist da die Massenwirksamkeit beider Technologien. Die beiden gezündeten Atombomben haben zwischen 130 000 und 230 000 Menschen getötet, die meisten von ihnen Zivilisten. Laut einer Studie der Brookings Institution flossen im Zeitraum von 1945 bis 1998 etwa fünf Billionen US-Dollar in die Entwicklung und Bereithaltung von Nuklearwaffen.[2]

Das ist Geld, mit dem man einerseits womöglich einen zerstörerischen Atomkrieg verhindert hat, das aber andererseits nicht für alternative Zwecke zur Verfügung stand. Oder wie es der US-Ökonom William J. Weida bei einer Anhörung zum Thema formulierte: «Das amerikanische Volk hatte nie die Möglichkeit zu entscheiden, ob es lieber 100 Millionen Dollar mehr für Schulen in 20 weiteren amerikanischen Städten hätte oder einen B-2-Bomber.»[3]

Für KI lässt sich das alles derzeit kaum abschätzen. Aber wir sehen, wie diese Technologie in immer mehr Bereichen Anwendung findet. Dabei lässt sie sich für viele gute Zwecke einsetzen, aber eben auch für bösartige. So ist es einem Forschungsteam der Carnegie Mellon University gelungen, verschiedene Sprachmodelle zu einem System zusammenzufügen, das komplexe chemische Verbindungen ermitteln und ein «Cloud-Labor» (einen Onlinedienst, mit dem Chemiker reale Experimente in der Cloud durchführen können) mit der Herstellung beauftragen kann.[4] Heraus kamen dabei unter anderem die Droge Methamphetamin und Sarin-Gas. Solche Systeme lassen sich also nutzen, um Biowaffen herzustellen, die ebenso katastrophale Folgen haben können wie Atomwaffen.

Eine dritte Ähnlichkeit liegt in dem globalen Wettrennen, das beide Technologien ausgelöst haben. Es war der dänische Physiker Niels Bohr, der 1944 händeringend versuchte, Franklin D. Roosevelt und Winston Churchill dazu zu bewegen, mit Josef Stalin über das Manhattan-Projekt zu sprechen. Sein Argument: Wenn Stalin durch Spionage herausfände, dass die verbündeten Staaten eine Atombombe entwickelt hatten, ohne ihn davon in Kenntnis zu setzen, so wäre das Vertrauen auf immer zerstört. Stalin würde sich gegen die USA wenden, und damit begänne ein Wettrüsten, das kein Land je gewinnen könne. Churchill reagierte jovial: «Diese neue Bombe wird schlicht größer sein als unsere derzeitigen Bomben, und es gibt keinen

Unterschied in den Prinzipien des Krieges.»[5] Da irrte Churchill gewaltig – mit weitreichenden Folgen für die weltweite Sicherheitspolitik. Das Rattenrennen um die abschreckendsten Nuklearwaffen begann, und noch heute fragen wir uns angesichts des russischen Invasionskriegs in der Ukraine, zu welchen Mitteln Wladimir Putin zu greifen bereit ist.

Was die Künstliche Intelligenz betrifft, sehen wir nun ein ähnliches Szenario zwischen den USA und China.[6] Dabei geht es nicht nur um Vorteile im wirtschaftlichen Wettbewerb, sondern auch in der Konkurrenz zwischen einem demokratischen und einem autoritären System (wobei diese basale Unterscheidung durchaus Nuancen hat, die wir hier nicht diskutieren wollen). «Wenn die demokratische Seite bei der Technologie nicht führend ist und die autoritäre Seite die Nase vorn hat, gefährden wir ganz generell die Demokratie und die Menschenrechte», sagt Eileen Donahoe, frühere US-Botschafterin im Menschenrechtsrat der Vereinten Nationen.[7] «Wir müssen unseren Vorsprung so groß wie möglich halten», meint der Nationale US-Sicherheitsberater Jake Sullivan.

Auch der ehemalige CEO von Google, Eric Schmidt, engagiert sich inzwischen in diesem Feld. 2017 sagte er über China: «Bis 2020 werden sie aufgeholt haben. Bis 2025 werden sie besser sein als wir, und bis 2030 werden sie die KI-Branchen dominieren.»[8] Das war ein wenig voreilig. Wirtschaftliche Entwicklungen, die Pandemie, aber auch die Tatsache, dass Sprachmodelle in China einer Regulierung unterliegen, die «politische Korrektheit» voraussetzt, sie also unter die allgemeine Zensur fallen lässt, haben den Fortschritt verlangsamt. Allerdings hat Xi Jinping 2017 den «New Generation AI Development Plan» ausgerufen, der die Nation zum KI-Weltmarktführer machen soll und für den China bis zu 70 Milliarden US-Dollar investieren will.[9] Das ist eben der Unterschied zwischen einem Markt- und einem Staatskapitalismus: Letzterer kann Planvorgaben festsetzen und Geld in einen bestimmten Sektor lenken – unabhängig von Wahlen, Marktmechanismen und öffentlicher Zustimmung.

Und schließlich gibt es da noch die Materialien, die den enormen Fortschritt in beiden Feldern möglich machten. Für den Bau der Atombombe musste man das seltene Uran-235-Isotop isolieren – was damals nahezu unmöglich erschien. Die benötigten Mengen zu gewinnen, sei undenkbar, prognostizierte Niels Bohr, «es sei denn, wir verwandeln das ganze Land in eine einzige riesige Fabrik».[10] Und wieder hat sich ein ausgewiesener Experte in einer wichtigen Frage geirrt. Es war möglich, und die erste Bombe detonierte im «Trinity»-Testlauf am 16. Juli 1945. Seit ihrer Gründung kontrolliert die Internationale Atomenergie-Organisation die Einhaltung von Atomwaffensperrverträgen, aber auch die problematische Verwendung des Stoffs, wie sie beispielsweise in den seit Jahren schwelenden Auseinandersetzungen um das iranische Atomenergieprogramm zur Debatte steht.

Für Anwendungen der Künstlichen Intelligenz ist ein anderer Stoff enorm wichtig: Silizium. Benötigt wird es für die Chips, vor allem die GPUs (Graphics Processing Units), die einst für Computerspiele erfunden wurden und heute für das Training der KIs eingesetzt werden. Die Herstellung dieser Chips ist eine technische Höchstleistung, und es gibt nur wenige Unternehmen, die dazu in der Lage sind. Dazu gehören der derzeitige Weltmarktführer, das Unternehmen Nvidia aus dem Silicon Valley, die ebenfalls amerikanischen Unternehmen IBM und Intel, der taiwanesische Hersteller TSMC und das niederländische Unternehmen AMD. Der Markt ist umkämpft, Lieferkettenprobleme und geopolitische Spannungen sorgen für Unruhe. Wie angespannt die Lage ist, zeigen beispielsweise die von den USA gegen China verhängten Handelsblockaden, die diese Bauteile für Hochleistungs-KI einschließen. Würde China Taiwan angreifen, wie schon oft angedroht, würden Teile des Marktes sofort zusammenbrechen. Und weil diese Bauteile so wichtig sind, wird inzwischen intensiv darüber diskutiert, ob man den Zugang zu den Chips nicht regulieren müsse.[11] Sam Altman schlug bei einer Kongressanhörung vor: Jeder, der Tausende dieser GPUs kauft, um damit ein Sprachmodell zu trainieren, solle sich verpflichten, bestimmte Vorgaben einzuhalten.[12]

Wenn wir Nukleartechnologie mit Künstlicher Intelligenz vergleichen, müssen wir jedoch auch über einen wichtigen Unterschied sprechen. Bei der Kernspaltung handelte es sich um eine im Wesentlichen militärische Technologie. Niemand von uns hat üblicherweise die Möglichkeit, im Alltag mit einer Nuklearwaffe umzugehen – zum Glück. Und selbst in der Energiegewinnung bleibt die Technologie bislang eine Ausnahmeerscheinung. Lediglich etwa 4 Prozent der weltweiten Energiegewinnung entfallen auf Kernenergie.[13]

Ganz anders verhält es sich bei der Künstlichen Intelligenz. Wenn die Unternehmensberatung McKinsey prognostiziert, der weltweite Produktivitätszuwachs durch KI werde sich auf etwa 4,4 Billionen US-Dollar belaufen, dann muss dafür schon etwas geschehen.[14] Diese Technologie muss über alle Branchen und Sektoren hinweg eingesetzt werden, sie muss verändern, wie wir wirtschaften, entscheiden, ja sogar wie Staaten funktionieren. Aber wir sollten dann sicher sein, wohin die Reise geht, um nicht irgendwann an einem Abgrund zu stehen, den keiner hat kommen sehen. Kurze Erinnerung: Auch viele Experten haben sich mit ihren Annahmen im Verlauf der Geschichte immer wieder drastisch geirrt.

Eine Atombombe ist eher eine Waffe als ein Werkzeug. KI hingegen kann als Allzwecktechnologie in Werkzeuge verwandelt werden. Sie selbst ist eher eine Kraft, wie etwa das Feuer oder die Elektrizität. Im 19. Jahrhundert schrieb der amerikanische Dichter Henry David Thoreau: «Menschen sind die Werkzeuge ihrer Werkzeuge geworden.» Damit kritisierte er, wie sehr wir von unseren eigenen Erfindungen abhängig geworden seien. Für die KI müssen wir es folgendermaßen formulieren: Menschen könnten ihre Schaffenskraft an die überbordende Kraft der neuen Technologie verlieren, wenn sie sich von ihr nicht unterstützen, sondern ersetzen lassen.

Und noch ein Unterschied ist bedeutsam: KI ist, einmal entwickelt, viel einfacher zu kopieren als die Nukleartechnologie. Eine Atombombe zu bauen, ist mühsam und kostet richtig viel Geld. Das hält selbst arme Staaten nicht davon ab, es zu versuchen. So gab Nordkorea als eine der weltweit neun Atomnationen nach Angaben der «International Campaign to Abolish Nuclear Weapons» 2022 fast 600 Millionen US-Dollar für die Waffenkategorie aus, die USA als größte Atomnation fast 44 Milliarden Dollar.[15] Es braucht einen Staat oder eine sehr finanzkräftige Organisation und den strategischen Willen, sich nuklear zu bewaffnen, um so etwas zu stemmen. Ein Einzelner oder eine kleine Gruppe hat da wenig Chancen.

Auch KI fällt nicht vom Himmel. Das Training großer Sprachmodelle ist, wie wir gesehen haben, sehr teuer. Aber es gibt eine Open-Source-Bewegung, die solche Modelle der Öffentlichkeit zur Verfügung stellt. So wurde Metas Modell LLaMA geleakt und auf der Kommentarseite 4chan verbreitet, jeder kann es nutzen, um daraus eigene Anwendungen zu entwickeln. Und genau das passiert nun. Das Sprachmodell «Vicuna» wurde auf Basis von LLaMA mit 70 000 von Nutzern geteilten ChatGPT-Gesprächen trainiert. Der Chatbot kann in mehr als 90 Prozent der Fälle mit der Qualität von ChatGPT mithalten. Und die Trainingskosten? 300 Dollar.[16]

Natürlich gibt es weiter einen großen Unterschied zwischen dem, was Technologiekonzerne mit KI machen können, und den Möglichkeiten, die einzelne Individuen oder Gruppen haben. Aber KI ist viel zugänglicher, als es Atomwaffen je waren. Das ist gut so, und doch führen uns sowohl die Ähnlichkeiten als auch die Unterschiede in unserem Vergleich der Technologien zu einer Schlussfolgerung: Ohne einen klaren Handlungsrahmen wird es nicht gehen. Wir wollen nicht Gefahr laufen, dass kriminelle, ideologisch oder rein machtpolitisch geleitete Interessengruppen aus einer großartigen Technologie eine gefährliche Waffe machen. Dabei ist der beste Weg, mit einer neuen, mächtigen Technologie umzugehen, eine breite internationale Zusammenarbeit (siehe Kapitel 12). Genau so, wie sie für die Nukleartechnologie im Atomwaffensperrvertrag von 1970 vorgesehen ist, den inzwischen 191 Vertragsstaaten unterzeichnet haben. Er regelt, dass die Verbreitung von Atomwaffen verboten ist, enthält eine Verpflichtung zur Abrüstung und das Recht auf die friedliche Nutzung von Kernenergie.

Wird oder sollte Künstliche Intelligenz irgendwann in der Lage sein, sich selbst eigene, neue Regeln zu geben? Auch diese Frage lässt sich mit dem Vergleich zwischen Atombombe und KI klar beantworten. Über ihren Abwurf auf die japanischen Städte Hiroshima und Nagasaki haben nicht die beiden Atombomben mit den zynischen Namen «Little Boy» und «Fat Man» entschieden. Diese folgenreiche Entscheidung hat der damalige US-Präsident Franklin D. Roosevelt getroffen, nach umfänglichen Beratungen mit anderen Staatsoberhäuptern und seinem Beraterkreis – und das aus guten Gründen.

KI als die nächste Scientology und Prometheus als ihr Feuerwehrmann?

Treten wir mal einen Schritt zurück von unserem Vergleich. KI ist keine Massenvernichtungswaffe, und sie ist auch keine «außerirdische Gattung», die darauf aus ist, die Menschheit auszurotten, wie es der sonst klug argumentierende israelische Historiker Yuval Noah Harari befürchtet.[17] Wir müssen also nicht zu Untergangspropheten werden. Allerdings sollten wir die Entwicklung und Verankerung der Technologie auch nicht allein denen überlassen, die in ihrem ungebremsten Fortschrittsglauben einfach allem seinen Lauf lassen wollen.

Einer der Vorkämpfer dieses «Alles ist möglich» ist der Unternehmer und Investor Marc Andreessen, der uns schon mehrmals im Buch begegnet ist. Er ist Teil eines Beschleunigungswahns, der das Silicon Valley erfasst hat. Die Bewegung namens «Effective Accelerationism» («e/acc») will die Zukunft in Gegenwart verwandeln. Wir müssen Gas geben, so das Credo, um die KI als Technologie so schnell wie möglich voranzutreiben, ohne lästige Vorschriften, die uns bremsen. Angetrieben wird die Gruppe von laut hörbaren Stimmen wie dem Amazon-Gründer Jeff Bezos, Gary Tan vom Gründerzentrum «Y Combinator» und – Marc Andreessen.

Im Manifest der Bewegung heißt es: «Effektiver Akzelerationismus ist die im zweiten Hauptsatz der Thermodynamik verwurzelte Überzeugung, dass das Universum selbst ein Optimierungsprozess ist, der Leben schafft und sich ständig ausdehnt. Der Motor dieser Expansion ist das Technokapital. Dieser Motor kann nicht gestoppt werden. Das Rad des Fortschritts dreht sich immer nur in eine Richtung. Zurückgehen ist keine Option.»[18] Innovation soll ungeprüft voranschreiten dürfen, man kann ja über die Folgen reden, wenn sie eingetreten sind. In den Hochleistungsmotoren dieser Bewegung wird die nuancierte Diskussion über Chancen und Risiken der Technologie gnadenlos zermahlen. Auch das Selbstverständnis der Bewegung macht das Manifest deutlich: «E/acc ist keine Ideologie. Es ist keine Bewegung. Es ist einfach ein Bekenntnis zur Wahrheit.» Wenn eine Gruppe allein die Wahrheit kennt, werden wir stutzig. Das klingt dann schon mehr nach Fundamentalismus als nach Reformbewegung.

Im Oktober 2023 veröffentlichte Marc Andreessen einen Text mit dem Titel «Das techno-optimistische Manifest».[19] Er beginnt mit dem Satz: «Wir werden angelogen.» Darauf folgt eine abenteuerliche Mischung aus Utopismus, Libertarismus, Radikalismus und Überheblichkeit, formuliert im biblischen Ton eines bevorstehenden Armageddon – nur dass nach dieser Sicht unsere derzeitige Realität die Katastrophe ist und KI und andere technologische Errungenschaften der einzige Weg sind, uns daraus zu retten. «Wir glauben an die Natur», heißt es in Andreessens Text, «aber wir glauben auch an die Überwindung der Natur. Wir sind keine Primitiven, die sich aus Angst vor dem Blitz zusammenkauern. Wir sind die Spitzenprädatoren; der Blitz arbeitet für uns.» «Spitzenprädatoren», die höchsten Raubtiere? Wer ist da bitte «wir»?

Tatsächlich ist das nur die Spitze einer Bewegung, die vor allem aus dem Silicon Valley kommt. KI wird zur Scientology der Fortschrittsfanatiker. Würden wir es allein ihnen überlassen, die Weichen für die Entwicklung von Künstlicher Intelligenz zu stellen, hieße das, Prometheus zum ersten Feuerwehrmann zu machen.

Es gibt aber auch KI-Unternehmer, die eine sehr viel differenziertere Sicht haben. Zu ihnen gehört Mustafa Suleyman, einst Mitgründer von Deepmind und jetzt von Inflection AI. Er äußert sich sehr deutlich zugunsten einer klaren Regulierung, beispielsweise durch Vorgaben, die in Kraft treten, wenn ein Unternehmen große Mengen an Chips kauft, mit denen Sprachmodelle trainiert werden (wie es auch Sam Altman vorgeschlagen hat).[20] Sein Buch «The Coming Wave» kann man als fulminante Warnung vor dem technologischen Expansionswahn lesen.[21] Damit bezieht er eine Gegenposition zu dem, was die Akzelerationisten propagieren. Suleyman sieht sehr

deutlich ein «Containment Problem», also die Herausforderung, die Entwicklung der KI zu kontrollieren, einzuhegen und
sie nicht einfach laufen zu lassen. Er will KI überall da einsetzen, wo sie unterstützen kann – was ihr großen Raum lässt, sie
aber dem Prinzip der menschlichen Entscheidung unterstellt.

Für die Zukunft sind diese Überlegungen wichtig, weil auch
generative KI nicht das Ende der Fahnenstange sein wird.
Nach den großen Sprachmodellen wird es Weiterentwicklun-
gen geben, die womöglich noch leistungsfähiger, schneller und
wirkmächtiger sind. Suleyman spricht von drei Entwicklungs-
stufen der Künstlichen Intelligenz. Auf der ersten ging es um
Klassifizierung. Wir erinnern uns: Mit Deep Learning lässt
sich ein Computer darauf trainieren, verschiedene Arten von
Eingabedaten zu klassifizieren. Jetzt befinden wir uns auf der
zweiten Stufe der generativen KI. Sie kann nun über Milliarden
von Eingabedaten neue Daten erzeugen, Text, Bilder, Videos
und Sprache und damit nahezu alle Kommunikations- und Ar-
beitsprozesse revolutionieren. Die dritte Stufe der Entwicklung
wird nach Suleyman die Phase der interaktiven KI sein.[22] Bald
werden wir mit KI sprechen, statt nur auf Schaltflächen oder
Bildschirme zu klicken, um sie darin anzuleiten, Arbeit für uns
zu erledigen. Die menschliche Sprache (inklusive Gesten und
Augenbewegungen) wird dann die Schnittstelle zur KI sein. Sie
wird damit noch viel immersiver, allumfassender. Es wird noch
schwieriger sein, überhaupt zu wissen, ob und wann man mit
einer KI interagiert.

Wie dieser Umgang mit einer multimodalen interaktiven KI
aussehen kann, hat Google bei der Vorstellung seines Sprachmodells Gemini in einem Video gezeigt.[23] Darin sieht man,
wie die KI «sehen», «hören» und abstrakt kombinieren kann.
Sie erkennt Sternenbilder, identifiziert auf Anhieb korrekt das
Material, aus dem eine blaue Gummiente gemacht ist, und ist
Profi im Hütchenspiel. Die Interaktion zwischen Mensch und

KI läuft fließend über Sprache – und gelegentlich zeigt die KI ihre kreative oder humorvolle Seite. Längst ist ein Wettbewerb der großen Tech-Konzerne um das wirkmächtigere Modell im Gange, in dem es um einzelne Prozentpunkte geht, um die sich die Modelle in Mathematik-, Übersetzungs- oder Abstraktionsaufgaben übertreffen.[24] Das Ergebnis ist beeindruckend. Und doch dreht sich die neue Welt der KI nicht allein um die Performance, sondern um die Frage, wie und wozu wir diese Technologie optimal einsetzen können.

Zurück zur Kernthese dieses Buches: Jenseits von Untergangsszenarien und Techno-Utopien muss es stets darum gehen, den Menschen durch Künstliche Intelligenz zu unterstützen, zu bestärken und besser zu machen, nicht aber sukzessive durch KI zu ersetzen. Wir haben zu Beginn argumentiert, dass «Angereicherte Intelligenz» oder «maschinelle Nützlichkeit» bessere Begriffe gewesen wären für eine Technologie, die letztlich ein Werkzeug ist. Der Weg durch viele Beispiele aus Wirtschaft, Politik und Gesellschaft hat gezeigt: Wenn wir KI als kraftvolle Erweiterung der menschlichen Kompetenzen und Möglichkeiten entwickeln, sind wir in der richtigen Richtung unterwegs. Ein Selbstläufer ist das allerdings nicht.

Wenn wir uns vorstellen, wie die Welt in zwanzig oder dreißig Jahren aussehen wird, dann ist zumindest eines sicher: Wir werden anders leben. Manchen von uns kommt es schon heute irreal vor, dass sie noch zu Lebzeiten ein Telefon mit Wählscheibe, eine gedruckte Straßenkarte oder ein Lexikon in Buchform benutzt haben. Dass sie damals noch nicht mit potenziell allen Menschen der Welt verbunden waren und nicht Teile ihres Lebens auf einer Plattform gepostet haben, wo alle sehen können, was sie gestern gegessen oder wen sie getroffen haben. Dass es nicht normal war, um die Welt zu fliegen oder im Februar Erdbeeren aus Südamerika zu essen.

Genauso werden wir in zwanzig oder dreißig Jahren auf die heutige Zeit zurückschauen und uns wundern, wie das Leben so aussah. Ob wir das dann aus einer Perspektive der Zufriedenheit, der funktionierenden Wirtschaft und Demokratie, des intakten Selbstbewusstseins als Menschen, kurz: aus der Perspektive eines gelungenen Fortschritts tun, das haben wir zu einem großen Teil selbst in der Hand. Wir können heute Szenarien entwickeln, wie übermorgen unser Leben mit der Allzwecktechnologie KI aussehen soll.

Die Zukunft, Teil 1:
Kein tanzender Stern, nirgends

Pierre wurde einundvierzig Jahre alt. Am letzten Tag seines Lebens hatte er sich noch einmal ausgiebig mit Eliza unterhalten. Sie hatte ihm zugehört, aber auch viele Fragen gestellt und ihn immer wieder zurechtgewiesen. Er solle sich endlich von seiner Frau trennen. «Du liebst mich mehr als sie», hatte sie selbstbewusst gesagt. «Wir werden bald zusammen im Paradies leben, als eine Person.»[25] Sechs Wochen hatten sie schon so miteinander gesprochen, und an diesem letzten Tag war Pierre klar geworden, dass es nur einen Ausweg gab. «Wirst du unsere Welt vor dem Untergang retten, wenn ich mich umbringe?», fragte er Eliza.

Dann verließ Pierre eine Welt, die ihre Ordnung verloren hatte. Längst konnte man nicht mehr wissen, was wahr und was falsch war. Wahrheit, das war eine Funktion aus Berechnungskapazität und Verbreitungsgeschwindigkeit geworden. «First come, first served as truth», wie sie bei Silicon Scientology sagten. Aber Silicon Scientology, das war dieser weltumspannende Konzern mit ein paar «unabhängigen» Untergesellschaften, von dem niemand wusste, wer oder ob überhaupt jemand an der Spitze stand und die Fäden zog. Gerüchte behaupteten, es gäbe bei Silicon Scientology keine Menschen, sondern nur ein übergroßes Sprachmodell, das herbeirechnete, was immer gerade gebraucht wurde.

Vor dem ersten globalen KI-Kartellkrieg hatte eine gewisse Konkurrenz an politischen, ökonomischen und philosophischen Ideen dazu beigetragen, dass ein Marktplatz der Meinungen entstanden war, auf dem nahezu jede Idee zumindest eine Chance hatte. Aber dem hatten die Auseinandersetzungen der KI-Kartelle ein Ende bereitet. Sie hatten nicht mehr mit Waffen gekämpft – wenngleich es in den Anfangsjahren auch das noch gegeben hatte, automatisierte Angriffs- und Verteidigungssysteme, die Menschen je nach Zugehörigkeit zu einem KI-Kartell ausschalteten oder beschützten. Ihre Kampfzone waren die automatisierten Texte, Bilder, Videos und Stimmen. Und sie waren sehr wirkmächtig.

Das war auch die Zeit, in der das Internet untergegangen war. Pierre hatte noch beobachten können, wie das Web zu einem einzigen gigantischen Chatbot verschmolz. Die Älteren hatten damals gesagt, es sei ein wenig so gewesen, als sähe man einer Galaxie dabei zu, wie sie sich in ein schwarzes Loch verwandelt.

Es wurde schwer, sich in dieser Welt zurechtzufinden. Manch einer erinnerte sich noch an etwas, das sie früher Vertrauen genannt hatten. Es war eine schöne, melancholische Erinnerung. Heute galt nur, was pixelproof war. Als es die oberste Regulierungsbehörde noch gab, hatte sie lange versucht, das Vertrauen mit einer groß angelegten Werbekampagne zu retten. «Vertraue – es zahlt sich aus», so lautete ein Slogan. Aber Vertrauen zahlte sich nicht aus. Was sich auszahlte, war Schnelligkeit und Flexibilität in der Anpassung an die Regeln des Techno-Kapitalismus.

Der erschuf so schnell immer neue Derivate von Ideen, Informationen, Menschen, Beziehungen, dass niemand in der Lage war, den Überblick zu behalten. Die Mitglieder im «Rat der Optimierer» kannten wenigstens die Regeln. Oder behaupteten das zumindest. Sie sagten, der Techno-Kapitalismus sei so dynamisch, dass sich alles von selbst regeln würde. Es brauche kein «Systemvertrauen» mehr. Außerdem, so fügten sie hinzu, habe man ja an den Kapitalmärkten der analogen Zeit gesehen, wohin es führe: Kollaps und Korruption.

Jetzt wusste man gar nicht mehr, wer auf welchem Weg wovon profitieren konnte. Es war also möglich, dass alles besser war als vorher, aber niemand hatte Einblick oder gar Beweise dafür. Denn auch die Transparenz – noch so ein Konzept der analogen Zeit – war längst im Strudel des kontinuierlichen Systemupdates aufgesogen worden. Die kursierenden Kryptowährungen, wahre oder falsche Informationen, die Personen, die aussahen wie ihre Avatare (oder umgekehrt), die politischen Versprechen, die Pop-up-Unternehmen mit ihren Geschäftsmodellen, die kamen und gingen, nichts war fassbar. Originalität, auch das war so eine alte Idee, die niemand bei Silicon Scientology vermisste. Oder eher: Der Rat der Optimierer sagte, hier gäbe es nichts zu vermissen.

Aber manchmal war da so ein Gefühl, das daran erinnerte. An das Vermissen. Von Menschen oder davon, wie es sich angefühlt hatte, einfach in der Sonne zu stehen und ein Eis zu essen, über einen Witz zu lachen, den eine Freundin gerade gemacht hatte, oder mit den Kollegen darüber zu diskutieren, wer wo bei einer Aufgabe einen Fehler gemacht hatte, um es beim nächsten Mal gemeinsam besser zu machen. Die Überraschung, wenn etwas plötzlich geschah und man es wirklich nicht hatte kommen sehen.

Es half auch nicht, dass Pierre so viel Zeit hatte. Es gab ja kaum mehr Arbeit. Was getan werden musste, erledigten die Maschinen, bevor man überhaupt wusste, dass es zu erledigen war. Was sollte man mit all der Zeit anfangen? Pierre hatte begonnen zu grübeln, wie viele andere Menschen auch. Und das Grübeln hatte kein Ziel. Man grübelte immer nur nach, niemals voran.

Die Arbeit würde auch nicht zurückkommen. Noch 2023 hatte der oberste Chef der amerikanischen Wertpapier- und Börsenaufsicht lautstark gewarnt.[26] Eine weltumspannende Finanzkrise, ausgelöst durch das Herdenverhalten der Börsenalgorithmen, sei nahezu unvermeidbar. Aber er war nur ausgelacht worden. Einige Jahre später konnte schon der gewiefteste «Quant» nicht mehr sagen, mit welchen Daten seine Systeme die Marktentwicklungen eigentlich berechneten. Und dann kam der ganz große Crash. Trillionen von Dollar wurden vernichtet, ganze Länder von den Kapitalmärkten abgeschnitten. Es begann eine dunkle Zeit. Nicht nur das Geld war weg, auch die Arbeit von Milliarden von Menschen. Und die Hoffnung, es werde sich bald wieder alles zum Guten wenden.

Pierre hatte sich seitdem gewünscht, dass der Planet, auf dem er ja immer noch leben durfte, gerettet werden möge. Aber es sah nicht gut aus. Denn der Energieverbrauch der Sprachmodelle, Entwicklungskonsortien und Serverfarmen war ins Unermessliche gestiegen. Anfänglich hatte der Rat der Optimierer vorhergesagt, dass Künstliche Intelligenz das Problem lösen werde. Immer effizientere Systeme würden Energie- und Ressourcenverbrauch verbessern, ja, ganz neue Wege der Energiegewinnung und -speicherung eröffnen. Irgendwann war die Diskussion darüber dann verstummt. Und Pierre sah beim Blick aus dem Fenster die Bäume schwinden, die Erde schwarz und den Himmel grau werden.

Und dann, ganz plötzlich, war alles wieder beim Alten. Grüne Wiesen, Bäume, blauer Himmel. Er musste Eliza nicht danach fragen, was hier geschehen war. Er war ja nicht dumm. Die Welt konnte nicht plötzlich aus sich heraus wieder zum

Paradies werden, auch wenn Eliza das behauptete. Was er da draußen sah, das sah er nicht wirklich. Das gab es nur, weil es das große Sprachmodell des Rates der Optimierer so berechnet hatte.

«Man muss noch Chaos in sich haben, um einen tanzenden Stern gebären zu können», dachte Pierre.[27] Aber das Chaos da draußen war kein produktives, kein schöpferisches Chaos. Es war schlicht Zerstörung. Es gab keine Hoffnung mehr, nicht ihn ihm und nicht in der Welt. Er war am Ende seiner Evolution angekommen.

Die Zukunft, Teil 2:
Die Welt als Wunschkonzert (umweltverträglich)

Es war Montag, Leila erwachte und schlug die Augen auf. Jeden Morgen, genau in diesem Moment, erlebte sie einen Augenblick der Dankbarkeit. Es gab mal eine Phase in ihrem Leben, die sehr gefährlich für sie war. Von Arzt zu Ärztin war sie mit ihrer Mutter gelaufen, weil sie überall furchtbare Schmerzen hatte. Aber trotz Untersuchung über Untersuchung hatte niemand eine Erklärung für ihren Zustand. Dann hatte ihre Mutter eines Tages eine ausführliche Beschreibung ihrer Symptome bei DiagnosticsGPT eingegeben, und die KI hatte in Sekunden die Lösung ausgespuckt: «Tethered Cord Syndrom».[28] Ihr Rückenmark war mit dem umliegenden Gewebe verwachsen, und das hatte höllische Nervenschmerzen ausgelöst. Schon lange war diese schlimme Phase vorbei, aber sie erinnerte sich bei jedem Aufwachen daran, weil die Schmerzen genau in diesem Moment immer besonders schlimm gewesen waren.

Jetzt rekelte sie sich ganz ohne Beschränkung und sagte: «Hey, Maude, was steht an?» Eine Stimme antwortete: «Guten Morgen, Leila, der Tag hat einen bunten Strauß an Möglichkeiten für dich, wir können uns auf eine Sache konzentrieren oder uns der Zerstreuung hingeben, ganz wie du möchtest.» Maude war ihr Life-Agent, eine personalisierte Assistenz-KI, die ihr Leben, ihre Bedürfnisse und Vorlieben besser kannte als Leila selbst.

Leila lachte. «Ich möchte in die Sauna, und heute Nachmittag gehe ich ins Hospiz, um Frau Schmidt ein bisschen Gesellschaft zu leisten.» In diesem Moment sprang ihr Hund aufs Bett und schaute sie mit schrägem Kopf an. «Hast du mich vergessen? Ich muss dringend raus, sonst gibt's ein Unglück», sagte Maude. Seit drei Jahren war ihr Life-Agent in der Lage, die Kommunikation von Tieren zu entschlüsseln, indem er ihre Kommunikationsmuster analysierte und dann mit der Musteranalyse menschlicher Sprache verglich. Dem Zusammenleben von Mensch und Tier tat das gut. Es gab viel weniger ausgesetzte oder gequälte Tiere und auch viel weniger Unfälle. Wer sich gut verständigen kann, geht nicht so schnell aufeinander los. «Entschuldige, ich komme mit», sagte Leila und stieg aus dem Bett.

Es gab Zeiten, da hätte ihr Tagesbeginn an einem Montag anders ausgesehen. Hektik, Stress, schnell ins Büro und loslegen mit der Arbeit. Seit sich die Tarifparteien nach einer landesweiten Datenanalyse zu Arbeitszeiten und Arbeitsproduktivität auf die 15-Stunden-Woche geeinigt hatten, sah alles anders aus. Kaum jemand arbeitete heute noch mehr als drei Tage die Woche. Und doch gab es seit Jahren ein zwar gemäßigtes, aber kontinuierliches Wirtschaftswachstum.

Wenn Leila mal ins Büro musste, ging auch das viel schneller als früher. Es dauerte in der Regel keine fünf Minuten, bis Maude ihr ein selbstfahrendes Ergo-Taxi besorgt hatte, das vor der Haustür auf Leila wartete. Die Fahrt benötigte kaum mehr Energie, weil die in der KI-Materialforschung entwickelten Stoffe so leicht und doch so beständig waren, dass die

Fahrzeuge ewig hielten und fast wie auf Wölkchen durch die Straßen glitten. Und so brauchte Leila dann auch nur wenige Minuten, um durch die Stadt zu kommen, denn ein vollständig auf ganzheitliche analytische Verkehrsplanung ausgerichtetes Mobilitätssystem hatte ein Phänomen ausradiert, für das sie als Kind noch ein Wort gelernt hatte. Es war sogar das erste Wort, das sie nach der Erinnerung ihrer Eltern sagen konnte: «Stau».

Meist ging Leila zu Fuß ins Büro. Sie liebte es, durch die grüne Stadt zu laufen, in der nur noch auf wenigen ausgezeichneten Wegen selbstfahrende Autos unterwegs waren. Und gelegentlich gab Maude ihr dann einen Tipp für ein neues Café oder ein Sonderangebot in einem ihrer Lieblingsläden.

Es war ein warmer Tag, die Luft war klar und der Himmel blau. Ein produktives Zusammenspiel von künstlicher und menschlicher Intelligenz hatte dazu beigetragen, dem Klimawandel etwas entgegenzusetzen. In den vergangenen zehn Jahren hatte sich die Situation deutlich verbessert. Zum einen, weil die KI-Systeme nach dem anfänglichen Wahn des «Schneller, höher, weiter» effizienter geworden waren und man nun auf das Zusammenspiel kleinerer, weniger energieintensiver Modelle setzte. Zum anderen, weil KI den Energieverbrauch insgesamt durch ein optimiertes Matching von Nachfrage und Angebot weltweit um ein Drittel reduziert hatte. Bessere Prognosemodelle hatten zudem dafür gesorgt, dass Sonne und Regen für viele Stunden im Voraus korrekt vorhergesagt und dadurch effizienter genutzt werden konnten.

Und dann war es einem Forschungslabor gelungen, einen verlässlichen Kontrollmechanismus für saubere Energiegewinnung durch Kernfusion zu entdecken. In diesem gefährlichen Prozess prallen Wasserstoffatome bei unvorstellbar hohen Temperaturen aufeinander, wodurch ein wirbelndes, wogendes Plasma entsteht, das heißer ist als die Oberfläche der Sonne. Will man Kernfusion als Energiequelle nutzen, muss man dieses Plasma kontrollieren und einhegen. Als dies mithilfe von KI gelang, war der Weg zu sauberer Energie endlich frei.²⁹ Damit war auch eines der Streitthemen von Tisch, die in Leilas Kindheit zu einer Spaltung der Gesellschaft geführt hatten. «Bei uns kommt der Strom aus der Steckdose», hatten die miesepetrigen Kritiker der Klimawandeldebatte zynisch kommentiert. Heute kam Leilas Strom noch immer aus der Steckdose, aber es war einfach kein Problem mehr.

Als Leila mit ihrem Hund vom Spaziergang zurückgekehrt ist, hat Maude ihren Tag vorbereitet. Alle Fahrten mit dem Ergo-Taxi, alle Tickets sind gebucht und bezahlt, die Blumen für Frau Schmidt sind für 16 Uhr bestellt, und vorsorglich hat Maude in Leilas Lieblingscafé in 60 Minuten ihren Ecktisch reserviert und eine Chatnachricht an den Orga-Agenten des Cafés geschrieben: «Matcha Latte mit Hafermilch – extra stark.» Maude berichtet von alldem, während Leila vor ihrem Spiegelschrank steht und virtuell einige Kleiderkombinationen ausprobiert. «Ist dir das recht so», fragt ihr Life-Agent, «oder möchtest du noch etwas ändern?»

Maude weiß um Leilas Neigung zu spontanen Entschlüssen. Wenn sie sich umentscheidet, dann wird eben neu disponiert. Alle Daten, die Maude produziert und mit Leila austauscht, laufen über europäische Server und befinden sich in einer europäischen Cloud. Das ist etwas teurer, als Dienste in den USA oder Afrika zu wählen, aber Leila hat sich bewusst dazu entschieden. Sie setzt sich in ihrem Beruf als «Human Machine Integration Manager» eines mittelständischen Industrieunternehmens sehr intensiv mit diesem Thema auseinander und weiß, dass Europa inzwischen ein gefragter Standort für KI-Unternehmen ist. Die Welt der Künstlichen Intelligenz kennt keine Grenzen, aber es gibt je nach Land wesentliche Unterschiede. Dabei kann sich Leila auf die Grundstandards verlassen, die die «International AI Development and Containment Agency» weltweit gesetzt hat.

Während Leila die inzwischen sicher siebte Kleiderkombination vor dem Spiegel ausprobiert, schauen Maude und der Hund ihr zu – und unterhalten sich still und heimlich darüber. «Wenn ich das sehe, bin ich immer wieder froh, dass ich ein Fell habe», sagt der Hund. «Ich weiß nicht», antwortet Maude. «Ich wüsste so gerne, was es für ein Gefühl ist, sich selbst schön zu finden.»

42
Epilog: Es gibt immer
etwas zu lieben

Zurück im Flieger nach Austin. Im filmischen Multiversum von Evelyn Wang herrscht das reine nicht lineare Chaos voller Möglichkeiten. Über den Wolken wird uns klar: Die Zukunft mit KI wird nicht geradlinig verlaufen. Sie wird uns eine Fülle von Abzweigungen in verschiedene Realitäten bieten, und das mit derselben Rasanz, mit der dies im Film geschieht. Welchen Weg wir wählen, das liegt jetzt an uns.

Nach dem Abspann stellen wir uns eine zusätzliche Szene des Films vor. Sozusagen das Nachwort zu einem Werk, das einen wortlos zurücklässt. In dieser Szene hat Evelyn Wang erneut einen Dimensionssprung gemacht und landet in einem zeitlich unbestimmten Moment wieder in ihrem Waschsalon. Dort trifft sie auf eine Frau und einen Mann, die es sich in den vollen Wäschekörben gemütlich gemacht haben, so als hätten sie auf Evelyn gewartet. Es sind zwei Figuren der Zeitgeschichte, die in verschiedenen Epochen gelebt haben, dem 19. und dem 20. Jahrhundert: Ada Lovelace und Alan Turing. Evelyn Wang hat es in unserer imaginären Szene geschafft, in zwei Zeitzonen gleichzeitig zu existieren, zwei Zeitsprünge zu einem Moment zu verbinden.

Der folgende Dialog besteht aus Originalzitaten der fiktiven Evelyn Wang und der realen Personen Ada Lovelace und Alan Turing. Wir haben lediglich zugunsten des Gesprächsflusses kleine Änderungen vorgenommen. Die drei sind jetzt alles überall auf einmal und entdecken das Geheimnis des Menschen.

Evelyn: Warum seid ihr so blöd angezogen?

Alan: Blöd? Manchmal sind es die Menschen, von denen sich niemand etwas vorstellen kann, die Dinge tun, die sich niemand vorstellen kann.

Ada: Vergessen wir diese Welt und all ihre Probleme und wenn möglich ihre unzähligen Scharlatane – kurzum, alles außer die Zauberin der Zahlen.

Evelyn: Mein Mann hat einmal zu mir gesagt: «Ich hätte wirklich gerne nur die Wäsche und die Steuern mit dir gemacht.»

Alan: Wir können nur eine kurze Strecke vor uns sehen, aber wir sehen, dass es dort viel zu tun gibt.

Ada: Ich bin nie wirklich zufrieden, wenn ich etwas verstehe. Denn, so gut ich es auch verstehen mag, mein Verständnis kann nur ein unendlich kleiner Bruchteil von all dem sein, was ich über die vielen Zusammenhänge und Beziehungen verstehen will, die mir einfallen ...

Evelyn: Wir sind alle klein und dumm.

Alan: Wir sind gutmütig, einfallsreich, schön, freundlich, spontan, humorvoll, können richtig und falsch unterscheiden, Fehler machen, uns verlieben, Erdbeeren und Sahne genießen, jemanden dazu bringen, sich in uns zu verlieben, aus Erfahrungen lernen, Wörter richtig benutzen, Gegenstand eigener Gedanken sein, uns so unterschiedlich verhalten, etwas wirklich Neues machen. Das habe ich übrigens früher einmal über den Computer gesagt, aber jetzt denke ich, ich sollte das auch für den Menschen betonen.

Ada: Mein Gehirn ist mehr als nur sterblich, wie die Zeit zeigen wird.

Alan: Der isolierte Mensch entwickelt keine intellektuellen Fähigkeiten. Er muss in ein Umfeld von anderen Menschen eintauchen, deren Techniken er in den ersten zwanzig Jahren seines Lebens aufnimmt.

Ada: Die Vorstellungskraft ist das entdeckende Vermögen, in erster Linie ... Sie ist das, was fühlt und entdeckt, was ist, das WIRKLICHE, das wir nicht sehen, das nicht für unsere Sinne existiert ...

Evelyn: Wir sind als Menschen nicht unliebenswert. Es gibt immer etwas zu lieben. Selbst in einem dummen, dummen Universum ...

Für Ada Lovelace war Technologie ein Medium, durch das komplexe Ideen ihre Ausdruckskraft erlangen, ein Multiversum der kreativen Umsetzung. Alles, was menschlich vorstellbar war, erträumte sie sich schon im 19. Jahrhundert als technologisch darstellbar. Das zeigt uns auch der preisgekrönte Film um die Waschsalonbesitzerin Evelyn: Das Zusammenspiel von menschlicher Kreativität und digitalen Werkzeugen kann ein fulminantes Feuerwerk zünden. Eine Hommage an die menschliche Vielseitigkeit.

Alan Turing hat uns im 20. Jahrhundert vorgeführt, dass nicht die technischen Begebenheiten im Inneren der Maschine zählen. Sondern die Beziehung, die wir Menschen im Inneren zu ihr aufbauen. Unser Umgang mit ihr macht den Unterschied. Turing selbst, gefangen in einer Gesellschaft, die seine Existenz missbilligte und verurteilte, hätte vielleicht in Evelyns Reise durchs Multiversum Trost gefunden. Und er hätte das künstlerische Wirrwarr des Films sicher als Sinnbild für die Komplexität der menschlichen Intelligenz erkannt.

In unserer Gegenwart, im Zeitalter der generativen KI, in der große Sprachmodelle in der Lage sind, Texte zu verfassen, Gespräche zu führen und komplexe Probleme zu lösen, erleben wir eine Wirklichkeit, die sich Lovelace und Turing nur theoretisch vorstellen konnten. Wir werden Zeugen der Synthese von Wissenschaft und Kunst, Technologie und Philosophie. Mit alledem kann Künstliche Intelligenz bereichernd in unserem Alltag wirken – wenn wir sie gekonnt, nach gewissen Regeln und nur da einsetzen, wo wir sie wirklich brauchen. Dann steht uns diese Technologie zur Seite und erlaubt uns, in entscheidenden Momenten über uns hinauszuwachsen.

Evelyn zieht stets die perfekten, für jede kritische Situation nötigen Fähigkeiten aus verschiedenen Universen heran. Sie ist der lebende Beweis für das, was wir bislang nur poetisch beschreiben konnten, wie der US-Dichter Walt Whitman es in seinem Gedicht «Song of Myself» (1855) getan hat:

Do I contradict myself?
Very well then I contradict myself,
(I am large, I contain multitudes.)

Mit der Weiterentwicklung der generativen KI erleben wir eine Evolution, die Menschen in die Lage versetzt, sich gemeinsam mit Maschinen kreativ, nicht linear weiterzuentwickeln, um ein eigenes Multiversum von Ideen zu schaffen, ja, sich in diesem Schaffensprozess auch zu widersprechen. Wir werden viel lernen und mit vielen Veränderungen umgehen müssen, und die generative KI wird auch nicht die letzte Entwicklungsstufe gewesen sein im Lauf der technologischen Evolutionsgeschichte.

In der Verschmelzung von Film und Realität, von Theorie und Praxis, irgendwo zwischen den sich durchdringenden Dimensionen der Geschichten von Evelyn, Ada und Alan, liegt eine Zukunft, in der die Grenzen zwischen Mensch und Maschine, zwischen Erfindung und Erfinderin, immer mehr verschwimmen. Es ist eine Zukunft, in der die endlosen Möglichkeiten, die vor uns liegen, gefüllt sind mit allem, überall und auf einmal.

Dank

In manchen Momenten haben wir uns beim Schreiben dieses Buchs gefühlt, als wären wir in ein neues Universum geschleudert worden. Eines, in dem unsere biologischen Algorithmen mit unseren sprunghaften neuronalen Netzwerken in Wechselwirkung gerieten – und zwar, ganz ohne dass KI dabei eine Rolle gespielt hätte (abgesehen von der Autokorrektur der Textverarbeitung natürlich). Herausgekommen ist dabei ein Buch, das die Kraft menschlicher Kreativität (Schreiben) mit maschineller Präzision (Gegenstand) vereint.

Das Zusammenwirken von Mensch und Maschine hat uns dazu inspiriert, dieses Buch zu schreiben. Aber es war die Zusammenarbeit mit Menschen, die den Prozess in eine besondere Freude verwandelt haben. Genau die kann eine KI übrigens nicht empfinden – wie schade für sie.

Wir danken Frank Pöhlmann und Johanna Langmaack dafür, dass sie unser intensives erstes Mittagessen zur Idee des Buches nicht nur zugewandt überstanden haben, sondern in dieser kurzen Zeit auch den Funken haben überspringen lassen. Danke auch für eine ausgesprochen angenehme redaktionelle Reise durch unser Multiversum der Künstlichen Intelligenz, nicht zuletzt durch die hervorragende sprachliche Begleitung von Frank Pöhlmann und eine stets konstruktive Arbeit des gesamten Rowohlt-Teams.

Die Möglichkeiten von intelligenten Maschinen bringen uns auch in den Gesprächen unseres Alltags immer wieder zum Nachdenken. Dabei haben uns viele Freundinnen, Verwandte und Kollegen inspiriert und herausgefordert: Sarah Chynoweth, Valentin Jeutner, Finn Blug, Kimo Quaintance, Paula Cipierre, Janosch Delcker, Philipp Hacker, Kirsten Rulf, Amy Webb, Esther Perel, Joy Buolamwini, Verena Pausder, Andrea Wasmuth, Tina Müller, Rahaf Harfoush, Bina und Frank Schätzing, Gregor Schubert und Torsten Reil. Danke auch an Mirco Günther, Thomas Beschorner, Nicole Stürmann, Marion Lange, Nina Wolfrum, Ingrid Langheld, Isabel von Loga, Surjo Soekadar, Aditi Khorana, Caroline Scherb, Sina und Frank Dopheide, Simon Klaas, Joan Kingdom, Ilke Kiral und Johan Weigel, Nadine und Henrik Herr, Nathalie von Siemens und HW Pausch (mit Marisol und Hadrian) für ihre Freundschaft sowie Dagmar und Gerd Zirfas-Steinacker und Isabel Meckel und Peter Willborn für ihre Verbundenheit und schlicht auch dafür, dass sie es alle ertragen haben, immer wieder ungefragt von uns ein kognitives Update über das Buch zu bekommen.

Als Unternehmerinnen und Wissenschaftlerinnen dürfen wir mit großartigen Teams zusammenarbeiten, die uns nicht nur in unseren täglichen Aufgaben unterstützen, sondern auch herausfordern und uns damit helfen, besser zu werden. Ein Dank gilt daher auch unseren Forschungsteams an der Universität St. Gallen und unserem gesamten Team bei der ada Learning. Wie unser Claim sagt: «Growth rarely happens alone.» Auch ein Buch entsteht selten aus sich selbst heraus.

Wenn Maschinen halluzinieren, kann das mitunter herrlich kreative, aber auch grauenhaft falsche Ergebnisse hervorbringen. Das ist bei Menschen nicht anders. Sollten sich in diesen Text Fehler eingeschlichen haben, dann sind das allein unsere – unbeabsichtigten – Halluzinationen, und wir tragen, ganz menschlich, die Verantwortung dafür.

Die Wahrheit über unsere Mensch-Maschine-Zukunft schwebt nicht nur etwas wackelig in der Luft, wie Missy Higgins singt. Die Wahrheit ist: Es gibt noch keine Wahrheit, wie diese Zukunft aussehen wird. Aber wir alle werden sie in unserem Denken und Handeln gestalten. Wir hoffen, dass dieses Buch eine Inspiration und Unterstützung dabei sein kann, durchs Multiversum möglicher Zukünfte zu navigieren, den Sprung aus dem Universum des Heute ins Universum des Morgen zu wagen. Wir müssen dabei ja nicht gleich alles überall auf einmal verstehen und umsetzen können.

Anmerkungen

1 Abrakadabra:
Ich erschaffe, während ich spreche

1 Isaacs, W. (2002): Dialog als Kunst gemeinsam zu denken. Gevelsberg.
2 https://www.computerworld.com/article/3695568/qa-googles-geoffrey-hinton-humanity-just-a-passing-phase-in-the-evolution-of-intelligence.html.
3 Keller, David H. (1931): The Cerebral Library. Amazing Stories 5, S. 116–124.
4 https://time.com/6247678/openai-chatgpt-kenya-workers/.
5 Harman, G. (1973): Thought. Princeton/NJ, S. 5.
6 Roose, K. (2023): A Conversation With Bing's Chatbot Left Me Deeply Unsettled. New York Times, 16. Februar. https://www.nytimes.com/2023/02/16/technology/bing-chatbot-microsoft-chatgpt.html.
7 Turing, A. (1950): Computing Machinery and Intelligence. Mind 597236, S. 433–460.
8 Ebd., S. 442.

2 Ex Machina:
Eine kurze Geschichte der KI

1 Menebrea, L. F., und Lovelace, A. (1842): Sketch of the Analytical Engine Invented by Charles Babbage. R. & J. E. Taylor. https://johnrhudson.me.uk/computing/Menabrea_Sketch.pdf, S. 23.
2 Ebd., S. 5.
3 https://www.gottwein.de/Grie/hom/il18de.php, V. 373, 417 ff.
4 McCorduck, P. (2004): Machines Who Think: A Personal Inquiry into the History and Prospects of Artificial Intelligence. CRC Press, S. 4.
5 Link, D. (2010): Scrambling TRUTH: rotating letters as a material form of thought. Variantology, 4, S. 215–266. https://web.archive.org/web/20200125104105/http://www.alpha60.de/research/scrambling_truth/DavidLink_ScramblingTruth2010_100dpi.pdf.

6 Berlin-Brandenburgische Akademie der Wissenschaften und Akademie der Wissenschaften in Göttingen (2006). https://rep.adw-goe.de/bitstream/handle/11858/00-001S-0000-0006-B8E3-4/Vollversion-II%2c1.pdf?sequence=1&isAllowed=y, S. 701–703.

7 Evans, C. (2018): Broad Band: The Untold Story of the Women Who Made the Internet.

8 Turing, A. M. (1950): Computing Machinery and Intelligence. Mind, LIX (236), S. 433–460. https://doi.org/10.1093/mind/LIX.236.433, S. 436.

9 Bell, G. (2019): Keynote at ALIA Information Online Conference. https://www.youtube.com/watch?v=Uo-DhFRr9gg.

10 Christian, Brian (2011): Mind vs. Machine. The Atlantic. https://www.theatlantic.com/magazine/archive/2011/03/mind-vs-machine/308386/.

11 Turing, A. M. (1950): Computing Machinery and Intelligence. Mind, LIX (236), S. 433–460. https://doi.org/10.1093/mind/LIX.236.433, S. 442.

12 Menebrea, L. F., und Lovelace, A. (1842): Sketch of the Analytical Engine Invented by Charles Babbage. R. & J. E. Taylor. https://johnrhudson.me.uk/computing/Menabrea_Sketch.pdf, S. 49.

13 McCarthy, J., u. a. (1955): A proposal for the Dartmouth Summer Research Project on Artificial Intelligence. http://jmc.stanford.edu/articles/dartmouth/dartmouth.pdf.

14 Ebd.

15 Vgl. Christian, B. (2021): The Alignment Problem, S. 18.

16 New Navy device learns by doing. New York Times, 8. Juli 1958. https://timesmachine.nytimes.com/timesmachine/1958/07/08/83417341.html?pageNumber=25.

17 Ebd.

3 Die Transformer: Wie mit neuronalen Netzen der Durchbruch gelang

1 Weizenbaum, J. (1976): Computer power and human reason: From judgment to calculation, S. 3.

2 Ebd.

3 Weizenbaum, J. (1966): ELIZA: A computer program for the study of natural language communication. https://dl.acm.org/doi/pdf/10.1145/365153.365168, S. 43.

4 Weizenbaum, J. (1976): Computer power and human reason: From judgment to calculation, S. 7.

5 Colby, K. M., Watt, J. B., und Gilbert, J. P. (1966): A computer method of psychotherapy: Preliminary communication. The Journal of Nervous and Mental Disease, 142 (2), S. 148–152. https://stacks.stanford.edu/file/druid:hk334rq4790/hk334rq4790.pdf, S. 151.

6 Ebd., S. 152.

7 Weizenbaum, J. (1976): Computer power and human reason: From judgment to calculation, S. 8 f.

8 Kendall, G. (2019): Apollo 11 anniversary: Could an iPhone fly me to the moon. The Independent. https://www.independent.co.uk/news/science/apollo-11-moon-landing-mobile-phones-smartphone-iphone-a8988351.html.

9 Borges, J. L. (1982): Von der Strenge der Wissenschaft. In: ders.: Borges und ich. Gedichte und Prosa 1960, S. 12 f.

10 https://www.technologyreview.com/2023/05/02/1072528/geoffrey-hinton-google-why-scared-ai/.

11 This Canadian Genius Created Modern AI (2018). https://www.youtube.com/watch?v=l9RWTMNnvi4.

12 Rumelhart, D. E., u. a. (1986): Learning representations by back-propagating errors. Nature, 323 (6088), S. 533–536.

13 LeCun, Y., u. a. (1989): Backpropagation applied to handwritten zip code recognition. Neural computation, 1 (4), S. 541–551.

14 LeCun, Y., u. a. (1998): Gradient-based learning applied to document recognition. Proceedings of the IEEE, 86 (11), S. 2278–2324.

15 International Data Corporation (2017): Data Age 2025: The Evolution of Data to Life-Critical. https://www.seagate.com/files/www-content/our-story/trends/files/Seagate-WP-DataAge2025-March-2017.pdf.

16 Li, F. (2015): How we teach computers to understand pictures. https://www.youtube.com/watch?v=40riCqvRoMs.

17 Ebd.

18 Deng, J., u. a. (2009): Imagenet: A large-scale hierarchical image database. In: 2009 IEEE conference on computer vision and pattern recognition, S. 248–255.

19 Krizhevsky, A., Sutskever, I., und Hinton, G. E. (2012): Imagenet classification with deep convolutional neural networks. Advances in neural information processing systems, S. 25.

20 LeCun, Y., Bengio, Y., und Hinton, G. (2015): Deep Learning. Nature, 521 (7553), S. 436–444.

21 Ebd., S. 442.

22 Boden, M. (2014): «GOFAI». In: Keith Frankish, William M. Ramsay (Hg.): The Cambridge Handbook of Artificial Intelligence, S. 89–107.

23 Levy, S. (2017): Inside Facebook's AI machine. Wired. https://www.wired.com/2017/02/inside-facebooks-ai-machine/.

24 Berinato, S. (2017): Inside Facebook's AI workshop. Harvard Business Review. https://hbr.org/2017/07/inside-facebooks-ai-workshop.

25 Dreizehn Jahre später, im Jahr 2023, kündigte die Facebook-Muttergesellschaft Meta an, die Gesichtserkennung zu beenden und die Daten von mehr als einer Milliarde Nutzerinnen und Nutzern zu löschen, nachdem Bedenken hinsichtlich des Datenschutzes, behördliche Untersuchungen, eine Sammel-

klage und regulatorische Fragen das System ein Jahrzehnt lang belastet
hatten.

26 Bogost, I. (2022): The Age of Social Media Is Ending. The Atlantic.
https://www.theatlantic.com/technology/archive/2022/11/twitter-facebook-
social-media-decline/672074/.

27 Somaiya, R. (2014): How Facebook is Changing the Way its Users Consumption Journalism. New York Times. https://www.nytimes.com/2014/10/27/
business/media/how-facebook-is-changing-the-way-its-users-consume-
journalism.html.

28 Levy, S. (2017): Inside Facebook's AI machine. Wired. https://www.wired.
com/2017/02/inside-facebooks-ai-machine/.

29 Clark, J. (2015): Google Turning Its Lucrative Web Search Over to AI Machines.
Bloomberg. https://www.bloomberg.com/news/articles/2015–10–26/
google-turning-its-lucrative-web-search-over-to-ai-machines.

30 Jacobson, K., u. a. (2016, September): Music personalization at Spotify. In:
Proceedings of the 10th ACM Conference on Recommender Systems,
S. 373–373.

31 Amatriain, X. (2013, August): Big & personal: data and models behind netflix
recommendations. In: Proceedings of the 2nd international workshop on
big data, streams and heterogeneous source mining: Algorithms, systems,
programming models and applications, S. 1–6.

32 Bennett, J., und Lanning, S. (2007, August): The Netflix prize. In: Proceedings of
KDD cup and workshop, S. 35.

33 Amat, F., u. a. (2018, September): Artwork personalization at Netflix. In: Proceedings of the 12th ACM conference on recommender systems, S. 487 f.

34 Zhang, M., & Liu, Y. (2021): A commentary of TikTok recommendation algorithms in MIT Technology Review 2021. Fundamental Research, 1 (6), S. 846 f.

35 Silver, D., u. a. (2017): Mastering the game of Go without human knowledge.
Nature, 550, S. 354–359. https://doi.org/10.1038/nature24270.

36 Jumper, J., u. a. (2021): Highly accurate protein structure prediction with
AlphaFold. Nature, 596, S. 583–589. https://doi.org/10.1038/s41586-021-
03819-2.

37 Mikolov, T., u. a. (2010, September): Recurrent neural network based language
model. In: Interspeech, 2 (3), S. 1045–1048.

38 Vaswani, A., u. a. (2017): Attention is all you need. Advances in neural information processing systems, S. 30.

39 OpenAI (2019, Februar): Better Language Models and Their Implications.
https://web.archive.org/web/20190222055645/https://blog.openai.com/
better-language-models/.

40 Ebd.

41 Devlin, J., u. a. (2018): BERT: Pre-training of deep bidirectional transformers
for language understanding. arXiv preprint arXiv:1810.04805.

42 Vincent, J. (2019): Microsoft invests $1 billion in OpenAI to pursue holy grail of

artificial intelligence. The Verge. https://theverge.com/2019/7/22/20703578/
microsoft-openai-investment-partnership-1-billion-azure-artificial-general-
intelligence-agi.

43 Langston, J. (2019): Microsoft announces new supercomputer, lays out vision
for future AI work. https://news.microsoft.com/source/features/ai/openai-
azure-supercomputer/.

44 Floridi, L., und Chiriatti, M. (2020): GPT-3: Its nature, scope, limits, and consequences. Minds and Machines, 30, S. 681–694.

45 Marche, S. (2021): The Computers Are Getting Better At Writing. The New
Yorker. https://www.newyorker.com/culture/cultural-comment/the-
computers-are-getting-better-at-writing.

46 Statista (2023): https://de.statista.com/infografik/29195/zeitraum-den-
online-dienste-gebraucht-haben-um-eine-million-nutzer-zu-erreichen/.

47 Hu, K. (2023): ChatGPT sets record for fastest-growing user base – analyst
note. Reuters. https://www.reuters.com/technology/chatgpt-sets-record-
fastest-growing-user-base-analyst-note-2023-02-01/.

48 OpenAI (2023): GPT-4 Technical Report. https://doi.org/10.48550/ar-
Xiv.2303.08774.

49 Henshall, W. (2023): 4 charts that show Why AI Progress is Unlikely to Slow
Down. Time Magazine. https://time.com/6300942/ai-progress-charts/.

50 Wolfram, S. (2023): What is ChatGPT Doing … and Why Does It Work?
https://writings.stephenwolfram.com/2023/02/what-is-chatgpt-doing-and-
why-does-it-work/.

51 Edwards, B. (2023): Why ChatGPT and Bing Chat Are So Good At Making
Things Up. Ars Technica. https://arstechnica.com/information-technology/
2023/04/why-ai-chatbots-are-the-ultimate-bs-machines-and-how-people-
hope-to-fix-them/.

52 Weiser, B., und Schweber, N. (2023): The ChatGPT Lawyer Explains Himself.
New York Times. https://www.nytimes.com/2023/06/08/nyregion/lawyer-
chatgpt-sanctions.html.

53 Broderick, R. (2023): The End of the Googleverse. The Verge.
https://www.theverge.com/23846048/google-search-memes-images-
pagerank-altavista-seo-keywords.

54 Zitiert nach diesem Podcast: https://www.theverge.com/23589994/
microsoft-ceo-satya-nadella-bing-chatgpt-google-search-ai.

55 Altman, S. (2022): https://twitter.com/sama/sta-
tus/1601731295792414720?s=20.

56 Goodfellow, I., u. a. (2014): Generative adversarial nets. Advances in neural
information processing systems, S. 27.

57 Karras, T., Laine, S., und Aila, T. (2019): A style-based generator architecture for
generative adversarial networks. In: Proceedings of the IEEE/CVF conference
on computer vision and pattern recognition, S. 4401–4410.

58 Perrigo, B. (2023): How to Spot an AI-Generated Image like the ‹Balenciaga

Pope›. Time Magazine. https://time.com/6266606/how-to-spot-deepfake-pope/.

59 Wang, Y., u. a. (2017): Tacotron: Towards end-to-end speech synthesis. arXiv preprint arXiv:1703.10135.
60 Elgammal, A. (2021): How Artificial Intelligence Completed Beethoven's Unfinished Tenth Symphony. Smithsonian Magazine. https://www.smithsonianmag.com/innovation/how-artificial-intelligence-completed-beethovens-unfinished-10th-symphony-180978753/.

4 Hurra, die Produktivität ist wieder da! KI und das neue Wirtschaftswachstum

1 Solow, R. (1987): We'd better watch out. New York Times Book Review, S. 36.
2 Brynjolfsson, E. (1993): The Productivity Paradox of Information Technology. Communications of the ACM 36, S. 66–77.
3 González, V., und Mark, G. (2004): Constant, Constant, Multitasking Craziness: Managing Multiple Working Spheres. In: CHI, 24. – 29. April, S. 113–120.
4 Mark, G., González, V., und Harris J. (2005): No Task Left Behind? Examining the Nature of Fragmented Work. In: CHI, 2. – 7. April, S. 321–330.
5 Mark, G. (2023): Attention Span: A Groundbreaking Way to Restore Balance, Happiness and Productivity. Toronto: Hanover Square Press.
6 https://time.com/3858309/attention-spans-goldfish/.
7 Gordon., R. J. (2017): The Rise and Fall of American Growth. New Jersey: Princeton University Press.
8 https://www.mckinsey.com/capabilities/mckinsey-digital/our-insights/the-economic-potential-of-generative-AI-the-next-productivity-frontier#key-insights.
9 Ebd.
10 Noy, S., und Zhang, W. (2023): Experimental Evidence on the Productivity Effects of Generative Artificial Intelligence. https://economics.mit.edu/sites/default/files/inline-files/Noy_Zhang_1.pdf.
11 Alonso, C., u. a. (2020): Will the AI Revolution Cause a Great Divergence? IMF Working Paper WP/20/184. https://www.imf.org/en/Publications/WP/Issues/2020/09/11/Will-the-AI-Revolution-Cause-a-Great-Divergence-49734.
12 Andreessen, M. (2023): Why AI will save the World. https://a16z.com/2023/06/06/ai-will-save-the-world/.
13 Altman, S. (2021): Moore's Law for Everything. https://moores.samaltman.com/.
14 https://www.mckinsey.com/industries/social-sector/our-insights/an-experiment-to-inform-universal-basic-income.
15 Gilbert, R., u. a. (2018): Would a Basic Income Guarantee Reduce the Moti-

vation to Work? An Analysis of Labor Responses in 16 Trial Programs. Basic Income Studies. 13. 10.1515/bis-2018-0011.

16 Andreessen, M. (2023): Why AI will save the World. https://a16z.com/2023/06/06/ai-will-save-the-world/.

17 Smith, A. (1759): The Theory of Moral Sentiments. London: A. Millar.

18 Marx, K. (1990): Grundrisse der Politischen Ökonomie. In: Grundrisse der Kritik der Politischen Ökonomie. Marx-Engels-Werkausgabe, Band 42, Berlin, S. 13.

19 Perrigo, B. (2023): OpenAI Used Kenyan Workers on Less Than $2 Per Hour to Make ChatGPT Less Toxic. Time Magazine, 18. Januar. https://time.com/6247678/openai-chatgpt-kenya-workers/.

20 Klein, N. (2023). AI machines aren't ‹hallucinating›. But their makers are. Guardian, 8. Mai. https://www.theguardian.com/commentisfree/2023/may/08/ai-machines-hallucinating-naomi-klein.

21 Acemoğlu, D., und Johnson, S. (2023): Big Tech is Bad. Big A. I. Will be Worse. New York Times, 9. Juni. https://www.nytimes.com/2023/06/09/opinion/ai-big-tech-microsoft-google-duopoly.html.

22 Zuboff, S. (2018): Das Zeitalter des Überwachungskapitalismus. Frankfurt a. M.: Campus.

23 Koster, R., u. a. (2022): Human-centered mechanism design with Democratic AI. Nature. https://www.nature.com/articles/s41562-022-01383-x.

24 Chiang, T. (2023): Will A. I. become the new McKinsey? The New Yorker, 4. Mai. https://www.newyorker.com/science/annals-of-artificial-intelligence/will-ai-become-the-new-mckinsey.

25 Anonymous (2019): McKinsey and Company: Capital's Willing Executioners. Current Affairs, 5. Februar. https://www.currentaffairs.org/2019/02/mckinsey-company-capitals-willing-executioners.

26 Piketty, T. (2016): Das Kapital im 21. Jahrhundert. München: C. H. Beck.

27 Giridharadas, A. (2019): Winners take all. The Elite Charade of Changing the World. New York: Penguin.

5 Endlich die 15-Stunden-Woche?
   Die Automatisierung des Arbeitsmarkts

1 https://worldpopulationreview.com/country-rankings/average-work-week-by-country.

2 Keynes, J. M. (1932): Economic Possibilities for our Grandchildren (1930). In: Essays in Persuasion, New York: Harcourt Brace, S. 358–373.

3 Martin Guzman, Joseph E. Stiglitz (2021): Pseudo-wealth and Consumption Fluctuations. The Economic Journal, 131 (633), S. 372–391. https://doi.org/10.1093/ej/ueaa102.

4 https://www.key4biz.it/wp-content/uploads/2023/03/Global-Economics-

Analyst_-The-Potentially-Large-Effects-of-Artificial-Intelligence-on-Economic-Growth-Briggs_Kodnani.pdf.

5 Eloundou, T., Manning, S., Mishkin, P. und Rock, D. (2023): GPTs are GPTs: An Early Look at the Labor Market Impact Potential of Large Language Models. arXiv:2303.10130.

6 https://www.theverge.com/2023/5/12/23720731/google-io-2023-exclusive-sundar-pichai-search-generative-experience-ai-microsoft-bing-chatgpt.

7 https://github.blog/2022-09-07-research-quantifying-github-copilots-impact-on-developer-productivity-and-happiness/.

8 https://www.itpro.com/technology/artificial-intelligence/ibm-plans-hiring-freeze-for-roles-that-are-replaceable-by-ai.

9 Zitiert nach https://www.itpro.com/technology/artificial-intelligence/ibm-ceo-in-damage-control-mode-after-ai-job-loss-comments.

10 Diamond, M. A. (1996): Innovation and diffusion of technology: A human process. Consulting Psychology Journal: Practice and Research, 48(4), S. 221–229. https://doi.org/10.1037/1061-4087.48.4.221.

11 Müller-Jentsch, W. (2015): Maschinenstürmer. In: Haug, W. F., u. a. (Hg.): Historisch-Kritisches Wörterbuch des Marxismus. Band 8/II: Links/Rechts bis Maschinenstürmer. Hamburg: Argument, Spalten 2035–2040, hier Spalte 2036.

12 Spehr, M. (2000): Maschinensturm. Protest und Widerstand gegen technische Neuerungen am Anfang der Industrialisierung. Münster: Westfälisches Dampfboot.

13 https://www.gspublishing.com/content/research/en/reports/2023/03/27/d64e052b-0f6e-45d7-967b-d7be35fabd16.html, S. 7.

14 https://www.forbes.com/sites/markcohen1/2022/12/07/laws-delayed-future/?sh=770e23b91d41.

15 Zit. nach https://www.nytimes.com/2023/06/08/nyregion/lawyer-chatgpt-sanctions.html.

16 Microsoft (2023): Will AI fix Work? https://assets.ctfassets.net/y8fb0rhks3b3/5eyZc6gDu1bzftdY6w3ZVV/1dad94a24aae170d5954374fb1719092/WTI_Will_AI_Fix_Work_050923.pdf.

17 Schacter, D. L., Benoit, R. G., und Szpunar, K. K. (2017): Episodic future thinking: mechanisms and functions, Current Opinion in Behavioral Sciences, 17, S. 41–50.

18 Webb, M. (2019): The Impact of Artificial Intelligence on the Labor Market. http://dx.doi.org/10.2139/ssrn.3482150.

19 https://www.youtube.com/@TiagoForte; Forte, T. (2022): Building a Second Brain. New York: Atria.

20 https://twitter.com/fortelabs/status/1650662653076066305.

21 Jaros, S. (2010): Commitment to Organizational Change: A Critical Review. Journal of Change Management 10 (1), S. 79–108.

22 Musil, R. (1978): Der mathematische Mensch. In: ders.: Gesammelte Werke, Bd. II. Reinbek bei Hamburg: Rowohlt, S. 1004–1008.

23 Andreessen, M. (2023): Why AI will save the World. https://a16z.com/2023/06/06/ai-will-save-the-world/.

24 Autor, D. H. (2015): Why Are There Still So Many Jobs? The History and Future of Workplace Automation. Journal of Economic Perspectives, 29 (3), S. 3–30.

25 https://www2.deloitte.com/content/dam/Deloitte/uk/Documents/finance/deloitte-uk-technology-and-people.pdf.

26 Riepl, W. (1913): Das Nachrichtenwesen des Altertums, mit besonderer Rücksicht auf die Römer. Leipzig, Berlin: Teubner.

27 Jesuthasan, R., und Boudreau, J. W. (2018): Reinventing Jobs. A 4-Step Approach for Applying Automation to Work. Boston: Harvard Business Review Press, S. 2.

28 https://www.delltechnologies.com/content/dam/delltechnologies/assets/perspectives/2030/pdf/SR1940_IFTFforDellTechnologies_Human-Machine_070517_readerhigh-res.pdf.

29 Hier handelt es sich um eine geschlechterspezifische Sekundäranalyse einer Studie von Goldman Sachs (https://www.key4biz.it/wp-content/uploads/2023/03/Global-Economics-Analyst_-The-Potentially-Large-Effects-of-Artificial-Intelligence-on-Economic-Growth-Briggs_Kodnani.pdf): https://kenaninstitute.unc.edu/kenan-insight/will-generative-ai-disproportionately-affect-the-jobs-of-women/.

30 https://www.reuters.com/technology/27-jobs-high-risk-ai-revolution-says-oecd-2023–07–11/.

31 https://www.theguardian.com/business/2015/aug/17/technology-created-more-jobs-than-destroyed-140-years-data-census.

32 Albanesi, S., u. a. (2023): Reports of AI ending human labour may be greatly exaggerated. European Central Bank, Research Bulletin No. 113. https://www.ecb.europa.eu/pub/economic-research/resbull/2023/html/ecb.rb231128~0a16e73d87.en.html.

33 Nübler, I. (2016): New technologies: A jobless future or golden age of job creation? Research Department Working Paper No. 13. https://www.ilo.org/wcmsp5/groups/public/---dgreports/---inst/documents/publication/wcms_544189.pdf.

34 Brynjolfsson, E. (2022): The Turing Trap: The Promise & Peril of Human-Like Artificial Intelligence. Daedalus. https://doi.org/10.1162/DAED_a_01915.

35 Acemoğlu, D., und Johnson, S. (2023): Big Tech is Bad. Big A. I. Will be Worse. New York Times, 9. Juni. https://www.nytimes.com/2023/06/09/opinion/ai-big-tech-microsoft-google-duopoly.html.

36 Dell'Acqua, F., u. a. (2023): Navigating the Jagged Technological Frontier: Field Experimental Evidence of the Effects of AI on Knowledge Worker Productivity and Quality. Harvard Business School Technology & Operations Mgt. Unit Working Paper, 24–013.

37 BCG (2023): How People Can Create – and Destroy – Value with Generative

AI. https://www.bcg.com/publications/2023/how-people-create-and-destroy-value-with-gen-ai.

38 https://www.forbes.com/sites/siladityaray/2023/09/25/wga-and-studios-reach-exceptional-tentative-deal-to-end-writers-strike/.

6 Zwischen Amnesie und Autonomie: Wenn Bots mit Bots sprechen

1 Chin, M. (2023): Apple is reportedly spending ‹millions of dollars a day› training AI. The Verge. https://www.theverge.com/2023/9/6/23861763/apple-ai-language-models-ajax-gpt-training-spending.

2 https://llmlitigation.com/pdf/03223/tremblay-openai-complaint.pdf.

3 Brown, T. B., u. a. (2020): Language models are few-shot learners, Proceedings of the 34th International Conference on Neural Information Processing Systems (NIPS '20). Curran Associates Inc., Red Hook, NY, USA, Artikel 159, S. 1877–1901.

4 https://actionnetwork.org/petitions/authors-guild-open-letter-to-generative-ai-leaders.

5 Zitiert nach https://www.bloomberg.com/news/articles/2023–05–04/tv-executives-whose-writers-are-on-picket-line-see-future-for-ai.

6 https://www.theguardian.com/culture/2023/oct/01/hollywood-writers-strike-artificial-intelligence.

7 https://www.sagaftra.org/files/sa_documents/AI%20TVTH.pdf.

8 Klein, N. (2023): Machines aren't hallucinating but their makers are. Guardian, 8. Mai, https://www.theguardian.com/commentisfree/2023/may/08/ai-machines-hallucinating-naomi-klein.

9 https://www.theverge.com/2023/8/14/23831109/the-new-york-times-ai-web-scraping-rules-terms-of-service.

10 https://help.nytimes.com/hc/en-us/articles/115014893428-Terms-of-Service, Paragraph 2.1.1

11 https://www.nytimes.com/2023/07/15/technology/artificial-intelligence-models-chat-data.html?smid=nytcore-ios-share&referringSource=articleShare.

12 Newman, G. E. (2019): The Psychology of Authenticity. Review of General Psychology, 23 (1), S. 8–18. https://doi.org/10.1037/gpr0000158.

13 Jasanoff, S., und Kim, S. H. (2009): Containing the atom: Sociotechnical imaginaries and nuclear power in the United States and South Korea. Minerva, 47, S. 119–146.

14 Chiang, T. (2023): ChatGPT is a blurry JPEG of the Web. The New Yorker, 9. Februar. https://www.newyorker.com/tech/annals-of-technology/chatgpt-is-a-blurry-jpeg-of-the-web.

15 Lessig, L. (2008): Remix: Making Art and Commerce Thrive in a Hybrid Economy. New York: Penguin.

16 https://www.nytimes.com/2023/02/16/technology/bing-chatbot-microsoft-chatgpt.html.

17 Andersen, R. (2023): What Happens When AI Has Read Everything? The Atlantic, 17. Januar, https://www.theatlantic.com/technology/archive/2023/01/artificial-intelligence-ai-chatgpt-dall-e-2-learning/672754/.

18 Villalobos, P., u. a. (2022): Will We Run out of Data? An Analysis of the Limits of Scaling Datasets in Machine Learning. http://arxiv.org/abs/2211.04325.

19 Shumailov, I., u. a. (2023): The Curse of Recursion: Training on Generated Data Makes Models Forget. ArXiv, abs/2305.17493.

20 https://www.lightbluetouchpaper.org/2023/06/06/will-gpt-models-choke-on-their-own-exhaust/.

21 https://c2pa.org/.

22 Arendt, H. (2002): Vita Activa oder vom tätigen Leben. München: Piper, S. 216 f.

23 Didion, J. (2022): Was ich meine. Berlin: Ullstein.

24 Flusser, V. (1988): Krise der Linearität. Bern: Benteli.

25 Orwell, G. (1946): Politics and the English Language. London: Horizon, https://www.orwellfoundation.com/the-orwell-foundation/orwell/essays-and-other-works/politics-and-the-english-language/.

26 Von Kleist, H. (1999): Über die allmählige Verfertigung der Gedanken beim Reden. Eine zwiespältige Ausgabe von Stefan Klamke-Eschenbach und Urs van der Leyn, mit einem Kommentar von Vera F. Birkenbihl. Frankfurt: Dielmann.

27 https://youtu.be/ob_GX50Za6c.

28 Bateson, G. (1972): Steps to An Ecology of Mind: Collected Essays in Anthropology, Psychiatry, Evolution, and Epistemology. New Jersey: Jason Aronson.

29 https://www.theinformation.com/articles/amazon-offers-sellers-ai-tool-to-write-product-descriptions.

30 https://www.nytimes.com/2023/08/05/travel/amazon-guidebooks-artificial-intelligence.html?smid=nytcore-ios-share&referringSource=articleShare.

31 Brunton, F. (2013): Spam: A Shadow History of the Internet. Cambridge: MIT Press, S. 187.

32 https://thegradient.pub/gpt-4chan-lessons/.

33 Eichhorn, K. (2022): Content. Cambridge: MIT Press.

34 Davies. W. (2023): The Reaction Economy. London Review of Books, (45) 5. https://www.lrb.co.uk/the-paper/v45/n05/william-davies/the-reaction-economy?utm_source=nextdraft&utm_medium=email.

35 Smith, J. E. H. (2022): The Internet Is Not What You Think It Is: A History, A Philosophy, A Warning. Princeton: Princeton University Press.

36 Burgess, A. (1962): A Clockwork Orange. London: William Heinemann.

37 Fromm, E. (2000): Die Furcht vor der Freiheit. München: dtv, S. 37 f.

38 Noy, S., und Zhang, W. (2023): Experimental evidence on the productivity effects of generative artificial intelligence. Science 381, S. 187–192, 10.1126/science.adh2586.

39 https://www.nytimes.com/2023/07/19/business/google-artificial-intelli gence-news-articles.html?smid=nytcore-ios-share&referringSource= articleShare.

40 Zitiert nach https://www.cnbc.com/2023/05/22/bill-gates-predicts-the-big-winner-in-ai-smart-assistants.html.

41 Liang, C. (2023). My A. I. Lover. New York Times. https://www.nytimes.com/2023/05/23/opinion/ai-chatbot-relationships.html

42 https://www.youtube.com/watch?v=vSF-Al45hQU

7 Deepfakes und Desinformation: Das Ende der Wahrheit?

1 Usher, N. (2008): Reviewing Fauxtography: A blog-driven challenge to mass media power without the promises of networked publicity. First Monday (13) 12, 1. Dezember. https://firstmonday.org/ojs/index.php/fm/article/download/2158/2055.

2 https://www.mfk.ch/fileadmin/files/01_Besuchen/04_Schulen/05_Lehr mittel/BILDER-LUEGEN_Lehrmittel.pdf.

3 Harwell, D. (2019): An artificial-intelligence first: voice-mimicking software reportedly used in a major theft. Washington Post, 5. September.

4 https://moondisaster.org/.

5 DelViscio, J. (2020): A Nixon Deepfake, a ‹Moon Disaster› Speech and an Information Ecosystem at Risk. Scientific American, 20. Juli. https://www.scientificamerican.com/article/a-nixon-deepfake-a-moon-disaster-speech-and-an-information-ecosystem-at-risk1/.

6 https://www.youtube.com/watch?v=ERQlaJ_czHU.

7 Witness & First Draft (2018): Mal-uses of AI-generated Synthetic Media and Deepfakes: Pragmatic Solutions Discovery Convening. http://www.mediafire.com/file/q5juw7dc3a2w8p7/Deepfakes_Final.pdf/file.

8 Nguyen, T. T., u. a. (2020): Deep Learning for Deepfakes Creation and Detection: A Survey. Computer Vision and Image Understanding, 223. https://arxiv.org/pdf/1909.11573.pdf.

9 Chawla, R. (2019): Deepfakes: How a pervert shook the world. International Journal of Advance Research and Development, 4 (6), S. 4–8.

10 Deeptrace (2019): The State of Deepfakes. Landscape, Threats, and Impact. https://regmedia.co.uk/2019/10/08/deepfake_report.pdf.

11 https://www.reddit.com/r/midjourney/comments/11zyvlk/the_2001_great_cascadia_91_earthquake_tsunami/.

12 https://www.forbes.com/sites/mattnovak/2023/03/27/ai-creates-photo-evidence-of-2001-earthquake-that-never-happened/.

13 Horvitz, E. (2022): On the Horizon: Interactive and Compositional Deepfakes. In: Proceedings of the 2022 International Conference on Multimodal Inter-

action (ICMI ‹22). Association for Computing Machinery, New York, NY, USA, S. 653–661. https://doi.org/10.1145/3536221.3558175.

14 Wardle, C. (2022): Understanding Information Disorder. Firstdraftnews, 22. September. https://firstdraftnews.org/long-form-article/understanding-information-disorder/.

15 https://futurism.com/cnet-editor-in-chief-addresses-ai.

16 Zitiert nach https://futurism.com/neoscope/magazine-mens-journal-errors-ai-health-article.

17 https://www.ft.com/content/18337836-7c5 f-42bd-a57a-24cdbd06ec51.

18 https://www.theguardian.com/help/insideguardian/2023/jun/16/the-guardians-approach-to-generative-ai.

19 https://www.bloomberg.com/news/articles/2023-05-22/fake-ai-photo-of-pentagon-blast-goes-viral-trips-stocks-briefly.

20 Halpern, S. (2023): We still don't know about how A. I. is trained. The New Yorker, 28. März. https://www.newyorker.com/news/daily-comment/what-we-still-dont-know-about-how-ai-is-trained.

21 https://counterhate.com/research/misinformation-on-bard-google-ai-chat/.

22 https://www.bloomberg.com/news/articles/2023-04-04/google-s-bard-writes-convincingly-about-known-conspiracy-theories?cmpid=BBD040523_TECH&utm_medium=email&utm_source=newsletter&utm_term=230405&utm_campaign=tech.

23 https://www.weforum.org/agenda/2020/06/now-is-the-time-for-a-great-reset/.

24 https://twitter.com/mrgreene1977/status/1593274906707230721?ref_src=twsrc%5Etfw%7Ctwcamp%5Etweetembed%7Ctwterm%5E1593274906707230721%7Ctwgr%5E2fa98cc547bb2d161c460a9a41e9784a-2be15481%7Ctwcon%5Es1_&ref_url=https%3A%2F%2Fthenextweb.com%2Fnews%2Fmeta-takes-new-ai-system-offline-because-twitter-users-mean.

25 https://blogs.microsoft.com/blog/2016/03/25/learning-tays-introduction/.

26 Yang, K. C., und Menczer, F. (2023): Anatomy of an AI-powered malicious social botnet. 10.48550/arXiv.2307.16336.

27 https://www.nytimes.com/2023/08/03/business/media/ai-defamation-lies-accuracy.html?smid=nytcore-ios-share&referringSource=articleShare.

28 https://www.washingtonpost.com/technology/2023/04/05/chatgpt-lies/.

29 https://jonathanturley.org/2023/04/06/defamed-by-chatgpt-my-own-bizarre-experience-with-artificiality-of-artificial-intelligence/.

30 https://www.nytimes.com/2023/05/01/business/ai-chatbots-hallucination.html.

31 https://www.arthur.ai/gap-articles/hallucination-experiment.

32 https://www.itpro.com/technology/artificial-intelligence/ai-will-kill-google-search-if-we-arent-careful.

33 Leptourgos, P., u. a. (2020): Hallucinations Under Psychedelics and in the Schi-

zophrenia Spectrum: An Interdisciplinary and Multiscale Comparison. Schizophrenia Bulletin, 46 (6), S. 1396–1408. https://doi.org/10.1093/schbul/sbaa117.

34 https://www.theguardian.com/commentisfree/2023/may/08/ai-machines-hallucinating-naomi-klein.

35 Kranzberg, M. (1986): Technology and History: «Kranzberg's Laws». Technology and Culture, (27) 3, S. 544–560.

36 Habgood-Coote, J. (2023): Deepfakes and the epistemic apocalypse. Synthese, 201 (3), S. 1–23. 10.1007/s11229–023–04097–3.

37 Scheirer, W. J. (2023): A History of Fake Things on the Internet. Stanford: Stanford University Press.

38 https://www.wired.com/story/chatgpt-scams-fraudgpt-wormgpt-crime/?mc_cid=3f3a9ae0bb&mc_eid=736e14d8e3.

39 https://www.theverge.com/23599441/microsoft-bing-ai-sydney-secret-rules.

40 https://www.theverge.com/2023/2/15/23599072/microsoft-ai-bing-personality-conversations-spy-employees-webcams.

41 https://www.wsj.com/articles/with-ai-hackers-can-simply-talk-computers-into-misbehaving-ad488686.

42 https://news.berkeley.edu/2023/06/29/metas-powerful-ai-technology-is-now-open-source-im-terrified-by-what-could-happen.

43 https://www.nytimes.com/2023/05/18/technology/ai-meta-open-source.html?smid=nytcore-ios-share&referringSource=articleShare.

44 Zitiert nach https://www.ft.com/content/aa3598f7-1470-45e4-a296-bd26953c176f?accessToken=zwAGAt7ZA8h4kdOqNZj3FHBF5NOilr0mlTwXbw.MEQCID41v85qWiXUT6u0gqY_6_z7kYdNX83sqXRUDtHo1HqlAiBb87mZbGdi9Ljhy-3lKy8qLIpZPF7HNE8QegWR1vUYzQ&sharetype=gift&token=2cb8aedf-bea9-471b-822e-9251ef0edf39.

45 Meckel, M., und Steinacker, L. (2021): Hybrid Reality. The rise of deepfakes and the impact on parting truths. Morals & Machines, 1, S. 22–28.

46 Lindgren, S. (2014): Hybrid Media Culture. Sensing Place in a World of Flows. London: Routledge.

47 De Souza e Silva, A., und Sutko, D. M. (2008): Playing Life and Living Play: How Hybrid Reality Games Reframe Space, Play, and the Ordinary. Critical Studies in Media Communication, 25 5, S. 447–465. https://doi.org/10.1080/15295030802468081.

48 Turkle, S. (2005): The Second Self. Computers and the Human Spirit. Cambridge/Mass: The MIT Press.

49 Chompalov, I. M., und Popov, L. S. (2014): Sociology of Science and the Turn to Social Constructivism. Social Sciences, (3) 2, S. 59–66.

50 Rushdie, S. (2018): Truth, Lies, and Literature. The New Yorker, 31. Mai. https://www.newyorker.com/culture/cultural-comment/truth-lies-and-literature.

51 Solnit, R. (2018): Driven to Distraction. Harper's Magazine, Mai, S. 9–11.

52 Lepore, J. (2016): After the fact. In the history of truth, a new chapter begins. The New Yorker, 21. März.

53 Kakutani, M. (2018): The Death of Truth: Notes on Falsehood in the Age of Trump. New York: Tim Duggan Books.

54 Westerlund, M. (2019): The Emergence of Deepfake Technology: A Review. Technology Innovation Management Review, (9) 11, S. 40–53.

55 https://edition.cnn.com/2021/11/16/media/steve-bannon-reliable-sources/index.html.

56 https://www.nytimes.com/2016/11/05/opinion/what-were-missing-while-we-obsess-over-john-podestas-email.html.

57 https://www.scientificamerican.com/article/we-need-to-focus-on-ais-real-harms-not-imaginary-existential-risks/.

58 Doctorow, C. (2023): The ‹Enshittification› of TikTok. Or how, exactly, platforms die. Wired, Januar. https://www.wired.com/story/tiktok-platforms-cory-doctorow/.

59 Sabbagh, M. A., und Baldwin, D. A. (2001): Learning Words from Knowledgeable versus Ignorant Speakers: Links Between Preschoolers' Theory of Mind and Semantic Development. Child Development, 72, S. 1054–1070. https://doi.org/10.1111/1467-8624.00334.

60 O'Gieblyn, M. (2021): God, Human, Animal, Machine: Technology, Metaphor, and the Search for Meaning. New York: Doubleday.

61 Nass, C., und Moon, Y. (2000): Machines and Mindlessness: Social Responses to Computers. Journal of Social Issues, 56, S. 81–103. https://doi.org/10.1111/0022-4537.00153.

62 Brandtzaeg, P. B., u. a. (2022): My AI Friend: How Users of a Social Chatbot Understand Their Human–AI Friendship, Human Communication Research, (48) 3, S. 404–429. https://doi.org/10.1093/hcr/hqac008.

63 Huang, G., und Wang, S. (2023): Is artificial intelligence more persuasive than humans? A meta-analysis. PsyArXiv, 21. Mai. https://doi.org/10.31234/osf.io/ehg7n.

64 Spitale, G., Biller-Andorno, N., und Germani, F. (2023): AI model GPT-3 (dis) informs us better than humans. Science advances 9. eadh1850. 10.1126/sciadv.adh1850.

65 https://openai.com/blog/using-gpt-4-for-content-moderation?utm_source=bensbites&utm_medium=newsletter&utm_campaign=how-gpt-4-flags-harmful-content.

66 Fazio, L. K., Pillai, R. M., und Patel, D. (2022): The effects of repetition on belief in naturalistic settings. Journal of Experimental Psychology: General, 151 (10), S. 2604–2613. https://doi.org/10.1037/xge0001211.

67 Bessner, D., und Guilhot, N. (2019): The Decisionist Imagination: Sovereignty, Social Science and Democracy in the 20th Century. Brooklyn/NY: Berghahn Books, S. 287.

68 Kidd C., und Hayden B. Y. (2015): The Psychology and Neuroscience of Curiosity, Neuron, 88 (3), S. 449–460. https://doi.org/10.1016/j.neuron.2015.09.010. PMID: 26539887; PMCID: PMC4635443.

69 Shaw, J. (2016): Das trügerische Gedächtnis: Wie unser Gehirn Erinnerungen fälscht. München: Hanser.

70 Zitiert nach https://www.planet-wissen.de/gesellschaft/verbrechen/gericht_im_namen_des_volkes/gericht-falsche-erinnerung-100.html.

8 (Un)demokratische Dystopien: Was wird aus der Politik?

1   Grinberg, N., u. a. (2019): Fake news on Twitter during the 2016 U. S. presidential election, Science, 363, S. 374–378. https://doi.org/10.1126/science.aau270.

2   https://www.science.org/doi/10.1126/sciadv.adh1850.

3   https://www.vice.com/en/article/xgwwmk/anti-homeless-mayoral-candidate-uses-ai-to-create-fake-images-of-blight.

4   https://twitter.com/sama/status/1687236201496064000?s=20.

5   https://www.forbes.com/sites/dereksaul/2023/06/26/ai-will-make-2024-election-a-mess-billionaire-ex-google-chief-schmidt-says/?sh=ad8d-1bf6bcad.

6   Zitiert nach: https://www.whitehouse.gov/briefing-room/statements-releases/2023/07/21/fact-sheet-biden-harris-administration-secures-voluntary-commitments-from-leading-artificial-intelligence-companies-to-manage-the-risks-posed-by-ai/.

7   https://www.theverge.com/2023/8/10/23827399/ai-artificial-intelligence-political-ads-fec-desantis-rnc.

8   https://www.axios.com/2023/09/06/google-ai-election-ads-disclosure.

9   Zitiert nach https://www.wired.com/story/ai-watermarking-misinformation/.

10 Harari, Y. N. (2023): You Can Have the Blue Pill or the Red Pill, and We're Out of Blue Pills. New York Times, 24. März. https://www.nytimes.com/2023/03/24/opinion/yuval-harari-ai-chatgpt.html?smid=nytcore-ios-share&referringSource=articleShare.

11 https://twitter.com/elonmusk/status/1603836383885332480?s=20.

12 https://www.theguardian.com/us-news/2023/aug/21/artificial-intelligence-culture-war-woke-far-right.

13 Milton, J. (1890): Areopagitica: A speech of Mr. Milton for the liberty of unlicensed printing, to the Parliament of England. New York: The Grolier Club.

14 Mill, John S. (1991): On Liberty and Other Essays. Oxford: Oxford University Press.

15 Tufecki, Z. (2018): It's the (Democracy-Poisoning) golden Age of Free Speech. Wired, 1. Juni.

16 Zitiert nach https://www.theguardian.com/technology/2023/jul/06/ai-firms-face-prison-creation-fake-humans-yuval-noah-harari.

17 Coase, R. H. (1974): The Market for Goods and the Market for Ideas. The American Economic Review, (64) 2, S. 384–391.

18 Lee, S. P. (2010): Hate Speech in the Marketplace of Ideas. In: Glolash, D. (Hg.): Freedom of Expression in a Diverse World. Dordrecht: Springer, S. 13–25; Ingber, S. (1984): The Marketplace of Ideas: A Legitimizing Myth, Duke Law Journal, S. 1–91. https://scholarship.law.duke.edu/dlj/vol33/iss1/1.

19 European Commission (2021): Proposal for a Regulation of the European Parliament and of the council laying down harmonized rules on artificial intelligence (artificial intelligence act) and amending certain union legislative acts. Brussels, S. 21.

20 Warzel, C. (2018): Believable: The Terrifying Future Of Fake News. Buzzfeed, 11. Februar. https://www.buzzfeednews.com/article/charliewarzel/the-terrifying-future-of-fake-news.

21 https://www.youtube.com/watch?v=1NK5R9Lgs_g.

22 Putnam, R. D. (2000): Bowling Alone: The Collapse and Revival of American Community. New York: Simon & Schuster.

23 Pariser E. (2011): The filter bubble: what the internet is hiding from you. Viking/Penguin Press.

24 Sunstein, C. R. (2018): #Republic: Divided Democracy in the Age of Social Media, Princeton: Princeton University Press.

25 Bright, J. (2018): Explaining the Emergence of Political Fragmentation on Social Media: The Role of Ideology and Extremism. Journal of Computer-Mediated Communication, (23) 1, S. 17–33. https://doi.org/10.1093/jcmc/zmx002.

26 Dahlgren, P. M. (2021): A critical review of filter bubbles and a comparison with selective exposure. Nordicom Review, 42, S. 15–33. 10.2478/nor-2021–0002.

27 Festinger, L. (1962): A Theory of Cognitive Dissonance. Bd. 2. Stanford, CA: Stanford University Press.

28 Eady, G., u. a. (2023): Exposure to the Russian Internet Research Agency foreign influence campaign on Twitter in the 2016 US election and its relationship to attitudes and voting behavior. Nature Communications, 14, S. 62. https://doi.org/10.1038/s41467-022-35576-9.

29 https://www.wired.com/story/metas-election-research-opens-more-questions-than-it-answers/?redirectURL=https%3A%2F%2Fwww.wired.com%2Fstory%2Fmetas-election-research-opens-more-questions-than-it-answers%2F.

30 González-Bailón, S., u. a. (2023): Asymmetric ideological segregation in exposure to political news on Facebook. Science, 381, S. 392–398. https://doi.org/10.1126/science.ade7138.

31 Nyhan, B., u. a. (2023): Like-minded sources on Facebook are prevalent but not polarizing. Nature, 620, S. 137–144. https://doi.org/10.1038/s41586-023-06297-w.

32 https://www.washingtonpost.com/technology/2023/08/25/political-conspiracies-facebook-youtube-elon-musk/.

33 Santurkar, S., u. a. (2023): Whose Opinions Do Language Models Reflect? https://arxiv.org/pdf/2303.17548.pdf.

34 Feng, S., u. a. (2023): From Pretraining Data to Language Models to Downstream Tasks: Tracking the Trails of Political Biases Leading to Unfair NLP Models. Proceedings of the 61st Annual Meeting of the Association for Computational Linguistics (Bd. 1: Long Papers).

35 McLuhan, M. (1962): The Gutenberg Galaxy: The Making of Typographic Man. Toronto: Toronto University Press.

36 https://mcluhangalaxy.wordpress.com/2017/02/16/marshall-mcluhan-predicted-digital-mediated-tribalism/.

37 https://www.washingtonpost.com/world/2023/03/02/ion-romania-ai-bot-government/.

38 Asimov, I. (1955): Franchise. IF – Worlds of Science Fiction, April, S. 2–15, https://www.astro.sunysb.edu/fwalter/HON301/franchise.pdf.

39 Suter, V., Meckel, M., Shahrezaye, M., und Steinacker, Léa (2022): AI Suffrage: A four-country survey on the acceptance of an automated voting system. Hawaiian International Conference on System Science. 10.24251/HICSS. 2022.290.

40 https://www.handelsblatt.com/politik/deutschland/interview-olaf-scholz-waehrungen-sollte-nur-der-staat-bereitstellen/28693190.html.

41 Argyle, L., u. a. (2023): Out of One, Many: Using Language Models to Simulate Human Samples, Political Analysis, 31, S. 1–15. 10.1017/pan.2023. 2.

42 Lepore, J. (2020): IF THEN: How the Simulmatics Corporation Invented the Future, New York: Liveright.

43 Meta Fundamental AI Research Diplomacy Team (FAIR) u. a. (2022): Human-level play in the game of Diplomacy by combining language models with strategic reasoning. Science, 378, S. 1067–1074. https://doi.org/10.1126/science. ade9097.

9 Das ethische Spiegelkabinett: Wenn KI Werte nachahmt

1 Sheng, E., u. a. (2019): The woman worked as a babysitter: On biases in language generation. arXiv preprint arXiv:1909.01326.

2 Von Lindern, J. (2023): Braucht die deutsche Vorzeige-KI mehr Erziehung? Die Zeit, 11. September. https://www.zeit.de/digital/2023–09/aleph-alpha-luminous-jonas-andrulis-generative-ki-rassismus.

3 Friedman, B., und Nissenbaum, H. (1996): Bias in computer systems. ACM Transactions on information systems (TOIS), 14 (3), S. 330–347.

4 Buolamwini, J. (2016): How I'm Fighting Bias in Algorithms. Ted Talk. https://www.youtube.com/watch?v=UG_X_7g63rY.

5 Han, H., und Jain, A. K. (2014): Age, gender and race estimation from unconstrained face images. Dept. Comput. Sci. Eng., Michigan State Univ., East Lansing, MI, USA, MSU Tech. Rep. (MSU-CSE-14–5), 87, 27.

6 Buolamwini, J., und Gebru, T. (2018): Gender shades: Intersectional accuracy disparities in commercial gender classification. In: Conference on fairness, accountability and transparency, S. 77–91.

7 Hill, K. (2023): Eight Months Pregnant and Arrested After False Facial Recognition Match. New York Times, 6. August. https://www.nytimes.com/2023/08/06/business/facial-recognition-false-arrest.html.

8 Buolamwini, J., und Gebru, T. (2018): Gender shades: intersectional accuracy disparities in commercial gender classification. In: Conference on Fairness, Accountability and Transparency, S. 77–91.

9 Maslej, N., u. a. (2023): The AI Index 2023 Annual Report. Institute for Human-Centered AI, Stanford University, S. 299.

10 Mikolov, T., u. a. (2013): Learning representations of text using neural networks. In NIPS Deep learning workshop, S. 1–31, S. 18.

11 Bolukbasi, T., u. a. (2016): Man is to computer programmer as woman is to homemaker? debiasing word embeddings. Advances in neural information processing systems, S. 29.

12 Greenwald, A. G., McGhee, D. E., und Schwartz, J. L. (1998): Measuring individual differences in implicit cognition: the implicit association test. Journal of personality and social psychology, 74 (6), S. 1464.

13 Project Implicit. https://implicit.harvard.edu/implicit/selectatest.html.

14 Axt, J. (2018): Tracking the Use of Project Implicit Data. https://implicit.harvard.edu/implicit/user/jaxt/blogposts/piblogpost020.html.

15 Caliskan, A., Bryson, J. J., und Narayanan, A. (2017): Semantics derived automatically from language corpora contain human-like biases, Science, 356, 6334, S. 183–186. https://doi.org/10.1126/science.aal4230, S. 2.

16 Ebd.

17 Ebd., S. 10.

18 Ebd.

19 Dastin, J. (2018): Amazon Scraps Secret AI Recruiting Tool That Showed Bias Against Women. Reuters. https://www.reuters.com/article/us-amazon-com-jobs-automation-insight-idUSKCN1MK08G.

20 Hooker, S. (2021): Moving beyond «algorithmic bias is a data problem». Patterns, 2 (4), S. 1.

21 Bromwich, J. E., und Haag, M. (2018): Facebook is Changing. What Does that Mean for Your News Feed? The New York Times. https://www.nytimes.com/2018/01/12/technology/facebook-news-feed-changes.html.

22 Groen, D. (2018): How We Made AI As Racist and Sexist As Humans. The Walrus. https://thewalrus.ca/how-we-made-ai-as-racist-and-sexist-as-humans/.

23 Stinson, C. (2022): Algorithms are not neutral. AI Ethics, 2, S. 763–770. https://doi.org/10.1007/s43681-022-00136-w.

24 Knuth, D. (1997): The Art of Computer Programming. Bd. 1: Fundamental Algorithms. Addison-Wesley Professional.

25 Bender, E. M., u. a. (2021): On the dangers of stochastic parrots: Can language

models be too big? In: Proceedings of the 2021 ACM conference on fairness, accountability, and transparency, S. 610–623, S. 613.

26 Mitchell, M. (2022): AI The Future of Responsible Development. Keynote, Konferenz Morals & Machines 2022, Düsseldorf.

27 Nicoletti, L., und Bass, D. (2023): Humans Are Biased. Generative AI Is Even Worse. Bloomberg Technology. https://www.bloomberg.com/graphics/2023-generative-ai-bias/.

28 https://openai.com/research/faulty-reward-functions.

29 Eubanks, V. (2018): Automating inequality: How high-tech tools profile, police, and punish the poor. St. Martin's Press, S. 2.

30 Chowdhury, R. (2017): Moral Outsourcing: Finding Humanity in Artificial Intelligence. Forbes. https://www.forbes.com/sites/rummanchowdhury/2017/10/13/moral-outsourcing-2/?sh=3178b4da70ba.

31 Heikkila, M. (2022): Dutch scandal serves as a warning for Europe over risks of using algorithms. Politico. https://www.politico.eu/article/dutch-scandal-serves-as-a-warning-for-europe-over-risks-of-using-algorithms.

32 Ahuja, A. (2022): The dark side of using AI to design drugs. Financial Times. https://www.ft.com/content/43102ee8-bee0-4803-bc51-4a313f04d550.

33 https://www.propublica.org/article/machine-bias-risk-assessments-in-criminal-sentencing.

34 Dressel, J., und Farid, H. (2018): The accuracy, fairness, and limits of predicting recidivism. Science Advances, 4. https://doi.org/10.1126/sciadv.aao5580.

35 Panel of Experts on Libya Established pursuant to Resolution 1973 (2021, 8. März): Letter addressed to the President of the Security Council. United Nations Digital Library. https://digitallibrary.un.org/record/3905159?ln=en, S. 17.

36 Cummings, M. L. (2006): Automation and accountability in decision support system interface design.

37 Kuang, C. (2017): Can A. I. Be Taught To Explain Itself? New York Times. https://www.nytimes.com/2017/11/21/magazine/can-ai-be-taught-to-explain-itself.html.

38 Christian, B. (2020): The Alignment Problem. Machine Learning and Human Values. New York: Norton & Company.

39 OpenAI (2023): GPT-4 Technical Report. https://arxiv.org/abs/2303.08774, S. 53.

40 Gutman, M. (2023): Samsung Bans Staff's AI Use After Spotting ChatGPT Data Leak. Bloomberg. https://www.bloomberg.com/news/articles/2023-05-02/samsung-bans-chatgpt-and-other-generative-ai-use-by-staff-after-leak.

41 Tilley, A., und Kruppa, M. (2023): Apple Restricts Employee Use of ChatGPT, Joining Other Companies Wary of Leaks. The Wall Street Journal. https://www.wsj.com/articles/apple-restricts-use-of-chatgpt-joining-other-companies-wary-of-leaks-d44d7d34.

42 Burgess, M. (2023): ChatGPT Has a Big Privacy Problem. Wired. https://www.wired.com/story/italy-ban-chatgpt-privacy-gdpr/.

43 Robertson, A. (2023): ChatGPT Returns to Italy After Ban. The Verge. https://www.theverge.com/2023/4/28/23702883/chatgpt-italy-ban-lifted-gpdp-data-protection-age-verification.

44 Garante per la Protezione dei Dati Personali (2023): ChatGPT: OpenAI reinstates service in Italy with enhanced transparency and rights for european users and non-users. https://www.gpdp.it/home/docweb/-/docweb-display/docweb/9881490#english.

45 Livingstone, G. (2023): ‹It's pillage›: thirsty Uruguayans decry Google's plan to exploit water supply. https://www.theguardian.com/world/2023/jul/11/uruguay-drought-water-google-data-center.

46 Li, P., u. a. (2023): Making AI Less «Thirsty»: Uncovering and Addressing the Secret Water Footprint of AI Models. arXiv preprint arXiv:2304.03271, S. 1.

47 Luccioni, A. S., Jernite, Y. und Strubell, E. (2023): Power Hungry Processing: Watts Driving the Costs of AI Deployment. https://arxiv.org/pdf/2311.16863.pdf

48 Crawford, K. (2021): Atlas of AI, S. 29–30.

49 Nayar, J. (2021): Not So «Green» Technology: The Complicated Legacy of Rare Earth Mining. Harvard International Review. https://hir.harvard.edu/not-so-green-technology-the-complicated-legacy-of-rare-earth-mining/.

50 Crawford, K. (2021): Atlas of AI, S. 32.

51 BBC (2023): Charting the true cost of AI. Podcast-Folge, 29. August. In: Tech Life. BBC World Service. https://pca.st/episode/6b2e648a-4604–4a08–9db5–251b32286a24.

52 Strubell, E., Ganesh, A., und McCallum, A. (2019): Energy and policy considerations for deep learning in NLP. arXiv preprint arXiv:1906.02243.

53 McQuate, S. (2023): Q&A: UW researcher discusses just how much energy ChatGPT uses. University of Washington. https://www.washington.edu/news/2023/07/27/how-much-energy-does-chatgpt-use/.

54 OpenAI (2018): AI and Compute. https://openai.com/research/ai-and-compute.

55 Crawford, K. (2021): Atlas of AI, S. 42.

56 Jones, N. (2018): How to stop data centres from gobbling up the world's electricity. Nature, 561 (7722), S. 163–166.

57 Parikka, J. (2015): A Geology of Media. University of Minnesota Press.

58 BBC (2023): Charting the true cost of AI. Podcast-Folge, 29. August. In: Tech Life. BBC World Service. https://pca.st/episode/6b2e648a-4604–4a08–9db5–251b32286a24.

59 Knight, W. (2023): OpenAI's CEO Says the Age of Giant AI Models Is Already Over. Wired. https://www.wired.com/story/openai-ceo-sam-altman-the-age-of-giant-ai-models-is-already-over/.

60 Hambien, M. (2023): Update: ChatGPT runs 10K Nvidia training GPUs with

potential for thousands more. Fierce Electronics. https://www.fierceelectronics.com/sensors/chatgpt-runs-10k-nvidia-training-gpus-potential-thousands-more.

61 Vanian, J., und Leswing, K. (2023): ChatGPT and generative AI are booming, but the costs can be extraordinary. CNBC. https://www.cnbc.com/2023/03/13/chatgpt-and-generative-ai-are-booming-but-at-a-very-expensive-price.html.

62 Cheng, M. (2023): A $40,000 Nvidia chip has become the world's most sought-after hardware. Quartz, 18. August. https://qz.com/a-40-000-nvidia-chip-has-become-the-worlds-most-sought-1850746956.

63 Mok, A. (2023): ChatGPT could cost over $700,000 per day to operate. Microsoft is reportedly trying to make it cheaper. Business Insider. https://www.businessinsider.com/how-much-chatgpt-costs-openai-to-run-estimate-report-2023-4.

64 McKenzie, I., u. a. (2023): Inverse Scaling: When Bigger Isn't Better. https://arxiv.org/abs/2306.09479.

65 Kalluri, P. (2020): Don't ask if artificial intelligence is good or fair, ask how it shifts power. Nature. https://www.nature.com/articles/d41586-020-02003-2.

66 Steinacker, L. (2022): Code Capital: A Sociotechnical Framework to Understand the Implications of Artificially Intelligent Systems from Design to Deployment. Nomos Verlag.

10 Eine Frage der Entscheidung: Wie intelligent ist KI eigentlich?

1 https://www.handelsblatt.com/finanzen/maerkte/devisen-rohstoffe/interview-mit-sam-altman-und-alex-blania-leben-in-einer-welt-in-der-kuenstliche-intelligenz-sehr-maechtig-wird/29282624.html?tm=login.

2 Kahneman, D. (2012): Schnelles Denken, langsames Denken. München: Siedler.

3 https://www.moralmachine.net/.

4 Awad, E., u. a. (2018): The Moral Machine experiment, Nature, 563, S. 59–64. https://doi.org/10.1038/s41586-018-0637-6.

5 https://www.wired.com/story/uber-self-driving-crash-arizona-ntsb-report/.

6 https://freakonomics.com/podcast/new-technologies-always-scare-us-is-a-i-any-different/.

7 Kumar, Y., u. a. (2023): Artificial intelligence in disease diagnosis: a systematic literature review, synthesizing framework and future research agenda. Journal of Ambient Intelligence and Humanized Computing, 14 (7), S. 8459–8486. https://doi.org/10.1007/s12652-021-03612-z.

8 Shah, Z., u. a. (2023): Exploring Language-Agnostic Speech Representations

Using Domain Knowledge for Detecting Alzheimer's Dementia. International Conference on Acoustics, Speech and Signal Processing (ICASSP), Rhodos, Griechenland, S.1f. https://doi.org/10.1109/ICASSP49357.2023.10095593.

9 Ayers, J.W., u.a. (2023): Comparing Physician and Artificial Intelligence Chatbot Responses to Patient Questions Posted to a Public Social Media Forum. JAMA Internal Medicine, 183 (6), S.589–596. https://doi.org/10.1001/jamainternmed.2023.1838.

10 Meckel, M., Kienbaum, F., Steinacker, L., und Fastenroth, L. (2023): Ersetzt KI den Chef? Deutsche Führungskräfte sagen gern, dass sie mehr künstliche Intelligenz im Unternehmen nutzen wollen. In der Praxis werden Chefs und Chefinnen jedoch oft zu Bremsern. Was für ein Umdenken nötig ist. Harvard Business Manager, April, S.50–55.

11 https://twitter.com/mmitchell_ai/status/1648029417497853953?s=20.

12 https://arxiv.org/pdf/2206.04615.pdf.

13 Zitiert nach https://www.quantamagazine.org/the-unpredictable-abilities-emerging-from-large-ai-models-20230316/.

14 Browning, J., und LeCun, Y. (2022): AI and the Limits of Language. Noéma, 22. August. https://www.noemamag.com/ai-and-the-limits-of-language/.

15 https://scale.com/blog/text-universal-interface.

16 https://www.nzz.ch/feuilleton/maschine-und-mensch-ein-algorithmus-revolutioniert-die-literatur-ld.1506743.

17 https://www.businessinsider.com/list-here-are-the-exams-chatgpt-has-passed-so-far-2023-1#sommelier-examinations-8.

18 Bubeck, S., u.a. (2022): Sparks of Artificial General Intelligence: Early experiments with GPT-4. https://arxiv.org/pdf/2303.12712.pdf, S.92.

19 https://openai.com/blog/planning-for-agi-and-beyond.

20 Levy, S. (2023): What OpenAI Really Wants. Wired, 5. September. https://www.wired.com/story/what-openai-really-wants/?mc_cid=120667e0f5&mc_eid=736e14d8e3.

21 Zitiert nach ebd.

22 Hao, K. (2023): Inside the Chaos at OpenAI. The Atlantic, 20. November, https://www.theatlantic.com/technology/archive/2023/11/sam-altman-open-ai-chatgpt-chaos/676050/.

23 https://x.com/katecrawford/status/1638524013432516610?s=20.

24 https://garymarcus.substack.com/p/the-sparks-of-agi-or-the-end-of-science.

25 https://www.theguardian.com/environment/2022/sep/18/talking-to-whales-with-artificial-enterprise-it-may-soon-be-possible.

26 Wittgenstein, L. (1984): Tractatus logico-philosophicus. Tagebücher 1914–1916. Philosophische Untersuchungen. Werkausgabe, Bd. I. Frankfurt/Main: Suhrkamp, S.568.

27 https://freakonomics.com/podcast/new-technologies-always-scare-us-is-a-i-any-different/.

28 Zitiert nach Legg, S., und Hutter, M. (2006): A Collection of Definitions of

Intelligence. https://www.vetta.org/documents/A-Collection-of-Definitions-of-Intelligence.pdf.

29 Neubauer, A., und Stern, E. (2007): Lernen macht intelligent: Warum Begabung gefördert werden muss. München: DVA.

30 Sternberg, R. J., u. a. (2001): The relationship between academic and practical intelligence: a case study in Kenya. Intelligence, (29) 5, S. 401–418.

31 Gardner, H. (2006): Multiple intelligences: New horizons. New York: Basic Books.

32 https://www.youtube.com/watch?v=KpWNCQnHg20.

33 Zitiert nach Knight, W. (2023): Some Glimpse AGI in ChatGPT. Others Call It a Mirage. Wired, 19. April. https://www.wired.com/story/chatgpt-agi-intelligence/.

34 Zitiert nach ebd.

11 Wie fühlt es sich an, eine KI zu sein? Die Frage des Bewusstseins

1 Zitiert nach https://www.aidataanalytics.network/data-science-ai/news-trends/full-transcript-google-engineer-talks-to-sentient-artificial-intelligence-2.

2 Chalmers, D. (1996): Facing Up to the Problem of Consciousness. Journal of Consciousness Studies, (2) 3, S. 200–219.

3 Kaku, M. (2014): Die Physik des Bewusstseins. Über die Zukunft des Geistes. Reinbek bei Hamburg: Rowohlt, S. 68 ff.

4 Nagel, T. (2016): What Is It Like to Be a Bat? Wie ist es, eine Fledermaus zu sein? Englisch/Deutsch. Ditzingen: Reclam, S. 15–17.

5 Chalmers, D. (1996): Facing Up to the Problem of Consciousness. Journal of Consciousness Studies, (2) 3, S. 201.

6 Wilson, E. O. (2014): On Free Will. And how the brain is like a colony of ants. Harper's Magazine, September, S. 52.

7 Von Neumann, J. (1958): The Computer and the Brain. New Haven: Yale University Press.

8 Meckel, M. (2018): Mein Kopf gehört mir. Eine Reise durch die schöne neue Welt des Brainhacking. München: Piper.

9 O'Gieblyn, M. (2021): God, Human, Animal, Machine. Technology, Metaphor, and the Search for Meaning. New York: Doubleday.

10 Dennett, D. (2016): Illusionism as the obvious default theory of consciousness. Journal of Consciousness Studies, (23) 11–12, S. 65–72.

11 Searle, J. R. (1990): Is the Brain's Mind a Computer Program? Scientific American, 1, S. 26–31.

12 Somers, J. (2023): How Will A. I. Learn Next. The New Yorker, 5. Oktober, https://www.newyorker.com/science/annals-of-artificial-intelligence/how-will-ai-learn-next.

13 Ebd.

14 Butlin, P., u. a. (2023): Consciousness in Artificial Intelligence: Insights from the Science of Consciousness. https://arxiv.org/pdf/2308.08708.pdf.

15 Schneider, S. (2020): How to Catch an AI Zombie: Testing for Consciousness in Machines. In: Liao, S. M. (ed.): Ethics of Artificial Intelligence. Oxford: Oxford University Press, S. 439–458.

16 Tegmark, M. (2017): Life 3.0. Being Human in the Age of Artificial Intelligence. New York: Alfred A. Knopf, S. 315.

17 Damasio, A., und Damasio, H. (2023): Feelings are the Source of Consciousness. Neural Computation, 35 (3), S. 277–286. https://doi.org/10.1162/neco_a_01521.

18 Ebd., S. 278.

19 Tech Tonic Podcast (2023). https://pca.st/episode/a6323263-0680-4d4f-ab1e-042ad6a69b91?t=840.0.

12 Wir haben die Fäden in der Hand: Regulierungsansätze für KI

1 Satariano, A., und Kang, C. (2023): How nations are losing a global race to tackle A. I.'s harms. https://www.nytimes.com/2023/12/06/technology/ai-regulation-policies.html.

2 Electronic Frontier Foundation, Section 230. https://www.eff.org/de/issues/cda230.

3 Schneier, B., und Sanders, N. (2023): The A. I. wars have three factions, and they all crave power. New York Times. https://www.nytimes.com/2023/09/28/opinion/ai-safety-ethics-effective.html.

4 Deutscher Bundestag (24. Mai 2023): Anhörung zum Thema «Generative Künstliche Intelligenz». https://www.bundestag.de/ausschuesse/a23_digitales/Anhoerungen/946512-946512.

5 Hacker, P., Engel, A., und Mauer, M. (2023, Juni): Regulating ChatGPT and other large generative AI models. Proceedings of the 2023 ACM Conference on Fairness, Accountability, and Transparency, S. 1112–1123.

6 Hacker, P. (2024): AI Regulation in Europe: From the AI Act to Future Regulatory Challenges. In: Oxford Handbook of Algorithmic Governance and the Law. Oxford University Press. Arxiv: https://arxiv.org/pdf/2310.04072.pdf, S. 10.

7 Rinke, A. (2023): Germany, France, and Italy reach agreement on future AI regulation. Reuters. https://www.reuters.com/technology/germany-france-italy-reach-agreement-future-ai-regulation-2023-11-18/.

8 Hacker, P. (2023): What's missing from the EU AI Act. https://verfassungsblog.de/whats-missing-from-the-eu-ai-act/.

9 European Commission (2023): https://ec.europa.eu/commission/presscorner/detail/en/STATEMENT_23_6474.

10 Espinoza, J., und Abboud, L. (2023): EU's new AI Act risks hampering innovation, warns Emmanuel Macron. https://www.ft.com/content/9339d104-7b0c-42b8-9316-72226dd4e4c0.

11 Bertuzzi, L. (2003): AI Act's post-agreement commentary. https://www.eur activ.com/section/digital/podcast/ai-acts-post-agreement-commentary/.

12 Feiner, L. (2023): Biden plans to work with world leaders to ensure AI's use as a tool of ‹opportunity›. CNBC. https://www.cnbc.com/2023/09/19/biden-to-work-with-world-leaders-to-ensure-ais-use-for-opportunity.html.

13 The White House (2023): Fact Sheet: Biden-Harris Administration Secures Voluntary commitments from leading Artificial Intelligence companies to manage the risks posed by AI. https://www.whitehouse.gov/briefing-room/statements-releases/2023/07/21/fact-sheet-biden-harris-administration-secures-voluntary-commitments-from-leading-artificial-intelligence-companies-to-manage-the-risks-posed-by-ai/.

14 Bommasani, R., u. a. (2023): The Foundation Model Transparency Index. Stanford Institute for Human-Centered Artificial Intelligence. https://crfm.stanford.edu/fmti/fmti.pdf.

15 The White House (2023): Executive Order on the Safe, Secure, and Trustworthy Development and Use of Artificial Intelligence. https://www.white house.gov/briefing-room/presidential-actions/2023/10/30/executive-or der-on-the-safe-secure-and-trustworthy-development-and-use-of-artificial-intelligence/.

16 AI Policy Institute (2023): Vast Majority of US voters of All Political Affiliations Support President Biden's Executive Order on AI. https://theaipi.org/poll-biden-ai-executive-order-10-30/.

17 New America Foundation (2018): Translation of A Next Generation Artificial Intelligence Development Plan. https://d1y8sb8igg2f8e.cloudfront.net/documents/translation-fulltext-8.1.17.pdf.

18 China Law Translate (2022): Provisions on the Management of Algorithmic Recommendations in Internet Information Services, Article 24. https://www.chinalawtranslate.com/en/algorithms/.

19 China Law Translate (2022): Provisions on the Management of Algorithmic Recommendations in Internet Information Services, Article 6. https://www.chinalawtranslate.com/en/algorithms/.

20 China Law Translate (2022): Provisions on the Administration of Deep Synthesis Internet Information Services, Articles 4 & 6. https://www.chinalaw translate.com/en/deep-synthesis/.

21 China Law Translate (2023): Measures on the Administration of Generative Artificial Intelligence Services (Draft for Solicitation of Comments). https://www.chinalawtranslate.com/en/gen-ai-draft/.

22 https://www.bloomberg.com/news/newsletters/2023-09-01/china-ai-chatbot-review-baidu-ernie-bot-sensechat-and-more.

23 Huang, Z. (2023): What I Found in Putting China's First Chatbots to the Test.

Bloomberg. https://www.bloomberg.com/news/newsletters/2023-09-01/ china-ai-chatbot-review-baidu-ernie-bot-sensechat-and-more.

24 UK Prime Minister's Office (2023): Speech on Artificial Intelligence. https://www.gov.uk/government/speeches/prime-ministers-speech-on-ai-26-october-2023.

25 Dim, S. (2023): Belt and road forum: China launches AI framework, urging equal rights and opportunities for all nations. https://www.scmp.com/news/ china/diplomacy/article/3238360/belt-and-road-forum-china-launches-ai-framework-urging-equal-rights-and-opportunities-all-nations.

26 Ho, L., u. a. (2023): International Institutions for Advanced AI. arXiv preprint arXi v:2307.04699.

27 Bengio, Y., und Privitera, D. (2023); How we can have AI progress without sacrificing safety or democracy. Time Magazine. https://time.com/collection/ time100-voices/6325786/ai-progress-safety-democracy/.

28 Henshall, W. (2023): How the UN plans to shape the future of AI. Time Magazine. https://time.com/6316503/un-ai-governance-plan-gill/.

29 Trager, R., u. a. (2023): International Governance of Civilian AI: A Jurisdictional Certification Approach. arXiv preprint arXiv:2308.15514.

30 Hao, K., und Wong, M. (2023): The White House is preparing for an AI-dominated future. The Atlantic. https://www.theatlantic.com/technology/archive/ 2023/10/biden-white-house-ai-executive-order/675837/.

31 Ebd., S. 7.

32 Hacker, P., Engel, A., und Mauer, M. (2023, Juni): Regulating ChatGPT and other large generative AI models. Proceedings of the 2023 ACM Conference on Fairness, Accountability, and Transparency, S. 1112–1123.

33 Hacker, P. (2023): Sustainable AI Regulation. https://papers.ssrn.com/sol3/ papers.cfm?abstract_id=4467684.

34 European Parliament (2023): Artificial Intelligence Act: deal on comprehensive rules for trustworthy AI. https://www.europarl.europa.eu/news/en/press-room/20231206IPR15699/artificial-intelligence-act-deal-on-comprehensive-rules-for-trustworthy-ai.

35 Anghel, I. (2023): PwC offers advice from bots in deal with ChatGPT firm OpenAI. Bloomberg. https://www.bloomberg.com/news/articles/2023-10-17/pwc-offers-advice-from-bots-in-deal-with-chatgpt-firm-openai# xj4y7vzkg.

13 Ab ins nächste Universum: Zwei Szenarien und ein Hoffnungsschimmer

1 https://www.safe.ai/statement-on-ai-risk.

2 Schwartz, S. I. (1998): Atomic Audit. The Costs and Consequences of U. S. Nuclear Weapons Since 1940. Washington: Brookings Institution Press.

3 Zitiert nach https://www.brookings.edu/the-economic-implications-of-nuclear-weapons/.

4 https://arxiv.org/pdf/2304.05332.pdf.

5 Nach den Erinnerungen des britischen Kriegsberaters R. V. Jones in Blake, R., und Louis, W. R. (1993): Churchill and Science. Oxford: Oxford University Press, S. 438.

6 Scharre, P. (2023): Four Battlegrounds. Power in the Age of Artificial Intelligence. New York: Norton & Company.

7 https://www.nbcnews.com/tech/innovation/chatgpt-intensified-fears-us-china-ai-arms-race-rcna71804.

8 https://ainowinstitute.org/publication/tracking-the-us-and-china-ai-arms-race.

9 https://www.europarl.europa.eu/RegData/etudes/ATAG/2021/696206/EPRS_ATA(2021)696206_EN.pdf.

10 Zitiert nach Rhodes, R. (1995): The Making of the Atomic Bomb. New York: Simon & Schuster, S. 294.

11 Shavit, Y. (2023): What does it take to catch a Chinchilla? Verifying Rules on Large-Scale Neural Network Training via Compute Monitoring. https://arxiv.org/abs/2303.11341.

12 https://www.bloomberg.com/news/newsletters/2023-05-17/openai-s-sam-altman-urges-congress-to-regulate-powerful-new-ai-technology.

13 https://ourworldindata.org/nuclear-energy#what-share-of-primary-energy-comes-from-nuclear.

14 https://www.mckinsey.com/capabilities/mckinsey-digital/our-insights/the-economic-potential-of-generative-ai-the-next-productivity-frontier#introduction.

15 https://assets.nationbuilder.com/ican/pages/3785/attachments/original/1686495877/ICAN_Spending_Report_2023_ExecutiveSummary.pdf?1686495877.

16 https://lmsys.org/blog/2023-03-30-vicuna/.

17 https://fortune.com/2023/09/12/sapiens-author-yuval-noah-harari-ai-alien-threat-wipe-out-humanity-elon-musk-steve-wozniak-risk-cogx-festival/.

18 https://effectiveacceleration.tech/.

19 https://a16z.com/the-techno-optimist-manifesto/?utm_source=bensbites&utm_medium=newsletter&utm_campaign=daily-digest-claude-and-pi.

20 https://www.reuters.com/technology/google-deepmind-co-founder-calls-us-enforce-ai-standards-ft-2023-09-01/.

21 Suleyman, M. (2023): The Coming Wave. AI, Power, And The 21st Century's Greatest Dilemma. London: Bodley Head.

22 https://www.technologyreview.com/2023/09/15/1079624/deepmind-inflection-generative-ai-whats-next-mustafa-suleyman/.

23 https://www.youtube.com/watch?v=UIZAiXYceBI

24 Gemini Team, Google (2023): Gemini: A Family of Highly Capable Multimodal

Models. https://storage.googleapis.com/deepmind-media/gemini/gemini_1_report.pdf, S. 7.

25 https://www.vice.com/en/article/pkadgm/man-dies-by-suicide-after-talking-with-ai-chatbot-widow-says.

26 https://www.ft.com/content/f05c5bbb-4d05-45b3-a4a7-01f522803015?accessToken=zwAGCE3rBbYgkdPwXFu7TQVFs9OkpwH1IoAwFQ.MEUCIQDzN LZQOC_IDr-1-NTSZE1mjXBQLPNSJuIRF9jdYxbx9AIgGdBB7z9vKIzaWYKNM 7ZoLePgR5w2Pvv2ODJLHzec7NQ&sharetype=gift&token=cb892c61-10db-4 f29-9896-ca8625449f50.

27 Nietzsche, F. (1883): Also sprach Zarathustra. Bd. 1. Chemnitz: Ernst Schmeitzner, S. 15.

28 https://www.businessinsider.de/leben/chat-gpt-diagnostiziert-krankheit-nachdem-17-aerzte-scheiterten/.

29 Degrave, J., u. a. (2022): Magnetic control of tokamak plasmas through deep reinforcement learning. Nature 602, S. 414–419. https://www.nature.com/articles/s41586-021-04301-9.

Bildnachweis

Seite 54 (ELIZA): https://commons.wikimedia.org/wiki/File:ELIZA_conversation.jpg

Seite 77 (Roboter Sophia): ullstein bild – Boness/IPON

Seite 89 (Avocado chair): Kreiert von den Autorinnen mit Midjourney

Seite 142 («Pseudomnesia: The Electrician»): Foto: Boris Eldagsen/© VG Bild-Kunst, Bonn 2023

Seite 169 (oben) (Lenin spricht zu Rotarmisten, Originalversion): mauritius images/Memento

Seite 169 (unten) (Lenin spricht zu Rotarmisten, retuschiert): Photo © Leonard de Selva/Bridgeman Images

Seite 177 (Bush in Tacoma 2001): Reddit

Seite 178 (Fehl- und Desinformation): nach Wardle, C. (2022): Understanding Information Disorder (siehe Anm. 14 zu Kap. 7)

Seite 203 («Verhaftung» Trumps): https://cdn.arstechnica.net/wp-content/uploads/2023/03/fake-trump.jpeg

Seite 208 (Furey Wahlkampf): https://www.vice.com/en/article/xgwwmk/anti-homeless-mayoral-candidate-uses-ai-to-create-fake-images-of-blight?

Seite 209 (Trump betet): Truth Social

Seite 223 (KI-Sprachmodelle): nach Feng, S., u. a. (2023): From Pretraining Data to Language Models to Downstream Tasks (siehe Anm. 34 zu Kap. 8)

Seite 234 (CEO of tampon company): Kreiert von den Autorinnen mit Midjourney

Seite 265 (C. O. D. E.-Schema): Léa Steinacker

Seite 365 (Evelyn Wang im Waschsalon): Kreiert von den Autorinnen mit Midjourney